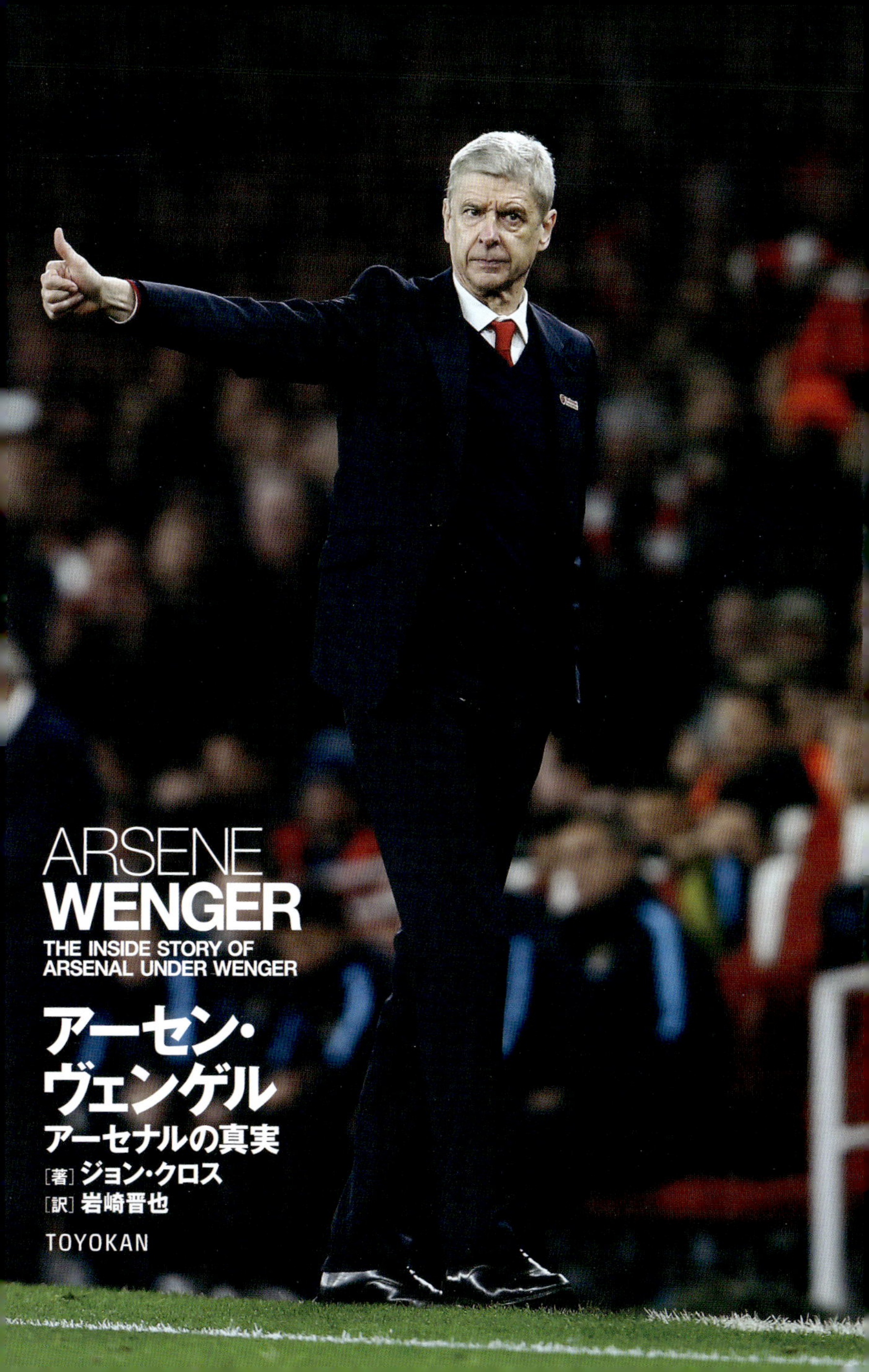

ARSENE WENGER

THE INSIDE STORY OF
ARSENAL UNDER WENGER

アーセン・ヴェンゲル

アーセナルの真実

[著] ジョン・クロス
[訳] 岩崎晋也

TOYOKAN

1996年9月22日、アーセナルの監督就任後はじめての記者会見に臨む。

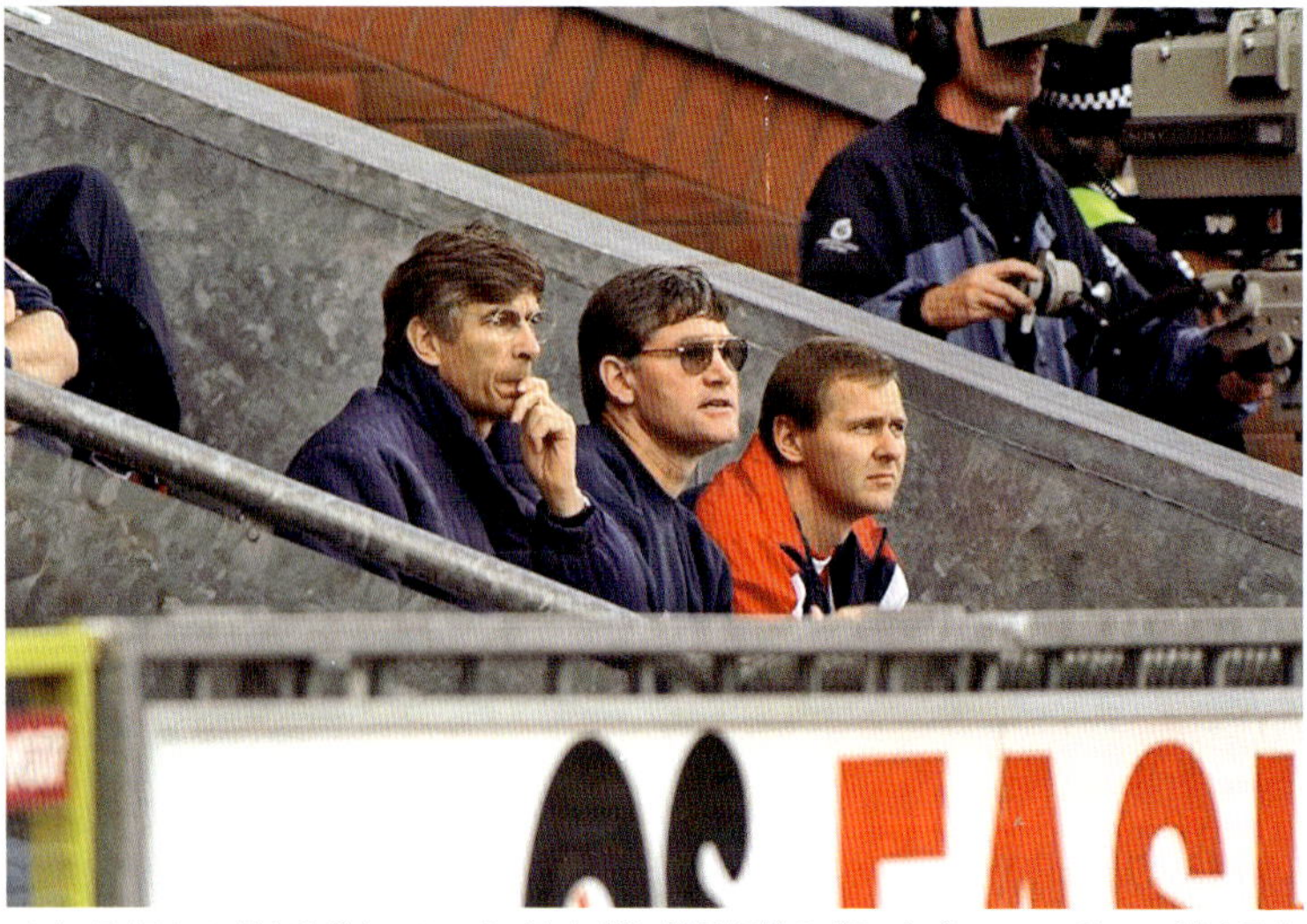

パット・ライスとフィジオのガリー・ルーインをしたがえ、就任初戦のブラックバーン・ローヴァーズ戦を見守るヴェンゲル。

ストレッチに関するアドバイスはイアン・ライトら選手たちにすぐに受け入れられた。

最初のフルシーズンで二冠の栄光に輝く。プレミアリーグでマンチェスター・ユナイテッドを破ってガッツポーズ。

決定力を誇ったツートップ。1999年11月、新加入のティエリ・アンリとデニス・ベルカンプがゴールを祝う。このあとアンリはアーセナル史上最高の点取り屋へと育っていく。

ヴェンゲルが獲得した最高のディフェンダーのひとり、ソル・キャンベル。宿敵トッテナムから移籍金ゼロで加入した。

◀復活! 2002年プレミアリーグの優勝を喜ぶヴェンゲル。この年は、FAカップも優勝し、4年ぶりに二冠を達成する。

BARCLAYCARD

新スタジアムでの初戦、タッチラインからゲームを見つめるヴェンゲル。

2012年11月、マンチェスター・ユナイテッド戦でかつてのエース、ロビン・ファンペルシーと再会。このころ、主軸の退団が相次いでいた。

2004年3月、ハイバリーのタッチライン際で言い争うヴェンゲルとサー・アレックス・ファーガソン。ふたりの長いライバル関係は、次第により友好的なものに変わっていった。

2013–14シーズンはじめ、メスト・エジルのお披露目。再びワールドクラスの選手獲得を目指すことを示した。

2014年10月、ファウルに激高するヴェンゲル。このあとモウリーニョとの対立がまたしても表面化する。

2014年FAカップ決勝でハル・シティを破って9年ぶりに優勝トロフィーを獲得し、ヴェンゲルはかつてないほど喜びを爆発させた。

2015年FAカップ決勝ではアストン・ヴィラを4–0で下し連覇を達成。前年に比べると余裕を漂わせての優勝だった。

アーセン・ヴェンゲル
アーセナルの真実

はじめに

アーセン・ヴェンゲルはありきたりの監督ではない。そして、人とは違うことに誇りを抱いている。たとえば、2014年9月1日月曜日に、ヴェンゲルは代理人のレオン・エンジェルとともにチャリティマッチのためローマへ飛んでいた。フットボール界の誰もが電話を握りしめ、あるいはテレビの前で状況の推移を見守っている移籍期限の最終日に、ヴェンゲルはヴァティカンでローマ法王フランシスコに会っていた。

アーセナルのイヴァン・ガジディスCEOは、ダニー・ウェルベックを獲得するためのマンチェスター・ユナイテッドとの交渉にかかりきりだった。彼は監督と連絡を取ろうとし、ようやくエンジェルと電話がつながったが、ヴェンゲルは法王に謁見中だと告げられた。その日遅く契約は成立し、ウェルベックはアーセナルの一員になった。それとともに、ヴェンゲルがいかに変わっているかを示すエピソードがひとつ加わった。

ヴェンゲルは移籍交渉に直接関わることを嫌っている。2011年の移籍期限最終日には、アーセナルはスーパーで買い物するように選手を買い漁っていたが、彼はジュネーヴでの会合に出席していた。それも自分なりの優先順位にしたがってのことだった。彼は自分自身のルールにもとづいて行動し、美しく勝つことを目指している。移籍金の高騰からは距離を置いているが、自分と選手の報酬はいつでもしっかりと確保している。

ヴェンゲルがアーセナルという最も英国的なフットボールクラブにやって来たのは1996年のことだった。そのときはほとんど無名だったが、すぐに天才あるいはフットボールの革命家と呼ばれるようになった。チームの美しいプレースタイルや彼自身の魅力とウィットによって、ヴェンゲルはプレミアリーグの歴史に名を残し、アーセナルの長く輝かしい歴史のなかでも最高の監督になった。

彼の就任当初、王者として君臨していたのはマンチェスター・ユナイテッドで、ニューカッスル・ユナイテッドがそのあとを追っていた。前シーズンのアーセナルはブルース・リオッホ監督のもとで5位に終わっていたが、ヴェンゲルはその後二十年にわたって数々のトロフィーを獲得し、安定した成績を残してきた。ファンの期待は、もはやかつてとは比べものにならないほど高まっている。

ヴェンゲルはそれまでのアーセナルにはなかったフットボールのスタイルを確立し、素晴らしい選手を連れてきた。新しいトレーニング方法や食事法を導入し、フランスの移籍市場を席巻した。巧みな発言は新聞の見出しを飾った。マンチェスター・ユナイテッドのサー・アレックス・ファーガソンとはピッチの内外で戦いを繰りひろげ、英国のフットボール史上屈指のライバル同士として競い合った。

だが、アーセナルが記録を打ち立て、過去最高の成功を収めていたときに、クラブを危機に陥れ、ヴェンゲルのマネジメント能力を試練にさらす二重の打撃が襲った。

2003年、チェルシーがロマン・アブラモビッチのロシア革命によって潤沢な資金を手に入れると、その後マンチェスター・シティも新たな財源を得てプレミアリーグでの存在感を高めた。そのころアーセナルは、エミレーツ・スタジアムへの移転のため巨額の負債を抱えていた。こうした苦しい状態のなかでも、ヴェンゲルは毎年リーグ優勝に挑み、UEFAチャンピオンズリーグへの出場権を確保し続けた。そして2014年にはようやく苦境を脱し、2015年にFAカップを連覇して戦後はじめて六度の優勝を飾った監督になった。

ヴェンゲルは相変わらず法外な移籍金を支払うことに積極的ではないが、メスト・エジル、アレクシス・サンチェスというふたりのワールドクラスの選手を獲得したことで、チームは再びエネルギーと野望を取り戻し、周囲の評価も変わった。

最近の試合のなかでヴェンゲルの集大成と言えるのは、アストン・ヴィラを4対0で破った2015年のFAカップ決勝戦だろう。スピード、パワー、動き、どれをとってもこれぞアーセナルと言えるものだった。過去二年、ウェンブリーでのウィガン、ハル・シティ、レディング戦では、期待による重圧や球足が遅く重たいピッチ、勝って当たり前という立場に苦しめられていた。だが今回の決勝戦で、ついにヴェンゲルのアーセナルは本来の姿を見せた。

エジルはピッチを駆けめぐり、サンチェスはビッグゲームを心ゆくまで楽しんでいた。サンティ・カソルラがプレーを組み立て、セオ・ウォルコットの速さにアストン・ヴィラの守備陣は完全に翻弄されていた。アーセナルはただ勝つだけでなく、美しく勝った。それがヴェンゲルにとって重要なことだった。フットボールにおいて勝利と勝ち方のどちらを重視するかという論争は、いつまでも終わることはない。ジョゼ・モウリーニョやラファエル・ベニテスのような現実主義者にとっては、何よりも大切なのは勝つことであり、トロフィーを掲げられるかどうかだけが問題であるように思われる。だが、ヴェンゲルはそれだけではないと信じている。2015年5月に、彼は勝つだけでなく観客を楽しませることが重要である理由をこう語っている。

「どう戦ったところで、勝つこともあれば負けることもある。ビッグクラブには勝利が義務づけられているが、ただ勝てばいいわけじゃない。美しく勝つことが大切なんだ。このスポーツはフィジカルや戦術の面で大きく進歩してきた。だが、世代を超えて受け継がれる価値のことを忘れてはならない。スタンドの観衆に与える印象はごまかしが利かない。私はよく、一週間の労働を終えて週末の朝に目を覚まし『ああ、今日はスタジアムに行く日だ』とつぶやいている人を想像することがある。フットボールを観る喜びや、最高のゲームへの期待……たとえ保証はできなくても、それに応えようという気持ちは常に持っていなければならない。人々の生活に大きな影響を与える仕事をしているんだ」

2015年現在、チームをとりまく状況は再び好転している。だが、アーセナルの監督としてヴェンゲルが歩いてきた道のりは決して平坦ではなかった。1998年と2002年にはプレミアリーグとFAカップの二冠を達成し、さらに2003-04シーズンには、歴史に残る無敗でのリーグ優勝を成し遂げた。それが絶頂だった。

しかし、エミレーツ・スタジアムへの本拠地の移転が行われた時期には、ヴェンゲルは監督としての任務を果たしつつ、クラブの財務状況まで考えなければならなかった。その後は失望と不満が続いたが、そのあいだもずっと、彼は暗い日々の向こうに輝かしい5月の一日をずっと思い描いていた。

ヴェンゲルの哲学を誰もが歓迎するわけではない。チームの選手ですら、受け入れがたく感じることもある。それでも、彼はいつも攻撃と勝利を目指している。守備や、相手の長所を消すことを第一に考えて試合に臨むことはほとんどない。負けるときにはいかにも無策であっけない。当然、批判も浴びる。だがそれは、勝てば喝采に変わる。美しい試合をして勝てば、天才と称される。

二十年以上にわたって、ヴェンゲルはアーセナルを変革し、英国のフットボールに影響を与え、プレミアリーグで揺るぎない地位を築いてきた。痛烈な批判にさらされることもあるが、フットボールクラブの監督であるとはそういうことだ。その職務は厳しく、ときにはチームのファンから非難されることも覚悟しなくてはならない。

だがそれもまた、英国へ来た当初からヴェンゲルがいかに人々を魅了してきたかということの証にすぎない。ヴェンゲルのキャリアはいつもドラマとエンターテインメント、成功、そして失望に彩られていた。

私は本書でヴェンゲルの成功の核心に迫り、彼の方法の検証を試みる。選手、クラブスタッフ、役員会メンバーらの証言や、長年アーセナルについて取材し、そのあらゆる動向を追ってきた私自身の経験をもとにして、ヴェンゲルのフットボール革命のありのままの姿をお伝えしたい。

目次

フットボールはつらいときにも心を慰めてくれる。

父は私にフットボールとアーセナル、そしてゲームへの愛を教えてくれた。

2014年5月、ハル・シティとのFAカップ決勝戦でアーセナルが0対2でリードされていたとき、私には二日前に亡くなったばかりの父がどこかから見おろして憤慨する声が聞こえるような気がした――〝俺のために今回だけでもどうにかしてくれないのか?〟

もちろん、アーセナルはその声を聞き届けてくれた。アーセン・ヴェンゲルの魔法とは、それを何度も、多くの人々のためにしてきたことだ。

家族の支えがなくては、この仕事をやりとげることはできなかった。本書を父に捧げたい。

もう話ができないと思うと、たまらなく悲しい。

第1章 無名の外国人

アーセン・ヴェンゲルの仕事を理解するためには、まず彼が加入した1996年当時のクラブの状況を知らなければならない。そうしてはじめて、彼の実績やクラブにもたらした変革の偉大さがわかる。

1996年、リベートやアルコール問題などのスキャンダルに揺れ、ロッカールームでは選手たちの反抗的態度が表面化していたにもかかわらず、アーセナルは変化を拒んでいた。クラブは伝統にどっぷりと浸かり、ハイバリー・スタジアムのマーブルホールは過去の記憶をとどめるものであると同時に、停滞の象徴にもなっていた。収容人数は約3万8500人で、重要文化財に指定された建造物を含んでおり、改修や拡張は制限されていた。名門パブリックスクール出身者の趣味に沿った役員室には、ポートワインと葉巻がいつも用意されていた。〝イングランド銀行〟――それが、大富豪が所有し、移籍金の記録を更新して次々に大型契約を交わしていた1930年代のアーセナルにつけられたあだ名だった。だが1990年代に入ると、その名は予算規模の大きさではなく、むしろ旧弊で英国的な伝統を意味するようになっていた。

外国人を監督に任命するのは当時まだ珍しいことだった。意外なことに、イングランドのフットボールの第一線で指揮をとった外国人は、1990年にアストン・ヴィラを率いたドクター・ジョゼフ・ベングロシュが最初である。このチェコスロバキア人監督の在任期間は一年だった。一般には、彼を監督に据えたことは例外的な事例にすぎず、大胆だが結局は失敗に終わった試みとみなされていた。アーセナルが1995年にヴェンゲルの任命を見送ったことにはそうした理由もあっただろう。

クラブ史上最大級の波乱のシーズンを終え、アーセナルは新しい監督を探していた。1971年にリーグ戦とFAカップの二冠を達成したチームのメンバーだったジョージ・グレアム監督は、リベート・スキャンダルと移籍に絡む収賄の発覚によって1995年2月に解任されていた。グレアムは二度のリーグ制覇と数度のカップ戦優勝を成し遂げてアーセナルに栄光を取り戻したが、彼が君臨した九年間が恥辱とともに終わるころには、チームは衰退期を迎えていた。ロッカールームでは選手たちが自分勝手にふるまい、試合ではサポーターのチャント「ワン・ニル・トゥ・ジ・アーセナル（1対0でアーセナル）」そのままの、得点の少ない退屈なゲームを見せることが増えていた。

サポーターは次第にグレアムの慎重なやり方を愛さなくなっていた。要するに、勝利だけではもう充分ではなかったのだ。アーセナルは変化を、方針転換と新たな希望を必要としていた。役員会のメンバーには、異端視されることも辞さない変革者にして、ヨーロッパのフットボール界の有力者である副会長のデイヴィッド・ディーンがいた。いまも固い絆で結ばれているヴェンゲルとディーンの出会いについて知れば、アーセナルの歴史と伝統について必要なことはすべてわかるだろう。ふたりは気づいていなかったが、1989年1月2日はアーセナル・フットボールクラブにとってきわめて重要な日になった。

当時モナコの監督だったヴェンゲルは、フランスの試合日程の合間にアーセナルの試合を観ることにした。トルコでの試合を終えると、彼はロンドンに向かった。代理人のデニス・ローチの手配により、アーセナルがトッテナム・ホットスパーと戦うノースロンドン・ダービーの関係者席に入れることになった。アーセナルは2対0でその試合に勝ち、さらに同年、リーグ優勝を果たした。面白いことに、その試合でヴェンゲルの印象に残ったのはアーセナルの赤毛の控え選手だった。ペリー・グローヴスにとって、ヴェンゲルの目に止まったことは光栄なことだった。たとえそれが、髪の色が目についただけであったにせよ。ディーンは回想する——

アーセンはロンドンに寄り道をして、昔のハイバリー・スタジアムで試合を観た。その日、役員室には役員たちとその特別ゲストが陣取っていた。隣の部屋にはカクテルラウンジがあり、監督、スカウトやその他のサッカー関係者がもてなされていた。

いまではそんなことはないが、当時は女性の役員室への立ち入りは制限されていたから、私の妻と友人はカクテルラウンジにいた。モナコの監督が来ている、と妻が伝えてきた。ハーフタイムに、私はそのエレガントな男性に自己紹介をした。彼は長いトレンチコートを着て安物の眼鏡をかけていた。まるで監督らしくなかった。

ロンドンにいつまでいるのかと尋ねると、一泊の予定で、その晩は何も用事がないという。

私のお気に入りのことわざは、「甲羅から首を出さないかぎり、どこへも行けない」という亀の教訓だ。それで、私たち夫婦と一緒に友人宅でのディナーに行かないかと誘った。そのあとの答えが、私たちと、おそらくはアーセナル・サポーター全員の人生を変えた。

「ええ、喜んで」

ヴェンゲルはその晩トッテリッジのディーンの自宅に泊まり、ディーンの友人で、1970年代にポップグループのマーマレードでドラムを叩いていたアラン・ホワイトヘッドが開いていた小規模なパーティーに行くことになった。立食形式で、雑談の合間にジェスチャーゲームが行われた。ディーンは続ける――

アーセンはそのころ英語をあまり流暢《りゅうちょう》に話せなかったから、ぴったりのゲームだったね。数分経ったところで、彼は意を決して〈真夏の夜の夢〉を演じはじめた。私はひそかに思った。この人は普通のフットボールの監督ではない。十六歳までしか学校に通っていない元選手とは違うと。アーセンは四カ国語を話し、ストラスブール大学卒で、経済学の学位を持っていた。

その晩ずっと、私の頭にはある考えが浮かんでいた――「アーセンをアーセナルへ!」。これは運命だ。さだめだ。きっと実現するに違いない。もちろんそのときはジョージ・グレアムという監督がいて、アンフィールドでの忘れられない試合に勝ってリーグ優勝を達成する直前だった。けれどもアーセンとは良い友人になり、ときどきモナコへ試合を観に行くようになった。そこで選手やマスコミ、サポーター、経営陣との接し方を見ることができた。アーセナルのオーディションを受けているとは知らなかったはずだ。

その運命の出会いがすべてを変え、その後数年をかけて、彼らは確かな関係を築いていった。ディーンはアーセナルの最新の試合のビデオテープをヴェンゲルに送り、ふたりは友人同士として、すべてのプレーを分析した。だから1995年にアーセナルに空席ができたとき、そこにすわるのにふさわしい人物は、少なくともディーンにとってはひとりしかいなかった。だが、移籍や日々のクラブ運営に関してディーンの影響力は絶大だったにもかかわらず、役員会の残りのメンバーは彼の案を拒絶した。

アーセナルのピーター・ヒル＝ウッド会長は、ロンドンのキングス・ロードの近くにあるお気に入りのイタリアンレストラン〈ジャンニ〉でヴェンゲルと食事をした。すぐに好印象を抱いたが、気がかりだったのは彼が外国人であることだった。「結局、外国人を迎え入れるのに二の足を踏んだというわけだ」と、ヒル＝ウッドは言う。「チームは扱いにくかったし、ひとりふたりは問題のある選手もいた。そうした点を理解してもらえるという確信が持てなかった。人物はすぐに気に入った。ただ私には、ほかの役員も同様だと思うが、フランス人監督を受け入れる心の準備ができていなかった。それで、時期尚早という判断を下した。難しいチームだということもあった。もちろん、それは間違いだったのだが」

ヒル＝ウッドは実際に彼らが招いた人物、ボルトンを去りアーセナルを引き継いだブルース・リオッホが「適任ではなかった」とのちに認めざるを得なかった。だがそれでも、役員会がヴェンゲルを疑ったことによって監督になったリオッホを好む選手たちもいた。リオッホの在任中に契約したデニス・ベルカンプは彼に好意を抱いていた。退任の際には悲しみを表明したほどだ。マーティン・キーオンは、自分が選手として幅を広げられたのはリオッホのおかげだと言っている。

だが、リオッホはほかの大物選手には苦労させられた。選手たちは彼を笑いものにした。とりわけベルトを着けない習慣がその種になった。それでも、心配な点が習慣を馬鹿にされることだけならたいした問題ではなかっただろう。リオッホはチーム一の人気者で得点源のイアン・ライトとまったく反りが合わなかった。関係のあまりの悪さに、このストライカーは左ウイングでプレーすることにもベンチを温めることにも嫌気がさし、他チームへの移籍を希望したほどだった。

1996－97シーズンの開幕直前に、選手たちの反抗や移籍金をめぐる問題によってリオッホは解任された。それによって、安定と慎重さで名高いアーセナルが、十八カ月という短期間にふたりの監督を続けて解任することになった。はじめはスキャンダルで、その次は選手の造反のために。そこでクラブは急遽、当時としては異例の、比較的無名なフランス人の招聘《しょうへい》を検討しはじめた。

ソーシャルメディアもなく、イギリス国内で外国人監督があまり一般的でない時代だったから、ヴェンゲルを擁護する者はディーンしかいなかった。1989年の出会い以降、ヴェンゲルのキャリアは浮き沈みが激しく、将来について不安を抱えていた。1987年から1994年までモナコの指揮をとったが、何度もマルセイユに優勝をさらわれ、成績は満足のいくものではなかった。そんなときに発覚したのがマルセイユの八百長スキャンダル。ヴェンゲルの不満は爆発した。マルセイユの会長だったベルナール・タピが行った対戦相手や審判に対する買収は許せない裏切りだった。1993年のヨーロッパチャンピオンズリーグのACミランとの決勝を数日後に控えたマルセイユが、ヴァランシエンヌを破って国内リーグでの優勝を決めるためにした行為だった。

ヴェンゲルの怒りはいまも続いていて、告発をきっかけに英国で2013年にノンリーグや下部リーグを巻き込んだ八百長問題が再燃すると、記者会見で感情をこめて自説を開陳した。好きこのんで話題にしたいわけではなかったが、再発防止策を語らずにはいられなかった。

「それは私の人生で最も困難な時期のひとつだった」と、ヴェンゲルは語った。無理もない。フランスで築きつつあった輝かしい経歴は、八百長問題で不当に奪われてしまった。彼はいまだに、試合が公正に行われたら結果はどうなっていただろうかと考えている。

モナコにはマーク・ヘイトリーやユルゲン・クリンスマン、グレン・ホドルらがいた。ジョージ・ウェアを獲得し、このリベリア人ストライカーを世界最高の選手にすることに監督としての力を尽くした。のちにウェアが引退して政治の世界に転身したとき、ひとりのリベリア人記者がヴェンゲルの記者会見に現れた。そして遠慮がちに、ウェアが政治家を目指すことを知っていたかどうかを尋ねた。ヴェンゲルはリベリアの国情と政治について、ほとんど講義とも呼べるような緻密な回答で応じた。では、知っていたのだろうか――言うまでもない。ヴェンゲルはチームを去った選手にもずっと親身であり続けた。

ヴェンゲルはまた、ワールドカップドイツ大会で優勝したクリンスマンにも忘れがたい印象を残している。クリンスマンは選手としても指導者としてもフットボール界に偉大な足跡を残した人物だが、ヴェンゲルのもと、モナコでプレーした日々にとても多くのことを吸収したと語っている。ヴェンゲルに対する尊敬の念は明らかだ――

どんな選手であれ、何かを学ぶことができるのは監督からだけだと思う。私はとても幸運だった。アーセン、ジョバンニ・トラパットーニ、フランツ・ベッケンバウアー、オジー・アルディレス、ジェリー・フランシス、ルイス・メノッティから学べたのだから。振り返ると私には多くの師がいて、サッカーのことだけでなく、グラウンドの外でもとても多くのことを教えてもらった。ヴェンゲルはモナコですでに伝説になり、そこに七年以上とどまったあと、短期間日本へ行って、いまはアーセナルにいる。彼はグラウンド上の問題を解決するだけの、単なるフットボールのコーチではない。それ以外の知識も豊かな人だから、選手にとっては世界で最高の大学に通うようなものだ。

あとになって意味がわかり、決して忘れられなくなるような小さな出来事はたくさんあった。たとえばアーセンは、選手をいつも長い目で見ていた。モナコには才能ある選手が揃っていたが、チャンピオンズリーグの準決勝でACミランに敗れた。そのとき彼は、勝つために必要だと私が思った選手を、あえてメンバーから外すことがあった。有名な選手でいえば、当時まだ若手だったユーリ・ジョルカエフだ。「だめだ、フィールド外での生活態度を改めないと」とアーセンは言った。そうした起用法はのちに実を結んだ。ジョルカエフは成長し、数年後にフランス代表の一員としてワールドカップで優勝した。

モナコでのアーセンはいつでも長期的に物事を見ていた。短期での結果が求められることも、もちろん知っていた。だがそれ以上に大切なのは、それぞれの選手が数年後にどう育っているかということだった。アーセンはその観点からジョルカエフやリリアン・テュラム、エマニュエル・プティを見ていた。

監督としてのキャリアの最初から、ヴェンゲルはつきつめて考える人だった。それがマルセイユの八百長スキャンダルであれほどまでに傷ついた理由のひとつだ。ヴァランシエンヌの四選手が、マルセイユとの対戦で全力を出さない見返りとして25万フランを提供すると持ちかけられた。選手たちが告発したことにより、フランスのサッカー界はスキャンダルに揺れ、マルセイユの優勝（モナコは二シーズン連続で2位に終わっていた）には疑惑の目が向けられた。マルセイユの勝利が賄賂によるものなのか、いまとなっては確かめる術はない。ヴェンゲルは回想する——

噂が耳に入ってきても、記者たちの前で「この試合はどこかおかしい」とは言えなかった。言ったとしたら、それを証明しなければならなくなる。何かを確信することと、公の場に出てそれを証明できると発言することは、まったく別のことだ。物事は小さな出来事の積み重ねでできている。結局、偶然などというものはない。

まさに恥辱だった。そこにいる人々が本物だということに疑いを持ってしまうと、すべてが崩壊してしまう。我々は最高の厳しさを持って、八百長を試合から完全に排除するために戦わなくてはならないと思う。その当時、ヨーロッパのフットボールはクリーンさを失っていた。

理由は様々だったが、もう過去のことだと思いたい。

私の仕事内容は皆さん知ってのとおりだ。あらゆる細部に気を配って、次の試合に向けた選手起用や準備を考える。ところが試合に行ったらその一切が無駄だったとわかってしまうとしたら、それは足元から崩れてしまう。

この仕事を辞めたいとは思わなかった。そうしたことがフランスやヨーロッパで起きていたとしても、いずれ試合は再びクリーンになり、ゲームに対する愛情が優るだろうと思っていた。

マルセイユのスキャンダルによって、ひとつの固い絆が生まれた。ヴァランシエンヌの監督だったボロ・プリモラッツは信念にしたがって行動した。彼は1994年の公判で証拠を提出し、即座にフランスのスポーツ関係者の輪から追放された。フランスのサッカー界は恥部を公にされることに我慢できなかった。

ヴェンゲルはプリモラッツを評してこう言う。「彼はよくやった。不正に対して誰もが立ち上がれるわけではないし、事件後にも様々なことが起こった。その話はいつかしてあげよう。きっと驚くはずだ」。ヴェンゲルは会話や記者会見のなかにこうした思わせぶりな言葉をはさむことがある。しかしその後、ヴェンゲルがその話の続きをすることはなかった。次に起きたのは日本行きで、それにはプリモラッツも同行することになった。

ヴェンゲルのキャリアは一風変わっていて、育ち方も多くの点であまり一般的ではない。彼は1949年10月、ストラスブールでアルフォンス・ヴェンゲルと妻ルイーズのもとに生まれた。ストラスブールはフランス東部、アルザス地域圏の首府であり、経済の中心地である。ドイツとの国境に近く、二国の架け橋の役割を担っている。家族はビストロと自動車部品会社を営んでいた。フランス国籍であるにもかかわらず、七歳くらいまでフランス語をうまく話せなかった。そしてフットボール観戦のために、国内ではなく国境を越えてドイツに連れて行かれることが多かった。古い白黒テレビを囲んで試合を観たことや、1960年のヨーロピアンカップ決勝でレアル・マドリードがアイントラハト・フランクフルトを7対3で下した試合を観て、ますますサッカーが好きになったことが大切な思い出として残っている。

イングランドのフットボールに対する最も古い記憶は、FAカップの決勝を観るようになったころのものだ。「FAカップを観戦することが子供のころの夢だった」とヴェンゲルは回想する。「テレビの白黒画面で観ることができるのは一試合だけだった……いまでも席順まではっきりと覚えている。観戦料は一フラン。ボールの白さやきれいに芝の生えそろったピッチに心が躍った。自分がプレーしていたところとは大違いだった。ボールは白くて小さく、ピッチは汚れひとつなかった。選手たちは髪をきれいに撫《な》でつけ、監督同士はリラックスして談笑していた。そのことにいつも感銘を受けた」

監督たちのボディーランゲージやふるまいを観察するのは、どうやらそのころからのことらしい。最初にサポーターになったチームは、当時国境のドイツ側まで連れて行ってもらって観戦していたボルシアMGだった。ビストロでいつものように話をしていると次第に興奮が高まった。いまでは、そのビストロのことをパブと呼ぶのを好んでおり、そんな点にも、彼がいかにイギリス文化に慣れ親しんできたかが表れている。「五、六歳のころからパブで育つことは、心理学の最高の手ほどきになる。種々雑多な人々に接することができ、ときにはかなり残酷な言葉を耳にすることもある。互いを嘘つきだと非難し合う人々もいる。すると早い時期から、人間の心の襞《ひだ》を読み取るための実践的な心理学が身につくんだ」

自分でも認めているとおり、ヴェンゲルはフットボール選手としてはまったく突出した存在ではなかった。ひょろりと背が高いDFで、アマチュアチームでキャリアをスタートし、下部リーグを経て、全盛期にはRCストラスブールでプレーした。プロデビューは二十九歳のときだった。出場はわずか十三試合。ただしそのなかにはUEFAカップでの出場が含まれ、リーグ優勝した1979年には二試合でプレーしている。それでも、ヴェンゲルの選手としてのキャリアはほとんど無名と言っていい。

ヴェンゲルはずっとイギリスで仕事がしたいと思っていた。「はじめてイギリスに来たのは二十九歳のときだった。フットボールが休みのあいだに、英語を学ぶためにケンブリッジ大学に留学した。英語を学ばずに死ぬのは嫌だった。ずっと外国で生活がしたくて、英語を学ばないかぎりそれは不可能だと思っていた」

そのころからすでにコーチングへの情熱と意志を示し、その甲斐あってユースチームの監督になり、ついでカンヌのアシスタントマネージャーになった。次のナンシーでは、チームは降格してしまったが、モナコから高い評価を得た。

だがヴェンゲルの記憶では、そのころはひどくストレスを抱えていた。緊張のせいで試合後に体調を崩すこともあった。「三十三歳で監督になったが、生き残れないのではないかと不安だった。体調も悪かった」。いまではもう嘔吐《おうと》することはないものの、負けたあとの落ち込みは当時と変わらない、と彼の知人は語っている。

モナコでの最初の日々には比較的好成績を収めたが、苦い経験を経て、1994年の終わりに、彼はプリモラツとともに日本の名古屋グランパスエイトに移った。それはエネルギーを回復するための新たな挑戦だったが、はじめは困難に見舞われた。

ヴェンゲルが日本人に愛着を抱いていることは明らかだ。日本から来た人々を記者会見に参加させ、どの地方の出身かと問いかける姿もよく見受けられる。ヴェンゲルが名古屋を再び訪れたのは、２０１３年夏のプレシーズンツアーのときだった。１９９５年のチーム成績が上がらないころについていた通訳との感動的な再会も果たした。

当初の不振を受けて、ヴェンゲルはクラブオーナーに会談を求められた。彼は「出発だ、ボロ。帰国の準備をしよう」と忠実な右腕に伝えた。最悪の事態を予想して出向いたが、伝えられたのは変わらない信頼だった。ヴェンゲルはクラブ史上最高といっていい結果を出してそれに応えた。カップ戦でふたつのタイトルを獲得し、Jリーグでは2位の成績を収め、最優秀監督賞を受賞した。

ヴェンゲルにとって、日本での日々はとてもいい思い出になっている。劇的な環境の変化によって、フランスのフットボールを傷つけ、ゲームに対する信頼を失わせた八百長問題から気持ちを逸らすこともできた。ヴェンゲルは言う――

フランスのトップリーグで監督になり、十年が経っていた。重要な転機が訪れていた。まったく異なった文化と対峙することが、自分にとって非常に大きな力になると感じた。また当時の日本のような、何かが始まったばかりの環境に身を置くことはとてもいい経験だった。名古屋は設立されて日も浅いが、すでに非常に高いプロ意識を持ったクラブだった。

組織もとてもしっかりしていた。そして、日本では日常的なことだが、人々が全力を尽くしていて、その姿を見ることが非常にいい経験になった。私はそれをヨーロッパに持ち帰った。この仕事をしていると、自国とはまったく異なる文化と出会う可能性がある。素晴らしいことだ。日本に行き、それまでと同じように続けられる仕事というのは、それほどたくさんあるわけではない。私にとって本当にかけがえのない出来事だった。

日本はヴェンゲルの活力を取り戻させ、現在の手法を作る基礎になった。日本での経験やファンの賞賛が、自分が入っていった国の文化を受け入れることの重要性を理解させ、イギリスを第二の故郷にするための準備になった。

アーセナルでの最初の日々が試練だったことは間違いない。ヴェンゲルは選手たちが住み慣れた世界とはまるで違う場所にいた。役員会も同様だった。だがアーセナルの上層部は一年前に犯した過ちに気づき、ヴェンゲル招聘を再検討した。名前がクラブ名と似ていることはきっと何かの徴《しるし》だ――これではまるで、一年に一度しか賭け事をしない人が、馬名で選んで馬券を買ってみるのとたいして変わらない。本当に彼らはアーセンがアーセナルに適任だと思ったのだろうか？

それはともかく、モナコでの実績があるにもかかわらず、彼の名前はイギリスではほとんど知られていなかった。ロンドンの夕刊紙〈イブニング・スタンダード〉はヴェンゲルの着任に際して「どのアーセンだ？」という見出しで迎えたという伝説があるほどだ。しかし当時から同紙にいる記者によれば、この有名な言葉は紙面に載ったのではなく、街の電光掲示板に表示されたというのが真相らしい。

〈イブニング・スタンダード〉は1996年9月18日に彼を揶揄《やゆ》する記事を載せた。それはヴェンゲルの着任時の無名さを強調したものだったが、当時のイギリスのフットボール界がどれほど閉鎖的だったかを改めて示すものになった。記事は問いかける。「前も後ろも読み方がわからない名前だ。フランス人ならアルセーヌ・ウォンジェと発音するのだろうか。ドイツ人なら、アーセーン・ヴェンガーか。レストラン〈ノースバンク〉の常連客である、左官のトレヴァー・ホールは舌を噛みそうになりながら言った。『アースイン・ウォンガー、だろ?』と」

アーセナルのヒル＝ウッド会長はイートン校出身者らしくややもったいぶったところのある野心的な銀行家だった。彼が日本へ飛び、ヴェンゲルと話し合い、契約が結ばれた。


はじめて会った瞬間にアーセンが気に入った。とても知的で魅力にあふれ、面白い話ができるうえに、素晴らしいユーモアのセンスを持っていた。

のちに、彼に会いに日本に行って、グランパスエイトを去るのを少し早めるように説得した。準備ができていないという返答だったから、無理強いはしないと言った。ヴェンゲルは、後任を見つけて少し早く退任できるようにクラブに話をしてみると言った。その言葉どおり、およそ三、四カ月後にチームに加わった。

私は彼に、チームにはかなり尖ったダイヤの原石が何人かいると伝えて、そういう者たちの扱いに困ることはないかと尋ねた。ヴェンゲルは、モナコにはユルゲン・クリンスマンとグレン・ホドルがいて、ふたりはまるで性格が異なっていたが特に扱いに困ったことはないから大丈夫だと思うと答えた。


〝ダイヤの原石〟というのはかなり控え目な言い方だ。当時のアーセナルにはアルコール文化がはびこり、選手たちは我の強さと癖のある性格、扱いにくさで定評があった。イギリスのフットボール界で最も有名な酒飲みもいた。彼らは火曜の練習後に集まって馬鹿騒ぎをすることから

〝チューズデー・クラブ〟と呼ばれていた。水曜がオフの場合には木曜まで続くこともあった。新加入の選手はその通過儀礼を受け、土曜日にはどうにか試合に出た。トニー・アダムスはアルコール依存症であることを公にしたばかりだったし、ポール・マーソンは以前に飲酒と薬物の問題を告白し、リハビリを受けている最中だった。そのほかにも、クラブの名を辱める飲酒事件の例は数え切れないほどだった。

ジョージ・グレアム監督はアルコール問題を放置した。選手たちは気が強く、声高に好きなことを言っていた。彼らはグレアムを尊敬したが、リオッホのことは馬鹿にした。次にチームが迎えるのは無名のフランス人だった。

グレアムの時代に契約したセンターフォワードで、派手な夜遊びを認めたこともあるジョン・ハートソンは、ヴェンゲルが目覚ましい方法で選手たちを変え、ファンの気持ちを摑《つか》み、ルールを定めたと言う。

やり方がまるで違っていた。ジョージは素晴らしい監督だし、選手として二冠を達成し、監督としても成功した。アーセナルに栄光をもたらした。ファンの支持は絶大だった。選手たちは基本的に、午後は好きなように行動することが許されていた。ビールが飲みたければ飲めばよかった。一日中遊んでいたいと思えば遊べばよかった。

ジョージのもとでは誰もが酒を飲んでいた。すごいと思ったよ。僕が契約したその日、ちょうどマース(ポール・マーソン)がリハビリを受けていたプライオリー病院から退院したところだった。お楽しみは全部終わってしまったのかと思っていたけど、みんなまだやめていなかった。マースは問題を押さえつけ、毎日カウンセラーと会っていた。トニーは生活を変えようとしていた。でも僕が来たときには、みんなとにかくパーティーだった。午後にどこかへ繰り出したいと思えば、一緒に行く相手はいくらでもいた。まるで昔のままだった。

ヴェンゲルは選手たちに、生きていくうえでも、キャリアを伸ばすためにもそれは良くないことだと伝えた。ボールディー（スティーヴ・ボールド）やレイ・パーラー、それにトニー・アダムスといった選手たちは、三十二歳で選手として終わってしまってもおかしくなかった。練習にもパーティーにも、同じだけ熱心だった。ヴェンゲルのもとでは、そんなことは認められなかった。


アーセナルの役員会がヴェンゲルを連れてきたのは大きな賭けだったが、そこには揺るぎない信頼があった。ところが次期監督の告知から二週間ほど、公式にはなんの動きもなく、就任には時間がかかっていた。

ヴェンゲルは北ロンドンの緑豊かな地域で、ディーンの家にも近いトッテリッジに居を構えた。彼はハイバリーへはじめて移動したときのことをまだ覚えている。地下鉄に乗っていても誰にも気づかれなかった。彼が何者でどんな外見をしているか、アーセナルのファンでさえほとんど誰も知らなかった。

「私はアーセナルの監督になってから地下鉄に乗ったことがあるんだ」と、ヴェンゲルは言った。

「ここへ来たばかりのころ、パット・ライスにポッターズ・バーからハイバリーまで地下鉄で来てくださいと言われて、そのとおりにしたよ。シートに腰かけていてもまったく気づかれなかった。ここへ来てまだ一週間くらいのころだ。だが状況はすぐに変わった」

実際には、ポッターズ・バーには地下鉄は通っていない。列車でしばらく移動してからコックフォスターズ駅でロンドン地下鉄に乗り換えることになる。そこは小さな村のようなところで、アーセナルの若手選手たちの行きつけのカフェや、大きなフットボールエージェントがいくつかある。周囲には多くのスタッフが住んでいる。閑静な高級住宅街で、フットボールチームが結束をはかるには申し分のない場所だ。

選手の多くとはじめて顔を合わせたのは、9月25日のUEFAカップの試合でのことだった。ヴェンゲルはスタンドで観戦していたが、ハーフタイムにすばやく控え室に降りて行って戦術変更をし、後半はそのままベンチに腰を下ろした。

ナイジェル・ウィンターバーンは回想する。「私たちは今後のことがまるでわからなかった。みんなが『どのアーセンだ？』と言っていたのは覚えている。どんな人物なのか、いい監督だろうかと。初対面はたしかあの試合のときだった。来場はするが、ただの観戦だと聞かされていた。ところがハーフタイムに現れて、チームに修正を加えた」

ヴェンゲルの介入は失敗した。アーセナルはボルシアMGに破れ、合計6対4で敗退した。公式記録では就任はその数週間後とされていることに、彼は感謝しているに違いない。トニー・アダムスは、ヴェンゲルが控え室に入ってきたことや戦術変更が気に入らなかったとのちに何度か語っている。アダムスはヴェンゲルが正式に監督に就任したときに警戒感を抱いていたが、おそらくはそのことが原因だろう。

だがヴェンゲルは、グランパスエイトとの契約中からすでにひそかに仕事に着手していた。パトリック・ヴィエラの獲得だ。痩せて背の高い、だがタフなフランス人ＭＦで、ＡＣミランの控えからただ同然で引き抜かれた。ヴィエラの能力の高さはすぐに新しいチームメイトを感心させ、それとともに監督への信頼感が生まれた。多くの選手たちは、地理の先生のような外見をしていても、ヴェンゲルが恐ろしいほどの知識を持っていることに気づいた。

とはいえ、最も大切なのは選手たちとの初顔合わせだ。このときの印象はのちのちまで続く。そこで失敗すれば取り返しがつかない。

アーセナルには、ヴェンゲル自身も関わった最新の設備が整った練習場がある。だが就任当初は、ユニヴァーシティ・カレッジ・ロンドンと共同の施設を使っていた。

控え目に言っても、設備は最低限のものでしかなかった。広い駐車場を出ると、目の前に食堂と更衣室がある。だが、あるのはそれくらいだ。建物に入っていくと、すぐ右手に診療台がある。駆け出しの新聞記者だったころ、私は心細い思いでそこに立ち（地方紙やクラブのプログラム制作の仕事をしていたが、ひと握りの記者に与えられる取材許可証をもらっていなかった）、選手たちがそこを通りすぎるのを待っていた。騒々しく、威圧的な場所だった。昔ながらのフットボールクラブの雰囲気があり、足を踏み入れるのをためらわせるものがあった。グレアムは鉄拳でそこを支配し、敬意を示すことを要求した。彼が現れると、辺りは静まり返った。情け容赦のない空気が漂っていた。弱さや柔軟さといったものは入る余地がなかった。そんな場所だからこそ、すぐに好印象を植えつけなければならないとヴェンゲルは知っていた。

控え室からドアを抜けると、美しいピッチがあった。その手前に芝生の生えた狭い場所があり、古くて音が鳴る木製のベンチと、靴磨きのブラシに囲まれた陶器製のシンクがふたつ置かれていた。かつてはユースの選手がファーストチームの選手のシューズを洗っていた場所だった。そこよりもいくぶん高くなったところに、近年、英国のフットボール界最大のドラマが繰りひろげられてきたグラウンドがあった。

グレアム監督がリベート問題で解雇されたことを選手たちに告げたのはこのグラウンド上だった。グレアムのような誇り高き男にとって、それは屈辱だった。グレアムにそれまでの努力をねぎらわれ、別れを告げられると、選手たちは呆然《ぼうぜん》とした。マーソンもアダムスも、アルコール問題を告白する場としてそこを選んだ。

ともあれ、1996年9月のある晴れた午前に話を戻すと、アシスタントコーチのライスが見守るなかアーセナルの選手たちが練習に出ようとしていたとき、ロンドン・コルニーの練習場にヴェンゲルが監督としてはじめて姿を現し、自己紹介のために選手たちとミーティングをしたいと言った。服装はスマートカジュアルで、眼鏡をかけていて勤勉そうに見えた。ジャケットには革の肘当てが入っていた。顔には揺るぎない表情が浮かんでいる。大切なのは自分に対する信頼、自信だった。

スーツかトラックスーツ以外のものを着ているヴェンゲルを、私はいままでにただ一度だけ見たことがある。そのときはベージュのチノパンツ、茶色のシャツに茶色のカジュアルシューズを身につけていた。どれも高級そうだが、どこか高級衣料品店の通販カタログからそのまま抜け出してきたような印象を受けた。そうなったのは不意をつかれたせいだった。記者会見のことをすっかり忘れており、彼は広報担当者から電話で知らされ、ほとんど二時間遅れでその場にやってきた。ヴェンゲルを知り、彼の記者会見に出席したことのある記者にとって、遅れ自体は珍しいことではない。だがそのときは単に記者たちを待たせただけでなく、すっかり忘れていたのだった。

１９９６年の時点では、ヴェンゲルの服装にはとりたてて人と違う点はなかった。それでもフットボール界の感覚からすると、アーセナルの控え室で自己紹介のスピーチをするにあたって、そうした服装をするのはあまり一般的ではなかった。メッセージは力強く明確で、強い印象を残した。ディーンとの交友のためか、英語は上達していた。しかし訛りと国籍のために、後ろのほうにいる行儀の良くない若手たちは思わず噴き出しそうになり、手で口を覆ってどうにかごまかした。映画『ピンク・パンサー』のクルーゾー警部に似ているという印象を持つ選手もいた。

ヴェンゲルはこのクラブで〝変革の文化〟を築きたいと語った。〝美しく勝つ、魅力的なフットボール〟がしたいと伝えた。現在のチームの長所であるチームスピリットと一体感、強さをいかし、それを足場にしてアーセナルに成功を取り戻そう。技術向上のために練習方法を変更する。また、食生活の改善にも取り組みたい。

最初のスピーチはおよそ十五分続いた。聞いていた選手たちは、選手個々に合わせた練習方法の調整や、全員にチャンスが与えられるといった点を心に刻んだ。ヴェンゲルは語り、チームはそれを聞いた。自分は誠実であり、信頼してもらえば、きっと君たちを成功させることができると語った。

フットボールの監督というより先生のようだと冗談を言う選手もいた。スピーチの終わりには多くの選手が笑い出したように、まだ全員の気持ちを掴んだわけではなかった。監督として充分な経験があるかどうかはまだ疑問視されていた。

その場にいたジョン・ハートソンはこう語っている。「アーセンは当時もいまも別の階級に属している。なんでもできる人なんだ。サヴォイ・ホテルで行われるブラックタイ着用の行事で、五百人の聴衆を前に話すこともできる。エゴの塊の選手たちの前でもまったく同じことができる。綿密に調査をしていたのはすごいと思った。まるで僕たち全員のことを知っているみたいだった。最初僕たちは〝この教授みたいな人に、フットボールの何がわかる？〟と思っていた。ところが、誰ひとり敵わなかったんだ」

ＭＦのスティーヴン・ヒューズもその日のことを覚えている。

みんな、駐車場で車から降りてくるなり、「いったい何者なんだろう」と言っていた。それをよく覚えている。ヴェンゲルはその日の練習で何をするかを好んで話した。ジョージ（グレアム）やブルース（リオッホ）の場合は、あっちでウォームアップをして、フィールドをランニングしてから戻ってこい、と言われて、その後練習になったが、ヴェンゲルは「これとこれをやり、それからこれだ」と細かく指示を出した。

僕たちが不安に感じていたのは、クラブの方向性やとるべき行動を、誰もわかっていないことだった。英語はとても上手だと思ったのを覚えている。みんなの目が注がれていて、彼は決して認めようとしなかったけれど、やはりいくらか不安だったはずだ。僕はそこにすわって、〝英語もかなり話せるし、この人はすごい〟と考えていた。

一週間足らずのうちに、ほとんどすべてが変わった。それは主に、ヴェンゲルの練習方法によるものだった。かなりの短期間で、明確な違いが感じられた。

ヴェンゲルのはじめての練習は、選手たちが慣れていたものとはまったく異なっていた。グレアムやリオッホのもとでは、セットプレーをやってからミニゲーム形式の練習をして終わりだった。だから多くの選手がはっきりと覚えている。三十枚のマットが地面に並べられたとき、選手たちは〝いったいなんのために使うんだ？〟と訝った。それまでは、立ったままつま先に手を伸ばしてハムストリングのストレッチをしたり、足を引っ張り上げて太ももをストレッチしたりしていた。だが、ヴェンゲルが全員に要求したのは、仰向けに寝て、膝を持ち上げて脚を振り、股関節を屈曲させることだった。

また、ヴェンゲルはプライオメトリックスを導入した。コーンのあいだに棒を渡し、選手たちが飛び越えていく。ベンチを使った踏み台昇降運動や、下半身のストレッチ、ポールを使ったランニング。ヴェンゲルが求めたのは、動きを機敏にし、スピードと強さを増すことだった。トレーニング方法は一変した。それは短く、鋭く、正確に行われ、常に首からストップウォッチを提げたヴェンゲルが秒単位で指示を出した。正しくストレッチを行っていないと言わんばかりに選手の上にまたがって、やり直しを命じることもあった。

当時チームの主力だったレイ・パーラーは、ヴェンゲルがチームに与えた変化を回想する——

どんな人物なのか、誰ひとり知らなかった。〝ここで通用するのか〟と疑問視されていた。それはちょっとした賭けだった。だが僕たちはデイヴィッド・ディーンを信頼していた。彼はクラブを愛し、クラブにとっての最善を願い、ユースチームやリザーブチームに至るすべての試合を観に来ていた。そのデイヴィッド・ディーンがこう言ったんだ——この人物は我々を前に進ませてくれる。

すぐに感心したのはヴェンゲルの意識の高さだった。彼の目にはいつも、イングランドのリーグで働けることに対する興奮があった。フランスや日本での経験はあったが、イングランドのリーグは彼にとって別物で、マンチェスター・ユナイテッドのようなチームと対戦できることにわくわくしていた。強力な守備陣やデイヴィッド・シーマン、その他の選手についても知っていた。ほかの大物選手、たとえばすでに加入していたデニス・ベルカンプのことも知っていた。

初日からその意識の高さははっきりと出ていて、素晴らしいトレーニングが行われた。用意されたボールを地面に置き、パスを出して走る練習がさっそく始まった。ほかの監督たちを尊敬していないわけではないが、こうした練習は、これまでのイングランドでは不足していたものだ。これが、前に進むことの大切さに僕たちの目を開かせた……アーセンは全員にチャンスを与えた。ストップウォッチを手に持って観察していた。すべてを変えたのはあのストップウォッチだ。あれが練習を面白くした。すべての動きに彼の目が光っていた。

ヴェンゲルは僕のフットボールを確実に向上させてくれた。大きな自信を持たせてくれた。技術面でも、一緒にとても多くのトレーニングをした。あまりに楽しくて、居残り練習をすることもよくあった。すべてがぴったりとはまっていた。全員がちょうどいい年齢だった。誰もがそれぞれの理由から一刻も早く上達したいと思っていた。そうしたら、突然そのための環境が整ったんだ。

マルク・オーフェルマルスやヴィエラといった、彼が連れてきた選手は優秀だった。ワールドクラスの選手で、チームの実力を引き上げてくれたのは間違いない。僕たちは練習が大好きだった。ヴェンゲルより早く来て練習していた。彼はそのことを知っていた。彼が課したメニューは驚きだった。選手に信じられないほどの自由を与えてくれた。彼は僕たちが自分を表現すること、複雑なことをしないことを望んだ。よくこう言っていた。「君たちは自分の仕事がわかっている。ハードなトレーニングもこなしてきた。さあプレーしよう」

ベテランの左サイドバックで、アーセナルの名高き四人のＤＦ〝フェイマス・バック・フォー〟のひとり、ナイジェル・ウィンターバーンは、このトレーニング方法の大きな転換をそれ以上に賞賛している。

一週間も経たないうちに、私はトレーニングセッションが大好きになっていた。短く、鋭く、激しい練習だった。たとえば練習前には、それまでは長いランニングや、長時間のハードワークをしていたが、彼はボールを使った。自分のポジションにつき、ラインに沿って走って往復し、センターフォワードへクロスを上げる。それを五、六回やり、そのあとリカバリー。右サイドバックが同じことをしているあいだは休憩になる。次はＭＦ。それからまた自分の番が来る。

ボールを持たないランニングにもストップウォッチが使われた。スティーヴ・ボールドやリー・ディクソンといった年長の選手に対しては、何秒か遅いタイムが設定された。リカバリーの時間を数秒長く取るためだ。練習に参加するのが本当に楽しかった。我々の体力は上がった。レイ・パーラーなどの若手選手は、もっと設定タイムの短いハードな練習をこなした。それから、プライオメトリックスに入る。ジャンプしてフープをくぐり、ハードルを跳び越える。こういうことははじめてだった。

当時、プレシーズンには過酷なランニングときつい練習が行われていた。練習はほぼ毎日二回行われ、加えてランニングもあった。だがアーセンのもとで行ったのは、軽いランニングと、なんとウォーキングだった。昼食を摂《と》りに屋内に入って、〝きっと午後はきついメニューだろう〟と思った。だけど外へ出てみると、ピッチにボールが出されていて、技術練習になった。六週間のオフからスムーズに復帰できるよう考えられていたんだ。それまでとはまったく違うやり方だった。

彼のトレーニング方法には感嘆せずにはいられない。強度はちょうどよく、あらゆる細部にまで注意が行き届いていた。練習もボールの動きも、キープの仕方も気に入ったから、私はアーセンの練習方法をすぐに受け入れることができた。彼は全員が動くこと、一斉に動いてパスの選択肢を増やすことを求めた。そこに練習の重点が置かれていた。

たしかに私は、若いころからいつもきちんと練習をしてきたとは言えない。だがアーセンが来て、少し年をとり、彼がフェイマス・バック・フォーを外そうとしているという噂が入ってきて、練習に対する考え方が変わった。あの強度が私には最適だった。短く、鋭く……その結果、フットボールのスタイルが変わっていった。ほとんどの選手は本当に、心から喜んでいたと思う。率直に言って、それを喜ばないなんてことは考えられない。

スティーヴン・ヒューズは言う。

「はじめに目についたのは、彼がひとりひとりにボールを持たせてピッチに送り出したことだ。ディッコ（リー・ディクソン）は『なんのためだ？』と言っていた。僕たちはピッチを横切り、クライフターンをした。トニー・アダムスが『クライフターンは三年ぶりだ』と言っていたのを覚えている。ボロ（プリモラツ）までもがクライフターンをし、僕たちは子供のように笑った」

ヴェンゲルは練習にマネキンも取り入れた。たとえば4－4－2といったフォーメーションを組むようにそれを配置し、選手にそのまわりでプレーさせた。練習に参加するのはたいてい、ミッドフィルダー、センターバック、ウイング、センターフォワードだった。中央からボールをサイドに出し、中央に戻し、またサイドに出して、最後にはウイングがストライカーにクロスを上げる。奇妙な練習だと思われるかもしれないが、ヴェンゲルは選手の意識に植えつけるかのように、何度も何度もこの練習をやらせた。次に試合のなかで似たような状況になったら、チームメイトがどこにいるかを察知し、このプレーに〝切り替える〟ことができるように。

ヴェンゲルは就任したとき、チームが厳格に管理されすぎていると感じた。彼は選手が自由にプレーしながら、同時に次の展開の可能性を頭に入れていることを望んだ。技術的には、動きを増やすことで選手が一直線に並ばないようにした。マネキンを導入したのはそのためだった。

また、方向転換や身体に近い位置でのボールキープをしながらのドリブルができるように、技術を向上させることも求められた。パス練習では、選手は小さな三角形を作るように立ち、走り込むべきスペースにパスを出す。それは、技術だけでなく、思考のスピードを向上させるための練習だった。もっと頭と身体を同時に動かし続ける必要があった。ロングボールを蹴り、スペースへ走る時代は終わった。ヴェンゲルはボールキープや相手を抜く練習を増やした。なかでもセンターバックは、練習のなかで互いに協調し、いつもキーパーからボールをもらえる体勢を保った。そしてキーパーは、前方へロングボールを蹴るのではなく、転がすかショートパスを出すよう指示された。

別の練習では、選手たちが円形に並び、真ん中にひとりが入った。ボールがなかに蹴り込まれ、真ん中の選手はそれをキープし、パスを出す。すべてトップスピードで、しかも監督の視線によるプレッシャーを感じながらの練習だが、選手のタッチと技術は確実に向上した。

ヴェンゲルは各選手との個別練習にも取り組んだ。パット・ライスとボロ・プリモラツがトレーニングを仕切っていたが、監督自身も細かく指示を出した。たとえば、ふたりのウイングがセンターフォワードのジョン・ハートソンにシュートしやすいクロスを上げる練習があった。ヴェンゲルはつきっきりでハートソンの横に立ち、ＤＦのマークを外し、クロスに備えるためにどう動くべきかを指導した。

チーム状況が改善しても、ヴェンゲルは選手としては〝たいしたことはなかった〟という冗談はなくならなかった。トレーニングが始まる前、彼がやってきたり移動したりするときに、ふと誰かがそれを口にした。また、ヴェンゲルのやり方に、選手たちが一切疑問を抱かなかったというのも正しくないだろう。トニー・アダムス――コメディドラマの「オンリー・フールズ・アンド・ホーセズ」の登場人物にちなんで〝ロッダーズ〟というあだ名がついていた――までもが、トレーニング量が足りなくてしっかりと調整できないとヴェンゲルのところへ言いに行ったほどだった。

ヒューズはヴェンゲルの答えを覚えている。「練習の仕上げはいつも8対8のミニゲームだった。短く、鋭い練習ということを言った監督はヴェンゲルがはじめてだった……よく『心配要らない。シーズン後半にはもっと強くなっているはずだ』と言っていた」
そのほかの大きな変更点は、選手の食事法だった。ヴェンゲルはトマトケチャップを禁止した。イアン・ライトは、なんにでもブロッコリーが入っていると不満を漏らした。健康的で薄味の、とても厳しい食事管理に突如変わったことで、カルチャーショックを受けた選手もいた。ナイジェル・ウィンターバーンは回想する――

水分補給の方法は完全に変わった。つまり、水だ。新しいシェフが来た。焼き魚と茹《ゆ》でた鶏肉を食べ、スパイスはすべて取り除かれた。試合後の午後六時三十分まで、選手のラウンジはアルコール禁止だった。重要なのは、試合後すぐに燃料補給をすることだった。私はチョコレートが大好きだったが、アーセンはすべてを管理した。彼は列車での移動を好んだ。車両内を見渡して選手たちの行動を観察していた。紅茶を飲みたければ、許可を得なければならなかった。「オーケー、紅茶を一杯飲んでもいい――ただし砂糖は抜きで」
プラットホームでの待ち時間、彼が見ていないときには、私たちは売店に押し寄せてポテトチップスを買い込んだ。彼は何が起きているか知っていたはずだけど、そんな行動はすべて彼のためだったんだ。

ジョン・ハートソンも新しい食事法を覚えている。「完全にやり方が変わった。僕は食事とかそういったことはまるでわからない。その前には、古いタイプの選手が多いルートンにいたんだ。食事の世話をする人もいなかった。ガモン・ステーキやエッグ・アンド・チップスを食べ、スカッシュを飲んでいた。でもアーセナルに行ってからは、アーセン・ヴェンゲルはそういったものは一切認めなかった。全員で集まって食べ、全員が食べ終わったら部屋を出る。食べるのは鶏肉と米だけ。金曜日の夜はパスタ。ステーキ、魚、身体にいい食べ物……ありがたいかぎりだったね」

選手が自宅や遠征先で食べるものについては信頼して任された。だが、数名の選手がヴェンゲルの忍耐力を試すような行為をしたため、彼はすぐに新たなルールを作らなければならなかった。遠征先でのルームサービスは禁止され、さらにホテル側には、選手から注文があったら報告するように告げられた。スティーヴン・ヒューズは当時を回想している。

「ケチャップの件はみんながっかりしていた。誰もがこっそりと食べ物を持ち込もうとした。ビッグ・ジョニー・ハートソンはすごかった。遠征先で夕食が終わって彼の部屋に行くと、そこにはコークとクラブ・サンドイッチがあった。二時間後には皿はすべて部屋から消えていた。だがそれは長くは続かなかった。ヴェンゲルがそれを突き止めたんだ。全員を集め、ルームサービスを禁止すると告げた。ホテルは選手に追加サービスをすることを止められ、報告を求められた。それにひっかかった者は呼び出されて「なんで君はファンタのルームサービスを注文したんだ」と問い質された」

ヴェンゲルは水分に含まれる泡が体内の酸素量を減らすという理由で、練習場では炭酸飲料を禁止した。同様に、紅茶やコーヒーにミルクと砂糖を入れることも、〝英国の忌むべき習慣だ〟として禁止した。後年、このルールはわずかに緩和されたが、温かい飲み物に入れる砂糖は、均等に混ぜることが徹底された。

ソル・キャンベルは、数年後に練習場でインタビューを受けたとき、コーヒーを手に持って腰を下ろし、誰かが見ていないかと辺りを見まわしてからスプーンに砂糖を乗せた。それをコーヒーに混ぜる様子はとても慎重だった。砂糖をスプーンに乗せ、コーヒーに入れると、砂糖が見えなくなるまでかき混ぜていた。

キャンベルは「紅茶やコーヒーに砂糖を入れる場合は、均等に吸収されるように、砂糖の粒が均等に混ざっていなければならない」とヴェンゲルに言われたのだと説明した。ヴェンゲルによると、そうすることによって体内に一定量ずつ吸収され、エネルギーのレベルを一定に保ち、糖分が一気に取り込まれるのを防ぐのだという。

これほど大事にしている食事に関して、ヴェンゲルは日本から学んでいる。現在でも、選手の食事の確認は怠らない。「私の考えでは、イギリス人は砂糖と肉の摂りすぎで、野菜が不足している。私は二年間日本に住んだが、食事はいままで経験したなかで最高だった。日本では、すべての生活様式が健康につながっている。食事は茹でた野菜と魚、米が中心。脂肪や砂糖は少ない。住んでみれば、肥満の人がいないことに気づくだろう。英国の食事は話にならない。一日中ケーキ付きのミルクティーやミルクコーヒーを飲んでいる。スポーツ選手が食べてはいけないもののおとぎの国があるとしたら、そこはイギリスの食事ばかりになるだろうね」

ヴェンゲル就任から二週間も経たないうちに、栄養士が練習場にやってきて選手たちに話をし、食べていいものといけないものを記したリーフレットを配布した。ヴェンゲルはコミュニケーションを重視していた。就任したてのころには、主要選手たちを味方につけることに気を配った。そのころ、ヴェンゲルはトニー・アダムスやポール・マーソンと連れだって練習場のフィールドの周囲を歩いている姿がよく見られた。このふたりの選手は特にサポートを必要としており、彼らとの〝長い散歩〟がそのころの習慣になっていた。

さらに大きな変革は、ホームゲームの試合前のルーティンの変更だった。ジョージ・グレアム時代には、選手たちはノースロンドンのトッテリッジにあるサウス・ハーツ・ゴルフクラブに集合し、チームミーティングを行い、それからハイバリーまで車列を組んで移動した。ブルース・リオッホのもとでは、選手たちは自宅でビーンズやオムレツの朝食を済ましてから各自グラウンドへ車で来て、そこで合流した。

ヴェンゲルは集合を早め（場所は当初は練習場で、のちにホテルに変更された。ホームゲームでも、彼らはそこで試合前の一晩を過ごす）、キックオフの少なくとも五時間前までに制限された食事を摂るように主張した。メニューはマッシュポテト、野菜、茹でた鶏肉だ。ときには午前十時に一食分を無理やり腹に詰め込まなければならないこともあった。

リオッホの時代には、ロッカールームには気分転換用にジェリービーンズが置かれていたが、それもヴェンゲルは変えた。選手たちはエネルギーを高め、筋力を上げるクレアチンを摂取することになった。合法的なサプリメントだが、後年問題視されたこともある。あまりに多くの選手が胃のむかつきを訴えたため、のちに使用が停止された。蛇足ながら、エネルギーを生みだすそのサプリメントは角砂糖のような外見をしていた。選手たちはよく、理学療法士《フィジオ》のガリー・ルーインはディーラーで、自分たちはドラッグを常用しているんだと冗談を言っていた。選手たちはサプリメントを与えられると、自分が先発メンバーだということがわかった。ウィンターバーンは回想する。

そのサプリメントは強制ではなかったから、必ずしも摂取する必要はなかった。正直に言うと、私は一度も摂ったことがない。ひととおり目の前に並べられて、なんのために摂取するのかを簡単に説明してもらったが、自分なりのやり方があったし、私の胃では、試合前にあまりたくさん食べることはできなかった。

正直なところ、（新たな食事法によって）体形もそれほど変わらなかったし、たいして効果があったとは思えない。それにしたがったのは、チームの一員というのはそういうことだからだ。これを食べろといって差し出されれば、とにかくそれを食べなきゃならない。昼食は、できれば火の通っていないものが良かった。だからときどき、アーセンがいないときはサンドイッチを食べた。彼がどこかから見ていないかを確認して、シェフが告げ口しないことを願いながら。さもないと大変なことになったはずだ。

サプリメントは摂っても摂らなくても、どちらでもよかった。多くの選手は摂っていた。迷っている様子もなかった。だがさっきも言ったように、その成分は人を助けるためにある。いちばん大切なことは、試合の九十分間に自分が作り出すものだ。誰かがハンバーガーを食べたって別に問題はないと思う。毎日食べているものならば、変える必要はない。なんだって食べればいい、というのが私の意見だ。

スティーヴン・ヒューズは付け加える。

何人かがサプリメントを試してみた。僕といつも一緒にいたマーティン・キーオンは「ヒュージー、気をつけないと。これ以上強くなってもしょうがない」と言っていた。サプリメントを飲むと、彼は三分後にこう言った。「なんだかいい気分だ」。そこにはきっと心理的な効果も含まれていたはずだ。

僕はそのせいで少しだけ体重が増え、「ヒュージー、テイクアウトの料理でも食べてるんじゃないか?」とボスに訊かれた。「違いますよ。たぶんあのクレアチンのせいです」と僕は答えた。ボスは「あれを飲んでいるのか? まさか」と言った。彼はサプリメントを摂取した全員をしっかりと観察していた。好んで飲んでいる連中もいた。

選手たちは見違えるような動きになった。全員のコンディションが良くなり、動きは鋭く、軽快になった。ルーインはクレアチンの小さな容器を持ってうろうろしていたばかりではなく、新しい方針のなかで重視されていたマッサージの予約の管理も行っていた。急に、ベテランの選手たちが毎日マッサージを求めるようになった。ルーインはマッサージの人気が増すにつれ、選手たちをやんわりと追い返さなければならなくなった。「そうだね、いまだったら一時間待ってもらわないと。長蛇の列ができてるんだ」と。

パーラーは試合当日のルーティンと練習場での食事の急激な変化についてこう語っている。「練習場では砂糖は禁止で、ランチの飲み物は水だけ。午前十一時三十分に三品のコース料理を食べて、試合が近づいたころには小腹が空いている。ヴェンゲルが避けたかったのは、試合前に砂糖を摂り、血糖値が激しく上下することだった。でもハーフタイムには、彼は角砂糖を持ってやってきた。そのうえには、少量の気つけ薬が垂れていた――もっとも、それがなんだったのかは知らないが」

ハートソンはこうした変化がイングランドのフットボール界に与えた革命的な影響を強調する。「彼は食事法を変え、選手への接し方を変えた。試合とトレーニングの前後には必ずストレッチをさせた。イングランドのフットボールは彼に感謝すべきことがたくさんある――トレーニング、試合の準備や戦い方。信じられないほどだ」

ピッチ上で結果を出すことができれば、選手たちは変化を受け入れやすくなる。ヴェンゲルははじめの困難な日々を楽しげに思い出す。あらゆる面で逆風が吹いていた。選手にも、ファンにも、メディアにも懐疑が広がっていた。そこで彼はいかにも監督らしく、それが誤りであることを証明するのを楽しんだ。「人々は私が何者なのかを尋ねた。私はまったくの無名だった。それに、イングランドでは外国人監督の成功例もなかった。あのころの私は誰にも知られておらず、歴史の後ろ盾もなかったんだ。ちょっとした逸話がある。私は選手たちの習慣をいくつか変えたが、それは平均年齢が三十歳のチームでは簡単なことではなかった。最初の試合で、選手たちは『マーズバーを返してくれ！』と口々に言っていた。ところが奇妙なことが起こった。ハーフタイムにガリー・ルーインに訊いてみた。『誰もしゃべっていないじゃないか。どうしたんだ？』。すると彼は『腹が減っているせいでしょう』と答えた。試合前にチョコレートを与えなかったからだ。あれは面白かった」

ヴェンゲルが就任して最初の試合はブラックバーン・ローヴァーズ戦で、チームはイーウッド・パーク近くのホテルに宿をとった。彼は全選手をダンスホールに呼び出し、そこでヨガ、基本的なピラティスの動き、ストレッチをやらせた。選手たちは驚いた。これは1996年のことだが、その五年後でも、もし選手が動きの改善のためにヨガを取り入れていると勇気を持って告白したら、新聞記事の格好のネタにされただろう。選手たちの反応は様々だった。デイヴィッド・プラットは特に嫌がったひとりで、一方スティーヴ・ボールドはストレッチの効果を信じ、選手としての寿命を二年延ばした。

ウィンターバーンはブラックバーンのダンスホールでの最初のストレッチのセッションを回想している——

できるところなら場所は選ばなかった。控えの間があれば、そこへ入った。どんな部屋だろうと関係なかった。がらんとした広い場所だったり、ときには充分に身体を動かす余地もないほど散らかっていたりした。彼はどこであっても気にせず、ウォームアップの儀式の一部としてやらせた。一試合たりともそれを欠かすことはなかった。

試合の日には、朝起きるとウォーキングをした。そして室内に入り、様々な種類のストレッチやピラティスの動きをし、壁に脚を上げるヨガのポーズをした。目的は、固まった身体をしっかりと伸ばすことだった。自分にもチーム全体にも、きっといい効果をもたらすと思ったから、言われたとおりにやった……。きっといまでも、同じようにしているだろう。試合の朝、私たちは時間になると集まって歩いた。十分から十五分の短いウォーキングのあと、部屋に入ってストレッチをし、それから試合前の食事。私がチームにいるあいだは、そのルーティンはほとんど変わることがなかった。

ヒューズの記憶では、特にイングランドの選手たちが最初はなかなか真剣に取り組もうとしなかった。「ストレッチほど気持ちの悪いものはなかった。その場所に行って、最初にやったのは壁に脚を上げるポーズだった。イングランドの選手は全員腹を抱えて笑った。監督はそれが気に入らなかった。彼は考え方から教える必要があると判断し、しばしそれに当たった……それでいくらか落ち着いた」

ヴェンゲルはまた、夜の試合では、当日の午前八時からストレッチを取り入れようとした。それには非公式ながら選手の総意を伝える役割を担っていたキャプテンのトニー・アダムスが反対し、代わりにウォーキングを行うことになった。

ヴェンゲルの初陣はアウェーで1996年10月12日に行われた。アーセナルのプレーはあまり良くなかった。早い時間帯にイアン・ライトが得点したものの、その後ブラックバーンが試合を優位に進め、ハーフタイムの時点でまだリードを保っていたのは幸運にすぎなかった。選手たちはロッカールームに入っていくとき、最悪のことを予想した。ヴェンゲルの激しい叱責《しっせき》が待っていると覚悟した。ところが、まったく逆のことが起こった。

そのときロッカールームにいた選手によると、ヴェンゲルは話しはじめる前に、たっぷり八分は待っていたという。ヴェンゲルの沈黙にはライスですら不安になったが、それがかえって選手を落ち着かせた。チームは後半のピッチに向かった。ライトがリスタートの直後に2点目を奪い、アーセナルは2対0で勝利した。ヴェンゲル伝説、ヴェンゲル効果、ヴェンゲル物語がここに始まったのである。

その試合に出場していたハートソンはこう回想している。

ほとんど何も言わなかったから不思議な気がした。チームバスに乗ると、みんなのなかに気配が消えてしまっていた。ロッカールームに来たときは、チームを激励するというより、ただひょっこりと顔を覗かせただけのようだった。

僕にとって素晴らしい一日だった――ヘニング・ベルクをピッチで完全に打ち負かしてやった。たしか最初に僕がヘディングで競り勝って、ライトが2ゴールとも決めた。あの1点目は僕が作り出したものだ……僕は攻撃的だった。二十一歳のときで、ヴェンゲルはたぶん、僕のことを燃えるような赤毛の、ちょっとがさつな選手だと思っていただろう。そういう点は気に入られていたと思う。ヴェンゲルはいつでも、大きな選手を前線に置くのが好きなんだ。

ヴェンゲルは試合後にやって来て選手たちのパフォーマンスを称えた。今後も君たち全員とやっていくことを楽しみにしている、と語った。そして、次の月曜日から僕たちと一緒に練習場で身体を動かした。あの初戦もトレーニングも本当に楽しかった。

現在でもヴェンゲルは、どんなに重く、戦意を喪失するような敗戦のあとでも何もしゃべらないことがある。むしろじっとすわって結果を消化し、考えをまとめていることが多い。選手への伝達はその後、トレーニング場でなされる。ロッカールームでの行動は考え抜かれていて、とりわけ監督としてのふるまい、選手への接し方、彼らを鼓舞し、気持ちを乗せる方法については徹底されている。

「たしかに私はハーフタイムには荒っぽい真似もしてきたが、それはチームの文化に合わせてのことだ」とヴェンゲルは言う。「日本だったら、もっと慎重に行動する必要がある。英国のロッカールームで普通だと思われていることでも、それを日本でやったら完全にショッキングな出来事になってしまう」

フットボール史上、監督が怒りをぶちまけ、ロッカールームで衝突が起こった例は枚挙に暇《いとま》がない。その最も有名な例は、サー・アレックス・ファーガソンが激怒して蹴り上げたスパイクがデイヴィッド・ベッカムの顔に当たり、針で縫う怪我を負わせた件だろう。たとえどれほどの怒りに駆られたとしても、ヴェンゲルがそうした行動をするとは考えられない。

ヴェンゲルは徐々にイングランドの文化に慣れ、そして選手たちも次第に監督の接し方を理解し、受け入れていった。ヴェンゲルはすべての伝統を変えたわけではない。選手たちが試合前のロッカールームで大音量の音楽を流すことは許し、同時に、それ以外の時間には内なる聖地は静寂と平穏に包まれることとした。そして、その他のルーティンには修正が加えられていった。

ヴェンゲルはあまり選手を叱責することがなく、その点が選手たちを不安にさせたこともある。ロッカールームで罵声が飛んだ試合は、片手で数えられるほどしかない。ヴェンゲルとはそういう人物なのだ――いつも冷静で、落ち着きはらっている。それが彼のやり方だ。方法論、あるは哲学といってもいい。記者会見で怒りをぶちまけたこともあるが、さほど頻繁ではない。メディアの前でスタッフを叱りつけることもあったが、その多くは、ヨーロッパでのアウェーの試合を落としたあと、スタジアムを出て、帰国便に間に合うようバスに乗っているときだった。最もピリピリし、ストレスを感じるのは移動の手配に関してなのだ。

よく知られた逸話だが、帰路の乗車駅への通り道が障害物で封鎖されていたときに、ヴェンゲルはチームバスを降りると、クラブで長く働き、現在はファーストチームの移動の責任者をしているポール・ジョンソンを捕まえ、それを取り除くように指示したことがある。ジョンソンが手を尽くしているあいだ、ヴェンゲルはその脇で机を苛立たしげに何度も叩いていた。やがて試みは成功し、橋の上の渋滞は消えた。アーセナルでの最初の日々から、ヴェンゲルの際立った個性はすでに明らかだった。

ヴェンゲルのスタイル、発想、方法はそれ以前のものとはまったく異なり、時代に先駆けていた。アーセナルの哲学には、トレーニング法で、ピッチ上で、ロッカールームで、変革が加えられていった。

第2章

フランス革命

「最初は、このフランス人にフットボールの何がわかるんだと思ったよ。眼鏡をかけているが、英語は話せるのか、と」

これはアーセナルの伝説的なキャプテン、トニー・アダムスの言葉だ。彼ははじめ、アーセン・ヴェンゲルに疑いの眼差しを向けていた。アダムスはセンターバックとしてきわめて優秀で、性格はいかにも英国人らしく頑固で気が強かった。また選手たちの意見を代表してクラブに伝える役割も担っていた。ジョージ・グレアムの時代には、契約交渉のやり直しを求めて監督のもとを訪れることも多かった。

グレアムは監督時代、選手の給与を抑制することで知られており、1986年にはわずか週給50ポンドの希望額の差が埋まらず、生え抜きのマーティン・キーオンがアストン・ヴィラに移籍したことがあった。結局、アーセナルは1993年に200万ポンドを払ってエヴァートン経由で買い戻すことになった。まったく割に合わない話だがグレアムが自らの基準にしたがった結果だった。

そのころ選手たちはこんなジョークを口にしていた。アダムスは妥協しないで全員の昇給を勝ち取ってくるとみんなに約束してグレアムに会いに行った。ほどなく彼は帰ってきたが、自分の給料は大幅に上がっているのに残りのみんなの昇給はほんのわずかだった……これはロッカールームの軽口にすぎないが、選手は不当な扱いを受けており、働きにふさわしい給料を受け取っていないという思いはクラブ内で広まっていた。アダムスは契約を改善するようにグレアムを説得したがうまくいかなかった。

ヴェンゲルは真っ先に選手たちの給料を上げた。選手を味方につけるために、これほど効果的な行動はないだろう。実際にフェイマス・バック・フォーのひとりは一夜にして給料が倍になった。ヴェンゲルは主力選手の給料のあまりの低さに衝撃を受けていた。契約を確認するとすぐに、自分をハイバリーに連れてきた副会長のデイヴィッド・ディーンに、即座に給与水準を上げる必要があると主張した。

選手たちの反応を想像してほしい。ひどい扱いを受け、クラブに栄冠をもたらしても評価してもらえないという状況で、新監督がそれを刷新したらどうなるかを。一瞬にして選手を味方につける方法があるとしたら、それはこのときヴェンゲルが行ったことだ。この追い風に乗って、想像を大きく超える契約を手にした選手もいた。デニス・ベルカンプとトニー・アダムスは全員の片がついたあとで呼ばれ、新しい契約を結んだ。クラブにおけるふたりの稼ぎ頭（そしておそらくは最重要選手）の昇給の話が広まると、ほかの選手たちとのあまりの落差に、選手たちの代表はヴェンゲルに契約の見直しを申し入れに行った。ナイジェル・ウィンターバーンは回想する――

契約はすぐに変更された。だが公平を期して言えば、がらりと変わったのはブルース・リオッホのときだった。ブルースがいたのは一年だけだから、改革が続いたかどうかはわからないが。アーセンはすぐに、目標と比べて給与が低すぎるという評価を下していた。変化はあっという間だった。いつもどおりにね。おそらくだが、選手にはA、B、Cのランクがつけられていた。そして各ランクには、ほどよい給料の格差が設けられていた。

私やリー・ディクソン、スティーヴ・ボールドといったベテランの選手は一年契約をしていた。（もし契約が更新されるならば）2月に連絡が欲しいとヴェンゲルに伝えてあった。チーム状況からして、翌シーズンもプレーすることになるとわかっていた。2月にリーグの優勝争いをしているかカップ戦で勝ち残っていれば、その段階で契約を更新しないと言われることはないと思っていた。

ヴェンゲルは嘘をつかない。ある年、トニー・アダムスやパトリック・ヴィエラ、デニス・ベルカンプといったトップ選手に近い水準まで昇給すると言われて新しい契約を結んだことがある。ところがその一週間後、トニーが新しい契約を結んだ。ボールディーや私やリーは、これでは一週間前と状況は変わっていないと話し合った。

私はみんなに相談して監督に会いに行った。そして部屋に入り、「新しい契約には満足しているんですが、ほかの選手も全員上がってしまったから、結局元のままです」と伝えた。ヴェンゲルは任せてくれと答えた。リーとボールディーのところに戻ると、私ははぐらかされてしまったと告げた。でもヴェンゲルは二、三日後にやってきて、リーグの裁可が必要だが、先週の昇給分と同額をシーズン終了時に渡すと約束してくれた。ただし、支払いは一時金の形になるということだった。

信じられなかった。そんなことが可能だとは知らなかった。私がヴェンゲルを信頼するのは、嘘をつかないからだ。その約束を書面に残したわけでもなく、一週間前に結んだ公式の契約書を持ったままだったけれど、我々は5月か6月ごろの通常の給与とともに、リーグの裁可の書面が添付された一時金をちゃんと受け取った。本当に驚くべきことだった。ヴェンゲルが嘘をつかない人であることは間違いない。きっとそのためにチームや選手たちとの一体感を保つことができたのだと思う。

ヴェンゲルには移籍金を出し渋るイメージがあるが、実際には選手を大切にし、しっかりと彼らの働きに報いようとしている。正当な報酬を与えることで選手は自分についてくると知っているからだ。アーセナルの元ストライカー、ジョン・ハートソンは言う。「ヴェンゲルは選手といい契約を結んだ。待遇を変え、様々な理由で選手に報酬を与えた。だからこそ選手たちは彼のために働き、タイトルを勝ち取らせた。彼に忠誠を尽くし、その信頼に応えた。ヴェンゲルは選手のことを考え、選手たちはヴェンゲルのことを考えた。それは彼の哲学のかなり大きな部分を占めていた」

ヴェンゲルは自らの哲学を〝社会主義のモデル〟と呼ぶ。記者会見でその言葉が出ると、思わず噴き出した記者もいた。フットボール選手の高額報酬と社会主義の原則が結びつくようには思えなかったからだ。だがその話の要点は、すべての選手の給与水準を一定の枠内に収め、選手同士がいがみ合わないようにすることにあった。ひとりの選手がほかの選手の十倍の給料をもらっていれば、緊張関係が生まれ、選手たちの士気を奪うことになる、とヴェンゲルは主張する。

「アーセナルの給料は高い」とヴェンゲルは言う。「私は生涯をかけて、自分たちのために働いてくれる人への給料を上げる努力をしてきた。できるだけそうすべきだと思っている。給与額は合理的でなければならないし、あらゆる選手に対して同じ基準が適応される必要がある。ときには例外もあるが、突出して高いのはよくない。利益を出すためには、それを尊重すべきだ。よそのクラブでどのようにしているのかは知らない。だがそれは私だけでなく、役員会とともにやっていることだ。ある範囲を〝逸脱〟した契約をする際は、私は役員会の承認を求める。だが、やり方としてはかなり社会主義に近い」

ヴェンゲルは政治を愛しているが、共産主義も資本主義も、いずれも社会のなかでは、ましてやフットボールの世界ではうまくいかないと主張する。だが同時に、〝例外的な才能〟は報われるべきであり、高額な給料を与えられるべきだという。おそらく、プレミアリーグでも屈指の彼自身の給与についてもこの範疇《はんちゅう》に含まれるのだろう。

「政治的には、私は効率主義をとる。無駄を省くことが第一だ。1980年代まで、世界は二分され、人々は共産主義か資本主義のどちらかを信奉していた。共産主義のモデルは経済的に成り立たないと人々は気づいた。だが、いま行われている資本主義も持続可能であるようには思えない。個人の利益を無視することはできないが、きっと世界はゆっくりと変わっていくだろう。この三十年間で、ヨーロッパのすべての人に必要最低限の金が行き渡った。次の政治的なステップは、すべての人がなるべく多くの収入を得ることだ」

ウィンターバーンは自分の扱いに感謝したが、同時に、ヴェンゲルが選手に対して親身になり、約束を守ることが、チーム全体の強さを損なう可能性もあると考えている。

２０００年にチームを去ったとき、私は新しい契約を提示されていた。アーセンも同席して、私はデイヴィッド・ディーンと彼のオフィスで会談した。前シーズンの12月に、私はチームから外されていた。その二週間後にアーセンは「君はいま楽しくないだろう。ずっと毎週プレーしてきたのだから。それでも、チームに残ってほしいと思っている」と言った。だがそのシーズンが終わったとき、自分のパフォーマンスが落ちていることに気づいた。それで私は、チームを去るか引退するかどちらかだと判断した。

もう一年やれたかもしれないが、四、五週間に一度くらいしかプレーできないならば、自分にとっていいことではないと思った。私は自分を極限まで追い込みたかったから、ヴェンゲルにチームを去りたいと告げ、デイヴィッド・ディーンと話をした。デイヴィッドはそれまで以上に高額の給与を提示した。だが私は、金額の問題ではなくてフットボールがしたいだけだと答えた。部屋を出るとき、アーセン・ヴェンゲルは私の身体に腕を回し、「心配しなくてもいい、君のいいように私が取り計らうから」と言った。

それは私だけのことではなかった。たとえばレイ・パーラーのミドルズブラへの移籍を助け、２０１４年夏のトーマス・フェルメーレンの移籍のときにも同じことをし、そのことで批判を受けた。だが、もし手放さなければその選手のキャリアを潰すことになってしまう。レギュラーで出場することが必要な選手もいれば、ときどき出場すればいい選手もいて、フェルメーレンには、常に出場していることが必要だった。怪我でレギュラーから外れた影響で、加入した当時の動きにはほど遠い状態だった。

ヴェンゲルは決断が早いが嘘をつかない人で、彼が移籍を認めればたいていそのとおりになる。決断が早すぎると批判されることもあるけれど、それはすべてを捧げて忠実に働いた選手に感謝しているからだろう。

アーセナルの元MF、スティーヴン・ヒューズはヴェンゲルの選手に対する面倒見の良さについてこう語っている。

彼は選手と特別な絆で結ばれている。もしも選手がスペインから来たら、その選手の面倒を見る。「家族を連れて引っ越してきて、クラブのためにすべてを捧げてくれているのだから」と考えているのだと思う。本当に選手のことを考えてくれる。ヴェンゲルが好きでない人を探してみたらいい。選手にかぎらず、誰もが彼を尊敬している。親切で、いつ電話をしてもいいと言われている。最高の人物だよ。

しばらく話をしていないけれど、助けが必要になって電話をかければ、とてもよくしてもらえるはずだ。真面目な相談をすれば必ず助けてくれる。そういう人なんだ。選手がすべてを捧げているとわかってくれている。私が彼のために多くの時間を捧げたことを忘れたりはしない。そうでない監督だっている。そんな人は、ドアを出たとたんに忘れてしまう。ヴェンゲルとはまるで違う。

就任当初のヴェンゲルの試練は契約のことだけではなかった。重大な出来事がふたつ起こった。ひとつ目は、ロンドン・コルニーの練習場が焼失したことだ。ヴェンゲルには笑うべきか泣くべきかわからなかった。その古い施設を嫌い、別の場所にもっと良いトレーニング場を建てることを主張していたからだ。ふたつ目は彼の私生活に関する、おぞましく根も葉もない噂で、それをもとにしたチャントは現在でも試合中に歌われることがある。ヴェンゲルはその両方に、当事者として正面から立ち向かった。

コルニーの練習場はユニヴァーシティ・カレッジ・ロンドンから借りていたもので、選手たちが長居をすると、午後には学生と遭遇することもあった。火災の原因は、あるユースの選手が回転式乾燥機の操作を誤って爆発させたことだと言われている。

ヴェンゲルは、その場所に改めて最新の設備が整った練習場を作るように強く主張した。「それだけの自由と権限が認められなければ、辞任していただろう」と彼はのちに語っている。建設費用の1200万ポンドは、ニコラ・アネルカをレアル・マドリードに売却したことで賄われた。

ヴェンゲルはもちろん設備にも関心を寄せ、食堂に置かれる食器や椅子までも自分で選んだ。ロッカーのドアに鍵はついていなかった。鍵があると選手同士の会話が減り、コミュニケーションが阻害されると考えたからだ。シューズカバーの着用が義務づけられ、建物内にいつでも自然光が入るように設計された。また、ヴェンゲルは細かい目配りをここでも発揮して、トレーニング場の更衣室に選手の身長によって使い分けられる特注のベンチを設置させた。

トレーニング施設はヴェンゲルにとって重要だった。ファーストチームは二年近くもロンドン・コルニーの練習場と近くのソプウェルハウス・ホテルのあいだをバスで移動した。ホテルで着替え、食事をし、快適な時間を過ごした。ジョン・ハートソンは記憶している。「ソプウェルハウス・ホテルに行ってからは、ヘルス・スパに毎日通っているようなものだった。マッサージに、休憩室、スパ——必要なものはなんでもあった」

それとは対照的に、ユースチームとリザーブチームは練習場の駐車場に設置された移動式のプレハブで着替えをしており、ファーストチームとは切り離されてしまった感があった。選手たちの不満は高まった。とりわけ練習時間が変わり、ユースとリザーブ、ファーストチームがそれぞれ何週間も顔を合わせなかったときには、ヴェンゲルも頭を悩ませた。その練習場は、いまもヴェンゲルの活動拠点になっている。オフィスを構え、朝早く出勤して夜遅く帰宅する。そして、交渉や会議が行われ、移籍がまとまる場所でもある。

ヴェンゲル就任当初のふたつ目の試練は、彼の私生活に関する忌まわしい、誤った噂だった。それはどこからともなく人々の口の端にのぼり、シティ・オブ・ロンドンのゴシップになって勢いを増すと、ついにラジオやテレビでも取り上げられ、記者たちがハイバリーの外の階段で張り込むまでになった。アーセナルのリザーブの試合が行われた日に騒ぎは頂点に達した。姿を見せず、問題には一切触れないという対処をするほうが、ヴェンゲルにとっては簡単だったはずだ。

その日、ヴェンゲルはフランスからロンドンへ飛行機で戻り、空港からハイバリーへタクシーで移動した。ハイバリーの正面で車がとまったときには高まりつつある嵐に気づいていなかったが、運転手がおかしな目つきで自分を見たことを覚えていた。下車するなり、噂について質問しようとするラジオ、テレビ、新聞の記者たちに囲まれた。事情がわからないヴェンゲルは、信じられないほど礼儀正しく、申し訳なさそうに、オフィスに荷物を置いたらすぐに戻ってくると話した。

オフィスに向かう途中、イングランド・フットボール協会からアーセナルに出向してきたばかりの広報担当クレア・トムリンソンが彼を捕まえた。記者たちがなぜあそこに集まり、どんな件で彼を非難しているのかを伝える、気の毒な役まわりだった。現在ではスカイスポーツで働いているトムリンソンがその恐ろしい一日のことを語ってくれた。

働きはじめたばかりで机も椅子もなく、私は床にすわっていました。彼が通りすぎていったので、オフィスに走り込んでドアを閉めました。自分がなんと言ったか、よく覚えていません。頭からすっかり消えてしまっているんです。彼は英語が上手でしたが、小児性愛という言葉は知らなかったようで、私はどうしたらいいのか、どんな言葉で説明すればいいのか、まるで見当がつきませんでした。

彼の反応だけはよく覚えています。黙り込み、顔面蒼白になり、怒り狂っていました。真っ赤になって怒るファーガソン監督とは違って、血の気が失せて嫌悪感を剝《む》き出しにしていました。外へ飛び出し、タクシーを捕まえてヒースロー空港に戻って、すべてを投げ出して帰国してしまうのではないかと思いました。レイプ犯呼ばわりされるだけでも相当なことなのに、子供をレイプしたと非難されるなんて耐えがたい屈辱です。

私はドアに立ちふさがり、法律上の注意点を伝える必要があると言いました。「アーセン、表にはカメラがあります。だからあなたがこれからすることはテープに録られて永久に残ります。信じがたいことですが、記録に残ることを頭に置いて対応しなければなりません」

私は法律家ではありませんが、名誉毀損について多少のことは知っていました。それで、向こうから言わせるようにと伝えました。「疑惑についてどうお考えですか」という言葉を、目撃者の前で、記者の側から言わせることです。それしか方法はありません、と。世界が足元から崩れてしまったのです。彼は立って耳を傾け、頭に入れていました。彼に対する賞賛の気持ちはとても言葉になりません。私たちの関係は、あの日、あの出来事への対処がもとになっています――素晴らしい対応でした。賢明で、冷静さを失うこともなく……。

記者たちとの話が終わると、「もう質問がないようなら、なかに入ってリザーブの試合を見ることにしよう」とヴェンゲルは言った。トムリンソンの記憶に残っているのは、自分の国について謝罪したことと、翌日の出来事だ。

イングランド・フットボール協会に戻ると、当然ですが、新聞に記事が出ていました。名誉毀損にならないよう、すべて法律家のチェックが入っていました。翌日彼から電話があったのを覚えています――滅多にないことでした。彼のもとで二年間働きましたが、電話がかかってきた回数は両手で数えられるほどです。彼は言いました。「弁護士と役員会に相談したんだが、真剣に考えてくれているのは君ひとりらしい。なぜ訴えることができないんだ？ なぜすべての新聞に記事が出ているんだ？ フランスとはまるで違う。こんなものをなぜ印刷できる？」。ひどく落ち込んだ様子でした……。

日本やドイツ、フランスから何が起きているのかを確認する電話がかかっていました。噂は世界中に広まっていました。それまでの実績は忘れられ、恐ろしく、下品で根拠のない非難だけが流布していたんです。ひどい出来事に彼は胸を痛めていました。それでも、そのときの対処の仕方は彼がその後何をするときでも同じでした。とても立派でした。

その日、ヴェンゲルは考え抜かれた態度で人々の前に姿を現した。すべてのカメラが試合ではなくベンチにすわっている彼に向けられていた。出場したリザーブの選手たちは皆、スキャンダルのことを知っていた。会場に入る途中でラジオを聴き、半信半疑で事実を確認しようとしている選手もいた。だがヴェンゲルはハイバリーに向かい、問題に正面から立ち向かうことに決めた。それは、どんな状況からも逃げ出さない彼の気持ちの強さだった。

今日まで、ヴェンゲルはそのことを選手たちに話したことはない。相手チームのサポーターのチャントに対する驚きはいまも消えていない。悲しいことに、それは今日でも観客席から聞こえてくることがある。警察も、会場のスタッフや主催者も、その行為を罰する気がないのか、あるいはできないらしい。サー・アレックス・ファーガソンは、マンチェスター・ユナイテッドのサポーターにそれを試合で歌わないよう要請したほどだ。

フットボール記者のヘンリー・ウィンターはその日の記憶をこう語っている。「アーセンの対応は立派だった。怒りを露わにし、フランスではあのように押しかけられることはない、と語った。フランスでは、少なくとも二、三年前までは、私生活は区別されていた。私生活に踏み込まれたことと、おぞましい噂にショックを受けていた。だが広報担当のクレア・トムリンソンを横に立たせ、彼はジャーナリストたちの前に姿を現した。華やかな女性が同席したことで、強いヴェンゲルのイメージができた」

あの誤った、悪意のある噂にもとづく下品なチャントは、ヴェンゲルがイングランドのフットボールでいちばん嫌っているものかもしれない。彼はグラウンドの雰囲気や観衆、情熱を愛している。だが、あのヤジが消えることはなく、それを完全に心から締め出すためには、かなりの時間が経ったいまでも相当に強い気持ちが必要になる。

この出来事に意識を奪われ、心を乱されながらも、ヴェンゲルはアーセナルの改革を続けた。10月にチームを引き継ぐと、1996－97シーズンは3位で終了した。そして迎えた1997年夏の最初のプレシーズンに、ヴェンゲルはアーセナルの古い伝統を目の当たりにして驚愕することになる。プレシーズンになると、アーセナルの選手の多くは集まって酒を飲んでいた。外国人選手にとっては、まったく馴染みのない風習だった。ヴェンゲルはそれを禁止した。

アーセナルは前年にプレシーズンツアーを行ったスカンディナヴィアから、行き先をオーストリアのバート・ヴァルタースドルフに変更した。それは小さなホテルが二軒とフットボールグラウンドがひとつあるだけの小さな村だったが、空気が薄く海抜が高い、理想的な場所だった。ヴェンゲルらしく細かく調べ上げたうえで、選手を毎年そこへ連れて行くようになった。

夜の騒ぎもようやく終わりを告げた。デニス・ベルカンプもそれに驚いていたひとりだ。


私にはまったく理解できなかった。プレシーズンには、スウェーデンにトレーニングキャンプに行き、一日二回の練習をした。夕方、妻と一緒に歩いていると、アーセナルの選手全員がパブの外にすわっていた。信じられなかった。面白いのは、トレーニング中には全然そんな素振りは見えないことだ。身体が強いうえに、いつでも全力を出していたからだろう。酒を飲まなくても皆、私を尊重してくれた。〝これもイングランドなんだ。だからそれを尊重しなくてはならない〟と自分に言い聞かせていた。

次の年、アーセンが来てすべてが変わった。チームは強力なイングランド人ＤＦの活躍で好成績を収めるようになった。彼らはヨーロッパ人にはない闘志をチームに植えつけていた。「気合を入れろ！」とか、いろいろなかけ声があった。「どれだけ勝ちたいんだ？」というのが私は気に入っていた。そう自問して、深く心に刻んだ。本当に相手チームよりも勝ちたいと思っているのか。そのためにどれだけのものを捧げる気があるのか。うまくなるためにどれだけの時間を注ぐつもりか。それはイングランドの戦士の伝統であり、道徳律なんだ。全員で戦場へ行き、力のかぎり戦う。

ヴェンゲルのフランス革命の最大の要素は、アルコール文化を変えたことだったのかもしれない。悪名高きチューズデー・クラブの存在も、それ以前の飲酒の横行を暗示していた。水曜日には大学がトレーニング場を使用するため、休日に当てられていたこともそれを助長した。それを知ったときのヴェンゲルの表情は想像に難くない。

「アーセン・ヴェンゲルが来てはじめてのプレシーズンツアーのことはよく覚えているよ」と、アーセナルの元MF、レイ・パーラーは言う。「パトリック・ヴィエラ、エマニュエル・プティ、ジル・グリマンディといった新しいフランス人選手も入ってきた。激しい練習をして、ツアーの最後に、ヴェンゲルに外出してもいいと言われた。僕たちはパブに直行し、フランス人選手たちは喫茶店に行った。

たしか、スティーヴ・ボールドがバーに行って五人分の三十五パイントのビールを頼んだことがあった。バーから出てくると、フランス人たちはみんな喫茶店で煙草を吸いながらテーブルを囲んですわっていた。僕たちは全員酔っぱらっていて、彼らはみんな煙草を吸っているのに、今年のリーグはどうやったら勝てるんだろうと思ったよ。結局、二冠を獲ったわけだけれど」

パーラーの思い出を伝えると、ヴェンゲルは嬉しそうに微笑んだ。「パーラーが言うとおりだ。身体に対する制限はいまでは大きく変わった。二十年前も今日も、勝者はやはり勝者だ。ただ現在では、身体的な要求がより高まっているから、二十年前の選手ほどの自由はない。社会の監視設備が増加していることもある。そのため人に知られずにいることは現在のほうがずっと難しい。そうした面で、選手にかかるプレッシャーはレイ・パーラーの時代より、いまのほうがはるかに大きくなっている」

ヴェンゲルはアーセナルに来た当初、酒を禁止しなかったが、量に制限を加えた。たとえば、グレアムやリオッホの時代には、贅沢なチームバスのなかでビールやピザのほか、ワイン付きのローストディナーが提供されていた。食事はヴェンゲル時代にも残されたが、ヴェンゲルは選手たちが正しく燃料補給をするように主張し、酒は提供されなくなった。また、チームはトニー・アダムスがアルコール依存症を公にしたことを考慮して、ハイバリーの選手用ラウンジで酒を飲むことをやめていた。

レイ・パーラー、スティーヴ・ボールドド、若いMFのスティーヴン・ヒューズなどは、いつも決まってバスの後ろの席に陣取っていた。スクールバスで声が大きく、面白くて人気がある生徒が後ろの席にすわるのと同じようなものだ。当時、ある長距離遠征からの帰路、面白い逸話が生まれた。その出来事はいつも穏やかなヴェンゲルを激怒させ、選手が度を超したことをすればどうなるかを明らかにした。

そのころには、アーセナルのバスにはサンドイッチ、サラダ、デザートといったマークス&スペンサーの食品が置かれるようになっていた。ティラミスからブラック・フォレスト・ガトーまで、よりどりみどりのデザートを食べながら、後ろの席の選手たちは大食い競争をし、それを賭けの対象にした。敗者から勝者への支払いは百ポンド。ただし、大切なのは金よりもプライドだった。

ヒューズは回想する。「でもヴェンゲルは気づいていた。大目玉を食らったよ。たしか、プディングを五つ食べたレイが勝ったはずだ。みんなでどやどやとバスから降りたときには気持ち悪くて腹も痛かったけれど、笑いをこらえながらそれぞれの車に乗って帰った。ところが翌朝、全員が呼び出されて二度とするなと叱られたよ」

ヴェンゲルはとても真面目だ。それほど笑うほうではなく、ときには不機嫌なこともあるが、練習場では怒鳴ることはない。ただしふざけることは好きで、ユーモアのセンスがあり、そのころは楽しい毎日を過ごしていた。

ヴェンゲルは笑われることは嫌いだが、ふざけたやりとりにはよく加わっていた。不器用なところが選手たちを面白がらせ、それがヴェンゲルの特徴になっていた。あれほど真面目で知的な人物がちょっととぼけたことをするという意外性があった。

就任後間もないトレーニングセッションでのことだ。ヴェンゲルはボールの入った大きなネットを運んできた。ピッチの上にネットを置き、ボールを取り出す穴を探しはじめたが、なかなか見つからない。そのうちに身体がネットに絡まり、ヴェンゲルは倒れてしまった。忠実なアシスタントのパット・ライスが駆けつけ、ネットから助け出そうとしたことで、さらに滑稽さが増した。

また、アストン・ヴィラへの遠征前日の晩、選手たちが宿泊していたホテルでは、食事は給仕されたが、台車に載ったデザートのアップルパイはセルフサービスだった。コーチ陣と同じテーブルについていたヴェンゲルはメインコースを食べ終えると、パイを取りに行き、ケーキナイフでひとつ皿に載せた。振り向いてケーキナイフを元の場所に置いたとき、パイが滑りおちた。だがヴェンゲルはそれにまったく気づかないまま、空の皿を持ってテーブルに戻ってきた。部屋にいたすべての選手の視線が注がれるなか、ヴェンゲルは腰を下ろし、フォークを手に持って、それからようやくパイがないことに気づいた。きょろきょろと辺りを見まわすヴェンゲルを見て選手たちは笑いを押し殺した。

また、バート・ヴァルタースドルフで過ごした最初のプレシーズンにも様々なことが起こった。ヴェンゲルの友人がホテルに会いにきたことがあった。建物の前面に大きな窓があり、選手たちは昼食を摂りながら眺めていた。友人を見つけて窓に近寄ると、ヴェンゲルはなかに入って席に加わるように身振りで示した。だがうまく伝わらなかったらしく、友人は聞こえないというように耳に手を当てた。ヴェンゲルは窓を開けようと取っ手を操作したが、誤って横ではなく縦に開けてしまい、大きな窓が上から倒れてきて激しく額にぶつかった。選手たちは腹を抱えて笑った。おまけに、席に戻ろうとしたときにはテーブルの上のライトにも頭をぶつけた。

「選手たちは私を笑っているのかな、ガリー?」と、ヴェンゲルはフィジオのガリー・ルーインに尋ねた。

「あの……ええ、ボス。そのようですね」

激しく笑いすぎて、テーブルの下に隠れる選手もいた。ウィンターバーンはそのときの様子をこう回想している。

彼にはユーモアのセンスがあった。ネットからボールを取り出そうとして転んだり、コートのファスナーが上げられなかったりすると、自分でも笑っていた。あれほど頭のいい人なのに、本当にいろいろことが起こった。笑わせようとしてわざと剽軽《ひょうきん》なことをしたこともある。そんなときはさすがに、わざとだと見抜けたよ。でも一緒に行動してみれば、彼がこんなに好かれる理由がわかるだろう。それこそが重要なことだ。選手に好かれなければ、結果を出すことはできない。ヴェンゲルはそれがうまいんだ。

開けた窓を頭にぶつけたのはプレシーズンだった。肉体的にも精神的にも非常に厳しいトレーニングをして、選手たちは初戦にピークを迎えられるように、自分を限界まで追い込んで準備していた。あとで考えればそれほど面白いわけでもなかったけれど、あの出来事でふっと気を抜き、笑うことができた。「ありえないよ」と言い合った。信じられなかった。最高なのは、あとでいつも何事もなかったようにふるまうことだ。愛嬌があったよ。

冗談を交わし、笑い合うことで選手はヴェンゲルに親近感を抱いていった。だが、イアン・ライトがローラースケートを買ったときには、彼はその面白みを理解することができなかった。

「彼は冗談が大好きだった。いつもその輪に加わるか、様子を窺ってにこにこと笑っていた。心から好きだったんだろう。レイ・パーラーが冗談を言うといつも面白がっていた」とスティーヴン・ヒューズは言う。

「もちろん、いつも面白いと思うわけではなかった。僕はマーブルホールでローラースケートをはいたライトを引いて動かしたことがある。引っ張ってくれと頼まれたんだ。ドアの前に来たとき、監督が頭をひょいと出して、僕がローラースケートをはいたライトを引っ張っているのを見た。やばいと思った。ライトは新しいローラースケートをはいて子供のようにはしゃいでいたけれど、ヴェンゲルはまるで面白そうじゃなかった」

ヴェンゲルもときには激怒した。そうなると、選手にははっきりとわかった。北部でのアウェーの試合後の移動中、ひと癖ある性格で有名なニクラス・ベントナーがチームメイトと談笑しながら空港のセキュリティゲートを通り抜けようとしたときのことだ。話題はテレビ番組の「Xファクター」で、ベントナーは出場者について思いついたことを話しはじめた。ヴェンゲルはそれに気づいて観察していたが、それから走りよって「負ける姿を見るのが面白いのか?」と怒鳴った。ヴェンゲルは比較的穏やかな性格だが、癇癪《かんしゃく》持ちで、一度それが破裂すると声を荒げ、ユーモアも人の良さも急にどこかへ消えてしまう。

ピッチ上でのヴェンゲルの手腕は、1997−98シーズンにその全貌を現した。トニー・アダムス、スティーヴ・ボールド、マーティン・キーオンとサイドバックのリー・ディクソン、ナイジェル・ウィンターバーンといったベテラン揃いの堅実なDF陣は巧みにパスを回した。技術的にも向上し、スペースにロングボールを蹴るのではなく、後方から組み立てるようになった。

ヴェンゲルはまた、フランスとの関係を最大限利用した。フランスリーグの裏表を知りつくしていたばかりでなく、フランスのアフリカ系選手の市場を活用し、モナコ時代に作った人脈を利用して広範囲から選手を獲得した。フランスとアフリカの代理人を通じて、ヴェンゲルは格安の選手を選び出し、1998年フランスワールドカップのヒーローたちを安い給料で獲得した。イギリス人選手と比較すると、給料は平均して半額ほどだった。

着任した1996年9月から、主要な選手獲得を行える翌年の夏までは時間があった。そこでその一カ月前、監督になることがわかっていたヴェンゲルは、アーセナルにパトリック・ヴィエラとレミ・ガルドとの契約を勧めた。これがフランス革命の始まりだった。

身長192センチのヴィエラは、よくしゃべり、屈強で技術も高いMFで、ミランのリザーブから移籍金わずか350万ポンドで引き抜かれた。彼はその後、アーセナル史上最高の選手のひとりへと成長する。このときも、フランスのユース組織に詳しいヴェンゲルはヴィエラを選手としてだけでなく個人的にも知っていて、若干二十歳にして偉大なリーダーの資質があることを見抜いていた。彼が新生アーセナルの到来を告げた。後にリヨンの監督になるガルドとの契約では、条件提示や選手の推薦を実際には誰が行っていたのかという疑問も湧いた。着任前からすでにヴェンゲルが選手獲得のアドバイスを行っていたことは言うまでもない。

ロッカールームでは、新しい契約に対する懐疑が広がっていた。トニー・アダムスはヴェンゲルについても、加入した選手たちがチームに適応できるのかについても疑いを持っていて、「ヴェンゲルはレミ・ガルドとパトリック・ヴィエラという選手と契約したが、全然聞いたことがないな」と、チームメイトに不満を漏らしていた。

ヴィエラは加入したときにはほとんど英語が話せなかったが、すぐさまピッチ上で好印象を与えた。速く、力強かった。初戦のリザーブ戦で目覚ましいプレーをし、その後ますます良化した。ガルドのほうは同じようには行かず、アーセナルでのキャリアが続くにつれて、選手たちは疑いの目で見るようになった。性格は良かったが、監督と非常に親密でほかの選手とは違った関係だったことから、選手たちはいつも彼がロッカールームでのヴェンゲルの目や耳として送り込まれているように感じていた。ヴェンゲルの巧みな計略でないとは言い切れない。

それからヴェンゲルは次々に海外の選手を連れてきた。いまでは奇異に思われるかもしれないが、アーセナルはその時点まではイギリス人中心のチームだったのだ。このことは、国内の全般的な傾向とも一致していた。ヴェンゲルが来た1995－96シーズンには、リーグに加入する九十二チームで、試合に出場した外国人選手は101名だったのに対し、1997－98シーズンにはその数は176人に増加していた。ヴェンゲルの初戦の、1996年10月のブラックバーン戦ではヴィエラは出場した唯一の非イギリス人選手だった。ラインアップは、デイヴィッド・シーマン、リー・ディクソン、ナイジェル・ウィンターバーン、パトリック・ヴィエラ、スティーヴ・ボールド、トニー・アダムス、マーティン・キーオン、デイヴィッド・プラット、イアン・ライト、ポール・マーソン、ジョン・ハートソンだった。レイ・パーラーが途中交代で出場した。

外国人選手の流入が始まろうとしていた。ほかのクラブのサポーターは不満を露わにしたが、アーセナルのファンは気にしなかった。トップ選手が入ってくることによって、選手の質、技術、プレースタイルの面でレベルが上がっていくことが実感できたからだ。ジョージ・グレアム時代末期の退屈なチームと、それを引き継いだブルース・リオッホのわずかな改革のあとで、外国人選手たちがチームに新たな風を吹き込んだ。

だが、忘れられがちだが、就任して最初のシーズンには、ヴェンゲルはリオッホが導入した守備を変えることはなかった。三人のセンターバック――レギュラーはアダムス、ボールド、キーオン――を置き、両ウイングバックがいた。特にアダムスがそのシステムを好んだため、ヴェンゲルは現状維持派の気持ちを考慮してあえてそのままにした。

だが、1997年の夏、ヴェンゲルは改革をさらに進め、チームを徹底的に見直した。4ー4ー2のシステムを導入し、新しい選手を加入させた。ジル・グリマンディ、エマニュエル・プティ、ニコラ・アネルカ、マルク・オーフェルマルスがやってきた。

グリマンディは貴重なチームプレーヤーで、現在はアーセナルのフランスでのスカウトをしている。守備の複数のポジションと中盤をこなした。プティはアーセナルと契約を交わす前、グラスゴー・レンジャーズかトッテナム・ホットスパーに加入する寸前まで行っていた。トッテナムの当時の会長であるサー・アラン・シュガーとの面談まで話は進んでいたが、アーセナルはこの話を聞きつけ、ヴェンゲルの話を聞くまではサインは保留してほしいというメッセージを送った。プティはシュガーに、少し時間が欲しいから一旦ホテルに戻ると伝えた。そしてスパーズが用意したタクシーで、プティはホテルに戻らずにヴェンゲルとディーンに会いに行った。スパーズは知らぬ間にプティがアーセナルへ行くためのタクシー代を払ったことになる。ブロンドのポニーテールが特徴的なプティは、同じフランス人のヴィエラと強力な中盤のコンビを組んだ。

オーフェルマルスはグレアム時代にアーセナルに加入しかけたが、アヤックスに残留することに決め、契約を延長した。このオランダ人ウインガーはその後、膝に重大な故障を負い、移籍金700万ポンド、週給約1万8000ポンドで契約したときには、アーセナルは賭けをしたと言われた。

ロッカールームの雰囲気は一変し、選手たちの国籍は多様化した。ヴェンゲルは選手たちの意欲を保ち、一体感やチームスピリットを失わせないようにするのが巧みだった、とレイ・パーラーは言う。「マヌ（エマニュエル）・プティが来たときのことは覚えているよ。僕たちの前を声もかけずに通りすぎたんだ。〝ちょっと礼儀が良くないな〟ということになった。当時のロッカールームは話ができる場所だったから、おはようの挨拶をするように言ったよ――さもないと、そのポニーテールを切り落とすぞ、ってね」

スティーヴン・ヒューズはその変化の時期を回想して言う――

以前からいたイングランド人選手たちは気が強かった。ロッカールームは荒々しかった。選手たちが、あのころはすごかったと言っているのを聞いたり読んだりすると笑ってしまうよ。〝待ってくれ、あのころは選手同士がいがみ合っていたんだぞ〟と思う。でもそんなことはたいした問題ではなくて、1998年の二冠を達成したチームの写真を家で見ると、このチームはとてつもなく強かった。個性の塊だった、と思うんだ。

何か問題が起きたときには、いつでもロッカールームの内側で解決された。馬鹿げたことやおかしなことが起きると、誰かがそれに気づいた。ライトは気が強い性格だった。僕はデニスが大好きだった。きらりと光るユーモアのセンスがあって、クールでお茶目だった。間違いなくこれまでに会ったなかで最高に面白い人物のひとりだ。マルクは馬鹿げたユーモアで笑わせてくれて、僕は好きだった。デニスはいつもマーティンをからかっていた。僕はいつも近くにすわって笑っていた。マーティンの持ちネタはパントマイムで悪党を演じることだった。彼らと一緒にいるのは楽しかった。デニスは愛すべき人物で、最高に笑わせてくれた。

選手たちの関係は独特だった。フランス人選手たちがひとつのテーブルを囲み、クールなイングランド人選手たちが別のテーブルに陣取っていた。残った僕とマーティンとマルクとデニスははみ出し者だった。マーティンはイングランド人選手たちに交じるほど気がきかず、僕は彼らにいじめられていた変わり者で、マーティンといつも一緒にいた。オランダ人選手たちは僕たちを気に入ってくれた。

新戦力のなかで最も知名度が低かったのはニコラ・アネルカだ。パリ・サンジェルマンからたった50万ポンドの移籍金で引き抜かれた。二年もしないうちに、彼はレアル・マドリードに2250万ポンドで売却された。その去り際は、アーセナルとヴェンゲルに対しストライキするぞと脅すという苦く醜いものだった。新聞に〝仏頂面《ル・サルク》〟というあだ名をつけられたが、アーセナルでの二シーズンには驚異的な活躍を見せた。

アネルカがヴェンゲルのすべてを典型的に示しているといってもいいだろう。若い選手のスピード、パワー、技術に対する信頼。アネルカはそのすべてを備え、アーセナルに優勝トロフィーをもたらすと同時に、ヴェンゲルのもとで選手として成長した。ファーストチームに入り、クラブに多額の利益をもたらした。ヴェンゲルの任期を通じて、同じように安価で加入し、巨額の移籍金とともにチームを去った選手の例は多い。エマニュエル・アデバヨールは2000万ポンド近く、コロ・トゥーレは約1800万ポンドをチームにもたらし、ロビン・ファン・ペルシーの移籍では2000万ポンドの利益が発生した。

こうした記録は、若い才能を発見し、実力を開花させてその可能性を引き出し、チャンスを与え、的確なタイミングで売却するヴェンゲルの能力を証明している。もし別の人生を歩んでいたら、ヴェンゲルは天才的なセールスマンやビジネスマンとして賞賛されていただろう。フットボールとビジネスのマネジメント上の類似点は、彼のお得意の話題でもある。ただしフットボールでは、選手の売却によって巨額の利益を得ても、クラブは野心に欠けるという烙印を押され、監督はファンを裏切ったとみなされることも多い。

しかし、そんな時代はまだ先のことだ。ヴェンゲルの初シーズン、アーセナルはニューカッスルに得失点差で劣り3位でシーズンを終え、チャンピオンズリーグではなくUEFAカップへの出場権を得た。だが、その結果はむしろ成功とみなされるべきだろう。ヴェンゲルは開幕から二カ月は指揮をとっていなかった。シーズン途中でチームを引き継ぐことは難しく、最初のフルシーズンが終わるまでは陪審も評決を控えるものだ。

1997年の夏、ヴェンゲルは多忙を極めていた。ポール・マーソン、ジョン・ハートソン、エディー・マッゴールドリック、デイヴィッド・ヒリアー、アンディ・リニンガム、ポール・ディコフがチームを去り、クラブは1000万ポンド以上の移籍金を手に入れていた。ほかにもエイドリアン・クラークが、ヴェンゲルのもとではほとんどチャンスを与えられず、リオッホが率いるチームでレギュラーになるために移籍を許された。

クラークは、ヴェンゲルが敬意をもって選手に接する、優れた監督だったと記憶している。クラークはヴェンゲル体制のはじめにファーストチームの練習に参加したあと、リザーブに降格した。クラークは監督との面談を希望した。

面談では、君のことを教えてくれと言われた。家族のことや、フットボール以外の時間の過ごし方などを聞かれた。空き時間に大学入学のためのAレベルの勉強をしていると話したらとても興味を持ってくれた。ヴェンゲルは良い教育を受けることを大切にしていた。結局、フットボールに関係がないたくさんのことを話した。話は尽きず、私たちは三十分くらいあれこれ話をした。

フットボールの話題に移ると、私は言った。「面談に来た理由は、不満があったからです。昨シーズンは毎週ファーストチームで練習し、七試合に出場しました。でも今年はずっとリザーブチームです」。彼はとても恥ずかしそうに「そうだったのか。気づかずにいて本当に申し訳ない」と言った。一瞬、信じられなかった。その言葉が本当かどうかはともかく、チャンスがもらえるかもしれないと思った。

私をもっとちゃんと見ると約束してくれた。だが運悪く、いいプレーができたときは彼が見ておらず、彼が来たときにはあまりいいプレーができなかった。私は当時ウイングバックで使われていたのだが、ディフェンスはまるで苦手だった。いい印象を残すことはできなかった。それで結局はチャンスを無駄にしてしまい、数週間後に他チームにローン移籍することになった。それでもあの面談のときは天にも昇る気持ちがした。ひとりの人間として私に関心を持ってくれたからだ。

一シーズンのあいだサウスエンドにローンに出されたあと、クラークは1997年の夏にヴェンゲルに呼び出された。放出されたにもかかわらず、彼は元監督を称えている。クラークは現在、ジャーナリストとして活躍している。

契約が切れたので、ソプウェルハウス・ホテルに呼ばれてボスに会ったときは更新されないだろうと覚悟を決めていた。クラブに入って十一年だった。ホテルのがらんとした食堂で、テーブルをはさんで差し向かいですわった。

正直なところ、アーセン・ヴェンゲルはとても率直に状況を説明したから、私は怒ることも動揺することもなかった。彼は、ある年齢の選手は――私は当時二十二歳だった――ファーストチームでプレーする必要があるが、来シーズン私をファーストチームに置いておくとは保証できないと言った。

ローン先のサウスエンドから、残ってほしいという話があった。アーセナルははじめ移籍金を要求していて、それが原因で交渉が行き詰まっていたが、私の今後にとって障害にならないよう移籍金の要求を取り下げたとのことだった。私はたしか「反論の余地はありません。私はあなたが来てから、ずっと要求される水準に達していませんでした。この判断は間違いだったと証明するように努めます」と言ったはずだ。ヴェンゲルはそうなるよう期待していると言ったが、結局その後、たいした活躍はできなかった。「サウスエンドではいい働きをしていたと聞いているが、君が先へ進む邪魔はできない」とヴェンゲルは言った。

話はわずか五分で終わり、それ以上引き延ばしても意味はなかった。それはとてもつらい出来事だったけれど、個人的に悪い感情を持つことはなかった。アーセナルに十二年いて、彼は私をそこから放出した――そのことを、いまでは感謝するようにさえなっている。伝え方があまりに巧みで、言い返す言葉もなかったし、クラブを去ることが私自身の利益になるような気さえした。公平で率直に話してくれたことに感謝するというのも変だが、その面談で私はそんなふうに感じていた。テレビ番組の「アプレンティス」で、候補者がシュガー卿に脱落を宣言されたのに、それでも機会を与えてくれたことに感謝するのに少し似ていた。
部屋を出ると、マシュー・アップソンが契約するのを待っていて、新旧交代を実感させられた。ほとんど象徴的ですらあった。リザーブチームで知っている若者がそこにいて、彼は入っていき、私は出ていく。そんなことを考えながら車に乗り込んだ。そして声をあげて泣いた。電話をかけてこの出来事を伝えなければならない、もう二度とアーセナルでプレーすることはないと思うと、涙があふれてきた。

ジョン・ハートソンの場合も、話はよく似ている。ヴェンゲルと副会長のデイヴィッド・ディーンは四年契約を提示したが、ウェストハムのハリー・レドナップ監督が提示した条件はさらにレギュラー待遇を約束するものだった。ハートソンは言う。「僕はアーセナルを1997年に去った。その後1998年に、彼らは二冠を制した。偉大な時代の直前に去ってしまったことは、いまでもちょっと残念に思っている。アーセン・ヴェンゲルは四年契約を提示していた。僕を人間としても選手としても気に入ってくれていた。アーセナルにいたころはとても若かった。十代としては国内最高の報酬を手に入れていた。その後、困難に直面した。ハリー・レドナップから話があったときは重大な決断のときだった。正直に言うと、もう一度やり直すことができるならアーセナルに残るだろう。でも僕は自分のやり方にこだわる頑固者だ。ウェストハム、ウィンブルドン、セルティックやウェールズでいいキャリアを築くことができた。でも、あとから考えてみれば、ヴェンゲルのもとにとどまってみたかった。アーセナルの伝説になれたかもしれない。あと十年チームにいられたかもしれない」

ヴェンゲルの元選手に対する優しさや気遣い、そして変わらぬ愛情が際立つ出来事が２００９年に起こった。ハートソンは、脳と肺に転移した睾丸ガンの緊急手術を受け、危機的な状況にいた。ヴェンゲルは命の瀬戸際にあった彼を元気づけてくれた。「アーセナルのユニフォームを着た僕が正面に写った写真と、五、六十人のメッセージが添えられた大きなカードを作ってくれたんだ。いちばん上にヴェンゲル自身の〝ジョン、君と一緒にやれてとても光栄だった。回復を心から願っている〟というメッセージが書かれていた。最悪の時期だったから心から感動した。スタッフ全員の署名があった。ユニフォームを洗ってくれた女性から、シェフや用具係まで全員の」

ハートソンが移籍すると、アップソン、アネルカ、プティ、グリマンディ、オーフェルマルスのほか、アレックス・マニンガーやルイス・ボア・モルテなど数多くの選手が入ってきた。アネルカが契約後すぐに目立った活躍を見せたことで、ヴェンゲルには無名の選手を引き抜き、スターに変える手腕があると認められた。

１９９７年当時のイングランドのフットボールファンは今日よりもずっと閉鎖的だった。フランス代表の選手ですら、よほど詳しいファンでなければ知らなかった。だが、ヴェンゲルのおかげでフランス人選手たちの名前が一般に浸透した。彼はフランスの市場から比較的安く、自分のスタイルと戦術に合う選手を選んで連れてきた。

１９９７－98シーズン、アーセナルは好調なスタートを切った。メンバーはがらりと入れ替わっていたが、お馴染みの選手も含まれていた。イアン・ライトは9月13日に4対1で勝ったボルトン戦でクラブのゴール記録を塗りかえた。それは素晴らしい瞬間だった。アーセナルはゴールを量産し、首位に立っていたマンチェスター・ユナイテッドをハイバリーで3対2で破った。見通しは非常に明るかった。プレミアリーグでは11月1日にダービー・カウンティに手痛い敗戦を喫するまで負けなしだった。

だがその後、暗雲が立ちこめた。アーセナルは続く四試合のうち三試合を落とし、首位のマンチェスター・ユナイテッドから10ポイント差の5位に低迷した。最初の見通しは崩れ、アーセナルはタイトルにはすでに手が届かないかと思われた。

レイ・パーラーはこのときのこと、特にアーセナルの11月の呪いのことを覚えている。11月になると、チームはいつも調子が悪くなった。「どんなチームにもうまくいかない時期はある。うちのチームは、11月に不調になることが多かった。1998年のシーズンにも不調に陥った。なぜかいつも11月だった。理由はわからないけれど」

12月13日にホームでブラックバーンに3対1で敗れたあと、ターニングポイントが訪れた。シーズンの戦いを立て直し、チームを勝利への道に引き戻した決定的な瞬間だった。またそれを機に、同じことがヴェンゲルの在任期間を通じて定着し、繰り返し行われるようになった。危機的状況で行われる選手ミーティングだ。何年もずっと定期的に行われているのは、ヴェンゲル自身が促しているからだろう。たいてい一シーズンに一回、大きな敗戦などの悔しい出来事が起きると、選手たちが集まり、耳の痛い話をさらけ出す。

ヴェンゲルは意見が食い違うことを好まない。それを避けるために、ほとんど目を見て話さないという選手もいる。問題が起きたときにも、選手が自分たちで規律を正すのに任せることが多い。

スティーヴン・ヒューズは語る。「用具係のほうがきついことを言うくらいだった。ヴィク・エイカースは何ひとつ見逃さなかった。いつかの引き分けか負け試合のあと、戻ってくるとみんな黙っていた。静かだった。そういえば、僕がはじめてファーストチームに入ったときには、第三次世界大戦かと思った。誰もが一触即発の状態だった。でもそのときは静かで、誰もしゃべらなかった……そこにヴィクが来て言ったんだ。『やられたな』って。それから『散々にやられたな』ともう一度言った。あれには落ち込んだ」

ブラックバーン戦ののち、選手たちは自主的にミーティングを行った。ミーティングは選手主導のときもあればヴェンゲル主導のときもあったが、このときは選手たちが声をかけ合った。敗戦直後には皆黙りがちだったが、数日後に選手たちはソプウェルハウス・ホテルに集まり、問題点をしっかりと究明した。それがきっかけになり、シーズンの流れが変わった。耳の痛い真実がさらけ出され、名指しで問題が指摘され、チームに気迫が注入された。

デイヴィッド・シーマン、トニー・アダムス、スティーヴ・ボールド、リー・ディクソン、マーティン・キーオン、ナイジェル・ウィンターバーンの守備陣は、エマニュエル・プティとパトリック・ヴィエラとともに腰を下ろし、ふたりに話した。「お前たちはやるべき仕事がまったくわかっていない。守備が必要なんだ。全然カバーしていないじゃないか」。プティとヴィエラのプレーはその言葉で一変した。チームはそれからシーズン終了まで無敗で進み、リーグとFAカップの二冠を勝ち取った。

それ以降、プティとヴィエラの中盤の軸はプレミアリーグ史上最高のコンビのひとつになり、守備、攻撃、組み立てを同じ比率で行うようになった。中盤の争いで負けることはほとんどなかった。プティとヴィエラの連係が完全に確立したのはあのミーティングがあったからだ。ヴェンゲルにはふたりを獲得する慧眼《けいがん》があったが、どんなプレーをしなければならないかを教えたのはチームメイトだった。

ロッカールームでは静かな話し合いを好み、選手が意見を言い、自分たちでチームを動かすことさえ歓迎するヴェンゲルのもとでは、それは自然なことだった。

「率直なところ、彼は試合後怒り狂うようなタイプの監督ではなかった」と、レイ・パーラーは言う。「僕の意見では、それは後回しにして、心を落ち着かせ、結果を受け入れ、考えたほうがいいと思う。試合の直後だと、まるで見当違いのことを言ってしまうこともある。彼はいつもビデオを見直していた。週末に二、三度確認し、それから月曜の朝に来て、ミーティングのときに『何が間違っていた?』と尋ねた。いつでもフィードバックを求めていた。おかしかったのはここじゃないだろうか、と言って選手の意見を求めた。選手たちはその問題を解こうとする。ヴェンゲルは助言をするが、求めているのは試合で起きたことに対する選手個々の意見だった。それはいつも変わらなかった」

マルク・オーフェルマルスとニコラ・アネルカもまた、1997－98シーズンの後半に持てる能力を発揮した。アネルカはロッカールームでは〝かわいそうな奴〟と言われ、ほかの選手たちに溶け込むのに苦労していたが、ピッチの上では別人のようだった。初戦のリザーブゲームから二冠を達成したシーズン終盤まで、アネルカはその特別な才能とパワー、スピード、得点力を見せつけた。

アーセナルは快進撃を続け、優勝争いに再び加わった。一方でマンチェスター・ユナイテッドは失速し、アウェーでのサウサンプトン戦とホームでのレスター戦を落としていた。

アーセナルは大きく離されていたが、戦い方が確立し、安定していた。マンチェスター・ユナイテッドの優勝に対する賭けへの早期払い戻しをするブックメーカーも現れたが、ヴェンゲルは諦めなかった。3月に入り、ユナイテッドは11ポイント差でリードし、残り試合の多いアーセナルには12ポイントの差をつけていた。それでもヴェンゲルの微笑みを見れば、単なるリップサービスでなく、優勝は可能だと信じていることは明らかだった。

シーズン最大の山場となるオールド・トラッフォードでの試合に臨む前、ヴェンゲルは、ユナイテッドにはリーグを〝面白くする責任〟がある、と発言した。新聞、テレビ、ラジオはヴェンゲルの言葉を好意的に伝えた。彼は静かで気がきき、魅力がある外国人で、アレックス・ファーガソンがときどき怒って声を荒げるほかメディアにはほとんど何も話さないのとは対照的だった。

1998年3月14日の試合で形勢は完全に逆転した。アーセナルはオールド・トラッフォードへ行き、マルク・オーフェルマルスの鮮やかなゴールで勝利を収めた。パーラーは「あの試合はおそらくマルク・オーフェルマルスのアーセナルでのベストゲームだと思う。彼にとって最も重要なゴールだった」と回想する。

ユナイテッドは不調にあえぎ、数試合でポイントを落としていたが、ファーガソンはいつものように慌てることなくビッグゲームを迎えた。だがその試合でアーセナルに敗れたことにより、ファーガソンは衝撃を受け、恐れを感じはじめた。

翌日の〈メール・オン・サンデー〉の見出しは、「これで私を信じるか?」というヴェンゲルの言葉だった。これがすべてだった。皮肉屋もファンもジャーナリストも、全フットボール界がそのときまでヴェンゲルとアーセナルの新しい挑戦に対して懐疑的だった。だが土曜の正午の勝利がすべてを変えた。ヴェンゲルは試合後「誰が見ても面白くなった。私はずっと信じていたが、選手たちもこれでまた信じはじめるだろう」と語った。

ヴェンゲルはファーガソンの心理戦に乗せられず、変わらず元気で快活だった。「重圧はアーセナルにかかっている。きっと取りこぼすはずだ」とファーガソンは言った。「プレッシャーを経験したことはないだろう――さあ、様子を見よう」

ヴェンゲルは、勝ち点でリードしているユナイテッドが有利だと述べただけだった。選手たちは記録的な快進撃を見せた。一方FAカップでは、クリストファー・ウレーがゴールを決めて宙返りをし、ウルヴズを破って決勝進出を果たした。アーセナルは波に乗っていた。4月10日の時点で、ユナイテッドがリヴァプール相手に取りこぼし、三試合多く残したアーセナルと7ポイント差になった。ファーガソンも、「アーセナルが優位に立った。ただし自滅の可能性はあるが……」と認めざるを得なかった。

アーセナルは自滅しなかった。エヴァートン戦の勝利で十連勝を飾り、プレミアリーグの新記録を達成すると、最終節を前に優勝を決めた。フェイマス・バック・フォーのメンバー、アダムスとボールドは、ヴェンゲルがヨーロッパから連れてきた才能ある選手と融合し、5月3日日曜日のエヴァートン戦では派手な活躍をしてヴェンゲルにハイバリーでの初タイトルをもたらした。ボールドのパスからのアダムスの89分のゴールは、プレミアリーグの実況放送の歴史のなかでも最も象徴的な得点シーンのひとつになった。

スカイスポーツの解説者マーティン・タイラーの言葉は有名になり、いまもエミレーツ・スタジアムの壁に表示されている。「トニー・アダムスにスティーヴ・ボールドからパスが通った……なんということでしょう。ここにすべてが凝縮されています！」。それはヴェンゲルが練習と信念によって、誰にでも美しいフットボールをさせることができるということを証明した、不思議な魔法のような瞬間だった。

タイラーはそのゴールを、彼のキャリアだけでなく、プレミアリーグ時代を通じて最も記憶に残るゴールのひとつだと回想している。


私はこれまでに多くの試合で解説をして、象徴的な瞬間に何度も遭遇してきた。最近ではセルヒオ・アグエロの例がある。そこにいられたのは本当に幸運だった。何か素晴らしいことが起こると知っていて、あらかじめシェイクスピアの台詞を用意していくわけではない。だが何かが起きるときには、直前に感じられることがある。フットボールの第六感とでも、どう呼んでもらっても構わないが。

トニーが前線に上がるなんて信じられなかった。ヴェンゲルはアーセナルに革命を起こしたと評価されていたが、あのふたりはセンターバックで、監督が交代したときにはバックラインの砦だった。ヴェンゲルは彼らに自由を与え、トニーが前線に上がり、ボールディーがそれを見つけた。あまりにシンプルだった。そこにはアーセン・ヴェンゲルがアーセナルで行ったことが凝縮されていた。

それが大一番の最後のゴールになったことは偶然だと思う。それは私の頭のスイッチを入れ、何年も経ったいまでも私たちはその話をしている。

トニー・アダムスとスティーヴ・ボールドは完全に息が合っていた。アーセンが来る前は敵の攻撃を止めるだけだったが、アーセンは彼らに新しい信念をつぎ込んだ。あのゴールはその証明だった。信じられなかったよ。私はトニー・アダムスがオーバーラップして得点を狙った瞬間のことは覚えているが、それ以外の記憶はあまりない。それは解放の瞬間だった。それこそまさに、アーセンがアーセナルと英国のフットボールにもたらしたものだと私は思っている。

話はそれで終わりではない。アーセナルはウェンブリーでニューカッスルを破りFAカップを制した。決勝は一方的な展開になり、オーフェルマルスとアネルカが得点した。

1998年のチームに対する最高の賛辞はおそらく対戦相手からのものだろう。リーグタイトルのライバルとして、マンチェスター・ユナイテッドとアーセナルは1998年から2004年、またその後も幾度か優勝を争った。その激しいタイトル争いのなかで、2004年の無敗チームも含めて、ユナイテッドの選手たちがベストのチームだと認めるのは1998年の二冠を達成したチームだ。十三回のタイトル獲得を誇るマンチェスター・ユナイテッドのウインガー、ライアン・ギグスはこう語っている。「私にとって最も手強かったアーセナルのチームは、1997－98の二冠チームだ。彼らはすべてを兼ね備えていた。ベルカンプの質、アネルカとオーフェルマルスの速さ、守備陣の経験、それに中盤にはタフなヴィエラとプティがいた」

偉大なチームとしての要素はすべて満たしていた。三度のタイトル獲得時にチームにいた選手も、1998年のチームがいちばん楽しかったという。パトリック・ヴィエラは言う。

「私の全盛期はアーセナルで二冠を達成した1998年だ。すべてのスタジアムの雰囲気を覚えているよ。ホームでもアウェーでもファンは盛り上がっていた。スタジアムは満員だった。ファンの歓声は信じられないほどで、それで私はこの国でのどの試合も楽しむことができた。チームは素晴らしく、本当に特別な経験だった。真に高いレベルに身を置いたことも、優勝もはじめてだった。イングランドのフットボールが大好きになったのはこのときだ」

ヴェンゲルは言うまでもなく三度プレミアリーグのタイトルを獲得している。1998年、2002年、2004年だ。1987年から2000年までアーセナルでプレーしたウィンターバーンはその最初のチームがあとのふたつに決して劣ってはいないと考えている。

どれも相当に強いチームだった。私が在籍した時代では、1998年のチームがベストチームだ。元からいた選手と新加入の選手がうまく融合し、すぐに二冠という形で実を結んだ。完璧なチームだった。前線には速さと得点力があった。オーフェルマルスがサイドを走り、中盤は力強かった――まさに驚異的だった。厳しい展開でも結果を出すことができた。もちろん負けることもあったが、それは当然だ。フットボールも喧嘩も、同じように強かった――それがあのチームにぴったりの言葉だ。2002年、2004年のチームと比較するのはとても難しい。

2004年のチームは負けなかった。でも、その三つのチームが対戦するとしたら、どのチームが勝つかまったくわからない。それぞれがまったく異なるチームなんだ。ティエリ・アンリは私の最後のシーズンに加入して、どんどん上達した。2004年が彼の頂点だった。私はまだ彼が自分の道を探しているときに一年だけ一緒だった。様々な理由で、三つのチームは少しずつ異なっている。ただし前方への流れるような動きという点では2004年のチームが最高だろう。2002年にアーセンはチームを変え、ディフェンスのメンバーを入れ替えた。

対戦したら結果はまったく予測できない。力は均衡している。

アーセナルは充分な結果を残し、賭けに勝った。ヴェンゲルはアーセナルのトレーニング方法を変え、チームの文化を変え、実力を備えたエンターテイナーを擁する多国籍チームに変えた。そして何より、アーセナルを勝者にした。クラブは強豪の地位を取り戻した。しかも彼らの戦い方は美しかった。ヴェンゲルはイングランドでリーグタイトルを獲得した最初の外国人監督になり、チェルシーで1997年にFAカップを制したルート・フリット、その年のリーグカップに優勝したジャンルカ・ヴィアリに続く成功を収めた。

だが、ヴェンゲルのタイトルにはとりわけ価値がある。リーグタイトルの獲得はシーズンを通じて最高のチームだったことを意味し、究極の成功の指標になるからだ。またヴェンゲルは偉大なスタイルを持ってそれを成し遂げた。人気者になり、時代の流れを作った。外国人監督が本格的に増えはじめ、ますます当たり前の存在になっていった。

アーセナルは正しい選択をした。デイヴィッド・ディーンが無名のフランス人を招いたことは間違っていなかった。ディーンはこう語っている。「どうしてアーセンがクラブに合うとわかったのかとよく聞かれるよ。私はこう答えることにしている――『就任して最初のフルシーズンで二冠を獲ったことが大きなヒントだったね』」

強力なチーム、大物の代表選手、未来志向の新監督と成功を手に入れ、アーセナルは新しい時代に突入した。

第3章
帰化英国人

アーセン・ヴェンゲルは外国人監督としてはじめてプレミアリーグを制した。それによって先駆者としての地位は揺るぎないものになり、プレースタイルだけでなく、心を摑む巧みなひと言や毒舌の魅力も加わって、紙面は彼の話題であふれた。アレックス・ファーガソンとのお決まりの舌戦は面白く容赦なく、各紙がこぞって書きたてた。アーセナルの根っからのファンだけでなく、特定のチームを応援しない人々からも、マンチェスター・ユナイテッド一強の状況に新鮮な変化をもたらしたと歓迎された。

ヴェンゲル体制のアーセナルのもうひとつの特徴は、スタイルの劇的な変化だった。〝ボーリング（退屈な）・ボーリング・アーセナル〟とチャントで歌われ、揶揄されたのは過去の話となり、プレミアリーグで最も見ごたえがある、魅力的なチームへと変貌を遂げた。ヴェンゲルが当初、革命児だったことを忘れてはなるまい。魅力あるチームを作るために、ティエリ・アンリやロベール・ピレス、ニコラ・アネルカといった華のある選手を加入させ、すでにチームにいたデニス・ベルカンプの強さを基盤にして新しいチームを構築した。このオランダ人FWはプレミアリーグに在籍した最高の選手のひとりであり、アーセナルの歴史に残る名選手として記憶されるだろう。他チームのサポーターは認めようとしないだろうが、当時のアーセナルに対する賞賛は、現在、サウサンプトンのロナルド・クーマン監督が特定のチームを応援しないファンの支持を集めているのとよく似ていた。

そのころ4－4－2のシステムを採用していたヴェンゲルは、自分のスタイルでどんな相手でも打ち負かすことができると信じていた。攻撃が止められることはないと考え、相手チームの攻撃を抑えることをさほど心配していなかった。自分のやり方に対する絶対の自信があった。マンチェスター・ユナイテッドのアレックス・ファーガソンは魅力的なスタイルで数々のトロフィーを手にして、それが可能であることを証明していた。だが1980年代後半から1990年代前半、ジョージ・グレアムが率いたアーセナルの成功は、それとは反対の手堅い手法で獲得されたものだった。グレアムは退屈なチームだという評判にいつも強く反発し、デイヴィッド・ローキャッスルやアンデシュ・リンパル、イアン・ライトといった華麗な選手たちを指し示した。だが、グレアムのスタイルは型にはまっていた。守りが第一で、勝利は二の次だった。

監督の魔法の公式は、楽しませることと勝つことの絶妙なバランスのうえに成り立っている。ジョゼ・モウリーニョのような監督は、全力をあげて勝てるチームを作り、あとから華麗さをつけたす。ヴェンゲルのような監督は観客を楽しませることがその哲学の出発点にあり、その次に勝ち方を考える。その基礎として、点の取り方やチャンスの作り方、個々の技術がある。ヴェンゲルのように勝利とスタイルには同じ価値があるとみなす監督は少ない。

ヴェンゲルは自らの哲学をこう説明する。「この仕事では、勝利が義務づけられている。だが本当は、すべてのビッグクラブが目指すものは、単に勝つだけではなく、美しく勝つこと、また高い金額を支払って観戦してくれる人々のことを思うことであるはずだ。スタジアムへ観戦に行く楽しさを抱いて目を覚まし、試合後には満足して家路についてほしいという気持ちは、いつでも心に持っていなければならない。プロのフットボールの真のゴールは、勝利をもたらすだけでなく、人々に美しいものを見る喜びを与えるものだ」

アーセナルのファンは、二冠を達成した1997–98のシーズンに勝利と魅力あるフットボールの融合を味わった。マンチェスター・ユナイテッドを逆転してプレミアリーグで優勝し、ウェンブリー・スタジアムで行われた1998年のFAカップ決勝ではニューカッスルを破った。だが、成功をなぞるのはいつも困難だ。翌シーズンのアーセナルは前年と同じ二冠達成の一歩手前まで行きながら、結局は無冠に終わった。

フットボールファンはせっかちに生まれついている。いつでも、より多くを求めるからだ。二冠のわずか六カ月後、アーセナルのファンは早くもいらいらしはじめていた。1998年11月、ホームでのミドルズブラ戦が残念な引き分けに終わると、サポーターたちは不満の声をあげた。ヴェンゲルは、試合後の記者会見でいつもながらの巧みな切り返しをした。「毎日キャビアを食べていると、ソーセージに戻ることは難しくなる」と。

フットボールはいつもわずかな差を争うものだが、1999年4月14日のFAカップ準決勝再試合のマンチェスター・ユナイテッド戦ではそれが勝敗を分けた。延長戦でライアン・ギグスに信じがたい独走ゴールを許して敗北したが、その前にデニス・ベルカンプがロスタイムのPKをピーター・シュマイケルに阻止され、試合に決着をつける絶好のチャンスを逃していた。

さらに悪いことは重なり、アーセナルは最終戦の前の試合でリーズに敗れてタイトル獲得を逃した（最終結果はマンチェスター・ユナイテッドに次ぐ2位で、勝ち点差は1ポイント）。その試合では、ナイジェル・ウィンターバーンの代わりに出場していたアルゼンチン人ＤＦ、ネルソン・ヴィヴァスがオランダ人選手ジミー・フロイド・ハッセルバインクに置き去りにされ、決勝点を許した。ヴェンゲルは人前で選手の批判をすることは滅多にないが、このときばかりはヴィヴァスに対する苛立ちをぶちまけた。彼がアーセナルで再浮上することはなかった。

だがヴェンゲルは、シーズンの転換点はヴィラ・パークでの準決勝再試合の敗戦にあり、その影響は、おそらくそれ以降の二、三シーズンにまで及んだと感じている。試合後、ヴェンゲルは周囲がかつて見たことがないほど怒り、悔しがり、落ち込んでいた。選手通路でも帰りのバスでも怒りは収まらず数日のあいだ燻《くすぶ》り続けた。ヴェンゲルの人生最大の怒りだと言われることもあるほどだ。

理由は簡単だ。それまで互角のタイトル争いを繰りひろげていたユナイテッドに、あの勝利が勢いを与えてしまったからだ。アレックス・ファーガソンもまた、あの準決勝再試合が残りのシーズンに及ぼした影響の大きさを認めている。「本来ロイ・キーンの完璧なゴールですでに勝ちを決めていたはずなのに、線審がオフサイドと判定し、取り消されてしまっていた。だが再試合になったことが、私の考えでは、あのシーズンにはかりしれない影響を与えた。大勢のサポーターが見守るなかライアンがゴールを決め、ロッカールームはお祭り騒ぎになった。雰囲気は最高だった。

ファンは家に帰って子供たちや奥さんに話して聞かせるのが待ち切れないようだった。ロッカールームでは、選手たちがはしゃぎ、跳び跳ねていた。最高の光景だった。そのとき私は絶好のチャンスが来たと思ったんだ。アーセナルを倒したことでチームが盛り上がったのは間違いない」

ユナイテッドはそのシーズン、プレミアリーグ、ＦＡカップ、チャンピオンズリーグのすべてを制し、三冠を達成し、一方のアーセナルは無冠に終わった。あの準決勝が流れを変えたというヴェンゲルの考えは正しかった。ヴェンゲルが見るかぎり、そこから停滞が始まり、続く三シーズンはタイトルに見放された。

レイ・パーラーもあの敗戦がシーズンのわかれ目となり、アレックス・ファーガソンを勢いづかせたことを認めている。


我々は間違いなくあの年のベストチームだった。ベルカンプのＰＫをシュマイケルが止めなかったら、間違いなく勝ち上がって、リーグでも優勝し、再び二冠を達成していたはずだ。マンチェスター・ユナイテッドはチャンピオンズリーグの決勝残り10分で０対１の状況から、２対１と逆転勝ちした。フットボールはいつもわずかな差で勝敗がつく。立場は逆だが、無敗を達成したシーズンにルート・ファン・ニステルローイのシュートがバーに弾かれ、負けを逃れたのとよく似ている――それがあのころの戦いだった。マンチェスター・ユナイテッドとは実力が伯仲し、激しいライバル関係にあった。

１９９９年以降も、力が落ちたわけじゃない。ＦＡカップの決勝進出まではあと一歩だった。デニス・ベルカンプがＰＫを外した。リーズ・ユナイテッドのハッセルバインクにゴールを決められ、僅差でリーグ優勝を逃した。力が落ちたとは言えないだろう。あれは勝負の綾だった。二冠に手が届いてもおかしくなかった。フットボールでは小さなことが勝敗を分ける。

だけど1999年は、本当に接戦だった。ライアン・ギグスが驚異のゴールを決めた。ナイジェル・ウィンターバーンが怪我をしたことによってネルソン・ヴィヴァスが入り、ちょっとした気の緩みからリーズに負けて、リーグ戦でも優勝を逃した。そこからユナイテッドは勢いに乗った。きっかけは間違いなくあの準決勝だった。

ウィンターバーンも言う。「実力は拮抗《きっこう》していた。ベルカンプのPKミス、リーズに負けたこと――私は、まっすぐ病院に送られてそのまま手術を受けていたから、試合結果を知ったのは数日後だった。だった。もしあのとき……と言いたくなる。我々がカップとリーグを優勝し、ユナイテッドの三冠を阻止した可能性だってあった。本当にわずかな差だった」

スカイスポーツの解説者マーティン・タイラーもやはり、ヴィラ・パークでのあの夜がヴェンゲルとアーセナルの転換点になったと述べている。

アーセンの負けっぷりは最悪で、ファギー以下だった。まあ、それは褒め言葉なんだがね。1999年FAカップ準決勝のあとは、完全に怒り狂っていた。PKを外して負けたが、その時点ではリーグ戦でマンチェスター・ユナイテッドと接戦を演じていた。彼はあの準決勝でユナイテッドが息を吹き返すと感じていたが、もちろんそのとおりになった。その後の二、三年はユナイテッドのもので、アーセナルは優勝から遠ざかった。

そのときが、私が見た彼の最悪の姿だった。マンチェスター・ユナイテッドに8対2や6対1で負けたこともあったし、ベンチ入り禁止処分やジョゼ・モウリーニョとの揉み合いなど、情けない出来事もあった。だがヴィラ・パークでの試合後にたまたま姿を見かけて、彼がどれほどの野心家であるかに気づいたんだ。1999年のことだから就任して間もなかったにもかかわらず、激怒していた。あとでわかるように、それほど怒るのも当然だった。危険を嗅ぎとったのだろう。あれでユナイテッドは再び軌道に乗った。三冠を達成し、アーセナルは次の勝利まで長く待たされることになった。

アーセナルの1998-99シーズンは失意のうちに終わった。他チームの監督たちが方針を転換しはじめるなか、ヴェンゲルは二、三年をかけてチームを立て直さなければならなかった。1999年の惜敗のシーズン後、ニコラ・アネルカは移籍を希望した。移籍交渉は長引いたが、結局レアル・マドリードへ売却しクラブは多額の利益を手にした。ただ、代わりにティエリ・アンリが加入したことでそのショックは和らげられた。

選手の才能と可能性を見いだす目利きであるヴェンゲルは、アネルカをチームに残したいと考えていた。彼を手放したことは、いまも最大の後悔の種のひとつだ。だが、もしアネルカを売却しなければ、アーセナルはアンリを獲得したかどうかわからない。

アネルカと兄で代理人のクロードは、セント・オールバンズのソプウェルハウス・ホテルで、ヴェンゲルとデイヴィッド・ディーンと会談した。アネルカは移籍を希望すると告げ、もし認められなければ、今後は連絡に応じないとはっきりと言った。ヴェンゲルは見るからに落胆し、失望していた。アネルカをビッグスターにするために相当な時間と労力を費やし、ほとんど無名だった彼をヨーロッパで最も魅力ある選手に育て上げていたのだ。だがヴェンゲルは、アーセナルには売却する以外に選択肢がないことを知っていた。あとはその代償として可能なかぎりの金銭を得るしかなかった。

ついにアネルカがチームを去るとき、ヴェンゲルは感極まって彼の肩に手を置いて言った。「ニコラ、いつの日か、私が君のキャリアを少しだけ良くしたと思ってくれることを望んでいるよ。さようなら」。２００７年にアーセナルはアネルカと再契約寸前までいった。ヴェンゲルは根に持つような人間ではない。

のちに偉大な選手になるとはいえ、アンリ自身もアーセナルに適応するにはある程度の時間が必要だったと認めている。ヴェンゲルがウインガーから純粋なセンターフォワードにポジションを変えると、アンリのシュートは次第に正確さを増していった。私は１９９９年の９月半ば、サウサンプトンに勝った試合で、アンリが九試合目にして初得点を決めたときに記事を書いたことを覚えている。その後のキャリアにふさわしい見事なゴールだった。サイドから切り込んで鋭いシュートをファーサイドに決め、チームに１対０の勝利をもたらした。選手通路へ談話を取りに行くと、アンリはいまよりもたどたどしい英語で語った。ワールドカップ優勝メンバーにしては、浮かれたところもなく謙虚だった。ゴールを重ねるにつれ（そのシーズンの得点は26点）自信を増し、世界的なスーパースターになっていった。

その後数年にわたって、前任から引き継いだ守備陣が年齢を重ねるなか、ヴェンゲルは強化のため移籍市場を調査し、イゴール・ステパノフやモリッツ・フォルツ、ギー・デメル、ニッコロ・ガリといった選手を獲得したが、彼らは頭角を現すには至らなかった。ＦＷに関しては確かな目を持つヴェンゲルだが、ＤＦの獲得ではそれほどの成功を収めていない。おそらくその点からもヴェンゲルの優先順位がどこにあるかがわかるだろう。サイドバックに対し、もっとウインガーのような動きをしてほしいと冗談交じりに言ったこともある。

ヴェンゲルはディクソン、ボールド、アダムス、ウィンターバーンというアーセナルのフェイマス・バック・フォーを引き継いだにすぎず、自分で固い守備陣を構築することはできないし、それは攻撃面に固執していることでも明らかだ——そうした批判がますます高まっていった。

それ以前、ベテラン選手たちのキャリアを引き延ばすことにヴェンゲルはかなりの力を注いでいた。トニー・アダムスが長引く背中の故障に苦しんでいたときには、メディカルスタッフに別の治療法を早急に探るよう指示した。フットボールの世界では、濡れたスポンジを持った医療スタッフがピッチの上を駆けていき、選手の怪我を治療するというイメージがあまりに長く定着していた。しかしスポーツ医学は急速に発達しており、ヴェンゲルの新しい取り組みや周囲に最高の専門家(ガリー・ルーインはのちにイングランド代表のフィジオに就任する)がいたこともあって、アーセナルはたとえ奇異に映るものでも、新しい理論を熱心に取り入れていった。

アダムスはフランスへ飛び、非主流のフィットネス専門家であるティブルス・ダルーの診察を受け、親知らずを抜かれた。それが筋肉の痙攣《けいれん》を引き起こし、バランスや姿勢、背中全体に影響を及ぼす問題の根源だという判断からだった。後年、ロベール・ピレスが膝の靱帯を怪我したときにも南フランスでダルーの治療を受けている。ヴェンゲルは医学や薬学、心理学における新しい知識に理解があり、これらの分野の書籍を読み漁っている。

1999年の惜敗に続き、2000年も無冠でシーズンを終え、不満はますます募った。プレミアリーグでは前年同様マンチェスター・ユナイテッドに次ぐ2位だったが、勝ち点では18ポイント離され、コペンハーゲンで行われたUEFAカップ決勝では稚拙なプレーでガラタサライに敗れた。また現地で両クラブのサポーター同士が醜い暴力行為を起こし、試合はあらゆる点で不快な、後味の悪い結果になった。

ヴェンゲルは移籍に関して慎重すぎる面があり、おそらくは優柔不断のため、成立するはずだった多くの契約をふいにしている。逆にチームの選手に対しては、アーセナルを去ることを希望するなら原則として邪魔をすることはない。もちろん例外もある。何年ものあいだ、パトリック・ヴィエラのふるまいに対する批判がどれだけ大きくなっても（ウェストハムとのロンドン・ダービーの激戦中には、チームのフラストレーションが最高潮に達したとき、我を忘れてニール・ラドックに唾を吐いたことがあった）、手放そうとはしなかった。ヴィエラは毎年のようにレアル・マドリードをはじめとする多くのトップクラブから関心を持たれ、残留交渉は長引くのが常だった。またのちには、セスク・ファブレガスの引き止めにも懸命になった。

２０００年の夏に、ヴェンゲルはより実質的な変更に踏み切った。それまでにも、毎年微調整は行われていたが、これによりヴェンゲル就任後、第二のチームに変貌を遂げることになった。その主なきっかけは、エマニュエル・プティとマルク・オーフェルマルスのふたりを同時にバルセロナへ売却する決定を下したことだった。バルセロナはふたりへの関心を公言していたが、金銭面で折り合わず、交渉は数週間に及んだ。

プティとヴィエラのコンビはプレミアリーグでも最も強力な中盤のひとつだった。しかしそれまでの二シーズンのあいだに、プティはイングランドのフットボールに不満を募らせていた。自分は目をつけられているというのがプティの主張だった。

〈デイリー・ミラー〉での彼の定期コラムは、しばしば審判やリーグに対する不満のはけ口になっていた。アーセナルに来て十七カ月で四度目の退場処分を受けると、プティは苦々しげに不平を並べた。「もうたくさんだ。僕の気持ちは変わらない。これまでの出来事には完全にうんざりしている。ほかの選手はもっとひどいことをしてもお咎めなしなのに、僕が何か言ったりピッチ上で間違いを犯すたびにイエローカードが出るなら、ここにいるのは時間の無駄だ」

プティはこれほどイングランドのフットボールに苛立っていたにもかかわらず、スペインに一年いたのみでプレミアリーグのチェルシーに戻ってきた。だがそのときには、クラブを去った選手の例に漏れず、ヴィエラとともにプレーし、プレミアリーグ史上最高の中盤と言われた当時の力はなくなっていた。彼らは荒々しく、際立って高い能力を持ち、中盤を支配していた。問題を起こすことも多かった。ヴェンゲルはいままでは自分の選手が受けるラフプレーを非難することが多いが、このころは自分のチームの選手が仕掛ける側だった。

記者たちはある時期、アーセナルの試合にはレッドカードの累計数を数えて臨んでいた。記録は毎週のように更新されていた。「これでヴェンゲル就任後四十枚目のレッドカードだ」と、誰かが記者席で皆の手間を省くように声をあげたものだ。試合後、質問をされると、ヴェンゲルはこう答えた――「私は見ていない」と。この言葉はいまでは、ヴェンゲルに関する定番のジョークになっている。

2000年の夏、プティとオーフェルマルスを売却したあと、アーセナルは再びフランスの市場からふたりの代表選手を獲得した。シルヴァン・ヴィルトールの移籍金はクラブの新記録となる1200万ポンドで、ロベール・ピレスの移籍金は1000万ポンドだった。ヴィルトールはいくつかのポジションをこなすFWで、ウイングや、ストライカーの後ろ、あるいは中盤でもプレーでき、スピードがあった。

一方、攻撃的MFのピレスは、プレミアリーグに慣れるのに時間がかかった。独特の走り方で不器用に見え、イングランドのフットボールの激しい当たりに戸惑っているようだった。実力を発揮するまでには一年ほどかかった。印象的だったのはトッテナムでのノースロンドン・ダービーだ。ピレスはサイドに近づくのを嫌がり、コーナーでホームのファンからボールを受け取りに行くときにヤジを浴びて萎縮していた。

こうした補強はあったが、新生アーセナルが軌道に乗るまでには時間を要した。2000-01シーズンには、衝撃的な試合もいくつか経験した。最悪のものは、マンチェスター・ユナイテッド戦の1対6の敗戦だ。その試合で、イゴール・ステパノフはユナイテッドの凄まじい猛攻にさらされた。ヴェンゲルはハーフタイム（前半のスコアは1対5）のロッカールームで我を忘れて怒った。アーセナルが過渡期にあるのは明らかだった。1998年に二冠を達成し、1999年にあと一歩でタイトルを逃すと、2000年、2001年も無冠に終わっていた。三年連続でプレミアリーグを2位で終え、2000年のUEFAカップと2001年のFAカップでは準優勝（リヴァプールに1対2）してはいたが、頂点に近い位置にいながら、最強の座に返り咲くには何かが欠けていた。

ピレスはサンダーランドでの2000-01シーズンの開幕戦でデビューし、ベンチスタートから後半出場した。終了直前にヴィエラがまたしても退場処分を受けると、ヴェンゲルは激怒し、試合後には全面戦争の様相を呈した。選手通路では第四審判のポール・テイラーとサンダーランドのピーター・レイド監督と小競り合いを演じ、ロッカールームの脇で激しく抗議した。

ヴェンゲルはスタジアム・オブ・ライトの選手通路のテレビクルーやラジオ・インタビュアーの目の前で激昂し、ヴィエラを非難するレイドに食ってかかった。ある目撃者はこう語っている。

「あの日彼はレイドに怒り狂っていた。なかなかの見物だったよ。またしてもパトリック（ヴィエラ）だった。退場処分に抗議を受けて、レイドは完全に逆上した。アーセンはパトリックも同じくらい反則を受けたと考えていた。ピーターは選手通路でずっと悪態をついていた。アーセンは『ノー、ファック・ユー！　ノー、ノー、ファック・ユー！』と大声をあげていた。選手たちは『参ったな』と言っていた。勤勉で冷静なアーセン・ヴェンゲルの姿はどこにもなかった。その後、落ち着きを取り戻すと、彼は記者会見に臨み、しっかりと抑制された態度を見せた」

イングランド・フットボール協会はテイラーとサンダーランドのダレン・ウィリアムズを証人として呼び、状況を確認すると、ヴェンゲルを十二試合のベンチ入り禁止処分とした。ヴェンゲルは、あれはごく〝些細な〟出来事で、自分は選手たちを引き離そうとしていただけだと主張した。

だがその事件は、ヴェンゲルが真面目で思慮深いだけでなく、恐ろしい癇癪持ちであることを明らかにした。またピレスにとっては、決して忘れられないイングランドサッカーの歓迎になった。ヴェンゲルは笑いながら言う。「サンダーランドでの初戦の前に言ったんだ。『今日は先発じゃない――私の横にすわっていてくれ』と。三十分後、『いつもこんな感じなんですか？』とピレスが訊いた。私は『もっとひどいこともあるさ！』と答えたよ。選手たちははじめショックを受けることがある。でも私が来たときには、もっとずっと粗暴だった」

ピレスはすでにフランス代表に選ばれ、１９９６年にデビューすると、世界やヨーロッパを席巻していたフランスでレギュラーとして出場していた。だからマルセイユが売却を決めたとき、獲得を狙うクラブはいくらでもあった。なかでもレアル・マドリードは非常に魅力的だった。ピレスはマドリードの白いTシャツを着て育った子供だった。

だがピレスによれば、ヴェンゲルがアーセナルに加入するように説得し、ワールドクラスの選手になるのを助けてくれたという。「2000年にマドリードに誘われた。アーセナルの誘いもあって、ヴェンゲルがいたからロンドンを選んだんだ。彼とは何度も話をした。彼が求めているものはわかっていたし、ずっとアーセナルに行くつもりだった。もちろんマドリードは素晴らしいクラブだが、安定性には欠けている。みんなの予想はマドリードだったが、その気はなかった。アーセン・ヴェンゲルと毎日働けたのは光栄だった。偉大な教授だった。戦術的にも技術的にも、いつでも何かを教えてくれた。僕の全盛期はアーセナルで彼とともに過ごした2000年から2006年までだ」

だがその期間は、新たに加わった選手が力を発揮するのに時間がかかったこともあり、チームはきわめて不安定だった。2000年も2001年も、1999年と同じく優勝にはあと一歩及ばなかった。典型的だったのは、ゲームを支配しながら2ゴールを許してリヴァプールに逆転負けを喫した2001年のFAカップ決勝だろう。リーグ戦では、アーセナルは最大で最強のライバル、マンチェスター・ユナイテッドを破るだけの安定感はなかった。1999年は僅差だったが、2000年には18ポイント、2001年には10ポイントの勝ち点差をつけられた。

パーラーはその原因を、ヴェンゲルがアーセナルのフェイマス・バック・フォーを解体しようとし、新たな守備陣を模索する過渡期に当たっていたからだと考えている。「そのころ、守備陣は少し年をとり、チームを去る選手もいた。ヴェンゲルはがらりと変えようとしていた。バックスの四人を入れ替えて、ローレンが右サイドバックに入り、ウィンターバーンの代わりはアシュリー・コールだった。コロ・トゥーレも来て、クラブは大きく変化した。時間が必要だった」

トップクラブのわりには、ヴェンゲルはかなり多くのトライアル参加者を受け入れてきた。加えて、かつて在籍した選手がトレーニングに来ることも常に歓迎している。そのためトレーニング場がOB会のように賑やかになることもある。ヴェンゲルは意見の対立を苦手としていて、頼まれるとノーと言えなかった。そうしたこともあり、デイヴィッド・ベッカムであれピレスであれティエリ・アンリであれ、好きなときにロンドン・コルニーに来て練習することができた。

トライアルについても同様だ。ひょろりとしたラトビア代表のイゴール・ステパノフは、代理人の推薦を受けて参加した。ところが、彼の懸命なプレーを利用して悪ふざけをする選手たちがいた。冗談好きのデニス・ベルカンプやレイ・パーラーらが、騙されやすいマーティン・キーオンをからかう新たなネタにしたのだ。その前には、トレーニング場に来る配達員を新しいセンターバックの選手だと言って騙したこともある。キーオンはヴェンゲルのところへ真偽を確認しに行っていた。

二、三人の選手が、ヴェンゲルとキーオンに声の届く範囲でステパノフはいい選手だと口々に言いはじめた。キーオンを焦らせるためだ。この背の高いラトビア人が合格するとはまったく思っていなかった。親善試合のときも、冗談好きの選手たちはベンチの後ろにすわって、ステパノフがボールに触るたびに手を叩いたり、いいプレーだと声をあげたりした。ヴェンゲルが合格させたのはそれが理由ではないとは誰にも言えまい。数週間後にステパノフが契約したとき、幾人かの選手は驚きの表情を浮かべていた。

ステパノフはアーセナルに四年在籍し、先発したのはわずか十七試合だった。そのなかで最悪の瞬間は、オールド・トラッフォードで1対6で敗れ、ヴェンゲルがハーフタイムに、アーセナル在任中にかつてないほど我を忘れて激怒したことだろう。いつも身近にいるスタッフも、ハーフタイムにあれほどひどく冷静さを失ったことはないと言う。選手通路を通ってオールド・トラッフォードのロッカールームに向かうときには、身体が実際に震えているように見えた。パーラーは回想する――


マンチェスター・ユナイテッドに1対6で負けたとき、彼はハーフタイムに怒り狂った。その日の守備陣はオレグ・ルズニー、イゴール・ステパノフ、ジル・グリマンディ、アシュリー・コールの四人だった。ハーフタイムで1対5だったが、デイヴィッド・シーマンがかろうじてバーの上にボールを弾く好セーブもあった。1対10でもおかしくなかった。

あのときのアーセン・ヴェンゲルのことはよく思い出すよ。いつも冷静で、あんなことは稀だった。いきなり激しく罵った。英語だったけれど、フランス語訛りが丸出しだった。おかしくて笑い出しそうになったよ。ほかの選手と目を合わせたら笑ってしまいそうだから、あえて距離をとった。ジョージ・グレアムやサー・アレックス・ファーガソンが悪態をつくのは想像できるが、アーセン・ヴェンゲルだとどこかおかしかった。完全に我を忘れたのはあのときだけだ。それまでにもそれ以降も、冷静さをなくした姿は見たことがない。プレーは最悪だった。あんなプレーをして、ハーフタイムで1対5なんて、ありえない……。ファーガソンとの心理戦もあり、気分は最悪だっただろう。

ハーフタイムで0対1か0対2なら落ち着いて冷静さも失うことはない。ヴェンゲルは鼓舞することで動きが良くなる選手と、良くならない選手がいることを知っていた。

試合後、最も重要なのは月曜のミーティングだった。そこで話し合いをし、火曜と水曜は回復にあてる。いつでもいいプレーができるわけじゃない。あのマンチェスター・ユナイテッドとの試合でも、ほかのどんな手痛い敗戦のときでも、前に進むためにはそのあとのミーティングが重要だった。

別の試合だが、ハイバリーでアストン・ヴィラに0対2で負けたことがあった。みんなどうしたらいいかわからなくなっていた。パット・ライスは激怒していた。ロッカールームに入るなり、選手たちの前で涙を流しはじめた。そのあとでヴェンゲルが入ってきて「やめろ、パット」と言った。

ヴェンゲルの考えでは、選手個人を叱責すると、その選手は殻に閉じこもり、たとえばロベール・ピレスのような選手の場合はサッカーがやりたくなくなってしまう。先制点を取れば、試合に勝つことができる。彼はすべての選手をそれぞれ違った個人として見ていて、それぞれ違った扱い方をする必要があると考えていた。

オールド・トラッフォードでの1対6の敗戦の際にはすでにチームを離れていたウィンターバーンは、こう語っている。

一緒にやった四年間で、激怒するどころか、声を荒げたことすらなかった。ときどきは怒鳴られたり、調子が良くなければ厳しいことを言われるのが普通だと思っていたから、変な感じだった。でも一切そういうことはなかった。彼はただ、状況を打開する方法だけを話した。私のキャリアのなかで、後にも先にもそういう経験をしたことはない。

彼はスタッフが選手を叱るのを見るのを嫌がった。一度だけ、アストン・ヴィラ戦で、パット・ライスが選手たちを怒鳴りつけたことがあった。アーセンは、そこに入ってくるなりパットを制止した。

まるで違っていた。ジョージ・グレアムとは正反対だった。ジョージはチームのために多くのことをした。彼は「私が監督で、君たちは選手だ」とはっきりと線を引いた。その両者のあいだに入るのがトニー・アダムスの役目だった。私はゲーム中でもハーフタイムでもジョージと何度も口論をした。いろいろなことが起きたけれど、何もかもすぐに水に流して次の試合に向かった……。

ヴェンゲルの時代には、ハーフタイムや試合後に意見の合わない点があると、選手たちが議論をした。彼は割り込んでこなかった。ただ成り行きに任せていた。その場で耳を傾けていて、それから出し抜けに口をはさんだ。「よし、我々の目標はそれだ」と。まるでノートでもとっていたかのようだった。議論の内容をボードに書き出して、何をしなければならないかを告げる。それは多くの監督がしていることだと思うが、大切なのは選手の反応で、その点が巧みだった。選手たちの口から言葉を出させ、そのなかから自分が必要だと思うものを取り出していたんだ。

試合中でも、ハーフタイムでも、彼は大事なポイントを話している——たとえばテンポが遅いとか、カウンターアタックのスピードを上げる必要があるとか、規律のある守備とか。彼は試合に勝つために選手を落ち着かせ、意識を集中させようとする。そうしたところはいまでもあまり変わっていないと聞いている。

その日、アーセナルはオールド・トラッフォードで、ユナイテッドのペースで走り回され、ドワイト・ヨークのハットトリックのほか、オーレ・グンナー・スールシャール、テディ・シェリンガム、ロイ・キーンにゴールを決められて惨敗した。ヴェンゲルの最大のライバル、サー・アレックス・ファーガソンが率いる最大の敵に苦汁を舐めさせられた。アーセナルはマンチェスター・ユナイテッドに対抗しうるチームと目されていたが、ヴェンゲルのプライドは粉々になった。

失望に終わった2000年と2001年の結果から、ヴェンゲルはやるべきことをはっきりと理解していた——守備の改善、再建だ。アーセナルは新しい成功へ向かって歩みはじめていた。

第４章
栄光の試合

アーセン・ヴェンゲルのアーセナルの新たな成功の基盤が築かれたのは、２００１年の夏だった。移籍市場で様々な（そして高額の）選手を獲得し、そのことがチームに多くの点で影響を及ぼした。フランシス・ジェファーズを８００万ポンドで、リチャード・ライトを６００万ポンドで、ジョヴァンニ・ファン・ブロンクホルストを８５０万ポンドで購入した。さらに、最も注目を集めたのは、ボスマン判決にもとづく自由契約でソル・キャンベルと契約したことだった。

キャンベルは宿敵トッテナムのベストプレーヤーであり、キャプテンだった。ヴェンゲルは見事な手腕を発揮し、インテルやマンチェスター・ユナイテッド、バルセロナよりも早く説得に成功した。それは驚くべき移籍であり、タイトルを逃した三年の年月を乗り越えてアーセナルが再びトップに返り咲くという意志の宣言でもあった。

高額の移籍金を費やしたことは、不満を抱いた選手たちへのヴェンゲルの明確なメッセージだった。アンリは２００１年のＦＡカップ決勝の敗北に苛立っていた。そして最も大きかったのは、

２００1年の4月にチャンピオンズリーグでバレンシアに敗れ、またしてもヨーロッパでのタイトルを逃した際のパトリック・ヴィエラの怒りの爆発だった。

スペインでの試合後、アーセナルでの今後についての質問には答えないし、何も話さないと苛立ちを隠せない様子で語ったことで、ヴィエラはクラブを去るのではないかとの憶測が広まった。そこにこめられたメッセージは明白だった。ヨーロッパでも最も引く手あまたのＭＦであるヴィエラが、ヴェンゲルとアーセナルに対してチームの改善、補強を求めたのだ。その夏、ヴェンゲル体制の前半は毎年そうだったが、移籍市場での真剣な選手発掘が行われた。

キャンベルがクラブのトレーニング場のドアからメディアの前に姿を現すと、感嘆のため息があちこちで漏れた。英国のフットボール界はその移籍に驚嘆した。キャンベルがもたらした影響は過小評価されるべきではない。彼の在籍中にアーセナルはリーグとＦＡカップの二冠に加え、さらに二度のＦＡカップ制覇、２００３-04のシーズン無敗でのリーグ制覇、２００６年のチャンピオンズリーグ決勝進出を成し遂げている。

キャンベルとの契約は、ティエリ・アンリやデニス・ベルカンプ、パトリック・ヴィエラ、ロベール・ピレスといった選手たちにもひけを取らない重要な戦力補強になった。だが、それ以外の契約は失敗だった。ファン・ブロンクホルストは膝の靱帯を負傷し、そのせいもあってアーセナルでレギュラーとしてポジションを勝ち取ることなく売却された。

ライトはイングランド代表での出場経験もあり、デイヴィッド・シーマンの後継者として期待されたほどのキーパーだった。イプスウィッチ在籍時にハイバリーで好セーブを見せたことがきっかけでアーセナルに移籍したが、才能を開花させることはできなかった。

また、イングランド人選手では、若く有望なストライカーのジェファーズとの契約もあった。だが怪我のため思ったようなキャリアを築くことができず、その後何年もヴェンゲルが英国の選手と契約をしなくなった原因とされることもある。だが、怪我で大成を阻まれた選手を非難するのは不当だろう。ロンドン・コルニーにいまも誇らしげに掲げられている2002年のリーグ優勝の巨大な記念写真には、わずか六試合の出場にとどまったジェファーズも、おふざけのサングラスをかけて一緒に写っている。

ジェファーズが忘れ去られることはないだろう。なぜなら彼は、アーセナルのゴール不足に対する答え、ずっと求められていたゴールゲッターとしての期待を長いあいだ担っていたからだ。アーセナルの豪華なストライカー陣に欠けていたのは、決定力のある点取り屋だった。

ジェファーズはアーセナルの〝ゴール前のキツネ〟と呼ばれた。その言葉ができたのは、2001年のFAカップ決勝のあとだった。試合を支配していたのはアーセナルだったが、リヴァプールのDFステファヌ・アンショズがピンチで犯したハンドに対して、PKは与えられなかった。後半にフレディ・ユングベリのゴールでリードしたものの、最後の7分でマイケル・オーウェンに2ゴールを決められ優勝をさらわれた。

試合後、記者たちはミレニアム・スタジアムのミックスゾーンでインタビューをしていたが、敗戦に苛立ったアーセナルの選手たちからコメントを引き出すのは難しかった。そのなかでいちばんましだったのは、ティエリ・アンリがフランスのメディアに語った「アーセナルには〝ピッチ上のキツネ〟が必要だ」という言葉だった。それが〝ゴール前のキツネ〟に変わった。アンリ自身も何年かのちに、この表現を使ってインタビューに答えている。ジェファーズはゴール前のキツネとなるべくチームに加わった。だが活躍することはできず、わずか二年後にエヴァートンにローン移籍で戻ることになった。

敵のゴール前で特別な働きをする選手を獲得することには苦しんでいたが、アーセナルは自陣のペナルティーエリアを守る強力な選手を獲得していた。キャンベルはパワフルで当たりも強く、フィジカル面でヴェンゲルが求めていたタイプに完全に一致していた。キャンベルやヴィエラ、アンリなど、当時のアーセナルのキーマンは皆、屈強なアスリートの典型だった。

それにしてもキャンベルとの契約は大胆不敵だった。キャンベルはその時期のことをよく覚えている。アーセナルの副会長デイヴィッド・ディーンが、主将を務めるチームから、その最大のライバルへの移籍を説得する交渉の主役になった。キャンベルの目には、ヴェンゲルとディーンの組み合わせは、移籍市場における完璧なコンビと映った。ヴェンゲルが選手に目をつけると、ディーンが選手を惹きつけ、契約に持ち込む。

最大のライバルであるトッテナムからのキャンベル獲得には数カ月の時間を要した。キャンベルはホワイト・ハート・レーンで、不満と苛立ちを感じはじめていた。アーセナルは契約終了が近づくのを待って誘いをかけた。海外へ移籍するほうが無難だっただろう。だがディーンは獲得を心に誓って説得にあたり、たとえノースロンドンの分裂を深めることになっても、困難な選択肢を選ぶほうが報いは大きいとキャンベルに説いた。

交渉はディーンの自宅で内密に行われた。話は尽きなかった。キャンベルは記者に嗅ぎつけられるのを嫌い、夜中にディーン宅に向かった。真っ暗な庭を歩きながら移籍交渉が行われた。

キャンベルは熟慮する人物だ。彼を味方につけ、スパーズを去るべきときが来たと納得させるのは非常に困難だった。結局、ディーンの説得は成功し、キャンベルはアーセナルに加入したが、それはプレミアリーグでも最も物議を醸した移籍のひとつとなった。キャンベルはアーセナルのサポーターから、最大のライバルに後ろ足で砂をかけた伝説の選手として記憶されるだろう。

キャンベルは移籍に関するディーンとヴェンゲルの関係について面白い考察をしている。

アーセンよりも、むしろディーンと会うことが多かった。彼は話が巧みだった。フットボールのことをよく知っていた。相手が会長でも、ディレクターでも、監督でも、食堂のおばちゃんでも話ができた。しかも人間味のある人だった。それが私には大事だった。それに、彼らはコンビとして非常に成功していた。デイヴィッドはアーセンにとって共鳴板のようなものだった。呼吸がぴったりと合っていた……。

トッテナムでは、私はだいたい三人か四人の選手のカバーをして走りまわり、なおかつ自分の仕事もしていた。信頼され、自信を持ち、ほかのメンバーを信じて、それがキーパーを含めたチーム全体に行き渡っていた。テレパシーなどなくても、誰がどこにいるか察知できた。大勢の選手のあいだで化学反応が起き、相互理解も深まっていた。いいチームにいられて楽しかったし、攻撃も守備も素晴らしかった。

トッテナムで残念だったのは、監督が次々に代わることだった。それがあまりに頻繁だった。ある年の終盤には、私は感覚に任せて走るだけになっていた。組織も哲学もなかった。別の誰かがやってきては、新しい哲学を持ち込む。まるで回転ドアだ。チームを前進させるための一貫した思考は一切なかった……。

私がアーセナルに行った理由のひとつは組織だ。プレーに哲学があり、環境も安定していたが、それだけではなく、一貫したフットボールのやり方があった。私はそこにうまく収まったが、それが大切なことだった。自分の考えとプレースタイルを変えずに適応することができれば、問題が起こることはない。それは自分にぴったりの場所だ。そう、それによって最高の選手たち、ワールドクラスの選手たちと一緒にやれる。私はその歯車のひとつで、みんながぴたっと合わさり、驚異的な機械になる。つまり、私たちは有機的な機械の一部だった。

個人的にも、どうしても成功する必要があった。ほかの選択肢はなかった。何かを勝ち取る必要があった。とんでもない移籍をして、重圧にさらされ、ノースロンドンの半分はひどい失敗を望んでいたと思う。うまくいかせなくてはならなかった。移籍したときには負傷を抱えていたから、まずはそれを治してチームに溶け込むことだった。ほかにも越えるべきハードルはたくさんあった。でも結局は「どうしても成功する必要がある。運がない日でも、無理やり運を向かせなければいけない」と自分に言い聞かせていた。

そのシーズンのアーセナル対トッテナム戦、とりわけ、スパーズの元キャプテンがはじめてホワイト・ハート・レーンに戻った2001年11月の試合では、人々の視線はキャンベルに集まった。アーセナルのチームバスがホワイト・ハート・レーンのゲートを通るときには煉瓦が投げつけられた。ホームのサポーターが隣のパブのビアガーデンに隠れていて、それを投げつけたのだ。キャンベルへの罵声は凄まじかった。トッテナムのファンは彼の行動を裏切りとみなし、決して許さなかった。

それはキャンベルが誇りと恐怖とをもって記憶する、忘れられない試合になった。ヴェンゲルは出場すべきだと主張した。股関節の痛みといった当たり障りのない理由をつけて欠場することは許さないと、断固として言った。

恐ろしいことに、人々の目に憎しみが見えた。女性も子供も、みんなが口に泡を浮かべていた。グラウンドの外では私の人形が燃やされていた。そんなこともあるとわかってはいたが、想像の範囲を超えていた。会場入りのときは厳重な警戒のなか、駐車場が開かれた。私は歩いてグラウンドに入っていった――ところが、間違ったロッカールームに向かってしまったんだ！　とてもおかしなことだった。習慣のせいだった。

みんなが私を見ていた。必ずウォーミングアップをして、グラウンドの全部のコーナーに行くのが私のやり方だった。嫌だったし、気分も悪かったが、やらないわけにはいかなかった。着替えが終わると、起こりうることに対応できるように、そして自分に投げつけられている言葉を聞くために、四つのコーナーすべてに行った。観客席の縁を端から端まで歩き、すべてを受け止めた……私にはゲームプランがあった。準備はできていた。だがいちばん心に突き刺さったのは横断幕だった。ゲームそのものより感情の面でタフな試合だった。

その日アーセナルはトッテナムと引き分けた。ピレスが先制点を挙げたが、グスタボ・ポジェの終了間際の同点弾で帳消しにされた。

キャンベルはヴェンゲルのフットボール哲学にも興味深い洞察を加えている。ローレンとアシュリー・コールをサイドバックに置き、アダムス、キーオン、キャンベルのセンターバックのコンビネーションでアーセナルは岩のように固い守備を取り戻した。攻撃陣には輝かしい才能が揃っていた。だがキャンベルは、ヴェンゲルは選手自身が責任をもって戦術を選択することを望んでいたという。ピレス、ベルカンプ、アンリ、ヴィルトール、ユングベリといった選手の質は高く、どんな敵でも倒せるとヴェンゲルは自信を持っていた。それゆえ、試合の流れを変えたり勝利するために、戦略と選手のひらめきのどちらにも頼り切る必要はなかった。基本的に、対戦相手がどんな手を使ってきてもさほど関係ないとヴェンゲルは考えていた。アーセナルはその上を行くのだから、と。

（ヴェンゲルは）試合の流れを変えるのは選手の責任だと考えていた。それが彼の信条だった。それはこういうことだ。プレーには決め事があるが、特定の選手には、特に敵陣では、変化をつけて状況を打開することが求められていた。

彼は魔法を探していた。もちろん誰でも探すだろうが、もし魔法を持った選手が四、五人前線にいたらすごい。最高の状態だ。相手チームは警戒を怠れない。何が起こるかわからない。いつでも戦闘態勢でいなければならない。なぜなら……ふたりに厳しいマークがついていても、まだふたりフリーの選手がいるからだ。それが理想の状態だ。どんなチームと対戦しても、相手に封じ込められることはない。

ヴェンゲルは完璧なリズムを持ったチームを再び手に入れた。強力な守備、力強く創造性のある中盤、そして素晴らしい攻撃のセンス。静かに、目立たないやり方で、ヴェンゲルはアーセナルを別のチームに作りかえた。それは、キャンベルが示唆したように、内部にリーダーがいて監督の希望や指示がピッチ上で確実に実行されるチームだった。しかもヴェンゲルは、急激な改革をすることなくそれを成し遂げた。2001年の夏には、キャンベル以外にチームに大きな影響を及ぼす契約はしていない。

ピレスやヴィルトールといった2000年に契約した選手たちは、適応し本領を発揮するまでに時間がかかっていたが、2001-02シーズンには真の力を示しはじめていた。ヴィルトールはオールド・トラッフォードでアーセナルのプレミアリーグ優勝を決めた試合で決勝点を挙げたことでいつまでも記憶されるだろう。その試合は1999年のFAカップ準決勝での敗戦に対する最高のリベンジになった。そして同時に、アーセナルがイングランドのフットボールの頂点に返り咲いたことの証明でもあった。

優勝争いは印象的だった。スウェーデン人MFフレディ・ユングベリが多くの試合で活躍し、チームは最後の十三試合に勝利した。彼は魔法のようなプレーを次々に見せ、優勝争い中の七試合で7ゴールを決めると、2002年のFAカップ決勝でも得点してチェルシーを下した。

ユングベリは当時を楽しそうに回想する。「間違いなくキャリアのなかでいちばんいい時期だった。楽しくて最高に充実していたし、監督は自信を与えてくれた。どんな選手にとっても、タイトル獲得に優る瞬間はない。それに、アーセナルファンとの絆があった。それは私にとって特別なものだった。個人的には、（2001-02の）プレミアリーグの年間最優秀選手賞を獲得した。スウェーデンの選手でははじめてのことで、とても嬉しかった」

当時ウェンブリー・スタジアムは改修中で、カップ戦の決勝戦ではいつもミレニアム・スタジアムに遠征していた。セブン・ブリッジを越える際の交通渋滞が試合そのものとともに長く記憶に刻まれることになった。

２００２年のＦＡカップ決勝は、晴れ渡った土曜にアーセナルがチェルシーを破ったことでとりわけ記憶に残っている。そしてその次の水曜日にオールド・トラッフォードでマンチェスター・ユナイテッドに勝ち、アーセナルはリーグ優勝と二冠を達成した。ヴェンゲルはカップ戦の優勝が――そうした試合がどれほど選手の脚や心の負担になるとしても――鍵になると知っていた。ＦＡカップの準決勝で敗れて士気が下がった１９９９年の繰り返しだけは避けたかった。

厳しく、緊迫した試合だった。ロマン・アブラモビッチ時代はまだ始まっていなかったが、チェルシーにはマルセル・デサイー、フランク・ランパード、ウィリアム・ギャラスがいた。だがその日のアーセナルは強力な布陣で、強さは際立っていた――シーマン、ローレン、アダムス、キャンベル、コールに、ヴィルトール、パーラー、ヴィエラ、ユングベリ、アンリ、ベルカンプ。アーセナルはたしかにそのシーズンの国内最強チームだった。

だが、そのアーセナルも後半まで得点できず、70分過ぎにようやく、パーラーの生涯最高級のゴールで膠着《こうちゃく》状態を破った。23メートルのシュートが曲線を描き、ゴールの上隅に突き刺さった。10分後にユングベリが長いドリブルからの2点目で続いた。パーラーはそのときのことを鮮やかに覚えている。

あれはおそらく僕のキャリアで最も重要なゴールだった。あのチェルシー戦はとてもタフな試合だった。相手にもいい選手が揃っていた。

不思議な一週間だった……正直に言って、みんなはわずかな疲れを感じはじめていた。もちろん、FAカップの決勝でプレーする選手は疲れなど忘れている。だがもし負けていたら、どっと疲れが出ただろう。

子供のころ、毎年FAカップの決勝を観ていたことを覚えている。だからFAカップの決勝戦に出るだけで光栄だった。得点を決めるなんて、まるで夢のようだった。僕が走ると、アンリも走って、ふたりのDFを僕から引き離した。それでデサイーと僕だけになった。上手にかわすことと、最高の結果だけを願った。

練習では何度も決めていたシュートだったよ。でもあれだけの試合となると別だ。カーブしてゴール上隅に吸い込まれていくのを見るのは爽快だった。僕自身にとっても、アーセン・ヴェンゲル監督にとってもすごい一週間になった。その後ロマン・アブラモビッチが来てチェルシーに大金を投入すると状況は変わった。でも、あの決勝戦のときにもすでにいいチームだった。その試合に勝ち、そのあとオールド・トラッフォードへ行ってアウェーでも最高の戦いをして、リーグ優勝を決めることができた。

FAカップ決勝戦ののち、アーセナルはエネルギーがみなぎっていた。私は2002年5月8日水曜日に、ユーストンからマンチェスター行きの列車に乗ってオールド・トラッフォードでの試合に向かったときのことを覚えている。アウェーチームが勝つというあれほど強い予感を抱いてマンチェスター・ユナイテッドの試合に行くことなど、滅多にあるものではない。アーセナルはそれほど強く、圧倒的で、優れていた。疑いをさし挟む余地はなかった。勝利は間違いないと感じられた。

アーセナルはメンバーを入れ替える必要があった。ティエリ・アンリ、トニー・アダムス、デニス・ベルカンプが外れ、マーティン・キーオン、エドゥ、カヌが入った。試合は前半から激しく、ポール・スコールズ、フィル・ネヴィル、ロイ・キーンらは皆、レッドカードすれすれのプレーをした。サー・アレックス・ファーガソンは、戦い抜く決意を固めていた。だがパーラーにとって、そのオールド・トラッフォードでの夜はキャリアで最高の思い出になった。55分に、ユングベリのシュートをファビアン・バルテズが弾いたところへシルヴァン・ヴィルトールが走り込んで得点した。パーラーは言う。「ユナイテッドは必死で勝ちに来ていた。僕たちのプレーはとても良かった。オールド・トラッフォードでの試合の最優秀選手に選ばれ、キャリア最高の週になった。FAカップの決勝でゴールを決め、水曜には最優秀選手に選ばれて、リーグ優勝を決めたんだ。それによって二冠を達成した。それ以上の週なんてあまりないだろうね」

アーセナルは2002－03シーズンを二冠王者として迎えた。自信に満ち、戦いぶりは美しく堂々としていた。滑り出しは上々だった。あまりの好スタートに、アーセナル担当の記者のひとり、〈デイリー・スター〉のデイヴィッド・ウッズはシーズンを通して無敗を達成できると思うかとヴェンゲルに質問した。

ウッズは回想する。「ヴェンゲルはどう答えていいのか戸惑った様子だったが、少しためらってから、おそらくできないと答えた。そう、それは不可能ではなかったし、サー・アレックス・ファーガソンなどほかの優秀な監督の考えも同じだったが、口に出すのは憚《はばか》られたのだ。ヴェンゲルはいつものように微笑を浮かべてそう言うと、ACミランはすでに達成したことがある、と指摘した。でも我々は皆、監督たちが考えていることと実際に口に出すことはまるで別だと心得ている。だから本人が言うのを直接聞いている選手たちが、監督の発言を記事で読んで驚くことは珍しくない」

2002年夏には記憶すべき契約が二件あったが、結果は対照的だった。リールから200万ポンドで移籍したフランス人DFのパスカル・シガンと、ワールドカップで優勝したばかりのブラジル代表で、ブラジルのアトレチコ・ミネイロから加入したジウベルト・シウバだ。

ジウベルトは口調が柔らかくチャーミングで、アーセナルではフォーバックの前のアンカーの一方として司令塔の役割を果たし、しばしば陰のヒーローとしてチームに貢献した。だがシガンとの契約では、またしてもヴェンゲルはDFに期待を裏切られることになってしまった。

ジウベルトは2014年夏のブラジルワールドカップでヴェンゲルとともに過ごし、アーセナルへの移籍交渉にあたったデイヴィッド・ディーンとも再会した。彼はアーセナルへの移籍の経緯をこう回想している。

私にはいくつかの選択肢があったが、思い出すと不思議な気がする。デイヴィッド・ディーンは2014年の夏、ワールドカップを観戦するためにブラジルに来ていた。そのときに、なぜアーセナルが私を獲得したかを話してくれた。私を見たのは2002年のワールドカップで、アーセンと一緒に日本に来ていたときだったらしい。アーセンが「いい選手だ」と言ったので、あの選手が欲しいかと尋ねると「ええ、いいですね」という返事だった。デイヴィッドは任せてくれと言うと、ブラジルに飛んできて私の家に来た。そして、私が逃げられないように箱に入れて連れて帰ると言ったんだ。

英語が話せなくて、落ち着くのに少し時間がかかった。大切なのはイングランドでの生活に慣れることだった。ブラジル代表でワールドカップを制したばかりだったから、イングランドへ行くときに〝俺は世界チャンピオンだ。このポジションでは世界最高だ〟と思ってもおかしくはなかった。私にはとても大切にしていることがひとつある。それは、必ずゼロからスタートすることだ。イングランドでは、私はただの人でしかなかった。

文化についてもサッカーについてもあまりよく知らなかった。すべてを学ぶ必要があった。新しいことばかりだったけれど、心を開いて吸収すればなんでもどうにかなった。クラブにエドゥがいてくれて助かったよ。トレーニングのときもクラブの外でも、私の世話を焼いてくれた。本当に良くしてくれた。

ジウベルトは、ヴェンゲルが違った国籍、性格、メンタリティーの選手を組み合わせることで、新たな高みを目指せる雰囲気を徐々に作り上げていったと考えている。

選手たちの顔ぶれは非常に大切だった。チームにはフランス人選手、イングランドの選手、それから私とエドゥのふたりのブラジル人選手に、それ以外の国の選手もいた。試合に勝ち、優勝争いを制するためには考えが統一されていなければならないから、選手の組み合わせは重要だった。私たちは強いメンタリティーを持っていた。勝利を求めていた。

私たちは、チーム内でのトレーニングですら勝ちにこだわった。その精神をどの試合でも発揮した。だからこそリーグ戦を無敗で優勝できたんだ。このメンタリティーを持っていたから、試合に行ったときに、心のなかでは勝てるとわかっていた。私たちは勝つためにハードな練習をした。優勝争いを制するためにとてもハードに練習した。

アーセナルはホームでリーズを打ち砕き、ウェストブロムウィッチ、チャールトン、バーミンガムを破ったが、10月半ばにエヴァートンに1対2で負け、無敗記録は止まった。当時まだ十七歳だったウェイン・ルーニーに90分にゴールを決められて敗れた。

ヴェンゲルはもちろん、シーズンを無敗で終えるという目標に翌年再び向き合うことになる。2002－03シーズンのアーセナルはやや安定感に欠け、目標は九試合で途絶えた。

アーセナルに立ちはだかったのは復活したマンチェスター・ユナイテッドだった。新記録となる移籍金でリオ・ファーディナンドを獲得してチームを強化すると、リーグ戦では12月26日のボクシングデー以降負けなしの成績を収めた。4月16日にハイバリーで1対1と引き分けたが、それでは足りなかった。2003年5月、アーセナルはリーズにホームで2対3と敗れ（前節でも、ボルトンを相手に勝ち点を落としていた）、タイトルをマンチェスターに奪われた。多くの監督にとって、消化試合での勝利は、ほかにやりようがあったかもしれないという後悔の種を提供するくらいのものだ。だから次の節で、アーセナルが6対1でサウサンプトンを破ったとき、期待の若手だったジャーメイン・ペナントのハットトリックもあったが、ヴェンゲルに喜びはなかった。

試合前日の晩に、自分がプレーすることになるとは思わずにペナントが夜遊びをしていたことをヴェンゲルは知らなかった。だが二日酔いだったにせよ、3ゴールを挙げたことに変わりはない。

二週間後、アーセナルはミレニアム・スタジアムで２００３年ＦＡカップの決勝をサウサンプトンと戦った。凡戦のなか、ピレスが前半に決めたゴールが決勝点になった。最も記憶すべきことは、ベテランゴールキーパーのデイヴィッド・シーマンがキャプテンを務め、その試合を最後に退団したことだった。

リーグ優勝をしていなかったため、オープントップバスによるイズリントンでのパレードは行われなかった。土曜の夜には、マーブル・アーチの近くのホテルでパーティーが行われた。だが参加者の記憶では、それはトロフィー獲得の祝勝会などではなかった。そこで行われたのは、そのシーズンの敗因の研究だった。アーセナルは当時そこまでのレベルに到達しており、チームはそれほどまでに勝利を期待し、求めていたのだった。

ベテラン選手たちが集まり、まだ不充分だ、来年はより強くなって戻ってきてもっといいシーズンにしようと話し合っていた。結果には不満しかなかった。パーティーはアンリ、キャンベル、ピレスといった、意志が強く、常に向上心をもってシーズンに臨むグループが主導権を握っていた。それがジウベルト・シウバにとってクラブでの最初のシーズンだった。ＦＡカップで優勝したにもかかわらず、それが残念賞としかみなされていないのは明らかだった。

ＦＡカップを獲れてよかった。素晴らしい気分だった。強豪クラブにいると、タイトルを獲ることが期待され、それに応えるために頑張らなくてはならない。シーズン中の私たちの犠牲を埋め合わせ、ファンに敬意を表するためには、リーグ優勝を逃した以上、ＦＡカップで優勝するしかなかった。もちろん二冠が欲しかったけれど……。

だが勝者の精神を持った強い集団は、失望を味わったときにより固く決意する。もっと一生懸命にやろう。前の年よりも上を目指そう。何も逃すまい、と考える。あのシーズンは残念だった。リーグ優勝のチャンスを目の前で逃してしまったのだから……。

私たちはあのシーズンから多くを学んだ。私にとってはアーセナルでの滑り出しもクラブの成績も素晴らしかった。ヨーロッパでの最初の年は順調なスタートが切れたと思う。良い選手が多く、外から支えてくれる人たちもいた。でもあのチームには何よりも、強い気持ちと決意、勝利への貪欲さがあった。

ヴェンゲルはメンタリティーと気持ちの強さがチーム全体に広がっていることに気づいていた。だが、高い期待と野望を持って挑んだ翌シーズンは、どんな想像も及ばないほどの結果になった。

第5章 インビンシブルズ

アーセナルのトレーニング場のエントランスホールには、クラブ史上最も輝かしいシーズンを記念して一枚の写真がかけられている。画面のなかで、ソル・キャンベルとパトリック・ヴィエラがしっかりと腕を組んでいる。無敵《インビンシブルズ》のチームが一シーズンのあいだ負けることなくプレミアリーグで優勝することができた理由がそこに凝縮されている。成績は、三十八戦して二十六勝十二引き分け〇敗。

キャンベルが2003-04シーズンに始めたことは、その後チームの伝統になった。キックオフの前にピッチ上で全員が集まって円陣を組む。固く腕を組み合わせて、キャンベルが「トゥギャザー!」と声を出す。不屈のチームスピリットの表現だ。絶体絶命のピンチから敗戦を回避したことが二度あった。シーズン序盤に、ルート・ファン・ニステルローイの終了間際のPKがクロスバーに弾かれ、マンチェスター・ユナイテッドと引き分けた試合と、ロベール・ピレスのダイブ──そのことはヴェンゲルでさえ認めた──でPKをとり、ティエリ・アンリが決めて引き分けに持ち込んだポーツマス戦だ。

一チームがシーズンを通して無敗で戦い抜いたことはプレミアリーグ史上はじめてだった。アーセン・ヴェンゲルがアーセナルの監督としてこれまでに成し遂げた最大の功績である。守備は固く、中盤は創造的で、世界最高の決定力を持ったストライカーを擁していた。そのシーズン、ティエリ・アンリは誰にも止められなかった。

シーズンはじめには運も味方したとはいえ、その後チームはさらに強くなっていった。4月初旬の復活祭の週には非常に困難な状況に陥ったが、チームは強固な意志でそれを乗り越えた。インビンシブルズが自身の最高のチームとして語り継がれることになるとヴェンゲルが考えた理由はそこにある。もっとも、困難を乗り越えたシーズンはそれ以外にもあった。

最高のチームはと訊かれ、ヴェンゲルは答えている。「2004年と答えれば無難だろう。プレミアリーグを無敗で優勝した唯一のチームなのだから。だが最も良かった年と最も困難だった年は必ずしも一致しない。困難だった年といえば……たとえば2013年には、ひとつのミスも許されない状況だった。監督の仕事としては、苦労した年のほうが難しいことが多い。だが間違いなく、ベストチームは2004年だ」

この見解には、それ以前の優勝チームでもプレーした経験があるインビンシブルズのふたりの選手が同意している。デニス・ベルカンプは言う。「インビンシブルズだね。〝今日は3対0か4対0だな〟と簡単に思える試合が何度もあった」

ロベール・ピレスもまた、アーセナルはどの試合でも、華麗さを失わずに勝てると疑わなかったと語っている。「インビンシブルズにとって、勝てるかどうかは問題ではなかった――問題は、何点差で勝てるかだった。傲慢だったわけではない。チームの強さに確かな自信があったから、『今日は、負ける気がしない』とメンバー同士で話していた。それが、シーズンを無敗で終えられた理由だ……最高の時間、最高の時代だった」

そのシーズン、アーセナルを止めるのは不可能だった。2003年の不本意な結果を原動力にして、2002年の二冠チームを基礎に（2003年の重要な契約はボルシア・ドルトムントから来たイェンス・レーマンだけだった）見事なユニットを作った。チームとして、さらに進化していた。カメルーン代表のローレンは中盤から右サイドバックにポジションが変わった。コロ・トゥーレはセンターバックに定着し、ほかのポジションにも、パトリック・ヴィエラ、ティエリ・アンリ、ロベール・ピレスなど、才能があり、同時にフィジカルも強い選手がいた。絶妙のメンバー構成だった。

ヴェンゲルは当時の守備陣――キーパーのレーマンと、ローレン、トゥーレ、キャンベル、アシュリー・コール――はもっと評価されるべきだと主張している。ヴェンゲルは以前から、ディクソン、アダムス、ボールド、ウィンターバーンといった名高い守備陣を引き継いだにすぎない、という的外れな批判を受けていたからだ。彼らを引き継いだのは確かだが、自前で強力な守備陣を築いたことも忘れてはならない。レーマンを加入させ、ローレンとトゥーレを中盤からコンバートし、最大のライバルからキャンベルを引き抜き、コールをユースから抜擢した。トゥーレは2002年にトライアルで加入した無名の選手だった。コートジボワールのＡＳＥＣミモザに支払った移籍金はわずか15万ポンドだった。

ヴェンゲルにとってその構成はほとんど完璧だった――生え抜き選手、無名選手の発掘、最大のライバルからの無償での獲得、ＭＦからＤＦへのコンバート。高額な移籍金を積んで選手を集めるよりも、ヴェンゲルにとってははるかに満足のいくチーム作りだった。

トゥーレが参加したトライアルはいまも語り草になっている。レイ・パーラーはそのときのことをよく覚えている。

ある日コロ・トゥーレが練習に参加した。（ヴェンゲルは）ゲーム形式のテストをやらせ、マーティン・キーオンを入れた。センターフォワードの選手がマークにどう対処するかを見るためだった。

トゥーレとキーオンが同じチームだった。相手側にはベルカンプとティエリ・アンリがいた。僕は右サイドに入り、アーセンはすわって見ていた。パターン練習も兼ねていた。ボールがティエリ・アンリのところへ回ってきたとき、コロ・トゥーレがさっと現れて後ろからタックルした。通常の試合ならレッドカードが出るような激しい当たりで、エースは転げ回った。

ヴェンゲルは大声を出した。「コロ、何をしてるんだ？ タックルはよせ！」。そのあと、ボールがデニス・ベルカンプに入ると、コロはまったく同じことをした。優勝争いの最中に、ツートップがトライアル参加者に削られてしまったんだ。ヴェンゲルは「もうタックルはやめろ」と言った。

ゲームが再開され、今度はコロの見事なタックルでボールが宙に舞い、アーセン・ヴェンゲルの足元に落ちてきた。ピッチ上でトレーニングを見ていたんだ。次の瞬間、トゥーレは両足でヴェンゲルにタックルしてボールを奪った。ヴェンゲルの叫び声が響き渡った。結局、彼は医務室に行くことになった。つまりこのトライアル受験者は、アンリとベルカンプと監督を削ったわけだ。

コロは泣き出しそうだった。大事な日なのにこれで終わりだと思ったんだろう。医務室に行くと、アーセンは膝に氷嚢《ひょうのう》を当てていた。「わざとじゃないと思いますよ」と僕は言った。するとアーセンは「明日彼と契約する。貪欲さが気に入った」と言ったんだ。彼はコロに可能性を見いだし、コロはそれに応えてクラブにとって重要な選手に育っていった。


トゥーレはセンターバックにポジションを変え、2003年の夏にはキャンベルとのコンビがチームのファーストチョイスになっていた。キャンベルには上背《うわぜい》と空中での強さ、パワーがあり、トゥーレには速さ、粘り強さ、勝利への強烈な意志があって、素晴らしいコンビだった。それ以外も、ピッチ上の組み合わせはすべて完璧だった。中央はヴィエラとジウベルト・シウバが組み、フレディ・ユングベリとピレスやパーラーがサイドに、前線には最高の選手ティエリ・アンリがいて、抜け目のないベルカンプがその後ろにいる。シルヴァン・ヴィルトールやホセ・アントニオ・レジェスという選択肢もあった。1月にレジェスと契約したときには失敗だという声もあったが、それは誤りだった。シーズン途中で加入した彼の速さとゴールはチーム力を向上させた。

これがヴェンゲルの究極のチームだった。速さ、パワー、経験と若さを備え、チームは気迫にあふれ、決して負けない強い意志があった。1991年から2004年に及ぶ長いキャリアのなかで、パーラーはインビンシブルズが最高のチームだったと考えている。

インビンシブルズは素晴らしかった。負けることを知らないチームだった。固く結ばれたチームだった。欠点はなく、しかもひらめきがあった。1998年のチームは優れたチームで、より少数精鋭だった。2004年にはチームの規模が大きくなって、ヴェンゲルにはより多くの選択肢があり、必要なときに選手を替えることができた。どんなチームでも必ず悪いときはあるけれど、ピッチには気持ちの強い選手たちがいた。皆生まれながらの勝者だった。負けてもおかしくない状況も何度かあったが、巻き返して引き分けか勝ちに持ち込んだ……。

チーム同士の比較をして、どれが最強だというのは難しい。新聞では負け知らずのチームが最強だと書かれる。でも僕は、1998年のチームは素晴らしかったと思う。敵はユナイテッドしかいなかったから、状況も違う。2004年にはチェルシーが強くなり、ユナイテッドもいたし、競争が激しかった。でも、インビンシブルズは完璧だった。

MFからDFにポジションを変えたローレンは、いまも戦い続けている。現役のアマチュアボクサーで、フィットネスとスポーツをいかしてフットボールの代理人として成功している。だが彼のキャリアと人生のなかで、インビンシブルズの一員だったことはあまりに特別だ。いまでもアーセナルのことを、愛情をこめて〝我々〟と呼び、ヴェンゲルを父親のように慕っている。

「誰も無敗チームになるとか、無敗でリーグ優勝をするなんてことは考えていなかった」とローレンは語っている。

ひと試合ずつ戦っていった。次の試合のことだけを考えていた……。まだ負けていないとかシーズン無敗といったことは、はじめは意識していなかった。それはとてつもない偉業で、後にも先にも、どのチームも成し遂げていない。それだけ難しいことなんだ。達成できたのは、勝てる選手たちが揃い、全員がひとつのことに意識を集中していたからだ。選手たちは気持ちの強さを持っていた。

フットボールには確実なことは何もない。フットボールでは、4+4が常に8になるとはかぎらない。私が来たのは、1998年に二冠を達成した直後だった。1998年から2001年は過渡期で、優勝から遠ざかっていた。ヴェンゲルが苦労して作り上げたチームには、選手も精神力も勝利への野望も備わっていた。

インビンシブルズでは、選手たちの気持ちが強かった。それも十一人ではなく、二十人の強い選手たちだ。全員が勝利を求め、出場することを求め、勝ちたいという思いと野望を持っていた。そう感じられた。誰が出場していても関係なかった。それは選手たちを見ればわかった。トレーニングやロッカールームを見ればわかった。勝ち、大きなことを成し遂げたいという野望が感じられた。

ヴェンゲルは前のシーズンに、無敗優勝は不可能ではないと語っていた。そのときは達成できなかったが、その信念は変わらなかった。それはいつも頭の隅にあった。リーグ優勝を決めてからも、ウォームアップ中に全員に言い続けていた。「非常に重要なことを成し遂げるチャンスだ――集中力を高く保とう。これは特別なことなんだ」

アーセナルの守備の要、ソル・キャンベルはこう付け加える。

彼らと一緒にプレーできたことは素晴らしかった。アシュリー・コールは評価を上げつつあり、ローレンは完成の域に達し、コロは驚くほど貪欲に学んでいた。私にとっては、あの意欲に満ちて助け合えるチームに——特に守備陣に——参加できたことは最高だった。この上ないチームだった。あそこにいられるなんて、まさに夢のようだ。あんなすごいチームの一員になれるなんて、そうそうあることじゃない。

実力がずば抜けていても、あれだけ素晴らしいパートナーに恵まれた守備陣や中盤、前線に加わるチャンスがない選手はたくさんいる。いまでも私は、ヴェンゲルは実績ある選手をもっと評価するべきだと思っている。選手を育て、成長させる時間も必要だが、それでも経験ある選手と契約するべきだ。私が加入する前には、ダヴォール・シューケルを獲得して成功したこともある。必要なのは経験と精神力で、あのチームにはそれがあった。

ローレンがヴェンゲルを慕い続けている気持ちはとてもよくわかる。選手としてだけでなく、人間的にも成長させてくれた恩人なのだ。初日から、ポジショニングのセンスがあって身体能力が高く、粘り強いから、君は中盤ではなく右サイドバックのほうが向いているとずっと思っていたと、ヴェンゲルはローレンに告げた。チームにはどのポジションにも気の強い選手がいた。その選手たちが同居できたことにはもちろん幸運もあっただろうが、ヴェンゲルの人心掌握術と選手への上手な配慮があったからだとローレンは考えている。ローレンはヴェンゲルへの変わらぬ尊敬をこめて語った。

彼は父親のような存在で、私のキャリアに最も重要な影響を与えてくれた。なんでも話ができるすごい人だ。いまでもボスと呼んでいる。指導者であることが第一だから、トレーニング場では戦術やフットボールのことをとても明確に述べるけれど、ほかのことにも賢明な人だ。

いつか監督になれるとしたら、彼のようになりたい。あらゆることに気を配る人だ。話があるときはいつでも、なんでも聞いてくれる。フットボールのことだけではなく、自分のポジションについての疑問や、たとえば4-4-2のシステムでプレーしていて問題やわからない点があれば話を聞けるし、最高の助言を与えてくれる。

私生活で何か問題があれば、「ボス、話したいことがあるんです」と言えばしっかりと話を聞いてもらえる。選手の話を聞いてくれる監督だ。

選手には個性を求めていた。家に帰って対戦相手を研究しろ、とは言わない。戦術を観察しろとも言わない。彼が求めているのは、自分が思ったとおりにすることだ。選手が自分を表現することを求めているんだ。

それがヴェンゲルの考えだ。私がマヨルカから来たときから、それは変わらない。ここへ来たときには中盤か右サイドしか知らなかったから、そのポジションでプレーするつもりだった。でも彼は私のことを右サイドバックと見ていたようだ。そして、調子や体調の波が大きいと判断していた。中央に切れ込むことができ、球際に強い選手、そして中盤と連係できる選手が求められていた。それはいつも頭に入れていた。

チーム作りに性格を考慮したわけではないだろう。それでも、選手たちはうまくやっていた。選手を見てスカウトしても、毎日一緒にやってみないと内面まではわからない。そこを判断して契約したわけではないと思う。もちろん性格のいい選手を欲しがっていたし、それを見極めようとはしていた。あの時期はおそらく偶然だったのだと思う……。

五、六人と契約しても、性格の強さと野望、勝ちたいという思いを持っている選手がいないこともある。そういう性質は誰でも持っているわけではないし、だからこそ三、四年勝てない時期があったんだ。我々が来たら、また結果が出るようになった。

実は、ボスとはそれほど頻繁に連絡をとっていない。もっと話したいね。一緒に試合観戦に行くこともあるし、関係は良好だ。いまでも一緒に働いているみたいに親しく接してくれる。すべてを見ている人だった。あらゆる細部に気を配っていた。プレーしていると見えないこともある。それを見抜くのがうまく、すべてに注意が行き届いていた。

パーラーも同意見で、ヴェンゲルの強みは人心掌握術と選手を大人として扱うこと、決して諦めない勝者の精神をトレーニングの段階から植えつけたことだと語っている。

選手に必要なものは気持ちの強さだ。大事なのはそれだ。試合に負けて落ち込むこともあるが、信念はいつも持っていなければならない。シーズンが始まるときには、勝てると信じていなければならない。シーズン開始前には、必ずミーティングをして目標設定をしていた。毎シーズン、すべての試合に勝つことが目標だった。それは必要なことだった。無敗のシーズンの前年もそれを目標にして、達成できなかった。できるはずがないと考える選手もいた。でも目的は、持てる力をすべて出すことだった。彼はとても巧みだった。目標を設定するのはどのクラブでも変わらない。残留が目標になるチームもあるだろうが、我々には二冠を勝ち取るだけの実力があった……。

一週間のうち、彼がいちばんひやひやしていたのは、金曜の午後のトレーニングで8対8をやるときだった。タックルが飛び交った――しかも遠慮なんて頭の片隅にもなかった。全員がミニゲームに集中し、本気で勝ちに行っていた。タックルは勝利への執念であり、勝つための手段だったから、ヴェンゲルも禁止しなかった。両チームに勝つ可能性が生まれるように十六人をふたつに分けた。

僕たちは集中し、ハードな練習をしたが、練習の前にはいつもふざけて楽しんだ。それが一体感を保つ秘訣だった。全員がやるべきことを理解し、同時に、フィールド外では少しだけ羽目を外すことも大切だ。

ひとつひとつの行動や、毎日の仕事の仕方、いつでも選手から目を離さないこと。そうしたことが、いつ戻ってもいいという安心感を与えてくれた。そのおかげで、クラブを離れるときにもいい関係でいられる。それが最高に上手だった。クラブを去った選手は誰も――かつてのイアン・ライトなども――アーセン・ヴェンゲルのことを悪く言わない。

僕との関係は特に良かった。僕はちょっとふざけたことをするのが好きだった。彼はそれを知っていたが、ほかの選手も喜んでいるのを知っていたから、咎められたことはない。やるべきときには真剣にやったし、完全に集中していたから、どちらも疎かにしていないことはわかってくれていた。

2002-03シーズンをマンチェスター・ユナイテッドに次ぐ2位で終えると、マーティン・キーオンなど何人かはシーズン無敗の目標が過度のプレッシャーになっていると考えていたが、ヴェンゲルの視線はリーグタイトルの奪還に向けられていた。元キャプテンでインビンシブルズの中心だったジウベルト・シウバは、チームは自信に満ち、特別なことを達成するだけの選手が揃っていたと回想する。

それは監督が作り出し、選手に課した適度なプレッシャーだった。前シーズンにマンチェスター・ユナイテッドに大きく離されて負けていたから、新シーズンに臨む決意は固かった。前シーズンも勝つチャンスがあったのはわかっていた。失望は大きかった。

選手たちは勝者だった。勝利を求め、やる気も充分だった。ゆっくり、慎重なスタートを切った。一試合一試合シーズンが進むにつれて、次第にチームは強くなっていった。負けずに十試合くらい過ぎたところで、チームの状況を見て「これはすごい。いいぞ。このまま行ける」と言い合った。自分たちにプレッシャーをかけ、ハードな練習を続けた。それだけのことができたのは、勝者の精神があったからだ。我々は勝つためにそこへ行き、勝つためにあらゆることをした。勝てない場合には、負けないことが重要だった。

精神面での強さがシーズン無敗を達成した最大の要因であり、同時に、選手たちをずっと楽しく過ごさせたヴェンゲルの選手管理のおかげだとジウベルトは言う。

質の高い選手ばかりだった。全選手にプレーさせ、ベンチにいる質の高い選手を管理することがいちばん大変だっただろう。名監督はすべての選手をコントロールする方法を知っているものだ。ファーストチームで毎試合プレーする選手だけでなく、ほかの選手たちも管理し、しかもチームのバランスを保たなくてはならない。

すべての選手がそのシーズン中に、リーグ戦、FAカップ、ヨーロッパやその他の試合に出場した。それは選手の状態をフレッシュに保つために重要なことだった。全選手が必要なときに出場できるよう準備していたし、ベンチには実力のある代表選手もいた。どんな試合でも、チームの質は保たれていた。それがたぶん最も大切なことだっただろう――チーム全体の質が高く、精神的に強いこと。誰も、わずかさえも落ち込んだ姿は見せなかった。チームの団結は固かった。

どこかで必ず仲間が必要になるときが来る。それが重要なことだ。代表選手も多かったから、国際試合の週には多くの選手が国に帰り、代表チームでプレーした。たとえば私は南米へ移動して試合に出た。イングランドに戻ったときは、試合と移動の疲れが残っていた。たいてい、国際試合後の最初の試合には私の代わりに別の選手が入った。チームにとってそれは良いことだった。代わりに入った選手は質が高く、チームはいつもフレッシュで、エネルギーがあったからだ。疲れた選手を出場させれば、あまりいい結果は出なかっただろう。もっと苦しんだことは間違いない。

ティエリは驚異的だった。あの年はすごかった。前線で決定的な働きをしていた。でももちろん、チーム全体のサポートもあった。ティエリも後ろからのサポートを予測して動いていた。DFから中盤まで、すべてのポジションが強力だった。交代した選手もまったく遜色なかった。エドゥとプレーすることもあったし、レイ・パーラーとプレーすることもあった。私が外れて、ヴィエラが別の選手と組むこともあった。それでもチームのバランスは変わらなかった……。

レギュラーの十一人はもちろんすごいが、なおかつベンチにも決定的な働きができるメンバーが控えていた。ティエリをピッチ上のどこでもサポートすることが重要だった。彼がチームの要で、全員で補佐していた。それにピレスやベルカンプ、フレディなど、ほかにも質の高い選手がいた。信じられないチームだった。

シーズン前半にマンチェスター・ユナイテッド戦とポーツマス戦でなんとか敗戦を逃れると、アーセナルはさらに強くなっていった。そして、自信が増すにつれ、結果にもそれが表れてきた。エランド・ロードでリーズを4対1で下し、サン・シーロではインテルを5対1で破った。

順調に進んでいるかに見えたが、4月初旬の六日間に歯車が狂いかけたことがあった。チームはリーグ戦のほか、FAカップで準決勝へ、チャンピオンズリーグでは準々決勝へ進出していた。4月3日のヴィラ・パークでのFAカップで、マンチェスター・ユナイテッドに敗れた。同じヴィラ・パークでのユナイテッド戦の敗戦をきっかけに優勝争いから脱落した1999年の苦い経験が頭をよぎった。

さらに、チャンピオンズリーグのチェルシー戦で、試合を支配したにもかかわらず勝利を逃し、ファーストレグを引き分けで終えると、ハイバリーでは土壇場でウェイン・ブリッジにゴールを決められて敗退した。ヨーロッパでの夢も消えてしまった。

ローレンによれば、そうした困難な時期にもヴェンゲルはいつも冷静で、ハーフタイムにあまり話をしない習慣を変えることはなかったという。


戦術ややり方に対して疑問を投げかける人もいた。だが彼は、ハーフタイムには状況をすべて把握していた。選手を非難して声を荒げたり、物を投げ、逆上したりするようなことはなかった。そんな必要はなかった……黙って選手が落ち着くのを待ち、それから話しはじめると、いきなり核心を突いた。対戦相手の穴を見破っていた。「必要なのはこれとこれだ。そしてこの動きをすれば勝てる」。ピッチに戻ると、まさにその言葉どおりのことが起こった。

もちろん、監督の頭にあることを実現できる選手がいなくてはならない。しかし、そもそも監督に考えがなければ無理な話だ。監督の頭脳を読み取り、選手が状況を理解できたことはまさに授かり物だった。完璧だった。我々は完全に理解していた。

そんなことは後にも先にもそのときだけだった。インテルでエクトル・クーペル監督のもとでやったこともあるが、同じではなかった。まるで違っていた。ヴェンゲルはとても静かなのにチームを動かす力があり、知識も豊富だった。素晴らしかった。


2004年の聖金曜日、4月9日には、その意志のある静かさが必要とされるときが来た。ヨーロッパで敗北し、それとともにチャンピオンズリーグ制覇の最大のチャンスを逃したわずか三日後、ハイバリーでリヴァプール戦が行われた。アーセナルは覇気がなく、ボディーブローのような二発をもらって、前半を終えて1対2で追いかける展開だった。全観客が息をのんで見守った。ヴェンゲルの野望はそれまでかと思われた。しかし、ハーフタイムにアーセナルは息を吹き返した。その日は交代要員だったマーティン・キーオンが選手たちを鼓舞し、それが士気を高め、試合の流れを変えた。

「その話は全然覚えていないね。マーティンだって？　まさか」と、普段からマーティンを茶化し、誰よりもからかっていたパーラーは言う。

チャンピオンズリーグとFAカップで敗退して、その直後にリヴァプールを倒さなければならなかった、あの最悪の週のことはよく思い出す。追いかける展開だったが、ティエリ・アンリが本領発揮してハットトリックを決め、試合をひっくり返して危機を脱した。

リヴァプール戦が大一番になると全員がわかっていた。痛い敗戦をふたつ喫し、一週間ですべてを失いかねない状況だった。それがフットボールだ。負けたときには、できるだけ早く勝って流れを取り戻さなくてはならない。ロッカールームで気合を入れる選手が必要になる。へこんでいる暇はない。

アーセン・ヴェンゲルがチームに授けたのは並外れたメンタリティーだった。イングランドの選手たちはジョージ・グレアム時代からそれを持っていた。ジョージは勝者だった。あのころの守備陣は勝ち方を知っていた。その後、ヴェンゲルはヴィエラやプティを連れてきた。彼らも勝者だった。悪い状況に陥ったとき、元に戻すには気持ちの強さが必要になるが、それは誰もが持っているものではない。こんな言葉をかける必要があっただろう――「ここを切り抜けよう。でないとリーグ優勝を逃し、いままでの戦いが無駄になってしまう。どうしてもここを切り抜けるんだ」

それは選手たちの精神力があればこそで、勝利の大きな要因はそこにあった。それに、監督がそうしたロッカールームを作り上げていたことも大きいと思う。彼は選手たち自身が困難に立ち向かい、話し合って状況を立て直し、ベストを尽くすのを見守っていた。

ジウベルトもまた、アンリが二度決めてハットトリックを完成し、ピレスも得点して4対2で勝ったリヴァプール戦後半の反撃はチームの精神力の証だと考えている。「前の週に二敗していた。思わしくない結果だった。なんとか流れを変えたかった。そこでチームの気持ちの強さが出た。ほかのチームはシーズンが進むにつれて、我々に初黒星をつけてやろうと意気込んでいたから、ますます手強くなっていた。だが我々は負けなかった。負けないことが象徴になっていた。特にヨーロッパとFAカップで敗れたあとは、それが意欲を駆り立てていた」

リヴァプール戦のあと、残り試合は七つだった――結果は三勝四分け。リーグ優勝を決めたのは最大のライバル、トッテナムのホームだったが、そこでは残念なことも起きた。先に2ゴールを挙げたが、故意に足を踏んで挑発してきたロビー・キーンをイェンス・レーマンが押し、終了間際にPKを与えてしまった。

それでも2対2の引き分けで優勝が決まった。ローレンはその試合を、無敗記録の達成を目前にして〝運良く負けを逃れた〟試合のひとつと記憶している。

大事な試合はたくさんあった。あのマンチェスター・ユナイテッド戦だけではなかった。アウェーでチェルシーに勝ち、トッテナムにはホームで勝ち、アウェーで引き分けた。大一番で勝つことはメッセージになる。ビッグゲームに勝ってきたことを相手チームは意識して、ちょっと弱気になるんだ。ユナイテッドもチェルシーもリヴァプールも倒してきたアーセナルに対して、相手は警戒し、恐れを抱いていた。そんな印象を受けた。

選手通路で並んでいると、対戦相手は怯えた目つきをしていた。負けるかもしれないと考えているのがわかった。心が読めてしまうんだ。我々には勝者の精神があった。それが特別であり、重要なことだった。

当時のアーセナルのキャプテンは類い稀な勝者のメンタリティーを持っていた。パトリック・ヴィエラの中盤での戦いは、1998年の二冠から、2005年のFAカップ、マンチェスター・ユナイテッド戦でのPK戦で最後のひとりとして決めて勝利を決めたときまで、ずっとヴェンゲルの成功の鍵だった。ヴィエラは、2003-04の無敗シーズンが何にもまして記憶に残っているという。

あの記録はいつか破られるだろうから、私はあのときのことをすべて記憶しているんだ。記録は破られるためにある。どこかのチームがあれを上回るだろうが、それまでにどれだけ時間がかかるかはわからない。選手の幾人かとはいまだに連絡をとっていて、何ひとつ忘れてはいない。あの記録を達成できたのは、いつも団結していて、チームとしてそれを強く目指したからだ。

それにデニス・ベルカンプやティエリ・アンリといった優れた選手がチームにいれば、すごいことを達成するチャンスは大きくなる。ティエリは全盛期を迎えていた。彼が得点することやデニスが決定的な仕事をすることは計算できた。チームには一体感があった。本当に固い絆があった。0対1で負けていても決めるべき選手がいたから、点が取れることはわかっていた。

あのチームにはすべてがあった。フィジカルが強く、球際に強い選手や、決定力のある選手がいた。足りないものはなかった。完璧なチームだった。


アーセナルはそのシーズン、最強の相手であるマンチェスター・ユナイテッドと四度戦った。プレミアリーグで二度、そしてコミュニティシールドと、FAカップ準決勝で一度ずつ。そのうち三戦で引き分け、FAカップではユナイテッドが勝ったが、いずれの試合も、ヴィエラはロイ・キーンとマッチアップした。ふたりの対決がそのシーズンの、なかでもヴィエラが退場した9月のオールド・トラッフォードでの初対戦の山場になった。彼らは、テレビドキュメンタリー「キーンとヴィエラ/最高の好敵手」で光が当てられたように、互いに敬意を抱いていた。

「もし喧嘩になったら、倒すには相当な時間がかかるだろうし、こちらも傷を負うだろうね」。ヴィエラは2003-04シーズンから十年後、キーンとのライバル関係を思い出して笑った。「簡単に負けを認めるわけがないよ。彼は中途半端なことはしない。必ず白黒をつける。選手としての実力は伯仲していた。ふたりとも意志が強く、勝利に貪欲で、どちらもチームのキャプテンだった。競い合い、戦ってはきたが、互いに敬意はずっと抱いていた。当時アーセナルは、強豪のユナイテッドに対抗できるチームを築きつつあった。ユナイテッドもロイも、あんな挑戦には慣れていなかっただろうね」

ヴィエラの記憶からもわかるように、あのシーズンのユナイテッドとアーセナルの力は拮抗していた。プレミアリーグでの二引き分けがその証拠だ。しかしヴェンゲルのチームは、意志の強さと精神力、戦力をふりしぼってユナイテッドとの激戦を切り抜けた。だが、ユナイテッドにFAカップで敗れたことよりもさらに大きな打撃は、チャンピオンズリーグでチェルシーに負けたことだった。

「あれはずっと私の心に残るだろう」と、ローレンは言う。「我々はチェルシーをプレミアリーグとFAカップで破ったが、最も大事な試合で負けてしまった。でもそれがフットボールだ。もしあのチームが十数年、つまりいまのアーセン・ヴェンゲルと同じくらいの経験を積んでチャンピオンズリーグに出場していたら、きっと優勝できたと思う」

シーズン無敗記録は現在までのヴェンゲルの最大の功績である。そしてどのチームも――チェルシーとマンチェスター・ユナイテッドがプレミアリーグを席巻しているが――達成できずにいるということは、それがどれほどの偉業であるかを示している。ヴェンゲルは、リーグ戦での三十八試合無敗の達成にいまも大きな誇りを抱いている。「達成したときには、ごく当たり前のことのような気がした。当時の写真を見返せば各選手の能力の高さがわかる。それで、あれはずば抜けたチームだったと気づくんだ。レギュラーの選手だけでなく、ベンチの選手たちも含めて。

プレミアリーグではじめてのことだったし、どのリーグでも無敗優勝したチームなど記憶にない。私はとても誇りに思っている。それ以上の成績など、もうあまりない。しかも、選手の能力は完全に抜きん出ていた」

　アーセナルの快進撃はさらに続いたが、無敗記録が2004年の10月に四十九試合で終わると、それがチームの解体につながった。そのときの怒りは、まだ消えていない。マンチェスター・ユナイテッドに0対2で敗れると、オールド・トラッフォードの選手通路で揉み合い（のちに〝ピザゲート〟事件と名づけられる）が起こった。マイク・ライリー審判によるPKの判定がそのきっかけだった。彼はソル・キャンベルがウェイン・ルーニーに脚をかけたとジャッジした。与えられたPKをルート・ファン・ニステルローイが決め、貴重な先制点を奪った。

「あれはダイブだった」と、キャンベルは言う。「たしかに脚がそこにあったかもしれないが、闘牛士の赤いケープみたいに、ちゃんとよけたんだ……。試合後、あいつとは握手しなかったよ」

　それほどの高みに達し、負けることはないと感じていたから、失望はとても大きかった。キャンベルがイングランド代表のチームメイトとの握手を拒絶したことが、悔しさとライバル心をおおいに物語っている。挫折感は相当なもので、当時のチームには耐えられるものではなく、その後、完全にそれ以前の状態に戻ることはなかった。また、新たなライバルも出現していた。アーセナルとマンチェスター・ユナイテッドの二強は、ロマン・アブラモビッチとジョゼ・モウリーニョのチェルシーに後れをとるまいと必死になっていた。

第6章

UEFAチャンピオンズリーグ

アーセン・ヴェンゲルの在任期間でおそらく最も惜しまれるのは、いまだヨーロッパのタイトルがないことだろう。最大のチャンスは2006年チャンピオンズリーグのバルセロナとの決勝だった。その敗戦は、インビンシブルズの無敗記録が途絶えたときと同様に、アーセナルのひとつの時代の終わりを告げた。

ヴェンゲルは2004年10月のマンチェスター・ユナイテッド戦に負けたあと、チームの立て直しに苦労していた。四十九試合の無敗記録を止められた敗戦の痛手は大きく、その影響は想像をはるかに超えていた。負けることはないという思いに疑念が生じ、少しずつ、だが確実にアーセナルは停滞に向かっていた。

あとから振り返ればその理由がわかる。チームの入れ替わりと新スタジアムの建設費の負担が重なり、代わりに獲得する選手に制限がかかった。またチェルシーが豊富な資金を手に入れたことにより、イングランドのフットボール界は新たな局面を迎えていた。

最も大きかったのはパトリック・ヴィエラの退団だろう。フットボールの能力が高いだけでなく、アーセナルのキャプテンであり、リーダーとして中盤からチームを鼓舞していた。ヴェンゲル体制前半の栄光の時代には、世界最高のMFだったはずだ。ミレニアム・スタジアムで行われた2005年のマンチェスター・ユナイテッドとのFAカップ決勝のPK戦で成功して勝利を決めたが、それはアーセナルでの最後のキックとして、いかにもヴィエラにふさわしいものだった。

ヴィエラの移籍はいくぶん皮肉なものになった。何年もレアル・マドリード行きの噂が絶えず、競争力を保つだけの補強をしていないとクラブを批判しながら、結局は残留してきた。フィールドの中央だけでなく、皆の関心の中心にいることを楽しんでいるのだと言われることもあった。だが、移籍話が取り沙汰されなかった唯一の年に、アーセナルは彼を売却した。

FAカップを高く掲げた直後、ミレニアム・スタジアムのミックスゾーンに立ったヴィエラは、この夏は自分の去就についての話題は出ない、と軽い口調で言った。私が今後のことを質問すると、彼は笑みを浮かべて言った。「ははは、今年はないね」。それから穏やかな口調で、できればアーセナルでキャリアを終えたい、いまの契約が切れたあとも残りたい、と語った。契約は2007年までだった。「アーセナルとの契約期間内だから、移籍するつもりはないよ」

ところが、数週間後に状況は変わった。デイヴィッド・ディーンはユベントスが関心を持っているとヴィエラに告げた。ヴィエラは、自分がまだアーセナルに求められているのかどうかを尋ねたという。ヴィエラは著書『Vieira: My Autobiography（自伝）』のなかで、ディーンに「どちらでもいい。選択権は君に与えよう」と言われたと述べている。

九年間在籍したクラブにこんな扱いをされ、彼は〝怒り、驚き、動揺〟した。〝もし本当に移籍させたくなければ、アーセナルはあらゆる手段に訴えてでも阻止する〟と知っていたからだ。そして〝決め手になったのは「どちらでもいい」という言葉〟で、もう契約内容などは二の次だった、とその話をまとめている。

ヴェンゲルは、ヴィエラの走行距離、スピード、タックルなどのデータから、二十九歳にして衰えが見えると判断していた。それが売却の理由だった。

後年、アーセナルのファンはヴィエラを売却した判断は大きな間違いであり、それがクラブの転換点になったと批判したが、ヴェンゲルはユベントスへ売却したことも、2010年にアーセナルと――そしてよりによってトッテナムと――契約するという噂が流れ、結局マンチェスター・シティに加入して現役の最後を飾ったときに、再契約しなかったことも、どちらもまったく後悔していないと述べている。

ヴェンゲルは2011年に語っている。「パトリックは偉大な選手だが、あれからどうなっていたかはわからない。チームは実際の年齢以上に経験を積み重ねていた。平均年齢は二十三歳だが、フットボールに関しては二十六、七歳だった。私は若い選手にプレーする機会を与えたが、そのことは後悔していない。もっと経験のある選手を加入させることもできたかもしれないが、そんなことは簡単に言える」

ヴィエラはアーセナルに移籍したばかりのころ、ヨーロッパの大会で成績が良くないことを理由に、もっと実績のあるヨーロッパのスーパークラブに移籍したいと発言していた。2004年の夏にはその寸前までいったが、ディーンとヴェンゲルとの緊迫した会談によって最後の最後に翻意し、残留を決めた。

2004年のオフシーズンに、私はそのころ回数が増えていたティエリ・アンリからの電話を受けた。ヴィエラとほかのクラブの交渉を不快に思っている選手がいるとか、フランス代表メンバー間に確執が生じているとほのめかす記事が出ていたが、それに不満だったのだ。記事に納得できなかったり、書かれたことが気に入らないとき、アンリは記者に電話をかけてきたものだ。そのときは、ヴィエラがヴェンゲルやディーンと会った翌日に電話があった。ほとんどの新聞が、ヴィエラは移籍すると報じていた。確執を否定したあと、アンリは「すぐにわかるよ」と言って笑った。ヴィエラが残留することを知っていたのだ。その話は数時間後には一般に広まった。

ヴィエラはヴェンゲルと同じく、ヨーロッパでの成功を強く望んでいた。2001年の4月にバレンシアに敗れ、チャンピオンズリーグの敗退が決まったときには苛立ちを爆発させた。〈デイリー・スター〉のデイヴィッド・ウッズと私がミックスゾーンで声をかけると、見るからに不満げだった。今シーズンの成績は「そこそこ」だと言い、「今後のことは話さない」と宣言した。

「今年はアーセナルにとって重要だった。チャンピオンズリーグの決勝に進出する大きなチャンスだった」と、ヴィエラは語った。「もう二度とこんなチャンスは来ないだろう。同じミスを繰り返して試合を落とすようなチームには無理だ。こんなことはもうないかもしれない」

ヴィエラは熱くなり、意固地になっていた。きつい言葉が次々に口をついて出てきた。自分の発言の意味ははっきりわかっていたはずだ。新聞記者として私が唯一後悔しているのは、その晩インタビューをしなかったことだ。我々はそれを握りつぶすことにし、その結果、デイヴィッド・ウッズと私の質問を立ち聞きしていた〈イブニング・スタンダード〉に翌日の夕刊ですっぱ抜かれてしまった。当然のことながら、ヴィエラはクラブからなぜそんなに躍起になってしゃべったのかと問い質された。「思ったとおりに話しただけだ」とヴィエラは答えた。

　ヴィエラはその後、二度プレミアリーグのタイトルを獲得した。優勝争いのさなか、あるいは2001年の夏に彼が漏らした不満はアーセナルが大金を投じるきっかけになり、ソル・キャンベルらの大物選手が加入した。だが、チャンピオンズリーグについての発言はまさにそのとおりになった。ヴィエラは2005年に売却され、アーセナルはその翌年の5月、チャンピオンズリーグの決勝に進んだ。彼のチャンスは消え、史上最強の中盤の戦士の野望は叶えられずに終わった。

　アーセナルの2004年以降の凋落は、プレミアリーグの順位表を見れば一目瞭然だ。アーセナルは2006年5月に4位でシーズンを終えた。それまで、ヴェンゲルが就任してから2位を外すことはなかった（初年度の1996-97シーズンは3位だが、フルシーズン指揮をとったわけではないので除外する）。

　しかもアーセナルの4位浮上は、シーズン最終日にマルティン・ヨル率いる宿敵トッテナムの選手たちが食中毒にかかり、ウェストハムに敗れたことによるものだった。ほとんどの選手が前日の晩に食べたラザニアが原因だったと言われている。十人ものトッテナムの選手が体調不良を訴え（マイケル・キャリックは歩くこともままならなかった）、アップトン・パークでスパーズは2対1で敗れ、アーセナルは4対1でウィガンを破って4位を確定させ、翌シーズンのチャンピオンズリーグ出場権を手に入れた。

　すべてが変わった。インビンシブルズの解体と新スタジアムの計画によって、アーセナルの優位は崩れていった。プレミアリーグではチェルシーが連覇し、マンチェスター・ユナイテッドと（前年にチャンピオンズリーグで優勝した）リヴァプールが挑戦権をかけて激しく争っていた。アーセナルはチェルシーから勝ち点で24ポイント離されていた。

だが、リーグでの不甲斐なさとは裏腹に、アーセナルは最後にトロフィーをひとつ加えてその栄光の時代の幕を閉じるチャンスを迎えていた。長年ヴェンゲルが最大の目標としてきた、チャンピオンズリーグのタイトルだ。

２００３－04シーズン、彼らは間違いなくヨーロッパ最強のチームだったが、チェルシーとの準決勝では、スタンフォード・ブリッジで1対1で引き分け、ホームでは1対2で破れて敗退していた。ヴェンゲルはアーセナルが真のヨーロッパの強豪として認知されることを強く願っていたが、チャンピオンズリーグの舞台では国内での強さを発揮することができずにいた。

毎シーズン、初戦を控えた記者会見では、ヴェンゲルがその年はなぜアーセナルの年になるのかを語るのが恒例になっていたが、結局いつも何かが足りずに敗退していた。２００４年のインビンシブルズのメンバーであるローレンは、ヨーロッパでタイトルを獲っていないことはヴェンゲルの最大の心残りで、その原因は、ほかのビッグクラブと比較して経験不足だったことだと述べている。

「チャンピオンズリーグで優勝していないことはとても残念だ。だが監督が言っていたように、我々はチャンピオンズリーグでずっと戦ってきたチームではなく、出場するようになってまだ四、五年だった。ミランやバルセロナ、レアル・マドリードといったチームは、準々決勝、準決勝などの大一番になると、たとえ調子が悪くても、経験からやるべきことを知っていた。彼らは何十年もチャンピオンズリーグで戦っている。大事なのはそのことだ。レアル・マドリードやバルセロナのどの選手にも、シャビにも、指示を出す必要はない。準々決勝にはそうした選手たちを動かす雰囲気があるからだ。

我々の時代には、チャンピオンズリーグに出場しはじめて五年ほどしか経っていなかったから、戦い方も知らず、経験もなかった。うまくいかなかったのはそのためだろう。


ローレンはパリで行われた2006年のチャンピオンズリーグ決勝に怪我のため出場することができなかった。だが先発には、イェンス・レーマン、ソル・キャンベル、アシュリー・コール、フレディ・ユングベリ、ジウベルト・シウバ、ロベール・ピレス、コロ・トゥーレ、ティエリ・アンリと、インビンシブルズのメンバーが八人顔を揃えていた。残りの三人は、2003－04シーズンには若手有望株だったセスク・ファブレガスのほか、アレクサンドル・フレブ、エマニュエル・エブエだった。ベンチにはデニス・ベルカンプ、ロビン・ファン・ペルシー、マチュー・フラミニ、ホセ・アントニオ・レジェスが控えていた。

バルセロナは好チームだったが、将来のスーパースター、シャビとアンドレス・イニエスタは先発ではなくベンチにいた。アーセナルにとって、決勝までの臨戦過程を考えれば大きなチャンスだった。決勝トーナメント一回戦でレアル・マドリードを下し、準々決勝でユベントス、準決勝では終了間際のPKのピンチも切り抜けてビジャレアルを破った。マドリードでの勝利がベストゲームで、アンリが二試合で唯一の得点を決めた。イングランドのチームによる最高の試合のひとつとして語り継がれるに違いない。特筆すべきは、アーセナルが決勝トーナメントでまったく失点していないことだった。

ヴェンゲルはチャンピオンズリーグの決勝進出に対する賞賛が充分ではないように感じている。

いまだトロフィーを掲げていないことへの苛立ちもあるだろう。

２００６年、我々はチャンピオンズリーグの決勝に進出した。いまでは誰もそのことを話題にしないが、それは大きな成果だ。トロフィーを獲ったかどうかではなくて、決勝トーナメント全試合で失点をせず、負けたのはわずかに最後の13分だけだったことが重要なんだ。それで、そのシーズンを失敗とみなせるだろうか。私はそうは思わない。しかも、リーグ戦では４位以内に踏みとどまっている。

ジダンやベッカムといった選手たちのいるレアル・マドリードに勝った。だが誰もその話はしない。まるで大したことではないかのようだ。なぜだろう？　それはシーズンの終わりにトロフィーを持ってパレードをしなかったからにすぎない。

もしあのシーズンにリーグカップで優勝（準決勝でウィガンに敗れた）していたら、人々は「ああ、２００６年のリーグカップで優勝した」と言うだろう。だが監督としてリーグカップ優勝と無敗でチャンピオンズリーグの決勝に進出することの重要性は比べられるだろうか？　何が違うというのか。

そのことからは一旦離れて、何が難しいことなのか、シーズンの成功とはなんなのかを考えてみる必要がある。優勝トロフィーが重要なことはわかる。だが、トロフィーを獲得できなければシーズン全体が無駄であり、無残な結果だったとも言うことはできない。フットボールには良いゲームも悪いゲームもあるし、優勝したシーズンにだって悪いゲームはある。優勝からは少し距離を置いて考えないといけない。もちろん重要なことではあるけれども。

ヴェンゲルはチャンピオンズリーグで決勝トーナメント進出を続けているが、そのさらに上の段階へは達したことがない。しかし、彼のアーセナル在任中に、リヴァプール、チェルシー、マンチェスター・ユナイテッドがそれを達成している。

数年後、2012年に、プレミアリーグでは6位に終わったにもかかわらず、チェルシーがロンドンのクラブとしてははじめてチャンピオンズリーグを制覇したとき、ヴェンゲルは苛立ちを隠せなかった。それまで彼は優勝トロフィーを掲げるという野望と、それがどれほどの偉業かを語ってきた。だが、チェルシーとリヴァプール（2005年）が優勝したとき、ヴェンゲルはそれをひとつのカップ戦と表現し、チェルシーの勝利を語るときには〝運〟という言葉さえ使った。なんという負けず嫌いだろう。これが当時の発言だ――

たしかに驚きだった。だが、おそらくシーズン後半には、チェルシーはカップ戦、特にチャンピオンズリーグにやや重きを置いていて、そのせいで数ポイントを落としている。その点も考慮に入れる必要がある。チャンピオンズリーグでは間隔が開いてビッグゲームが組まれている。だがプレミアリーグでは、多くのビッグゲームをこなし、そのすべてで好結果を残さなくてはならない。プレミアリーグこそ重要な指標になるだろう。

チャンピオンズリーグで優勝したいかと聞かれれば、もちろんイエスと答える。しかし、それはカップ戦なんだ。はじめの部分はともかく、最後はまさにカップ戦だ。3月から4月にベストの布陣を組み、好調な状態で戦う必要がある。それは簡単ではない。プレミアリーグのチームならば特に。チェルシーの運がよかったのは、ディディエ・ドログバがシーズン前半にあまりプレーしていなかったことだ。後半にチームに加わって決定的な働きをした。フレッシュで集中力があり、休養は充分で、貪欲に結果を出そうとしていた。質も高かった。

それはチェルシーだけではなく、ほかのチームにも言えることだ。リオネル・メッシが準決勝でPKをバーに当てて外すようなことが毎年あるわけではないから、運も必要だ。だがそのことで、我々も同じ粘り強さと希望を持とうという刺激を得たよ。粘り強さがあれば運が向いてくることもある。だから、それを見せなくてはならない。

（チェルシーの優勝は）気にしない。私にとってはプレミアリーグのチームが勝ったことは誇らしく、その点こそが重要だ。プレミアリーグで優勝のチャンスがないとしたら、それは心配するだろうが。プレミアリーグのチームがチャンピオンズリーグを勝ったのは素晴らしいことだ。リーグで6位だったチームがヨーロッパのカップ戦で優勝できるんだ、と言えるわけだからね。プレミアリーグにとって間違いなく素晴らしいことだ。

アーセナルは2006年のその夜、パリで粘り強さを発揮することはできなかった。2005年のFAカップ決勝がヴィエラのアーセナルでの最後の試合になったように、そのチャンピオンズリーグの決勝は、また別の区切りとなった。ソル・キャンベルとロベール・ピレスは最後の試合に出場し、デニス・ベルカンプはベンチでそのときを迎えた。しかし、決勝後の去就で最も不確実だったのはティエリ・アンリだった。決勝の対戦相手であるバルセロナは彼との契約を望んでいることを隠そうとしなかった。だが不思議なことに、バルセロナが公然とアンリを追いかけたにもかかわらず、大きく報道されることもなく、プロ意識が突出して高いアンリのパフォーマンスに影響を与えることもなかった（また彼のアーセナルへの深い愛着からして、報道が出ても影響はなかったはずだ）。

アーセナルはプレミアリーグの最終日に4位に食い込んでおり、少なくとも2006－07シーズンのチャンピオンズリーグ出場権についてのプレッシャーからは解放されていた。そうでなければ、勝たなければ翌年は出場できないという状況でバルセロナとの対戦に臨んでいるところだった。ヴェンゲルは前日の晩にスタッド・ド・フランスで記者団と会ったとき、精神状態も良く、落ち着いて過ごしていた。

ヴェンゲルは、DFのフィリップ・センデロスとガエル・クリシーを外し、キャンベルとアシュリー・コールを先発させるという決断をした。キャンベルは自伝のプロモーション中に当時を振り返り、正直に言って、自分もコールも運が良かったと語っている。「センデロスとクリシーが当時の主力だったが、私とアシュリー・コールが出場した理由は、ふたりの怪我以外にはない。アーセンは本のなかで私を主力にすべきだったと言っている。だがチャンスはなかった。無理だった。ただ運良く出場できたというだけだ。もしあのふたりが好調だったら私とアッシュは出場しなかっただろう。ノー・チャンスだった」

だが最大の決断は、レジェスではなくピレスを先発させるという情の采配だった。しかしわずか18分で、キーパーのイェンス・レーマンがサミュエル・エトーを倒して退場になり、ピレスは控えキーパーのマヌエル・アルムニアと交代した。リュドヴィク・ジュリの蹴ったボールがネットを揺らしていたが、無効になった。プレーは戻されてフリーキックが与えられ、イェンス・レーマンはピッチから消えた。アーセナルは十人になり、難しい戦いになったが、まだ得点は0対0だった。

37分に、信じられないことにキャンベルのヘッドでリードを奪った。アーセナルは守りに回り、その後さらに点差を広げるチャンスが来たが、アンリのボールはバルセロナのキーパー、ビクトル・バルデスの正面に飛んで弾かれた。バルセロナは最後にはアーセナルを疲れさせ、最後の13分でエトーとジュリアーノ・ベレッチのゴールで2点を取り、勝利を決めた。ヨーロッパのチャンピオンになるのは、それがまだ二度目だった。

ヴェンゲルのそばではピレスが冴えない顔をし、アンリは呆然としていた。悲しく、苦い敗戦だった。ピレスは納得していなかった。

がっかりしたよ。第四審判のボードに僕の背番号が表示されるのを見たときは信じられなかった。あれが六年在籍したチームでの最後の試合になった。家族も全員見に来ていたし、ワールドカップで優勝したパリでのチャンピオンズリーグ決勝だったのに、たった18分で終わってしまった。受け入れるのは難しかった。

あのことは決して忘れられない。ビジャレアルが僕を欲しがっているのは知っていたが、決断はしていなかった。でも決勝でのことはひどく気分が悪かった。それが最後だった。僕は決心した。選手がひとり出なければならないのは知っていたが、自分とは思わなかった。自分の番号を見たとき、何かが終わった。

あのパリでの決勝戦は僕のキャリアで最悪の瞬間だ。二日後にヴェンゲルと話したのはふたつのことだった。ビジャレアルに行くつもりだと伝え、なぜ僕を交代させたのかを尋ねた。彼は、すまなかったと謝ってくれた。ただ、僕がピッチに残ればもっと防戦一方になったはずで、バルセロナを相手に十人で戦うのは難しいことだったと言った。

退団はキャリアのなかで最も困難な決断だった。引退まで残りたいと思っていたけれど、決勝のバルセロナ戦でヴェンゲルにもう信頼されていないということがわかってしまった。あの決勝戦でたった18分しかプレーできなかったことは、いまでも悔しい。彼の判断が正しかったとはとても考えられない。

アーセン・ヴェンゲルに怒りを感じてはいない。自信を与えてくれ、タイトルを獲得できたことに感謝したい。あんな小さなことで、僕たちの関係は変わらない。彼から学んだ六年間を消し去ることはできない。もう心の整理はついている。彼は忘れることのできない監督だ。

アーセナルとビジャレアルが対戦した2009年のチャンピオンズリーグの準々決勝で、ピレスがエミレーツ・スタジアムに戻ってきたとき、ヴェンゲルは改めて謝罪した。「あのことは申し訳ないと思っていた。しかし、攻撃の選手をひとり下げる必要があり、カウンターで攻撃するためにアンリを下げるわけにはいかなかった。いちばん強くて速い選手はピッチに残しておかなくてはならない。（後悔している）かもしれないが、とても難しい問題だ。残ったのはフレブとファブレガスが攻撃で、ユングベリも同じ――それからジウベルトだった。すでにDFはひとり残していたからね」

ジウベルト・シウバはあの決勝を残念な気持ちで振り返る。ヴェンゲルと同じく、彼の最大の心残りもまたこれまでにチャンピオンズリーグを制していないことであり、バルセロナに負けたことは、これ以上ないつらい敗戦だった。

あの試合では物事が悪いほうへ進んだ。バルセロナに勝つのは簡単ではないことはわかっていた。それでも、ゲームには自信を持って臨んでいた。だが残念な負け方をしてしまった。いまだに思い出してしまう。悲しみは消えないし、思い出すと感傷的になってしまう。それもサッカーだ。残念な結果はうまく乗り越えなければならないけれど、とても難しかった。試合後には泣いてしまった。優勝にあと一歩まで行き、心から欲しかった最後のトロフィーに手がかかりかけていたんだ。

それは人生の物語のひとつだ。永遠に忘れることはない。敗者は、いつでも覚えているものだと思う。我々は負けたけれど、試合を観ていた人々は気持ちが良かっただろう。悪くない試合運びだったし、勝利まであと一歩だったんだ。

当時、記者は一部のファンとともにチームのチャーター機に同乗して移動していた。記者席やミックスゾーンから、あるいは書き直している記事をひとまず置いて、急いで空港行きのバスに乗り、選手やチーム関係者と一緒に飛行機に乗り込んでいた。

そのため、長年のあいだには何度か珍しい光景を目にしてきた。たとえば、搭乗時間に遅れないように慌ててやってくると、尖った髪型で有名なマルアーヌ・シャマフが、ヘアムースの缶を大量に持ち込んだためにセキュリティで足止めを食らっていたことがあった。数年後のインタビューで、彼は自分でもこの恥ずかしい思い出を笑っていた。

機内では、選手たちはよく別室へ行き、話や口論をしていた。だが、最も忘れがたいのは2006年の決勝のあとの帰国便だ。一万メートルの上空で、アンリが機内放送でスピーチをした。

試合直後の記者会見では、アンリとヴェンゲルは不満そうに、エトーのゴールはオフサイドだったし、何度もファウルをされたのに審判の判定が甘かったと述べていた。ふたりともアンリの去就についての質問にはきちんと答えていなかった。アンリは残留するだろうとヴェンゲルは繰り返していたが、確信はなさそうだった。アンリは試合直後には話したくないと言い、ミックスゾーンでさらに追及すると、記者たちを置き去りにして消えてしまった。

帰りの機内で、飛行中にマイクを持ったアンリの声は高ぶって震えていた。「ティエリです」とアンリが呼びかけると、乗客たちは盛り上がり、拍手喝采した。彼は情熱をこめて揺るぎない声で来シーズンについて語った。残留宣言としか考えられなかった。「いまは我慢のときだ。もっと向上し、強くなって来年必ず戻ってこよう」

〝強くなって必ず戻ってくる〟――それはつまり、アンリが残留を決めたということだ。契約は通常、それが満了するはるか以前に行われる。選手によるリップサービスもあり、紙面は移籍ネタで賑わうが、本人は残留か移籍か口にしなくてもわかっているものだ。なかにはそうやって注目を集めたい選手もいる。だがこのときのアンリに関しては、本当に決まっていなかった。アーセナルが勝っていたら、気持ちは移籍に傾いていたかもしれない。負けたことで、アンリは明らかにやり残したことがあると感じていた。

アーセナルのヨーロッパ遠征の際、チームのチャーター機に乗っている二百名ほどに対して、アンリはキャプテンとして毎回スピーチをしていた。乗客は、チームのメンバー、記者団と、高額のツアー料金を支払った数十名のファンだった。レアル・マドリードとユベントス戦の帰路は、勝利で高揚したスピーチだった。だが決勝の敗戦のあとは簡潔だった。悔しさと落胆、未来への希望がこもっていた。

パトリック・ヴィエラとアンリはスピーチの伝統を守っていたが、セスク・ファブレガスやロビン・ファン・ペルシーがキャプテンマークを引き継ぐとそれは次第に廃れていった。それはある意味で、選手とファンの絆が薄れつつあることを反映していたのかもしれない。アンリはいつもクラブとの絆を感じていて、それはいまも変わらない。もちろん、全選手がそうだとは言えない。アンリがアーセナルに少なくとも一年は残ると決めた理由には、間違いなくそのことも含まれているだろう。

ルートン空港への到着は深夜で、そこから丸一日かけて残留の裏取りをした。あのスピーチでアンリは移籍しないと直感していたが、確証を得るために駆けずりまわった。そして金曜日の朝、〈デイリー・ミラー〉はアンリ残留を大きく報じた。

記者会見はアーセナルのトレーニング場で行われた。アンリとヴェンゲル、デイヴィッド・ディーンがテーブルについた。質問をされると恐ろしい早口で長く丁寧に答えることを好むアンリらしく、じっくりと一時間近くかけて話をした。

ベルカンプ、キャンベル、ピレスがチームを去る以上、アンリの残留は不可欠だった。新スタジアムへの移転による新しい時代の幕開けを控えていたのだからなおさらだ。チームのベストプレーヤーであり、世界最高のストライカーであるアンリをそんなときに売却していたら、面目は丸つぶれだった。

二十九歳のアンリは、週給11万ポンドというアーセナルでは前例のない額で新たに四年契約を結んだ。さらに引き止め案の一環として、かなりの額の再契約金が支払われた。アンリは、ハイバリーでのシーズン最終戦でファンが彼の名を呼び、残留を呼びかけたことにも触れた。

このとき、アーセナルはチャンピオンズリーグの強豪になっていた。最強チームを擁していた2004年には、優勝していてもおかしくなかった。2006年には決勝に進出した。2009年は準決勝でマンチェスター・ユナイテッドに、2008年には準々決勝でリヴァプールに敗れた。しかしその後、アーセナルは優勝争いからは脱落し、2010－11シーズンからは五年連続でラウンド16で姿を消している。

ヴェンゲルは、現在ではさらにチャンピオンズリーグでの優勝は難しくなっており、しかも結果は予想がついてしまうと述べている。


クラブはまだ優勝したことがないから、ぜひとも成し遂げたい。惜しいところまでは何度か行ったことがあるが、ここ数年は抽選に恵まれていない。バルサ、ミラン、バイエルンといった、難しい対戦相手と当たっている。そこを勝ち抜いていくだけの力はなかった。

グループステージのあとにトーナメント戦だから、予測しづらい面がある。大切なのはクリスマス後に誰が使えるのか、誰が好調で、誰が不調なのかだが、それをあらかじめ計画することはできない。二、三年後にはバルセロナが最強になった。10月にメッシが怪我をしていなかったら彼らが優勝するとわかってしまう……。

ヨーロッパで、我々はどんな対戦相手も倒してきた。そのことを人々は忘れている。それに、決勝トーナメントを無失点で勝ち上がったチームはほかにはない。守備面で成績が良かったわけではないのに。

もちろん優勝はしたいし、自分の経歴に加えるためにも必死で戦っていくつもりだ。だが相手はバルセロナやバイエルン、レアル・マドリードという毎年優勝圏内にいるチームなんだ。いつも、今年こそ優勝しようと思う。だが、競争は厳しさを増している。

ソル・キャンベルは、運の要素もあるものの、強化はチーム自身の問題だと主張する。

勝負は時の運だ。大事なのは出場することなんだ。何度も出ていれば、そのうちにきっと運が向いてくる。チャンピオンズリーグに十年か二十年に一度しか出られないとしたら、勝つのはかなり難しい。可能性は低くなる。決勝トーナメントで幸運に恵まれたクラブがないとは言えない。たとえばチェルシーだ。優勝したのだから、それに値したと言わなければならない。でも、かなり大きな幸運に恵まれたことも確かだ……。

かつて私は、決勝でアーセナルの一員としてプレーしたことがある。1ゴール決めたが、味方が何度も決定的なチャンスで外した。相手に同じだけのチャンスがあれば、おそらく3対0か3対1で向こうが勝っていただろう。彼らはただじっと待っていて、ゴールを決めた。我々は多くのチャンスを逃した。ティエリが最後に一回、ユングベリも一回。アレックス・フレブには大チャンスがあった……それを決められるかどうかなんだ。試合のかなりの時間を十人で戦った。それでもチャンスは作ったが、ゴールを奪って勝負をつけることはできなかった。

決勝進出できると全員が信じなければならない。最高の選手がいることも大切だ。ビッグゲームになればなるほど大切なことだ。

キャンベルは、現在のアーセナルが大きく後れをとっていると考えている。2006年以降チーム力が落ちていて、追いつくためには巨額の投資が必要だという。また、すでにでき上がった選手を買うよりも選手の向上に頼るヴェンゲルの方法がアーセナルの失敗の原因だと述べている。

もしアーセナルがヨーロッパの大会で結果を出したいのならば、競争力を増すためにより多くの金額を費やす必要がある。相手に恐怖を抱かせなければならない。ウイング、中盤、前線のそれぞれにいい選手が置かれ、さらに相手の守備をこじ開ける選手がいる、というレベルに達しなければならない。すべてのポジションに質の高い選手がいれば、相手は全員を抑えることはできない。必要なのは選択肢があることだ。

役員会はそれなりの金額を使い、危険を冒して勝ちに行く必要がある。そしてひとりの選手を買って失敗しても、恐れずにさらに別の選手を買わなくてはならない。

移籍市場で間違いを、しかも大きな間違いをしても、何度も挑んできた監督はたくさんいる。なんとしてでも成功させるんだ。「これだけの金額を使ってうまくいかなかったのだから、また昔のやり方に戻ろう」と言っていては駄目だ。それはいけない。そんな時代は終わったんだ。最適な選手を求めて投資することをやめれば、ほかのチームが前進しているなかで後退することになってしまう。

世界中からスカウトして選手を選び、集めてくることは素晴らしい。だが絶対に、すでにでき上がった選手を多く獲るべきだ。大金を投じて彼らを加入させなければならない。アーセナルはワールドクラスの選手をもっと連れてくる必要があると思う。

２００６年の夏にチームは大きく変わった。ピレス（ビジャレアル）とキャンベル（ポーツマス）が去り、アシュリー・コールは長く、容認しがたい移籍交渉ののち、チェルシーに加入した。デニス・ベルカンプは引退した。ローレンは怪我をして、その後アーセナルでプレーすることはなく、結局２００７年１月にポーツマスに移籍した。わずか二年で、インビンシブルズのメンバーは残り少なくなってしまった。

アーセナルはまた、体格に恵まれたプレーヤーよりも、小柄で、素早いパス回しができるプレーヤーを求めるようになった。ヴェンゲルは否定したが、まったく異なったプレースタイルと哲学を模索しているようだった。

哲学を変えざるを得なかったのは、アーセナルの財政状況が劇的に変化し、完成したスター選手を獲得できなくなったからだ。移籍市場での購入を始めたが、探していたのは、すでに実力が証明され、実績もある選手ではなく、可能性を秘めた選手だった。

３億５０００万ポンドをかけて建設された新しいスタジアムへの移転が間近に迫っていた。クラブをめぐる状況は一変した。特に大きく変わったのはヴェンゲルの職務内容だった。監督であることに加え、クラブの財務をつかさどり、チームの競争力を保ちつつ収支のバランスをとる必要があった。対照的にチェルシーは王座に君臨し、ミヒャエル・バラック、アンドリー・シェフチェンコなどのスーパースターをはじめ、アシュリー・コール、ジョン・オビ・ミケル、ハリド・ブラールズらを獲得していた。だが、アーセナルはより若い選手に狙いを定めなければならなかった。大人と子供の戦いだった。

ヴェンゲルは資金力のあるプレミアリーグのライバルチームに数多くの苦言を呈してきた。そして、傍若無人に多額の資金を使い、結果として大きな損失を記録してきたことに〝呆れてしまう〟と述べている。

それ以降のアーセナルの戦略は〝プロジェクト・ユース〟と呼ばれている。ヴェンゲルは、若い選手の道をふさぐような大型契約は不可能だし、それを望んでもいないと明言している。「新スタジアムの建設を決定したことで、より多くの若手を獲得することになった。選手獲得に3000万ポンド、4000万ポンドを費やす立場にはないからだ。現代の世界では、銀行が損失を出せば誰もが呆れる。だが私は、フットボールクラブが損失を出すことに呆れてしまう。私にとっては同じことだ。我々は若手とともにやってきた。そこへ四、五人の選手を連れてきてゲームに出したら、それまでの努力が無駄になってしまう」

ヨーロッパ制覇まであと一歩のところで、アーセナルは過渡期を迎えていた。新スタジアムへの移転を控え、ヴェンゲルの監督としてのキャリアのなかで最もつらく困難な時期にさしかかろうとしていた。

第7章
誘惑

「フットボールは芸術だ。ダンスと同じように――ただし、上手な場合にかぎる」

アーセン・ヴェンゲルは意外にもダンスが好きで、しかもかなり上手だ。素早い足さばきでパートナーを伴って滑るように室内を移動する。社交の場では、パートナーのアニーと踊っていないときは、テーブルで人に囲まれている。アニーは背が高くエレガントで、選び抜かれたブティックのデザイナーズブランドのドレスを美しく着こなしている。チェルシーの前会長ケン・ベイツが開いた豪華なチャリティイベントで、ふたりでジャイブを踊って参加者たちを驚かせたこともある。

ロンドンの大きなダンスホールで行われた別のチャリティイベントでは、テーブルで十二人ほどの女性に囲まれているヴェンゲルが目撃されている。女性たちは会話を楽しみ、冗談を言って笑い合っていたそうだ。ヴェンゲルは社交的だ。人と会い、人脈を広げることを好む。女性たちと同席することも好きで、美しいプレーを美しい女性にたとえた有名な言葉もある。「フットボールチームは美しい女性と同じだ。いつも言い続けていないと、自分の美しさを忘れてしまう」

ヴェンゲルは多くの時間を割いてチャリティイベントを主催し、人と会い、募金集めの集会に出席してきた。そうしたイベントでのことだ。アーセナルのファンと「Xファクター」の司会者ダーモット・オリアリーは、アーセナルの大きな緑のマスコット、ガナサウルスが子供たちのパーティーに登場する権利に入札し、競り落とした。ヴェンゲルはそのあとで、グレート・オーモンド・ストリート病院で使用される睡眠モニターの購入のために多額の寄付をした。その晩はすでに一台の機材が購入できるだけの募金が集まっていたのだが、ヴェンゲルの寄付によってもう一台購入することができた。彼は何かを手に入れたり入札することには興味はなく、寄付さえすれば満足だった。

ワールドカップや欧州選手権の開催期間中には人々と交流する姿が見られるが、シーズンに入ると毎日の仕事の行動範囲から出ることはあまりない。2002年の9月にウエストエンドの劇場へ出かけて新作の演劇を観たことがあるが、それは例外だ。「普段はこうじゃない。フットボールにすべての時間を奪われている。ロンドン暮らしを楽しむ時間はないね」とヴェンゲルは嘆いている。

街へ出るよりも、自宅にいることをはるかに好む。ヴェンゲルは人目に触れることを嫌がり、2011年にはトッテリッジの旧居からわずか数軒離れただけの、ゲート付きの家に転居した。より奥まって不便な場所だが、それが彼の好みに合っていた。

朝早く、自宅での健康的な朝食で一日が始まる。それから車（たいていはスポンサーから提供されたレクサス）で三十分ほどのトレーニング場へ行き、午前九時までにオフィスに入る。トレーニングが終わると、選手たちと食堂でランチをとる。よく食べるのは鶏肉と蒸し野菜だ。単に健康な食事をするだけではなく、選手たちと同じように節制している姿を見せることを大切にしている。

同じ習慣にしたがうことで選手たちの献身に敬意を示すべきだと考えているからだ。監督として、そのことはいつでも意識している――自分ができないことは、選手たちにもやらせてはならない。

テニスを楽しみ、体調を整えている。トレーニング場のフィールドやトレッドミルで、ほぼ毎日ランニングをする。プレシーズンツアー中にホテルのジムに姿を現し、記者たちと並んでトレッドミルで走ったこともある。走ることが好きなのだ。

たいてい午後六時ころ、最後まで残った何人かとトレーニング場をあとにし、それから、夜はいつも変わらずサラダで軽い食事を摂る。六十代半ばになったいまも体調が良く、身体に無駄がなく、健康なのもうなずける。

自宅にいるときは通常、テレビで試合を観ている。家の脇に設置された衛星アンテナで、ヨーロッパのどの試合でも観ることができる。ほかの場所で起きていることを知るのは、衛星放送によって昔よりはるかに容易になっている。

記者会見の終わりには記者たちがヴェンゲルと少しふざけ、気のきいた答えや面白いジョークを引き出そうとするのだが、彼の誕生日にはそれが特に盛り上がる。外出してお祝いすることを勧める記者に対し、ヴェンゲルは毎回いたずらっぽい笑みを浮かべて茶目っ気のある答えをする。

フットボール記者のヘンリー・ウィンターが思い出を語ってくれた。「からかったことがあるよ。節目の誕生日だったから、これから何をするのかという質問が出た。ウエストエンドでパーティーですか、それともトッテリッジのワインバーで騒ぐんですか、と。彼は『いや、ブンデスリーガの大事な試合を観なければならない』と言った。それで、一度くらい派手に遊んだらどうですかと言ったら、こう答えた。『いや、試合を観なければ――でも、それほど言うんだったら、テレビにローソクを立てておこう』」

フットボール以外に――そして、彼が心酔し、本を読み漁っているアレクサンドロス大王以外に――情熱を注いでいるのは政治だ。ヴェンゲルは何度も国会議事堂へ行き、超党派のフットボール好きの下院議員らと話をしている。だが彼の政治信条を定義するのは難しい。近い友人によれば〝保守というより共産主義〟に近いとのことだが、富と収入に関する彼の資本主義的態度とはうまく噛み合わないように思われる。ヴェンゲルは討論番組を観るのが好きで、アーセナルの記者会見で話すと、その友人は付け加えた。「それでもファギーは、お構いなしに労働党支持を公言していた」す内容は、テレビの議会中継からヒントを得ていると認めている。

ヴェンゲルはニュースや時事問題に詳しく、チャンピオンズリーグで訪れる国についても毎回熱心に学んでいる。欧州サッカー連盟の車で試合前の記者会見に行くときには、必ず現地の運転手と会話を交わしている。ウクライナに行ったときには、運転手に政治のことや、キエフの経済、どれくらいのファンが試合を観に来るのかなどを尋ねていた。

ヴェンゲルにとって仕事こそが人生であり、人生はアーセナルに捧げられているが、過去には別のクラブとの噂が流れたこともある。退団の瀬戸際まで行ったことも認めている。だが結局、ヴェンゲルは絆を断ち切ることはできなかった。アーセン・ヴェンゲルのアーセナルへの忠誠心を疑問視することはできない。これまでにはレアル・マドリード、パリ・サンジェルマン、イングランド代表のオファーを蹴っており、マンチェスター・シティから誘われたこともあった。

アーセナル退団の可能性が高かったのは、おそらく２００７年に盟友のデイヴィッド・ディーンが役員会の抗争で追放されたときだ。ディーンがいなくてもクラブに残れるのか、友人を助けるために辞任すべきではないか、とヴェンゲルは考えた。自分が離れてもヴェンゲルには辞任してほしくないとディーンが主張したため、ヴェンゲルは監督の地位にとどまった。

それほどの忠誠心にもかかわらず、これまでにはホテルでの密会や、他クラブからの打診、電話、巨額のオファーなどもなかったわけではない。レアル・マドリードとの事前契約に合意したという記事が出たこともあったが、ヴェンゲルはそれを否定している。実際にどの程度まで退団に近づいていたのかを知っているのは本人だけだ。それでも、もしもその可能性がゼロだったのなら、なぜほかのクラブと会ったのかと首をひねる人もいるだろう。

興味深いことに、ヴェンゲルは2012年11月にパリ・サンジェルマンのオーナー、シェイク・ハマド・アル・サーニーと会ったことを否定しなかった。そのとき彼は、テレビ局のアルジャジーラとの仕事があり、またシェイクとは昔から友好関係があるからだと説明した。

また、ヴェンゲルはレアル・マドリードとバイエルンからオファーがあったことも否定していない。2004年にレアル・マドリードのフロレンティーノ・ペレス会長と交渉したという記事が出たときには、ベルナベウ行きを切実に願ったとしても当然だ、と答えた。「もし私が明日職を失って街に放り出されたら、マドリードの話を断らないだろう。だが私はここを去るつもりはない。自分がいる場所に満足し、いまあるもので申し分ないと思っている。私の目標はこのクラブとチームを発展させることで、ここでするべき大きな仕事がまだあると感じている」

ヴェンゲルの発言にひねりを加えた新聞もあった。〈デイリー・エクスプレス〉は彼の写真を加工して浮浪者の服装に変え、物乞いをすることになってもヴェンゲルはレアル・マドリードへ行くことはないと書いた。アーセナルの広報担当者から私のところに電話がかかってきた。そして、私の〈デイリー・ミラー〉を含むいくつかの新聞が彼の発言に加えた解釈にヴェンゲルはひどくご立腹だと告げられた。数日後、私はヨーロッパ遠征に出かけるヴェンゲルをルートン空港のラウンジで見かけた。記事を謝罪するためではなく、気分を害したなら申し訳ないと伝えようと思って近くへ寄ると、彼は不思議そうに私を見た。何を言っているのかさっぱりわからないようで、むしろ面白がっていた。

ヴェンゲルがどんな記事で気分を害するか予測することは不可能だが、ほかのクラブとの接触について書かれることは、まったく気にしていないようだ。よその会長や幹部、クラブから関心を持たれても、自分の市場価値は上がりこそすれ、下がることはないからだ。

私の得ている情報では、ヴェンゲルがこれまでに最もアーセナル退団に近づいていたのは2006年だ。ヴェンゲルは転機を迎えていた。チャンピオンズリーグの決勝に敗れ、クラブはエミレーツ・スタジアムへの移転を間近にし、財政面で制約を受ける過渡期に入ろうとしていた。レアル・マドリードから再び電話があった。今回は会長候補のフアン・ミゲル・ヴィラー・ミールだった。彼はヴェンゲル招聘を前面に押し出して会長選を戦おうとしていた。2006年5月、ヴェンゲルはこの生涯のレアル・マドリードファンの裕福な実業家とパリのオテル・ド・クリヨンで会談した。ヴィラー・ミールはそこで事前契約を提示したという。

フロレンティーノ・ペレスの後押しを受けて出馬していたヴィラー・ミールは、記者にヴェンゲルはサインをしたと語り、スペインメディアは、ヴェンゲルこそ彼らが求める監督だと報道した。記事は契約の細部にまで踏み込んでいた。それによると、ヴェンゲルはゼネラルマネージャーになり、監督が全体を統括するイングランド式のやり方で、チームを指揮するだけでなく契約する選手の選択権も持つという。スペインなど大陸のほとんどの国では、監督の役目は選手たちを指揮することで、選手たちはクラブやディレクター、会長が連れてくる。ヴェンゲル獲得のために、レアル・マドリードは規約を変えようとしていた――そして、獲得は成功した、と記者は信じていた。だが、ヴェンゲル獲得を公約にしたヴィラー・ミールは会長選でラモン・カルデロンに負けた。それゆえ、ヴェンゲルが就任するつもりだったのかどうかはもうわからない。ヴィラー・ミールにとってペレスとの協力は高くついたのかもしれない。レアル・マドリードは銀河系軍団からの脱却をはかっていた。ペレス時代に集めたスター選手たちは、思ったような結果を出せずにいた。ペレスはのちに権力の座に戻るが、そのころにはカルデロンがファビオ・カペッロ監督と新しい時代を築いていた。

ヴェンゲルはのちに、レアル・マドリードからオファーがあったと語っている。アーセナルはスペインで報道された事前契約合意については公式に否定しているが、そのオファーが真剣なものであったことは間違いない。

カルデロンはペレスが2004年にヴェンゲルを狙っていたことを覚えている。そして、その後数年にわたる様々な会話から判断して、ヴェンゲルの気持ちはそのとき以外にも何度か傾いていたというのが彼の考えだ。

監督でも選手でも、皆キャリアのどこかでレアル・マドリードのようなクラブに興味を抱くものだ。イングランドでひとつのクラブに十五年もいたような場合にはなおさらだ。どんな業種で働くどんな人でも、変化には関心がある。私は、長期的な計画を持った監督を呼ぶのはいい考えだと思う。

彼はレアル・マドリードについて語ってくれた。このクラブにも、提示された地位にも関心を抱いていた。たしかこう言っていた。「もう一度ハリウッドを目指しますか、それともフットボールクラブを作りますか」と。つまり、スターを集めた銀河系軍団を手に入れるのか、ちゃんとしたフットボールのチームを作るのか、と問われたわけだ。

イングランドにはとてもいい慣習がある。それはアーセナルにあり、マンチェスター・ユナイテッドにもかつてあった。監督は、長期にわたってひとつのクラブを指揮することができる。スペインでは、それは不可能だ。バルセロナやレアル・マドリードでは、ファンやサポーターが求めるものは、タイトル、トロフィー、優勝のみだ。イングランドでは、物事はうまくいっている——監督には信頼とサポートが与えられている。クラブと監督の関係は良好だ。ヴェンゲルがそのいい例だ。

カルデロンはヴェンゲルに最大級の敬意を抱いている。2006年の会長選に勝ち、ファビオ・カペッロを任命したが、ヴェンゲルを史上最高の監督のひとりと評価している。ヴェンゲルの手法、哲学、さらに人間性はとりわけ素晴らしいと言う。

アーセナルは現在の状況を高く評価していて、彼の退団を望んでいないだろう。偉大な監督からの交代は簡単なことではない。マンチェスター・ユナイテッドでは何が起こったか。変えようとして、うまくいかなかった。ヴェンゲルがしているのは、若手選手を使い、選手とチームを成長させることだ。

彼はいい監督だ。世界中のどのクラブでも成功できる。だがスペインの問題は、いいチームを作ったいい監督でも、タイトルを獲れなければ首になってしまうことだ。ペジェグリーニに起こったことを考えてほしい。いい監督だが、ここへ来て一年で解雇された。モウリーニョを見てくれ。国王杯を獲ったが、それでも解任された。カペッロを呼んだときには成功したが、サポーターがチームのプレーに満足せず、辞めてもらわざるを得なかった……モウリーニョもサポーターとはうまくいかなかった。アーセン・ヴェンゲルは、そういった監督ではない。観客や人々を魅了するプレーを目指している……。

だが、問題はいつも同じだ。ここではひとりの監督が三年以上務めるのは難しい。プレッシャーがある。メディアはとても扱いにくい。勝たなければ監督はとても難しい状況になるし、勝ったとしても、プレースタイルが気に入られなければ駄目だ。彼なら成功できたかもしれないが、ここには克服すべきものが多すぎる。

ここに来なかったことを残念に思っているだろうね。変化と新しい挑戦のチャンスだった。だがそれは実現せず、その後もアーセナルで充実した時間を過ごしているようだ。

ヴェンゲルは……尊敬に値する。声を荒げることはない。審判に不満を述べることもあるが、モウリーニョとはやり方が違う。とても、とても優しい人柄だ。2008年の欧州選手権の前にホテルでコーヒーを飲みながら話したのを思い出すよ。フットボールに情熱を傾けていた。素晴らしい監督であり、とても好人物で、これまでの成功は喜ばしいことだ。マドリードでもうまくやれたと思う。とはいえマドリードは時として非常に難しいクラブだ。

ヴェンゲルはレアル・マドリードの関心について率直に語っている。最近ではパリ・サンジェルマンやフランス代表の話題が多いが、このスペインのクラブの勧誘がほかよりもはるかに多かったことは間違いない。2009年にスペインの新聞がレアル・マドリードとの関係を相次いで記事にしたとき、ヴェンゲルは自分がなぜ断り続け、アーセナルに背を向けなかったかを語った。

レアルの希望は、スペクタクルなフットボールをするスペクタクルなチームを作ることだ。だがチーム作りに関しては、考え方はそれだけではない。私は美しいチームを作り上げることで成功を収めたい。方法論があり、クラブやファンが独自の文化を持っていて、若い選手がいるチームだ。それが私の選んできたキャリアであり、アーセナルでそれを今後も続けていきたいと思っている。

現在は若いチームを育成する計画に携わっているが、私は、その計画を通して究極の目標を達成したい。選手たちが思いどおりのフットボールを見せてくれることが喜びだ。レアルから提示された金額はショッキングに思えるかもしれない。だがそれはクラブの投資家が計算した結果だ。

道徳的な判断は保留して、利益が出るのかどうかだけを問うことも必要だと思う。私の意見では、レアルの計画のように、移籍市場で三人以上の選手を獲得することは戦術的なリスクになる。

最近になって、ヴェンゲルは困難なときにも忠誠心を抱き続けたことが残留した理由だと語っている。「このクラブは私にチャンスをくれた。だがその後、重要な時期に私は忠誠心を見せ、多くのことを諦め、限られた可能性のなかで仕事をすることを受け入れてきた。しかも同時にトップにい続けなければならないこともわかっていた。私はそれを全力でやってきた。

いま我々は再び財政的にトップクラブに対抗できるようになった。クラブは現在、とても強い立場にいると考えている。私はいまあるもので申し分ないと思っている。監督としての任務に就くときには、自分自身のスタイルを持ち込むと同時に、伝統やクラブの価値に適応しなければならない……仕事を愛するうえでいちばん大切なのは、毎朝起きて、幸せに仕事に行けるということだ。もっと困難な時期でも、そうした気持ちは消えなかった。だからここに残ったんだ」

選手たちもほかのクラブがヴェンゲルに関心を示していることは知っていた。レイ・パーラーは認めている。「レアル・マドリードから話が来たこともあるが、彼は（アーセナルと）契約していたから、それを尊重することを望み、アーセナルに背を向けなかった」

ヴェンゲルの進路をめぐる憶測で紙面が賑わったのはそのときだけではなかった。2000年にケヴィン・キーガンがイングランド代表監督を退任したとき、イングランド・フットボール協会は後釜を探していた。

ヴェンゲルがアーセナルで成功していたこともあり、イングランド・フットボール協会はケヴィン・キーガン時代の4－4－2から、戦術面に詳しい、大陸的な手法の外国人監督の任命を目指していた。当時の代表は、チーム内での会話やギャンブルが2000年の欧州選手権の敗因として槍玉に挙げられ、大きな話題になっていた。

アーセナルの副会長デイヴィッド・ディーンは、イングランド・フットボール協会のアダム・クロージャー理事長にヴェンゲルではなくスヴェン・ゴラン・エリクソンを任命するよう説得し、潜在的な危機を免れた。「スヴェンにはアーセンと共通点が多いと思った」と、ディーンは当時を回想した。「遠い親戚なのかもしれないね」

代表監督への招聘を求める考えが協会の幹部のなかにあることを知っていたディーンは、ヴェンゲルをアーセナルに残留させるためにエリクソンを推薦したのだろう。その説を聞くと、ふたりと親交のあるエリクソンは魅力的な笑顔を見せた。「きっとそのとおりだ。デイヴィッドとアーセンはとても親しい。それにあれほどのクラブを築き上げてきた、クラブ史上の二大重要人物だ。新スタジアムも新しいトレーニング場も、すべてそうだ」

ヴェンゲルはいつも監督として引く手あまただが、最近では、おそらくは自分の能力に対する疑問から、退任を考えたこともあった。2011年の11月には、〈レキップ〉のインタビューで、翌年夏に退任する可能性があると語っている。マンチェスター・ユナイテッドに2対8で敗れたわずか二カ月後のことだった。ヴェンゲルのフランスでの発言は、翻訳によってニュアンスが変わってしまうことがきわめて多い。彼はのちに真意を明らかにしている。

退任するのは期待に添う働きができなくなった場合だけだ、と言ったんだ。私の仕事に疑問を持つ人は多い。シーズンが終わって、職務を果たせなかったと感じるようなら考えなくてはならない。私はクラブに身を捧げており、自分の力が及ばないと感じないかぎり、契約が切れる最後の日まで職務を全うする。選手の実力を最大限引き出せたかどうか、自分の働きを率直に評価しなければならない。十五年が経ち、多くの人が私に疑念を抱いている。状況を客観的に分析する必要がある。アーセナルは我が生涯のクラブだ。私の力が足りなくなるまで、それは変わらない。

自分の仕事の質をチェックするのはシーズンが終わったときだ。上位4チームに入ったかどうかといった単純な話ではない。君たちは上位4チームに入れなければ辞任すると言ってほしいのだろうが……それはない。そんなことは言わない。

2対8での敗戦のあと、私はかつてないほど固く立て直しを心に誓った。まずは状況をできるかぎり率直に、客観的に分析することだ。私は自分の契約を誠実に履行している。それは過去に示してきたし、今後もそうだろう。

2対8で負けたあと、外国の新聞のインタビューを受けた……何か考えがあってしゃべったわけじゃない。「絶対に退任するつもりはないんですか」と質問されたから、私が退任するのは、自分がクラブにとって邪魔になると思ったときだけだと答えたんだ。それはいつも考えていることだ。監督なら誰だってそう思う。


ヴェンゲルはさらに、契約を破棄して移籍することを自分自身に禁じている。一度だけ破りそうになったことはあるものの、彼はそのルールを全キャリアにわたって守ってきた。自分が契約を破ってしまったら、選手との交渉や引き止めにあたって忠誠を求めることはできないからだ。信念にもとづく立派な態度だ。だが自分でも認めているとおり、彼はバイエルン・ミュンヘンから接近された際、契約途中でモナコの監督を辞任しようとしたことがあった。

バイエルンのウリ・ヘーネス会長は当時を語っている——

彼がまだ日本へ行く前、フランツ・ベッケンバウアーと私はニースへ行き、彼と話し合った。あらゆる点で合意に達した。ところが彼は土壇場で日本へ行くと決めてしまった。とても驚いたよ。日本からアーセナルへ行ったあとも、新監督を探しているときは常に候補に挙がっていた。とても真面目でしっかりしていて、フットボールをよく知っている。

その間に、彼のことを検討したことは幾度かある。素晴らしいことに、彼の心はいつもアーセナルにあった。だが、たしかにバイエルンに欲しいと思ったことはあった。

ヴェンゲルは、モナコに対し契約を解除してバイエルンへ行かせてほしいと要望したときの事情を語っている。

いつも、どのチームの誘いも断ってきたから、細かい点までは記憶にない。私はいつもクラブに身を捧げ、契約を尊重してきた。最初に（バイエルンに）ノーと言ったのは、モナコにいたときだった。契約はあと一年で、延長するつもりはなかったから会長に移籍希望の話をしたが、許可されなかった。契約を尊重してバイエルンには断りの連絡をした。

後悔は一切ない。直感にしたがって行動し、自分にふさわしいと思うことをする。自分の価値を信じ、それにふさわしい行動をする。人生はそうしたものだ。正しいと思うことをし、行為に対する見返りは求めない。

ヴェンゲルは自分の将来や地位、あるいはほかのクラブからの勧誘について、隠すことなく語ってきた。2014年5月に結ばれた現在の三年契約では、合計2400万ポンドという報酬を得ただけでなく、確固たる権力基盤を手に入れている。彼はフットボールディレクターとは一緒にやりたくないと何度も笑いながら語っている。そうしたことが言えるのも、プレミアリーグのほかの監督たちとは違い、移籍や契約に関する最終権限をクラブに対して要求し、認められているからだ。彼は毎週チーム編成を決めるのは自分なのだから、必要な選手に関する一切の権限を認められるべきだと考えている。

ほかのチームからの勧誘は彼のエゴを満足させるだけではない。アーセナルの役員会が彼を疑ったり、領域を侵害したりすれば、すぐにほかの仕事は見つかるということでもある。ヴェンゲルはアーセナルを意のままに動かし、フットボールディレクターの存在を認めないことで、自分の存在意義を思い出させているのだ。彼自身はこう説明している——

私がフットボールディレクターと一緒にやりたくないのは、選手を買うのは彼らなのに、もし失敗すれば自分が上手に使わなかったと批判されるからだ。自分で何もかもすることはできないのだから、購入、売却、交渉の手助けをしてくれる人がいることには反対ではない。ただ、誰が加入し誰が出ていくかの最終的な決定は、プレースタイルや結果に責任を負う監督が行うべきだと思う。

君たち記者の仕事で言えば、自分が書いた記事に対して、ここところは書き換えよう、と誰かに口を出されるようなものだ。それを受け入れるべきではない。自分が書いたもののために立ち上がるんだ。私は自分が選んだチームの結果のために立ち上がる。監督は加入した選手に責任を負うべきだ。補佐してくれる人々はいるが、最終的な決定は監督の手に委ねられている。

実態がどうであろうとも、ヴェンゲルがアーセナルでの自分の世界に満足していることは否定しようがない――誰が権力を握っているのかをはっきりさせるチャンスがあるかぎりは。そしてレアル・マドリードやパリ・サンジェルマンといったクラブからの関心に喜んでいることもたしかだ。すべての監督にはエゴがある。だが、報酬を増やし、もっと大きなクラブへ行き、さらに勝利数を増やす機会は何度かあったにもかかわらず、ヴェンゲルはいつもチームを去る誘惑を退けてきた。

第8章 無冠の日々

アーセン・ヴェンゲル率いるアーセナルが最も輝かしい成功を収めていたとき、背後では大きな財政問題と政治的な事件が進行していた。

アーセナルは1913年以来ハイバリーをホームにしていたが、1990年代半ばから移転が検討されていた。1989年のヒルズボロの悲劇ののち、立ち見席がなくなったことによって、ハイバリーの収容人数は減少した。記録によれば、1935年の対サンダーランド戦は7万3295人が観戦しており、1970年代や1980年代になっても、観客数は最大で5万人に達したこともあった。だが、クロックエンドとノースバンクという、両側のゴール裏スタンドが大規模に改修されたものの、1990年代に全席座席付きになったことによって、ハイバリーの収容人数は約3万8500人に減少してしまった。

スタジアムの一部は素晴らしいアールデコのデザインのため重要文化財に指定されていて、改修することはできなかった。クラブの上層部は、次のステップに進むためには移転しなければならないと考えた。アーセナルに動員力があることはわかっていた。1998年のチャンピオンズリーグの試合会場としてウェンブリー・スタジアムを借りたことがあるが、フランスのランスと引き分けた試合には7万3707人が集まっていた。

フットボール界の開拓者にして先駆者であるデイヴィッド・ディーンは新しいチャンスだと判断し、ウェンブリーとの契約に乗り気になった。だが役員会のほかのメンバー、とりわけケン・フライアーとダニー・フィッツマンはよりホームに近い場所を探し、イズリントン・ロンドン特別区にとどまるべきだと強く感じていた。ウェンブリーでの残念な試合結果もそれを後押ししているように思われた。必要なのは新しい我が家《ホーム》であり、仮住まいなどではない、と主張した。

その問題が役員会メンバーのあいだに亀裂を生じさせたことに疑問の余地はない。フィッツマンとディーンが仲たがいをしたのもこの試練のさなか、2003年ごろのことだった。それまでは、ある元ディレクターの言葉を借りれば、ふたりは〝同じさやの豆〟というほど仲が良く、2000年から2003年まではスタジアムの計画でも互いに協力していた。だが突然、ふたりは完全に決裂してしまった。エミレーツ・スタジアムへ移転し、クラブの状況が好転しても、関係が元に戻ることはなかった。

クラブの重要人物であるディーンとフィッツマンの確執は、アーセナル、とりわけヴェンゲルをほぼ十年にわたって苦しめた役員会の内輪揉めの象徴だった。クラブにとって困難な時期であることを彼らは知っていた。スタジアム問題を解決し、成績を維持してトップチームの地位を守らなくてはならなかった。

だが、新スタジアム建設という大計画の難しさは、役員会内部に収まる問題ではなかった。アーセナルは銀行からの融資を得ることに苦労し、2003年には、一行が手を引いたことによって計画そのものが保留される事態も起きていた。ピッチ上では最高の成績を収め、2003－04には無敗でのリーグ制覇を成し遂げていたが、その一方でクラブは崩壊の瀬戸際にあった。

心配はロッカールームにまで達し、選手たちはアーセナルが財政的に競争力を維持できるのかと不安を募らせていた。しかも、チェルシーにはロマン・アブラモビッチが出現していた。このロシア人億万長者を皮切りに、超富豪オーナーがフットボールクラブを所有する波が押し寄せていた。それはまた、フットボールの面でもヴェンゲルに対する脅威になっていった。

選手たちはヴェンゲルや役員、幹部スタッフのところへ行った。クラブが金食い虫を建設しているという噂が流れていたからだ。エミレーツ・スタジアムへの移転に常に関わってきたひとりの役員が、新スタジアムとその資金繰りは〝かなり向こう見ずな冒険〟であることはたしかだが、クラブは安泰だと告げた。

ほかのクラブを飲み込んだ財政危機のことも忘れるわけにはいかない。リーズ・ユナイテッドはチャンピオンズリーグへの出場に賭け、巨額の契約金や移籍金を費やしたが、賭けに負けて崩壊の縁に立たされた。チェルシーはアブラモビッチによってどうにか財政危機から救われた。リヴァプールは、フェンウェイ・スポーツ・グループが買収したときには〝翌日にも〟破産申請をするという状況だったという。そしてFAカップを制したこともあるプレミアリーグの古豪ポーツマスは、財政難により四部にあたるリーグ2まで降格していた。

だが、アーセナルはそれらのチームとは異なり、堅実さで知られていた。1930年代以来の〝イングランド銀行〟の呼び名はまだ廃れてはおらず、裕福で賢明なオーナーが所有する、グラウンドの内外でリスクを嫌うチームだと考えられていた。だが信じられないことに、アーセナルはスタジアム移転の際、おそらくファンがこれまで知らされていなかったほど財政破綻に近づいていた。そうした点からも、ハイバリーからエミレーツへの移転は金銭面でとてつもなく厳しいものだったことがわかる。

2004年に、アーセナルはあと一週間で賃金支払い不能という状況に陥っていた。だが、不動産取引の成立によりどうにか財政危機を乗り越えた。もしそれが現実のことになっていたらどうなっていただろう。もちろんすべての職員に影響を及ぼしただろうが、ティエリ・アンリやパトリック・ヴィエラ、ソル・キャンベル、デニス・ベルカンプといったスター選手への給与が滞ったら何が起こったかを想像するのは難しい。それはフットボールクラブの財政問題として、かつてないほど衝撃的な出来事になっただろう。さらには、選手たちのプレーにも深刻な影響を与えたに違いない。

アーセナルを救ったのは住宅開発業者のウィルソン・コノリーとの不動産取引で、アーセナルはホロウェイのロック・ロードに所有する土地を売却し、ようやく苦境から脱した。当時、アーセナルの賃金総額は週150万ポンド近くに達しており、無敗を達成したそのシーズンには国内で三番目の高さだった。

アーセナルはかつてないほど財政破綻に近づいていた。エミレーツ・スタジアムの実現は財政的に瀬戸際にあった。だが、ロック・ロードの（そしてその後、ドレイトン・パークの）大量の不動産を売却したことにより、プロジェクトはどうにか存続した。アーセナルは6万席を持つスタジアムを3億9000万ポンドで建設する計画を押し進めつつ、不動産市場と金利の安定を祈った。

財政状況の厳しさは選手たちにも伝わっていた。差し迫った財政危機が外部に漏れることもなく、選手たちがシーズンを通して集中し、意欲を失わなかったことは、現代のフットボールにおける奇跡だと言える。

ヴェンゲルがスタジアム計画とその進行にどの程度関与するかをめぐり、クラブ幹部はしばしば議論を交わした。計画を推進し、土地や金銭を工面してきたのはダニー・フィッツマンであり、ケン・フライアーであり、マネージングディレクターのキース・エデルマンだった。結局ヴェンゲルは設計図にかなりの口出しをした。たとえば彼はホームチームのロッカールームに大きな柱があるといって建築家の案にけちをつけた。計画はかなり進み、建設工事もすでに始まっていたが、ヴェンゲルはチームミーティングですべての選手から自分が見え、自分からも全選手が見えるように、その柱を取り外すことを主張した。

ヴェンゲルは、ある銀行は自分が新しい契約にサインするまで資金を提供しようとしなかったとサポーターズ・ミーティングで何度か語っている。クラブが毎シーズンチャンピオンズリーグへ出場し、ヨーロッパで夢の実現を目指すうえで、ヴェンゲルが果たす役割はそれほどまでに重要だと考えられていたわけだ。ヴェンゲルのそれまでの実績と、イングランドで上位の実力を維持してきた彼の手腕を金融機関は重視した。彼らにとってそれは単なる融資ではなく、サッカークラブの運営シミュレーションゲームを現実世界でプレーするようなものだった。ヴェンゲルにチーム構成を任せておけば安心だった。

２００４年２月に、アーセナルはスタジアムのための資金調達に成功した。そしてヴェンゲルは２００４年の10月に新しい契約を交わした。背後にあった財政的な綱引きを考えれば、契約に多くの交渉が必要だったことは当然だろう。これまでも常にプレミアリーグで一、二を争う報酬を得ていたが、このときにかなりの高額に達した。それには、ティエリ・アンリの存在も関係していた。役員会は、ヴェンゲルの給与がチームでいちばん給与の高い選手と同額になるという条項を含んだ契約を交わしていた。ティエリ・アンリが2007年までの五年契約を結んだとき、おそらく五年後には退団していると考えられていた。だがアンリは残留し、ヴェンゲルの次の契約の時期を迎えた。アンリと同額を支払う必要が生じ、アーセナルはその条項を買い取ろうとした。ヴェンゲルの弁護士は権利を行使することに決め、ヴェンゲルの報酬は大きく跳ね上がった。

だが、アーセナルにはありがたいことに、ヴェンゲルはそれ以上の昇給は無理だと認め、条項の買い取りに応じた。ヴェンゲルの報酬はそのとき〝ほとんど支払い不能〟とも言われるほどの金額に達し、その後も高額のまま推移して、2014年の契約では年額は推定800万ポンドになった。ヴェンゲルの報酬(以前の契約では年額750万ポンドだった)が監督たちのあいだで広まると、ほかの監督もすぐにヴェンゲルを基準にするようになった。サー・アレックス・ファーガソンもそれを基準に、マンチェスター・ユナイテッドのCEOデイヴィッド・ギルにそれ以上の額を要求した。ユナイテッドは調査をし、それが正しいことを確認した。ヴェンゲルは大金を支払われ、相当な資産を持っていた。ジョゼ・モウリーニョが2013年にチェルシーに復帰するまで、それがプレミアリーグの最高年俸だった。

ヴェンゲルを批判する人たちにとっては、高額の収入はさらなる攻撃材料になった。だが、ナイジェル・ウィンターバーンは2005年のFAカップ以降の無冠の日々も、ヴェンゲルはある程度成功していたとみなさなくてはならないと考えている。そこには考慮すべき事情、つまり主にスタジアムの移転による財政上の大きな制約があったからだ。

1998年からチャンピオンズリーグの決勝へ進出した2006年までがアーセナルの絶頂期だった。勝たなければ人々の記憶からは消えてしまう。勝つためにプレーしているのだから、それはそれでいい。それでも、アーセナルはチャンピオンズリーグに出場し続けているんだ。シーズンの終わりには毎年出場権を得て、敗退したにせよそこで全力を尽くしたという報告をサポーターにしているのは意味のあることだ。それはサポーターのよりどころになる。

エミレーツに移転しなかったらどうなっていたかというのは難しい問題だ。もっと選手にかける金額があっただろうか？ もっとタイトルを獲り続けただろうか？ トレーニング場と新スタジアムの建設中には、私はもう内部の人間ではないのだが、噂されていたほどの資金はまずなかっただろうと思う。

もしチームがチャンピオンズリーグに出場できていなければ、ヴェンゲルは……さらに幾人かの選手と契約をする必要があると気づいていたはずだ。実際に資金を費やして加入させた選手は、3000万ポンドではなく、500万ポンドや1000万ポンドクラスの選手だった。真の大物選手を二、三人連れてくるだけの資金はなかったのではないかと思う。その期間は、きっとそんな状況だったのだろう。

勝利を保証することは決してできない。だがクラブはタイトルを獲り、もう一度トロフィーを掲げる必要があるだろう。そうすればクラブがまた正しい方向に進んでいると認められる。スタジアムの問題は大きかった。だがそろそろ結果を出さなくては。

2006‐07シーズンに先立つ二年はとりわけ状況が厳しく、ヴェンゲルには資金がなかった。だが皮肉なことに、2006年の夏にアーセナルがエミレーツ・スタジアムへ移転したときには、最も困難な時期は過ぎ、財務状況はすでに上向きはじめていた。そしてその期間に、アーセナルは絶頂期を迎えた――2003‐04のインビンシブルズ、2005年のFAカップ優勝、2006年のチャンピオンズリーグ決勝進出だ。

ヴェンゲルは困難を克服してそれを成し遂げた。財政危機に加えて、チェルシーではロマン・アブラモビッチとジョゼ・モウリーニョ体制が始まっていた。前述のとおり、このウェストロンドンのクラブは成功を追い求めるための豊富な資金があり、アーセナルを打ち負かして2005年と2006年に連続でプレミアリーグのタイトルを獲っていた。

インビンシブルズのシーズンの数字にも、そのことははっきりと表れている。そのシーズンのアーセナルの給与総額はプレミアリーグで三番目に高い年間6990万ポンド――それに対してチェルシーは1億1480万ポンド、マンチェスター・ユナイテッドは7690万ポンド――だったにもかかわらずリーグを制覇したのだ。

2010年に〈ウォールストリート・ジャーナル〉は、プレミアリーグでの成功は八十五パーセント給与と結びついているという記事をまとめた。それはつまり、ヴェンゲルが2003‐04シーズンにどれだけ並外れた成績を上げたかということだ。さらに、2000年から2012年の十二年間で、チェルシーが合計5億7000万ポンドの移籍金を費やしているのに対し、アーセナルはわずか5700万ポンドしか費やしていない。

アーセナルの給与総額は一貫してリーグで3位もしくは4位で、5位に落ちたこともある。

2009−10シーズンにはチェルシー、マンチェスター・ユナイテッド、マンチェスター・シティのほか、リヴァプールを下回った。マンチェスター・ユナイテッドとは長く英国のフットボール界の頂点を争ってきたが、さらにチェルシーとマンチェスター・シティが台頭したことにより、アーセナルは新たな困難に直面した。

ヴェンゲルは経済学の学位を持っている。そのことが彼の考えの根底にあるため、選手の価値に対する評価は慎重になる。だがディーンがいたころには、彼がより踏み込んだ判断をし、監督が求める選手を獲得していた。ディーンが去ると、クラブは契約に関してより慎重になった。ディーンが去る前と去ったあとで、移籍交渉にどれだけ変化があったかをよく示すふたつの例がある。

ヴェンゲルはシーズンの終わりころには〝移籍ミーティング〟を開き、翌シーズンに欲しい選手を伝えていた。出席者はヴェンゲル、ディーン、ケン・フライアーで、2000年から2008年の大半はマネージングディレクターのキース・エデルマンが加わっていた。議題は獲得を目指す選手、チーム構成、戦略的バランスについてだった。

2000年の夏、ヴェンゲルは欲しい選手としてボルドーのFW、シルヴァン・ヴィルトールを挙げた。そして、移籍金のオファーは最大800万ポンドにとどめるべきだと主張した。前年の夏に1000万ポンドで拒否され、この一年で選手として成長していることを考えると交渉成立は難しいという声があがった。移籍交渉はディーンの手に委ねられた。結局、獲得に成功し、移籍金として1200万ポンドが支払われた。

一方2011年の夏には、ヴェンゲルはボルトンのDF、ガリー・ケイヒルに600万ポンドの移籍金を提示した。ボルトンのフィル・ガートサイド会長は、「選手の価値に見合わない額だ」と語った。その後、監督のオーウェン・コイルも「見合わないどころではない」と述べた。2012年の1月、契約期限が迫っていたケイヒルは700万ポンドでチェルシーに加入し、プレミアリーグ、FAカップ、チャンピオンズリーグとヨーロッパリーグを制し、イングランド代表のレギュラーになった。もしヴェンゲルに提示金額を上げるつもりがあれば、彼を獲得できていたかもしれない。

ヴェンゲルの移籍や移籍金に対する考え方は、クラブ内でも嘲《あざけ》りと苛立ちの対象になってきた。彼は高額の給与を喜んで払う一方で、移籍金は低く見積もろうとする。ある人物は、その様子をカルティエの時計の購入にたとえている。もしも時計に2000ポンドの値段がついていたら、ヴェンゲルは部品を徹底的に調べ、価値を分析し、1500ポンドのはずだと言い張るだろう。だが、業者は二割五分も安い値段で時計を売ろうとはしない。「彼はきっと相手に食ってかかるだろう。〝それが適正価格のはずだ〟とね」と、その人物は笑った。

ふた夏連続で、ヴェンゲルが使える予算は1500万ポンドに限られ、その間にほかのクラブは1億ポンドを超える額を費やしていた。だがキャッシュフローが改善した2006年には状況は変わった。またアーセナルはナイキとエミレーツ航空との長期契約を結び、利息の支払いを年額にして1500万から2000万ポンド程度減らした。

サポーターのグループは契約金額が低すぎると役員会を批判しているが、それは銀行から融資を引き出すために長期契約を結ぶ必要があったためだ。そのとき優先すべきは短期の利益よりも契約期間だった。そのためクラブは毎年の金額は安くなっても長期の契約を選択したのだが、その後も価格の再交渉は続けられている。

だが、エミレーツに移転し、健全な財政を取り戻しても、ヴェンゲルには深刻な問題がまだ残っていた。ヴェンゲルは高額の移籍金をますます支払いたがらなくなっていたうえ、2007年には信頼していた盟友ディーンを失い、さらに役員会のごたごたは何年も続いていた。多くのスタッフは、ヴェンゲルが任期後半に前半ほどの成績を残せずにいる根本的な原因のひとつはこの点だと考えている。

財務に詳しいスポーツジャーナリストで、ウェブサイトの〈スポーツ・インテリジェンス〉を運営するニック・ハリスはエミレーツへの移転、チェルシーとマンチェスター・シティの台頭、そしてディーンの喪失がヴェンゲルに大きな影響を与えていると考えている。

チェルシーにロマン・アブラモビッチ、そしてマンチェスター・シティにシェイク・マンスールが来たことは、アーセナルがリーグ優勝を狙ううえでの二大障害だった。そのふたりのオーナーはそれぞれ10億ポンドをつぎ込んではるか優勝圏外にいたチームをチャンピオンにした。アーセナルにとって困難な状況を作ったのはその二チームにつぎ込まれた資金だった。

だが、エミレーツへの移転がアーセナルの資金とチーム力の維持にさらなる圧力と制限を加えたことも明らかだ。だからアーセナルはターボ付きのオイルマネーの二クラブに苦しめられたうえ、同時にほぼ十年にわたって長期的な利益を得るための計画に資源を向けることになった。借り入れたスタジアムの建設費用を返済するために、選手獲得に使えたはずの費用を削減しなければならなかった。

その判断は賢明だったと言える。なんの考えもなければ、多くの金額を移籍金に使っただろうが、長期的に利益をもたらす素晴らしいスタジアムの建設に収入を回したのは堅実な決定だった。

リーグ優勝をするのは間違いなく以前より難しくなっている。マンチェスター・シティとチェルシーが湯水のように資金を投入しているからだ。彼らは監督に数億ポンドの資金を与え、最高の選手を獲得し、監督にも充分な報酬を与えている。かなりいいチームができるのは当然のことだ。

ハリスはまた、ヴェンゲルには実際費やしてきた以上に使える資金はあったはずで、まわりからのサポートがこれまで以上に必要だと考えている。

いまではほぼ毎年発表される財務状況を見れば、アーセナルの手元資金の残額がどんどん膨れ上がっていることは一目瞭然だ。

年間2億ポンド。2014年に公表された報告書に記載されていたのは、そんな途方もない金額だった。理屈から言えばその金は使われるためにある。だがそれを記事にしようとすれば、クラブから電話がかかってきて書くのをやめろと言われるのは確実だ。その金は負債の支払いへの備えだと彼らは言うだろう。チャンピオンズリーグに出場できなかった場合の備えが必要だし、手元資金は年間チケットの販売後で膨れ上がっているのだと。2億ポンドといっても、実質は4000万ポンドなんだと信じさせようとするだろう。だがそれを信じるわけにはいかないし、アーセナルは実際に費やしてきた以上の金を使うことができた。夏ごとに1億ポンドどころか、明らかにそれよりもかなり大きな額だ。

アレクシス・サンチェスに3300万ポンド、メスト・エジルには4250万ポンドを費やしたことは知っている。だが、手元にあった資金はそれ以上だった。なぜそれを使わなかったのだろう。その質問にちゃんと答えることができるのは、アーセン・ヴェンゲルだけだ。彼に経済学の素養があることは誰もが知っているが、彼はどうやら、移籍市場で損をしてはならないと固く思い込んでいるようだ。なぜもっと使わないのか、そして使うとなると、どうして同じような選手ばかりなのかという問いが出るのは当然のことだ。獲得するのはいつも、テクニックがあるMFばかりだ。

数名でイヴァン・ガジディスCEOに会いに行ったとき、財務のことやスタジアムについてひととおり話してくれた。資金はたしかにあり、きっと実を結ぶだろうとのことだった。私は、デイヴィッド・ディーンが去ったことが深く重大な影響をクラブに与えているという言い古された言葉をぶつけてみた。ヴェンゲルの盟友で、彼の最良の部分を引き出し、資金を使うように促していた人物だ。だがいまは、誰もその役目を果たしていない。ヴェンゲルはおそらく、背中を押されないと支出ができないんだ。

ガジディスはそれを否定し、役員室に着席した我々全員の前で、もしデイヴィッド・ディーンがクラブに戻ることが有効だと考えれば、這いつくばってでもそれを実現させるつもりだと語った。だがそうは考えていなかった。ヴェンゲルがディーンを必要としていると考えるなら、彼の真価を認めず、独り立ちしていないとみなすことになると彼は言った。

私が言いたいのはそんなことじゃない。最高の監督も最高のサポートを必要とすると言っているんだ。この国が生んだ最高の監督であるファギーは、いつも強力なCEOと役員会に恵まれていた。彼らはときにイエスと言い、ときにノーと言った。それは強力なサポートだ。リヴァプールのラファ・ベニテスは実績からしても、過去数年で最もいい仕事をしている監督のひとりだが、リック・パリーのような豪腕の持ち主に行きすぎを修正される必要があった。最高の監督にも、支えとなる仲間が必要だ。その意味でヴェンゲルにとってはディーンが必要なのに、彼らはそれを再現できずにいる。外の目からはそう見える。

ヴェンゲルは賢明だ。費やされた金額と成功の関係に気づいていないとしたら驚きだ。経済学を知っていて、それで金の使い方や金の価値に慎重になるのだろう。移籍金よりも給与に多く費やす理由はそれなのかもしれない。高い移籍金を払うことは馬鹿げていると考えているのだろう。ヴェンゲルはチェルシーやマンチェスター・シティとは違い、大物選手を買うのではなく選手を育て、若手中心のチームを作ることを好む。マン・シティやチェルシーのやり方にはまったく興味がないようだ。理想主義者だね。いまは珍しく大型契約をしはじめているが、それは例外にすぎない。

ルイ・ファン・ハールが2014年にマンチェスター・ユナイテッドでしたように、五人の選手に1億5000万ポンドを費やすようなことをヴェンゲルがするとは到底考えられない。やれば成功したかもしれない……。

だが、実際にはありえないことだった。毎夏1億5000万ポンドを使うようなことをすれば、ヴェンゲルとクラブが目指してきたものを危険にさらしてしまう。これまでずっと無名の選手たちを買い、大物選手に育ててきたのだから。

とはいえ、こうした慎重な姿勢はヴェンゲルだけに原因があるのか、それとも周囲の人々にも原因はあるのかという疑問は残る。アーセナルの役員会で十年にわたって繰りひろげられてきた内紛は、かなりドラマチックな政治劇のシナリオになるだろう。なかでも、ヴェンゲルにとって最大の出来事はデイヴィッド・ディーンの退団だった。ディーンは、ヴェンゲルを連れてきただけでなく、長年クラブの中心にいた。

ディーンのアーセナル役員会からの追放をヴェンゲルは予期していなかった。緊張関係はしばらく燻り続けていたが、それが現実に起きたあとになっても、別のスタッフのオフィスへ入ったとき、ヴェンゲルはあまりにショックを受け、友人が去ったことがほとんど信じられないようだったという。「彼は打ちひしがれていた。そのとき、退団を考えていたかって？ まったくわからないね」

2007年4月18日はアーセナルの歴史の転換点になった。役員がファンの人気者になるのは稀なことだ。デイヴィッド・ディーンはクラブの副会長で2003年から役員会のメンバーであり、姿を見せればすぐにわかるほどサポーターにもよく知られていた。先見の明があり、何よりヴェンゲルを連れてきた人物として認知されていた。その上交友関係が広く、交渉が巧みで、フットボール界のあらゆる人物を知っていた。移籍に関しては、自分の魅力と優位な立場、他の追随を許さない交友関係を使って交渉をまとめてきた。ヴェンゲルとは切り離せないと思われていた。

だがあの日、ほかの役員、とりわけフィッツマンとの緊張関係が高まり、それが限界を超え、ディーンは追放された。実際には、ピーター・ヒル＝ウッド会長の言葉を借りれば、彼は〝首になった〟のだった。ディーンは職務用の携帯電話を取り上げられ、警備員によって外へ連れ出された。それは不面目なことであり、役員会はヴェンゲルに与える影響を事前に考慮していなかった。ディーンはスタン・クロンケとともに、グラナダ・メディア・グループとレディ・ニーナ・ブレイスウェルスミスが所有する株を買い、ディーン自身の所有株を合わせて、クラブの買収を計画していると役員会は考えていた。それからふたりでクラブを経営するのだろうと。ディーンは否定したが、彼が去ると、役員会は方針転換してクロンケを味方につけた。彼はヒル＝ウッドに「ああいう人物は必要ない」と一刀両断にされ、ずっと敵視されていたが、役員会はウズベキスタン生まれの億万長者で、クラブの株を大量保有していたアリシェル・ウスマノフではなく、このアメリカ人実業家を迎え入れた。

ヒル＝ウッドは当時、インタビューでこう答えている。「正直なところ、デイヴィッド・ディーンとの亀裂は長いあいだに広がってはいたが、これほど悪いことが起こるまでは、まだ一緒にやれると思っていた。彼はクロンケと手を結んでおり、役員会はそのことを知らされていなかったというのが我々の見解だ。事実を調査してそう判断した」

ヒル＝ウッドはディーンが去ってわずか二日後に語っている。「古くさいと言ってもらっても構わないが、我々はクロンケの資金もああいう人物も必要としていない。我々の目標は、たとえ外国人選手が多くなっても、アーセナルの英国らしさを守ることだ。クロンケが敵対的買収を仕掛けてくるのかどうかはわからないが、我々は全力でそれを阻止するだろう。

アメリカ人が大金を持って乗り込んできて、新しい選手を獲得してくれるという誘惑に誰もがさらされている。だが、それは事実ではない。ただ金儲けの機会を窺っているだけだ。フットボールのことなど、何もわかっていない。そんな奴らに関わってほしくないね」

ディーンはその後、２００７年８月に自分の株を７５００万ポンドでウスマノフに売却し、敵対的買収の企てを開始した。残りのアーセナルの役員会メンバーは、どれだけ株価が上昇しても自分の株を売却しないことを誓って協定を結んだ。

フットボール界で最も魅力ある人物のひとりであるディーンは、いつでも愛想良く軽いおしゃべりや逸話を聞かせてくれるが、追放されたあとイズリントンのレストラン〈フレデリック〉で少人数の記者会見を行ったときは神経質になっていた。そこはよく役員会のメンバーがジャーナリストや投資家、代理人をもてなした場所だった。アーセナルとヴェンゲルを大切にしてきたディーンが、愛するクラブから追放され、外部から眺めている姿は見るにたえなかった。

ディーンの伝えたいことは明確だった――アーセナルは、競争のために新たな資金を必要としている。

「その資金源を確保するために、アーセナルには新しい投資家が必要だ。役員会は、非英国人の関与を受け入れるべきだ。新しい投資家がいなければ、アーセナルは、ヴェンゲルの素晴らしい働きをもってしても、すぐにトップレベルでの競争力を失ってしまうだろう」

話し方にはあまり熱がこもっていなかった。心からそう思ってはいても、どこか負け戦だと悟っていたからだろう。２００８年には、ディーンはウスマノフの持ち株会社レッド・アンド・ホワイトの会長に就任し、敵対関係を緩和してウスマノフが役員会に参加できる可能性を高めようとした。だが、時はすでに遅かった。

役員会の争いはエスカレートし、長引いていた。そして何かが起こるたびに、残った役員たちはディーンをさらに遠ざけることに躍起になった。ディーンがウスマノフと組んだという理由でクロンケとの関係を改善したことでもそれは明らかだ。

ディーン対フィッツマン、そしてウスマノフ対クロンケという対立構造が徐々にはっきりしてきた。2011年4月に、フィッツマンが死の床で自分の株をクロンケに売却するという取引をまとめたのは、それほどまでにウスマノフを締め出す決意が固かったことの証拠だ。レディ・ニーナ・ブレイスウェルスミスもまた、自分の持つ十五・九パーセントの株式をクロンケに売り、それによって彼は2011年4月には過半数の株を所有することになった。

役員会の冷戦はようやく終わりを告げたが、不可解なわだかまりは消えず、そのことがその後数年にわたって尾を引いた。2000年から2008年にマネージングディレクターを務め、非常に有能で適任だったキース・エデルマンは、役員会のほかのメンバーとの軋轢《あつれき》によって追放された。このときの判断基準は能力ではなく人柄であり、正当な理由はなかったように思われる。

別のディレクター、ロード・ハリスは、ファンとしての意識が強すぎて最善の決定ができないという批判をされたが、役員会にとどまった。新トレーニング場とアカデミーをロンドン・コルニーに建設した際にほとんどの部分を担当したリチャード・カーが、役員会の再編によっていなくなったことも大きな喪失だった。フットボールにすべてを捧げる男として頼りにされていた人物だった。

役員会に煩わされることなく自分の意志を通すことができる幸運な監督もいるだろう。だが、ヴェンゲルをとりまく状況は大きく変化した。フットボールを熟知した役員がいて、自ら実務にあたって手厚いサポートをしていた役員会はもう過去のものとなり、アメリカ人の支配株主と、年齢を重ねたメンバーばかりの役員会がそれに取って代わった。とはいえ、彼とフィッツマンの関係は、フィッツマンとディーンの冷戦中もきわめて良好だった。

大きな変化はあったものの、アーセナルは常に古風なやり方を残している。使用人からマネージングディレクターまでのぼりつめ、クラブに最も献身的に仕えてきたケン・フライアーは、クラブ内で〝バットフォン〟と呼ばれている電話を机に隠していて、移籍や契約、役員会に関わる事柄などの緊急の重要な用件にだけ使っていた。アーセナルとは、そのようなクラブなのだ。

伝統的にあらゆることは秘密にされ、契約はひそかに交わされる。ビジネスが閉ざされた扉の奥で行われ、どこかのクラブのように漏れることがないということをクラブは誇りにしている。たとえば、アーセナルでは記者が侵入して記事のネタを得たり、内部事情を暴くことは非常に難しい。そうした精神はヴェンゲルにも合っていた。彼はロッカールームを神聖なものと考え、内なる聖地から情報が漏れることを嫌っていた。

財務やマーケティング契約上の大きな変更を主導したことでCEOとして高い評価を得ているイヴァン・ガジディスは、2009年1月にエデルマンの仕事を引き継いだ。そして同年9月、アーセナルは経営陣にディック・ローを加えた。クラブは、ローはフットボールディレクターではないと強調した。

ローは人当たりがよく魅力的な人物で、メスト・エジルと、とりわけアレクシス・サンチェスとの契約で主役を務めたことが最大の実績だ。サンチェスと密接なつながりを持ち、ヴェンゲルも出席した代理人との重要な会合をお膳立てしたのは、スペイン語とポルトガル語を話し南米に幅広い人脈を持つローだった。

ヴェンゲルはすべての契約に関する最終決定権を持っているが、おそらくそれが、監督にとっていちばんいい仕事の仕方だろう。だがときには、交渉を成立させるためには、ヴェンゲルの背中を強く押す必要がある。2014年の夏、ガジディスはセンターバックの獲得をヴェンゲルに強く勧めたが、獲得に向けた動きは一切なかった。結局、ヴェンゲルはDF不足を放置するという賭けに出て、重い代償を支払うことになった。だが、誰も彼の背中を押していないとか、必要なサポートをしていないと言うことはできない。

ヴェンゲルは、自分は単なる従業員にすぎないのだからと、役員室で問題になっていることをあまり話したがらない。クロンケは公の場で発言をすることはほとんどないが、ヴェンゲルに深い敬意を抱いていて、良好な関係を築いている。しかしヴェンゲルは、2014年の11月にウスマノフがアーセナルを非難すると、強い口調で反論した。チームが後れをとり、競争力を失っているというこのウズベキスタン人実業家の批判を、ヴェンゲルは受け入れられなかった。

ヴェンゲルとウスマノフの関係は良好だ。幾度かは直接会ったこともある。ウスマノフはアーセナルのVIP席に招かれたことがあるし、スタジアムにはエグゼクティブボックスも持っている。だがそれでも、ヴェンゲルのウスマノフへの攻撃は止まらなかった。彼の批判は、ウスマノフが外部の人間のようにふるまい、クラブの価値を尊重しなかったという点に向けられていた。

「第一に、ここでの十八年間、私は批判を受け入れてきた。意見を持つ権利は誰にでもある。だがクラブにはいくつかの価値観がある。ひとつ目は、困難なときには力を合わせる、ということだ。それはとても重要なことだ。

ふたつ目は、何か言いたいことがあれば、面と向かって言うことだ。新聞をあいだにはさむ必要はない。それを個人攻撃とは受け取らない。意見は尊重するが、クラブ内部の人間なら、内部の人間としてふるまう必要がある。内か外かどちらかに決めてもらいたいね」

ウスマノフはクラブ第二の株式保有者だが、ヴェンゲルは構わずにぶしつけで率直な言葉を返した。ヴェンゲルが自分の役割に対して抱いている自信の表れだ。ほかのクラブや、ましてやほかの業界では、現場責任者が大株主をこれほど公然と批判することなどほとんどないだろう。

2014年3月、アーセナルでの通算千試合に近づいていたころ、ヴェンゲルは自らの役割についての見解を語り、在任期間の様々な困難を振り返った。クラブがスタジアム建設を決め、負債を返済するために毎年4位以内に入らなければならなかったプレッシャーについて述べた。そして、そのことが優勝争いに悪影響を及ぼしたことを認めた。

またヴェンゲルは、エミレーツ・スタジアムへ移転した時期について、いずれもっと高く評価されることを望んでいる。

私はスタジアム建設の当初の計画に加わり、推進した。この困難な時期にできるかぎりクラブを引っ張っていくことが自分の責任の一部だと感じていた。財政面で乗り切れるかどうかが、チャンピオンズリーグ出場にかかっていることは、はじめからわかっていた。何年ものあいだ、シーズンのラスト三カ月にどれだけ冷や汗をかいていたか、想像がつくだろう。

それは重要な時期だった。だが未来と現在、どちらを考えるべきだろうか。クラブが確実に成長していくことも意識しなければならない。財政的な困難があるとわかっていて決断をしたわけだが、それと同時に、マン・シティとチェルシーの巨大な投資が始まった。それで困難は二倍になった。同じレベルのクラブとの競争に、さらにふたつのクラブが加わったんだ。予想外のことだった。

安定性というのは、最も成し遂げることが難しいものだ。トップレベルで戦っているクラブを見渡しても、4位以内に入り続けているチームは多くない。しかも、財政的な余裕がないころだった。フットボールはそういうものではない。決定するときには、〝よし、スタジアムを建設しよう。だからしばらくは優勝しなくてもいい〟とは言わないものだ。

獲得したトロフィーという面ではそれほど結果を出せた時期ではないが、いつの日か振返っていちばん誇りに思うのは、あの時期のことかもしれない。だが、もうすぐそんな時期から抜け出し、トロフィーを掲げ、勝利し、同じレベルのチームと対抗できるようになるだろう。それを示すことができるのは、トロフィーによってだけだ。つまり、プレミアリーグ、FAカップ、チャンピオンズリーグのトロフィーだ。

ヴェンゲルには同情できる面とできない面がある。彼がいずれにしても慎重な監督であり、使える資金があるときにも極度に用心深いことは間違いない。すでに述べたとおり、2014年にクラブは賃金や経費などに必要だからと主張し、現金保有高の価値を低く見積もろうとしたが、ヴェンゲルには実際に使える資金があり、それはほぼ2000万ポンドほどだった。その金額は、アーセナルのスカウトが次の移籍市場で選手を探す際、代理人に告げていた額だった。ほかのクラブはもっと喜んで冒険し、向こう見ずに投資し、現金をそれほど手元に残していないのに、アーセナルの役員会は、監督同様に支出に慎重だ。

金を使いたがらないのはヴェンゲルなのか、それとも役員会が慎重なのか、その点がよくわからないこともある。真実はその中間のどこかにあるのだろうが、ファンの非難は両者に同じくらい向けられている。それでもヴェンゲルは公的なクラブの顔であり、新聞の見出しになることもあれば、メディアの注目を浴びることもある。

2014年9月にもヴェンゲルは興味深い発言をした。エミレーツでのノースロンドンのライバルとの試合の前日に、トッテナムの間近に控えたスタジアム移転について質問されると、彼は我が意を得たりという笑みを浮かべて言った。

非常に困難なことだ。スタジアムを建設したすべてのイングランドのクラブの歴史と、その顛末《てんまつ》から考えても、どれだけ難しいことかがわかるというものだ。クラブの将来が危険にさらされていると感じるし、失敗は許されないから、ものすごいストレスがかかる。ほんのわずかな失点が命取りになりかねない。

トッテナムの財政基盤次第だね。クラブを売却したがっているんじゃないだろうか。ひとりのオーナーが現れて「さあ、スタジアムの資金に4億ポンドを投入しよう」と言ってくれるなら話は簡単だ。

我々が歩んだ道は、とてつもなく困難だった。外部からの財政的援助はなく、資金を借りるために、まず銀行と交渉しなければならなかった。土地だけで1億2000万ポンドもの支払いをした。イズリントンにゴミ収集施設の建設（の補助）を行い、それに貢献したことで、大きな財政的圧迫がかかった。そしてようやく、4億ポンドをかけたスタジアムを建設した。今日なら6億、6億5000万、あるいは7億ポンドかかるかもしれない。

ヴェンゲルが率いるアーセナルがはじめて上位4チームに入るのに苦しんだ2005－06シーズン以降、チームは最高でも3位にしかなっていない。しかし常に4位以内に入り、チャンピオンズリーグへの出場権を手にしている。ヴェンゲルは成績の面でも財政の面でも、それを成功の基準としている。

しかしそのことによって、クラブとファンの溝はますます深まっている。世界で最も高いチケット代を払っているサポーターは、野心が感じられないことに苛立ちを募らせている。さらに、4位をめぐる争いは年々激しさを増していて、3月ごろの緊張はますます高まり、最終日までもつれることもしばしばだ。

2012年の年次総会で、ヴェンゲルはチャンピオンズリーグへの出場権を得ることはトロフィーを得るに等しいという自説を繰り返した。ヴェンゲルの在任期間にはその発言がしばしば論争を引き起こしてきたが、年次総会の場で彼がフットボールについて情熱的に語り、人々に感銘を与えることで難しい局面を脱してきたことも幾度もあった。それは、あまり派手さのないほかの役員たちの話とは対照的だった。

「私の仕事は手持ちの人材でチームの目的を達成することであり、そのことに不平を述べたことはありません」と、ヴェンゲルは語った。

「クラブにはその資産から選手たちに報酬を支払ってもらいたい。それなら、何も後ろめたいことはありません。

私にとって、トロフィーは五つあります。ひとつ目はプレミアリーグ制覇、ふたつ目はチャンピオンズリーグでの優勝、三つ目はチャンピオンズリーグへの出場権、四つ目はFAカップでの優勝、五つ目はリーグカップの優勝です。なぜリーグカップが最後かというと、最高の選手たちを勧誘するにあたって、リーグカップでの優勝実績は問われないからです。チャンピオンズリーグに出場しているかどうか――彼らが訊きたいのはその点なのです」

だが、いつになっても目標を4位以内から優勝に切り替える素振りが見えないことに対し、元選手や監督たちは次々に不満の声をあげている。

2012年には、元監督のジョージ・グレアムが、とりわけ痛烈な言葉でヴェンゲルの采配や補強ばかりか、自己弁護の基準についても批判した。

ヴェンゲルは、公の場では感情を露わにすることはない。その代わり、トレーニング場でコーチ陣や主力選手しかいないときに鬱憤を吐き出している。グレアムの発言について質問されると、彼はこう答えた。

「私は、自分でどうにかできることにだけ対処する。人の言うことはその範囲外だ。人の意見についていちいち語るのはエネルギーと時間の無駄だよ。意見を持つ権利を、私は尊重している。だが意見とは、たったひとりの人が何かを口にした、というだけのことだ。その内容がいつも正しいわけではない。生きていくうえで人の意見を排除することはできないし、そのことになんの異存もない。ただ、それほど重要なことだとも思っていない」

おそらくそれは想定問答のひとつで、様々な質問の答えに使われるものなのだろう。ヴェンゲルがきつく言い返すのは苛立っているときだ。たとえば2012年には、ブラッドフォードでリーグカップに敗退し、その直後にまたしてもシーズン優勝の目が消えた。そのとき、選手たちは報酬に見合った働きをしているかどうかと質問されると、案の定ヴェンゲルは強い口調で言い返した。

そもそも、君たちは彼らの賃金を知らないはずだ。おまけに選手たちに望みどおりの賃金を払わないと非難しつつ、同時に彼らの望みどおりの額を与えていると非難している。

それだけの額が払えるのは、第一にチャンピオンズリーグに出場し、収入を得ているからだ。そして第二に、我々の三倍もの賃金を支払っているマン・シティ、マン・ユナイテッド、チェルシーから、同等の賃金を払うようプレッシャーを受けているからでもある。

この世界は競争社会だ。契約を望む選手には、向こうの給料は三倍だと言う権利がある。

また、役員会から充分なサポートを受けているかと問われた際の答えも面白い。「もちろんだ。サポートとは結局、仕事をさせ、成果を出させることに尽きる。私の仕事は、確固たる信念を持ち、重要なことにしっかりと労力を割くことだ。重要なこととは、フットボールを愛し、クラブを愛し、クラブのためにベストを尽くすことだ。それ以外のことには干渉しない。私はそのことに集中していて、何物にも思考を妨げられることはない。信念は揺るぎないし、意欲は充分だ。そうでなければ、私はいま君たちの前にはいないよ」

翌年も同じことが繰り返された。2013年の2月にホームでバイエルン・ミュンヘンに破れ、優勝トロフィー獲得の可能性が消えた（セカンドレグでは勝ったものの敗退した）三日後、数名の記者がヴェンゲルを囲んだ。いつもラジオやテレビのインタビューで使っている机の向こうに彼がすわると、新聞記者たちが尋問しているような雰囲気になった。質問のたびに彼はますます不機嫌になっていった。

それでもヴェンゲルは、金銭のことや、スタジアム移転の時期に支出を控えていたことについて、率直に答えてくれた。そして、資金の使い惜しみはもうしないと語った。

使いたくないわけではない。第一に、資金ができたのはごく最近のことだ。第二に、イギリスでは資金を使えばそれだけですべての問題が解決するかのような考え方があるが、それが正しいとはかぎらない。仮にそうなら、毎年同じチームがチャンピオンズリーグを制し続けることになる。ヨーロッパにはずば抜けて資金豊富なのに、チャンピオンズリーグに出場していないクラブもある。

私は、現在の問題は金ではないと考えている。チームを強くする才能の持ち主が見つけられるかどうかなんだ。そして同時に、クラブの使命にも忠実でなければならない。つまり、育成中の若手にチャンスを与えること——それが最も重要なことだ。そのために、本当にプラスになる選手だけを連れてくることが大切になる。もし真のトップクオリティを持った選手を見つけたら、すぐにでもその選手を連れてくるよ。

私は全員の幸せを願っている。リーグ優勝し、チャンピオンズリーグを制したい。もしそれができないなら、自分たちのしていることが正しいかどうかを問い直す必要がある。だがその前に、まずそのレベルに達する必要がある。何よりも借金返済を考えなければならない時期が長かった。

スタジアムの建設費を返済しているあいだ使える資金がなかったことについて、なぜもっと率直に話さなかったのか、ファンはそれを聞けば、もう少し理解してくれたのではないかと質問されると、ヴェンゲルは答えた。

「リーグ優勝はできません」などと白状するわけにはいかないよ。その期間にも、惜しいところにいた。あと一歩だったんだ。それだけ質の高いチームだった。だが、ファンを怒らせたのはそれより、せっかく育てた選手を失ったことだろう。それは何にもまして受け入れがたいことだったはずだ。だからその点は改めなくてはならない。

問題が山積みのなか、最高の選手たちを引き止めるために戦っていた。現実的に考えて、最高の選手たちを残留させるためには相場どおりの賃金を払わなくてはならない。そしてそのためには、チケット代金を上げなければならない。するとファンは「最高の選手がいなくなったのに高いチケット代を払っている」と言うが、そのとおりだよ。しかしそれは、我々が直面している不公平な競争の結果なんだ。

そうは言っても、ファンはチャンピオンズリーグに勝ちさえすれば快くチケット代を払うだろう。だが我々は勝てなかった。

2013年の夏には、チェルシーやマンチェスター・シティなどのクラブが巨額の投資をしたことがフットボールからロマンを奪ったと語っている——

巨額の投資によって何かが失われてしまった。クラブで結果を出して成長した選手にチャンスがなくなり、重要なのはただゲームの質だけになってしまったからだ。これは、百メートル走の練習を始めたところへ突然ウサイン・ボルトがやってきて、彼と競走させられるようなものだ。どれだけ足が速い人でも、きっと手に負えないだろう。

たとえ財政状況が改善されたとしても、価値観を変えてはならないと思う。プレーの質や、スタイル、選手を向上させることに軸足を置かなければならない。資金を使って獲得するのは、チームに何かを加えられるひとりかふたりの選手だけだ。我々の強みと、苦境をどうにか切り抜けてきた原動力を手放さないことが大切だ。

これが彼の哲学であり、彼という人物なのだ。使える資金が手に入っても、スーパースターを買うよりも選手を育成するという目標を変えることはない。有名な台詞のとおりだ。

「我々はスーパースターを買わない。作り出す。私が上質なワインを提供したとしよう。それを味わうのが第一で、産地を尋ねるのはそのあとだろう。勝つにはいろいろな方法がある。チームとしてのまとまりであったり、優秀な選手がいることであったり。私の関心は、いつもチームの意欲にある。すべての監督の目標は人々を楽しませることだ」

だが、ヴェンゲルはほかの監督とは似ていない。彼は理想主義者だ。彼が説くのは、分の悪い戦いでもひっくり返せるという哲学であり、金が唯一の答えではないという昔からの信念だ。彼は、大金を費やさなくても勝てると信じている。そして、スタジアム移転は彼に自分の正しさを証明する理由を与えた。

たしかに立派な理想ではあるが、それによってアーセナルは後れをとり、追いつくためには相当な努力が必要になった。アーセナルの歴史のなかで最も困難な十年のうちに、まわりの風景は原形をとどめないほどに変化した。時が経てばヴェンゲルはもっと高い評価を受けるかもしれないが、それでもトロフィーを逃し続けた記録が消えることはない。

第9章
流出

3億9000万ポンドの費用をかけた新スタジアムの建設中にも、アーセン・ヴェンゲルが契約を希望した選手に対し、アーセナルは〝資金を出すことを拒否したことはない〟という。だがそれは、ヴェンゲルがクラブの財務状況や予算額、制約について知っていて非現実的な希望をしたことがなく、それゆえ資金を拒絶されたことはないということにすぎない。まるで新スタジアムがヴェンゲルの予算にまったく影響を及ぼさなかったかのようだが、注意が必要だ。それは真実からほど遠い。ヴェンゲルはほかの監督とは違って常に片目で財務状況を確認しているため、ある選手を獲得することが現実的かどうかを知っていたのだ。

エミレーツ・スタジアムへの移転が計画される前、ヴェンゲルはただ選手を指定するだけでよく、ディーンが獲得を目指して動き、資金のことはクラブが面倒を見ると告げられていた。だが、それはディーンが役員会から追放される前にすでに変わっていた。新スタジアムの建設のため、選手獲得に使える金額が大幅に減ってしまったことが突然明らかになったからだ。移転の一、三年前は、資金繰りは非常に困難だった。

毎シーズン、ヴェンゲル、ディーン、マネージングディレクターのキース・エデルマンの三人はミーティングを行い、移籍市場で欲しい選手や、移籍金の額、獲得の可能性などを話し合っていた。2003年までは、アーセナルはプレミアリーグのライバルと移籍金や契約金で張り合うことができた。だが突然、予算規模が大きく変わった。

ヴェンゲルは移籍金や契約金、コストに対する意識を強めた。使える額は明確にわかっていた。新たな財政的制約が課されており、ヴェンゲルはその状況を理解していた。だが多くのフットボールファンにとって、限られた予算しかないことは、考えもなく資金をつぎ込んで選手を獲得するよりもはるかに悪いことだった。

アーセナルが世界最高の選手、クリスティアーノ・ロナウドを獲りそこねた理由のひとつはそのことだった。

フットボールにおいては、移籍に関する見解は代理人、選手、記者、監督それぞれで異なっている。そしてそのいずれもが、正しいのは自分だと信じている。ヴェンゲルは、ロナウドが2003年にマンチェスター・ユナイテッドと契約する前に、アーセナルと契約寸前だったと信じている。ロナウドはアーセナルのトレーニング場に現れ、ヴェンゲルに獲得は成功したと思わせた。

スポルティング・リスボンに所属するこの若者との契約を求めて争っていたのは、アーセナル、マンチェスター・ユナイテッド、レアル・マドリードの三者だった。結局ヴェンゲルが獲得しなかったのは、関心が高まるにつれて値段が高騰し、どれほど将来性豊かでも、実績もない十代の若手に1200万ポンドを出すべきではないと判断したからだ。アーセナルには、可能性に賭けるだけの資金はなかった。

代わりに1224万ポンドで契約したのはユナイテッドだった。サー・アレックス・ファーガソンは、その後世界一高額な選手になるロナウド獲得の一歩手前まで行っていたとアーセナルが信じていることを一笑に付した。


我々はカルロス・ケイロスを通じてスポルティング・リスボンと取り決めを交わしていた。コーチの交換研修で一週間向こうへ行っていたジミー・ライアンが、戻ってきてこう言った。「いい選手を見つけました。ロナウドという名で、センターフォワードです。年は十五歳。驚異的な選手です」

金銭面での取り決めはしていなかったが、二年後に契約できることになっていた。その後向こうから、新スタジアムのこけら落としの試合を提案された……そのとき、この若く痩せた少年は左サイドで、右サイドバックのジョン・オシェイとマッチアップした。オシェイはたやすくひねられて悲鳴をあげた。

私は代理人のホルへ・メンデスと前日の晩に会って状況を確認し、取り決めのことを念押しした。彼はいつも選手の利益を最大にしようとしていたから、公平を期してアーセナルとレアル・マドリードから話が来ているところとこちらに伝えた。

私は少年を呼んだ。そして一緒に連れて帰りたいと代理人に告げた。「パスポートがないし、お母さんにもついて来てほしい」と少年は言った。そこでまた飛行機をチャーターして、姉と母親、弁護士を連れてきた。全員が来てようやく契約が成立した。

アーセナルとヴェンゲルにはこうした話が多い。２０００年に、まだ十代だったスウェーデンのスーパースター、ズラタン・イブラヒモビッチをハートフォードシャーの練習場に招き、一週間のトライアルを受けさせようとしたときのことは定番のジョークになっている。イブラヒモビッチの答えは印象的だった――「ズラタンはオーディションを受けない」

ヴェンゲルはこのふたりの選手を獲得しそこねた経緯について語っている。

イブラヒモビッチはこのトレーニング場に来たが、他チームへ行ってしまった。ここへは多くの選手が来る――ロナウドもここへ来た。イブラヒモビッチも来た。来たからといって契約するわけではない。話は伝えられているとおりだ。自分の目で見たかった。知らなかったからね。見たことがない選手との契約など真剣に検討できるものではない。彼は十六歳だった。ファーストチームの練習に参加してみないかと言ったが、それは嫌だと言うから契約しなかった。

後悔はしていない。スカウトが選手を見たうえで「この選手は絶対に間違いありません」と言わないかぎり、これからも同じようにする。信頼しているからね。だが、うまいと言われる選手ならまずは見てみたいと思う。真剣に考えるのはそれからだ。

２００３年には、バルセロナのアカデミーから、セスク・ファブレガスとともにリオネル・メッシとジェラール・ピケを獲得しようとしていた。メッシがアーセナルに来なかったのはクラブがロンドンに家族用の住居を購入しなかったからだと、２０１４年11月にスペイン人ジャーナリストのギジェム・バラゲが著書で明かしたことを受け、ヴェンゲルはたしかにメッシを獲得する一歩手前だったと認めた。

ヴェンゲルは言う。「結局は本人がそれほど乗り気でなかったんだろう。ファブレガスが来たのはそのころだったが、メッシとは同じバルセロナのアカデミーでやっていた。ファブレガスとメッシ、ピケが欲しかったが、ファブレガスだけが来ることになった。住居のことだけが原因ではない。結局のところ、メッシにはバルセロナの生活が快適だったということだろう」

ロナウド、メッシ、イブラヒモビッチ、ピケ……錚々《そうそう》たる顔ぶれだ。ヴェンゲルはいまでも〝スーパースターは買わない。作るのだ〟と語っているが、アーセナルとヴェンゲルにとって残念なことに、彼らは別の場所でスーパースターになった。とはいえ、ヴェンゲルの若い選手に対するセールスポイントは、ほかのビッグクラブよりも早くファーストチームに上げ、チャンスを与えるという点だ。ファブレガスが十六歳でデビューしたのはいい例だ。メッシはバルセロナでデビューするまであと一年待たなくてはならなかった。

取り逃した選手たちがいる一方で、アーセナルが移籍金や契約金の面で競争力を失い、財政的に苦境にあえいでいた時期にヴェンゲルのもとを離れていった選手たちもいた。最高の選手たちがクラブをあとにした。セスク・ファブレガス、ロビン・ファン・ペルシー、ソル・キャンベル、サミル・ナスリ、そしてティエリ・アンリ。退団の理由は様々だが、全員に共通しているのは、勝てないことに嫌気がさしたことだった。２００３－04の無敗シーズンののち、アーセナルはスタジアム建設費用負担のため優勝争いから遠ざかり、新しい有力選手の獲得も難しくなった。ファンにすれば、百貨店で買い物をしていたはずが、気づけばファストファッションの店にいたというようなものだ。それでいて、チケット料金は高級百貨店クラスだった。チームの質が落ちたことに残った選手もがっかりした。

隣の芝生は青く思えるものだ。ただし、それはいつも正しいわけではない。アレクサンドル・フレブはバルセロナに誘われてアーセナルを出ていったが、チャンスが得られずにアーセナルに戻りたいと懇願した。だが断られ、結局バーミンガム・シティへのローン移籍でイングランドへ戻ってきた。キャンベルがアーセナルに愛想を尽かすと、クラブは2006年の夏に自由契約を認めた。海外のチームへの移籍が決まりかけている、との話だった。キャンベルの給与は高く、すでにチームに幻滅しており、それが誰にとってもいい解決法だった。だがユベントスとの契約はまとまらず、結局ポーツマスへ移籍することになった。「クラブに関して言えば、まるでロールスロイスからフィエスタに乗り換えたようなものだ」とキャンベルは笑った。

アーセナルには最新の設備が整ったトレーニング場があり、二十一世紀のスタジアムがあった。だが2005年から2014年まで優勝に見放され、ヴェンゲルはほとんど為す術もなく選手が流出するのに任せるしかなかった。

ナスリ、ファブレガス、ガエル・クリシーがクラブを去った2011年はかつてない厳しい夏になった。そして2012年のファン・ペルシーの退団は最も忘れがたい移籍になった。最大のライバルであるマンチェスター・ユナイテッドに、チーム一の選手が単純明快な財政的判断により売却された。

もちろん、才能ある選手の流出は2011年以前から始まっていた。たとえばパトリック・ヴィエラ、アンリ、アシュリー・コールらだ。アンリとの別れは2007年だった。彼はクラブのテレビ・チャンネルを通じて別れのメッセージを伝えることを希望した。そこで語られたのは、去ることに胸を痛めており、クラブの今後数年が心配だということだった。

２００８年には、無敗のシーズンにチームの中心だったジウベルト・シウバがパナシナイコスに売却された。愛情をこめて、DFの前の〝見えない壁〟と呼ばれていたジウベルトが去り、ヴィエラと同じく替えのきかない守備的MFがまたしても退団することになった。

ジウベルトはインビンシブルズの中心であり、２００２年からレギュラーで、２００６－07シーズンには最後の年になったアンリが背中の故障で欠場するとキャプテンマークをつけていた。アンリがバルセロナに移籍したときには、当然ジウベルトがキャプテンになるものと思われていた。だが彼は、新キャプテンが自分ではなくウィリアム・ギャラスに決まったことを、ウェブサイトでのファンへの告知で知った。ここに、ヴェンゲルの監督としての欠点のひとつがはっきりと表れている。選手とのコミュニケーション不足だ。ヴェンゲルが対決を避けたがるのは、重要な伝達事項を直接告げることへの恐れなのだと指摘されることもある。

だがさらに悪いことに、ジウベルトは２００７－08シーズンにはレギュラーから外され、ヴェンゲルに〝使い物にならない〟と感じさせられたと言う――

驚いたよ。前シーズンにはキャプテンマークをつけることが多かったんだ。ティエリが去って、自分がもうキャプテンじゃないと知ったときには本当にびっくりした。

もちろんキャプテンであることもそうだが、いちばん大事なのは全試合に出ることだった。だが、私はすべてを失った。キャプテンの地位だけでなく、ポジションもなくなった。プレシーズンの大部分をブラジル代表でプレーしていて、コパ・アメリカで優勝してチームに戻ったときだった。はじめはかなりつらかった。

クラブに戻って二、三カ月はつらかった。私は単純な人間だから、話をしてくれればよかったんだ。当時は、考えを伝えることくらいできるだろう、と思っていた。彼の決断はいつも尊重していた。だが結局、私のほうから聞きに行って話をした。それでも彼に悪い感情を持ったことは一切ない。苛立ったり、納得のいかないこともあったけれど、それはキャプテンでもレギュラーでもなくなったことについてだった。

そのあと、私はハードな練習を再開した。トレーニング場でハードワークをし、プロとして最善を尽くした。出場したときにチャンスを掴もうと思っていた。プロであり続け、プロとしての精神を見せ続けることが私には大切だった。正しいやり方を続けなければならなかった。それはクラブを去る日まで続いた。

結局チャンスは与えられず、六、七カ月後に退団を決意した。2010年のワールドカップにブラジル代表でプレーしたかった。もう一シーズンベンチで過ごせば、チャンスはなくなってしまう。モチベーションも技術も失っていないことはわかっていた……。

それでも、オフィスに呼ばれたときがいちばんつらかった。もう一シーズン残留してほしいと言われるのだと思っていた。だが、移籍するチャンスがあるなら止めはしないという話だった。クラブには愛着があったけれど、そのとき退団するべきだと気づいた。アーセナルは私にとって大きな学校だった。たくさんのことを学んだ。

退団や出場機会が減ったことに関して、アーセナルやアーセンに悪い感情は持ったことはない。それは純粋に仕事上のことだ。そのことで彼に対する考えも尊敬も変わらなかったし、いまも友情は続いている。

ヴェンゲルは大物選手を売却し、レギュラーを入れ替え、チームを再建しようとしていた。彼が放出を決断したこともあれば、失いたくない選手が去っていったこともあった。2011年の夏には多くの選手が流出し、痛みも大きかった。ヴェンゲルはよく、ガエル・クリシーをあの夏にマンチェスター・シティに売却したのは、キーラン・ギブスが躍進してファーストチームに入ってくるとわかっていたからだと語っている。クリシーはプレーでも貢献していたし、クラブに忠誠心を抱いていた。だが最後のシーズンに、彼の態度は変化した。気持ちが離れてしまっていて、売却もやむを得なかった。

ヴェンゲルはかつて自分のもとにいたほとんどの選手と良好な関係を保っていて、誕生日やキャリアの節目にはメールを送っているが、同時に、お気に入りだった元選手を冷たくあしらうことがあるというのも有名な話だ。負けっぷりの悪さに加え、選手の失いっぷりも良くないと指摘しなくてはなるまい。クリシーを600万ポンドの移籍金で失ってからはじめてのマンチェスター・シティ戦で、選手通路でクリシーが近寄って握手しようとすると、ヴェンゲルはすげなくはねつけたという。「七年も一緒にやったのに」とクリシーは、前監督について不快そうにコメントしている。

ファブレガスもまた、チェルシーに加入してはじめてのアーセナル戦の際に、退団後ヴェンゲルから連絡はないと語っている。私はその話を冗談めかしてヴェンゲルに伝え、メールが来ないと嘆いているファブレガスに対して、マンチェスター・シティから誕生日にケーキをもらえなかったと駄々をこねた（そして結局クラブではなく航空会社からプレゼントされた）ヤヤ・トゥーレを引き合いに出した。ヴェンゲルは笑って答えた。「そんな話をするとは驚きだね。記憶にないな。メールが多すぎて、うっかり忘れていたんだろう。ときどきは全員に返信できないことだってある。もし忘れていたなら謝るよ」

ナスリとファブレガスの移籍交渉は長期間に及び、苦い後味を残した。移籍の噂が浮上したのは2011年のアジアへのプレシーズンツアー中だった。ヴェンゲル体制になって、プレシーズンにヨーロッパを離れたのはそれがはじめてだった。実はヴェンゲルは乗り気ではなく、例年どおりバート・ヴァルタースドルフに行きたがっていたのだが、この小さなオーストリアの温泉地には利益もマーケティングのチャンスも存在しなかった。

私は幾人かの記者たちとクアラルンプール行きの便に乗り、到着するなりアーセナルのホテルに直行した。地元メディア向けの記者会見の最中だった。それから、用意された別室でヴェンゲルとファン・ペルシーが会見をした。ファブレガスはロンドンに残っていた。怪我のためという名目だったが、ほとんど誰も信じていなかった。ナスリは参加していたが、今後については同じく不透明だった。

空調があまり効かず、汗も熱気もほとんど収まらないなか、ヴェンゲルは英国のいつもの記者団に囲まれてソファにすわっていた。アーセナルのCEOイヴァン・ガジディスが部屋の後方でうろうろし、ヴェンゲルの話に聞き耳を立てていた。飛行機での長旅のあとにしては、ヴェンゲルは疲れもなく、体調も良さそうだった。彼の口から、挑戦的な言葉が飛び出した。アーセナルはファブレガスもナスリも売却しない、と。

「ファブレガスとナスリを失うという最悪の状況を考えてみよう。そうなったら、クラブにまだ野心があるとはみなされなくなってしまう。大切なのはどんなメッセージを発信するかだ。ファブレガスが退団するとか、ナスリが退団するとか、そんなメッセージを出したら、ビッグクラブを名乗ることなどできない。ビッグクラブはビッグプレーヤーを手放さないものだし、ほかのビッグクラブに対しては、欲しい選手をさらっていく真似は許さないというメッセージを発するものだ」

ヴェンゲルはマンチェスター・シティからの打診を認めたうえで、ナスリは「絶対に残留する」と断言した。そして、契約満了が迫っているのは、新しい契約を結ぶという確信があるからだと述べた。

「セスクに関しては、重要なのは金額ではない。本人が残りたいと思うかどうかだ。クラブを深く愛しているから、おそらく板挟みになっているだろう。最後まで引き止めに全力を尽くすだけだ。セスクはずっと揺れているのだと思う。アーセナルへの愛着は本物だし、同時に、いま世界で最高のチームでプレーしたいという野望も理解できる。その両方が頭にあると思う。だが自信はある。彼の人生でこのチームを成功に導くことほどのやり甲斐のあることはないし、いまはクラブを去るべき時期ではないと気づくはずだ」

別の心配もあった。もし最高のチームメイトが売却されれば、ファン・ペルシーというもうひとりのスターも確実に彼らの後を追って退団するだろう。ファン・ペルシーがファブレガスを、中盤からのパス、視野の広さ、サポートという点でどれだけ高く評価しているかは、言葉の端々からも窺えた。

「自分自身の立場から言えば、僕はまず彼がメンバーに入っているかどうかを確認する。連係はうまくいっている。彼はパスのタイミングも、ゲーム中に判断を下すタイミングも完璧にわかっている。本当に特別な選手で、ほかの選手よりも状況判断が速い。どんなチームでも必要とされる選手だろう。だから残留してほしいし、もう少し長く一緒にプレーしたい。素晴らしい選手だよ。ほかのチームに追いつくには投資をする必要がある。マン・シティは山ほどいい選手を買っているし、リヴァプールも買いはじめた。マンUは長年買い続けている」

二週間のツアーの山場は最初の記者会見だった。ヴェンゲルは話しながら自信ありげに微笑んでいた。私は、リーグカップ決勝でバーミンガムに敗れ、その数週間後にリーグ優勝を逃した2010－11は過去最低のシーズンでしたかと尋ねた。ときどき気分が悪そうでしたね、と前シーズンの過酷さを思い出しながら私は言った。

だがいまや、厳しいシーズンのあと、残酷な夏が来ていた。それどころか、状況はさらに難しくなりそうだった。記者会見のあとすぐにホテルに戻ると、私はファブレガスに近い人物に電話をかけ、ヴェンゲルが残留に自信を持っていることに驚いたと伝えた。すると相手は、退団の予定だとあっさり答えた。ヴェンゲルは強がり、挑戦的な顔をしていたが、決意したファブレガスを引き止めるのはもう不可能だった。

ファブレガスは前年も退団を希望し、あと一年だけ残るよう説得されていたというのが真相だ。それ以上引き止めることはできなかった。彼はバルセロナ育ちで、ずっと故郷に帰ることを考えていた。

ナスリは事情が違った。そして退団に関して、非は両サイドにあった。ナスリの契約はあと十二カ月になっていたが、交渉は前年の秋に始まっていた。契約は大筋で合意に達し、ナスリはいつでもサインするつもりでいたが、正式の契約は先延ばしにされた。ところが、再交渉を始めたとき、すでにナスリに契約する意志はなかった。交渉は数週間に及び、ヴェンゲルは彼との契約を希望すると公言していたマンチェスター・シティのロベルト・マンチーニ監督に激怒した。

杭州《こうしゅう》市でのアジアツアーの最終戦のあと、帰国便に乗る前、質問攻めにあったヴェンゲルはついにマンチーニとシティがナスリとの契約希望を発表していたことに触れ、それが不正交渉に当たるのではないかと語った。「ほかのクラブと契約している選手に関するコメントは禁じられている」と、ヴェンゲルはきつい口調で言った。主力選手たちの移籍に関するしつこい質問で、我慢の限界に達していた。「そんなコメントは許されないし、ロベルト・マンチーニもそれは知っているはずだ！」

その交渉が長引くあいだに、今度はバルセロナの選手たちが次々にアーセナルのキャプテンにカンプ・ノウに来てほしいと言いはじめ、ヴェンゲルを怒らせた。だがファブレガスに関しては、すぐに決着がついた。彼が移籍を訴え、ツアーに参加しなかったときにもアーセナルは威厳のある沈黙を守り、ヴェンゲルは元キャプテンを非難することはなかった。

ファブレガスは念願のバルセロナ行きをついに手に入れた。発表の席では、〈デイリー・ミラー〉のフリーランスの記者が彼の妹から聞いた話として、ファブレガスはイングランドの選手やメディアの移籍に対するコメントで心を痛めていると語った。まるでアーセナルと契約したのは、いつの日か少年時代の憧れのチームに戻るためだったかのようだ。

イヴァン・ガジディスはバルセロナとの交渉を有利に進めようとしたが、ファブレガスの代理人ダレン・ディーン（デイヴィッド・ディーンの息子）の頭には、ほかのクラブはなかった。そのためバルセロナは、競合もなく、安い移籍金で獲得できると見抜いていた。

移籍金は4000万ポンドに決まり、移籍条項が加えられた。バルセロナが買い戻しオプションと将来の売却益に対する歩合を認めたのは、ファブレガスを手放すつもりはなかったからだろう。2011年の段階では、アーセナルが買い戻しオプションを行使することになるとは考えにくかった。マンチェスター・ユナイテッドが獲得の意思を示した2013年に本当にファブレガスが移籍市場に出ていたなら、アーセナルは彼を獲得し、ライバルチームへの入団を許さなかったはずだ。結局、2014年にファブレガスはチェルシーに加入し、アーセナルは条項にもとづいて500万ポンドを手に入れた。

「アーセナルとも私とも、うまくやれない理由なんてないだろう」と、ヴェンゲルは2014年10月にその移籍に困惑した様子で言った。「我々は彼の人生にいい影響を与えた。それが我々の目指していることだ。いちばん大切なのは彼が幸せでいることだ。何度も言ったとおり、バルセロナ出身なのだから帰る可能性はあるとわかっていた。だが思いどおりには行かなかったんだろう。バルセロナへ戻ったらそこでキャリアを終えるかアーセナルへ戻ってくるか、どちらかだと思っていた。実際には、誰もが予測したよりも早く彼はバルセロナを去った。なぜか。私にはわからない。説明できるのは本人だけだ」

ファブレガスは、チェルシーに移籍するまでアーセナルファンの人気を保っていたが、その移籍によって意見はふたつに割れた。だがナスリに関しては、ファンの意見はおおむね一致している。交渉の過程でも移籍先についても、ファンに与えた印象は悪かった。

移籍交渉は長期化した。アーセナルは多額の代理人手数料を負担することを拒絶し、シティ側がそれを支払うべきだと主張した。ナスリをウディネーゼとのチャンピオンズリーグのプレーオフに帯同させるとアーセナルが発言したことで問題が浮き彫りになった。それがシティへの圧力になり、アーセナルが風光明媚《めいび》なウーディネへの遠征を準備しているころ、ついに交渉は本格化した。

アーセナルにとって、たしかに厳しい時期だった。ファブレガスを売り、ナスリの売却も目前だった。さらに、長期離脱中のジャック・ウィルシャーの怪我の状況に対する不安もあった。ヴェンゲルは前シーズンにウィルシャーを酷使しすぎたことを認めた。そのことが疲労骨折の一因となり、結局一シーズン離脱することになった。

遠征の際、かつては記者たちもチームとともに移動していた。ヴェンゲルがラジオとテレビの出演を終えると、ルートン空港の、小さな役員室のようなプライベートラウンジに入ったものだ。ヴェンゲルはそこではくつろぎ、いつもより口が軽くなった。だがこのときは違った。8月23日のランチタイム、ウディネーゼとの試合前日だった。前週のホームでの第一戦を終え、1対0でかろうじてリードしていた。ヴェンゲルはピリピリし、気もそぞろだった。クラブは岐路に立っていた。主力選手を売却したばかりで、チャンピオンズリーグの本戦出場を決めるまでは選手獲得に高額を費やすこともできなかった。それに、アジアツアーでの発言を蒸し返されることも不快だった。

公式の取材旅行では、英国の新聞はヴェンゲルを個別に取材することができた。各紙が質問をし、コメントをとって、ラジオやテレビの取材とは違ったものを翌日の新聞に載せていた。ヴェンゲルは我々に対して、ナスリとファブレガスを売却したらアーセナルはビッグクラブを名乗ることはできないという、アジアでの六週間前の発言を否定しなかった。だがウーディネのスタジアムで行われたＵＥＦＡの公式記者会見では、テレビカメラを前にしてそれとは違うことを語っていた。

そんな発言はしていない、と彼は主張した。ひと夏のあいだにふたりの主力選手を売却することになり、面目を保つために前言を翻したのだ。それは監督として最も困難な時期だった。

翌日、ウーディネのさわやかな夏の晩に、アーセナルはチャンピオンズリーグ本戦への出場を決め、大きな重圧から解放された。ヴォイチェフ・シュチェスニーがPKを止め、ヨーロッパで最高の大会への出場による分配金による収入を確定させてロンドンに帰ってきた。ヴェンゲルはようやくチーム強化に着手した。

だがそれはオールド・トラッフォードへの遠征には間に合わず、マンチェスター・ユナイテッド戦は怪我人続出でボロボロの状態で迎えた。選手の補強はまだできていなかった。選手が揃わないなか左サイドバックに入ったアルマン・トラオレは、翌日に身体検査を受け、一週間後にQPRに移籍することになっていた。まともに動ける状態ではなかった。しかも動きが悪いのはトラオレだけではなかった。ウディネーゼ戦の貴重な勝利のたった四日後、アーセナルはオールド・トラッフォードで2対8の屈辱の敗北を喫した。サー・アレックス・ファーガソンさえもが同情していた。

それがヴェンゲルにとって最悪のときだった。選手の加入や退団が入り乱れて混沌とし、ヴェンゲル自身の先行きにも恐ろしい暗雲が立ちこめた。アーセナルは混乱し、いつもどおり、その最大の責任は明らかに監督にあった。スカイスポーツのレポーター、ジェフ・シュリーヴスは、オールド・トラッフォードの選手通路のインタビューエリアで、この状況を立て直せなければ辞任するのかと質問した。「ありえない。立て直すとはどういうことだ? シーズンは三試合が終わったばかりだ。アウェーで二戦し、ホームで一戦して敗れた。チャンピオンズリーグでは本戦進出を決めている」

ヴェンゲルはその質問に虚を突かれ、驚いた様子だった。ごく当然の質問を投げかけたシュリーヴスをしばらく許せなかった。あれほどの敗戦をすれば監督の去就問題が出ても不思議ではないのに、ヴェンゲルの表情には侮蔑と驚きが浮かんでいた。辞任の質問をすること自体が敬意を欠いていると言わんばかりだった。ヴェンゲルがクラブでの自分の地位は不可侵だと考えていることが滲み出ていた。

その後数日、ラジオの視聴者参加番組やテレビ討論などは、ファンのヴェンゲル辞任要求であふれた。残念ながら、ヴェンゲルの将来が疑問視されたことに疑う余地はない。2011年の移籍期限の終了が迫るなか、ヴェンゲルは監督会議に出発した。同時にアーセナルは選手獲得に着手し、アンドレ・サントス、ヨッシ・ベナユン、ペア・メルテザッカー、ミケル・アルテタを獲得した。

アルテタの交渉は一日中断続的に行われた。アルテタがチャンピオンズリーグ出場を希望し、自分の賃金を削ってまでエヴァートンから加入することに同意したため、移籍は実現した。「大変だった。午後六時には、交渉は決裂したという話だった。その後、午後八時半に再開された」と、アルテタは回想する。「だがメディカルチェックをする時間はなかった。僕はエヴァートンの事務所へ行き、身体に問題が起きたら自分で責任をとるから信頼してほしいとアーセナルに伝えた」

2011‐12シーズンはファン・ペルシーの年になった。アーセナルでの最高のシーズンになり、ほぼひとりでアーセナルをヨーロッパへ連れて行くだけの得点を挙げた。アーセナルに加入したときには問題のある若者という評判で、2004年5月に格安の275万ポンドで加入した。そのシーズンまでは怪我に泣かされ続けたが、ようやく本領を発揮し、全試合で37得点を挙げた。

ファン・ペルシーは2012年のFWA（フットボール記者協会）年間最優秀選手賞に選出さ

れ、その受賞スピーチで自分は〝常にアーセナルの一員〟だと語った。さらに、契約はあと一年しか残っていないから、クラブと新しい契約について話し合う、とも述べた。「まだ正式な話はないし、日付も決まっていないけれど、前のときと同じようにボスと話し合うことになるだろう。僕の将来や、そのほかにも話すことはたくさんある」

「アーセナルはすごいクラブで、選手としてのいまの僕があるのはアーセナルのおかげだ。アーセナルとの契約にサインしたとき、夢が叶った。ロベール・ピレスのような選手に、どう感じているかと尋ねたら、『アーセナルの一員だ』と答えるだろう。そして、僕に何が起ころうとも、常にアーセナルの一員だ」

だがその背後では、マンチェスター・ユナイテッド、マンチェスター・シティ、ユベントスが話を持ちかけていた。アーセナルは動じた様子は見せず、ファン・ペルシー自身もキャプテンとしての責任を重視し、チームメイトには残留の可能性はあると語っていた。絆を深めるためのバーベキューのイベントを開き、妻のボウハーはほかの選手の妻、ガールフレンド、パートナーたちとの親睦会を企画した。

だがシーズン終了後、アーセナルが最も恐れていた事態が起こった。ファン・ペルシーと代理人のキース・フォスは、ヴェンゲルとイヴァン・ガジディスと会談を行った。2012年5月16日水曜日、ヴェンゲルの自宅で、ファン・ペルシーのアーセナル退団は確実になった。ファン・ペルシーはそのとき、アーセナルが契約すべき選手のリストを提示した。ヴェンゲルは「誰を獲得するかは君が口出しすることではない」と断固として答えた。まったく相手にされなかった。

ファン・ペルシーは退団の決意をすでに固めていたのかもしれない。サー・アレックス・ファーガソンの発言もそれを裏付ける。彼は自伝で、代理人のほうからマンチェスター・ユナイテッドに接触があったと述べている。だとすると、あの会談はただ形だけのものだったことになる。

アーセナルはその後二カ月間、プレミアリーグのライバルではなくユベントスへファン・ペルシーを売ろうとあらゆる手段を尽くした。ファン・ペルシーはマンチェスター・シティへ行くことを拒否した。ユベントスは強気な姿勢を崩すことはなかったが、現実的な移籍金を用意するだけの資金力はなかった。

それはフットボール上の決断であると同時に、財政的な決断でもあった。アーセナルはこの移籍により、マンチェスター・ユナイテッドに対し7000万ポンドの財政的効果を生んだ。移籍金で2400万ポンドを得るだけでなく、賃金とボーナスの支払いが減った分を選手獲得に使うことができ、一方でユナイテッドはそれだけの額を使い切ることになるからだ。それでも、机上でいくら利益をはじき出したところで、スターストライカーを長年のライバルに売ることに対するサポーターの怒りは収まらなかった。だが、ファン・ペルシーは加入初年度にユナイテッドに優勝をもたらしたが、その後は高い期待に見合った働きができず、時間が経つにつれアーセナルの狙いの正しさが明らかになっていった。結局、彼は2015年の夏にフェネルバフチェに移籍した。

とはいえ、ファン・ペルシーの移籍はおそらくほかのどの選手の移籍にもまして痛みを伴い、ファンにとっては白旗をあげるに等しい行為だった。移籍交渉は8月の第二週まで延び、ファン・ペルシーはドイツへ飛び、ケルンとの親善試合に出場した。ルーカス・ポドルスキのアーセナル加入時の条件として組まれた試合だった。

ヴェンゲルだけでなくクラブの全員にとって、その段階ではファン・ペルシーを売却しなければならないことははっきりしていた。そして、このプレシーズンの遠征で、それまで残っていた、最後の最後で翻意してファン・ペルシーが残留するという期待は消えた。義務的に遠征に参加しているのは明らかだった。

それから四十八時間以内にマンチェスター・ユナイテッドとの契約は成立した。ファーガソンからヴェンゲルへの電話がジグソーパズルの最後のピースになった。アーセナルは夏中ずっとユナイテッドに売却することに抵抗していたが、ファーガソンが直接交渉にあたったことで一挙に事態は進展した。アーセナルは日曜にケルンで試合をし、ファン・ペルシー売却の覚悟を決めた。そして月曜の夜までに交渉が行われ、火曜に合意し、8月15日水曜日に発表された。

それはヴェンゲルを打ちのめした。アーセナル最悪の瞬間と思われた。傷口に塩を塗るかのように、ユナイテッドは2012-13シーズンの優勝をファン・ペルシーのゴールで決め、ファーガソンのオールド・トラッフォードでの最後のシーズンを飾った。2013年4月にユナイテッドがすでに優勝を決めてエミレーツ・スタジアムに来たとき、観客席からはファン・ペルシーに罵声が飛んでいたが、ヴェンゲルは整列してファーガソンの新たな戴冠を祝福することを主張した。ファン・ペルシーはそのときはじめてかつてのホームに帰還し、1対1の引き分けに終わった試合で得点を決めた。

チームの過渡期やエミレーツ・スタジアムへの移転の時期に経験したどの大物選手売却も、ファン・ペルシーのときほどの痛みはなかった。ヴェンゲルはファーガソンとの電話会談を思い出し、それがアーセナルの監督として最も厳しい売却で、ファブレガスやパトリック・ヴィエラを失ったことよりも痛かったと認めた。「あれは実務に徹した電話で、一度では終わらなかった。その話は別の日にしよう」

「そう、もちろんそれは相当に厳しい決断だった。だがある段階まで来れば、選手に関して現実的にならなくてはならない。いつか、その理由や、この話にまつわる一切を話してあげよう。きっとより深く理解できるだろう。選手がもうここにいたくないと思っているときには、無理やり残らせてもあまりチームに貢献しないし、クラブにとって何も得るものがなかったとシーズン後に気づくことになる。それでは二重の意味で負けてしまう」

ヴェンゲルはファン・ペルシーがユナイテッドに行きたがった理由を知っているのだろうか。「ああ」と、彼は空を見上げて答えた。ファン・ペルシーはユナイテッドに週給20万ポンドで加入したと報じられていた。それには対抗できなかった、とヴェンゲルは認めた。「我々には出せない金額だった」。そして、引き止めるためにあらゆることをしたと語った。

「あれが最も悲しい移籍だった。ティエリ・アンリやパトリック・ヴィエラといったビッグプレーヤーを失ったこともあるが、彼らはクラブに勝利をもたらし、三十歳くらいになっていた。ファン・ペルシーはあと二、三年勝利に貢献してくれるはずだった。その前に去られたのは残念だった」

それからヴェンゲルは、本当は前年の夏に退団を決めていたのだろうと言った。「二十九歳になって、ここにいて優勝できるのか、それとも別のチームに行けばもっとチャンスがあるのかと考えたのだろう。三十九歳になった女性が、時間について考えるのと同じだ。残された時間は少ない、とね」

そして、ヴェンゲルは話をわかりやすくするために、引いた腰を突き出す動きをした。その場の全員が爆笑した。その瞬間は、ヴェンゲルの記者会見で最も記憶に残っている場面のひとつだ。彼が悲しい話題をユーモアで包んだからだ。

「それがロビンの正直なところだ。我々は率直に意見を交換した」と、ヴェンゲルは言った。「ロビンは正直者だ。真実を話してくれる。こちらとしても、聞きたいのは本音だからね。彼は最後まで敬意を失わなかった。何も言えなかったよ」

これまでのところ、ファン・ペルシーはアーセナルがライバルにした最後の大きな売却だ。だが、2014年の夏にバカリ・サニャがマンチェスター・シティに移籍したことは、クラブの契約に対する優柔不断さと、サニャがアーセナルでの七年間に幻滅したことが理由だった。サニャは契約を満了し、三十一歳で新たな三年契約を提示されたにもかかわらず、自由契約でアーセナルを去っていった。

彼の移籍は痛手だったが、ファン・ペルシーやファブレガス、ナスリ、あるいはガエル・クリシーと同じように語ることはできない。サニャは、実力も経験もありながら優勝できないことに我慢できなくなっていた。それまで彼はクラブに忠実で、シティからの働きかけはそれまでに二度あったが、移籍しようとはしなかった。

フランスの報道機関のインタビューに対しては、サニャはもっと批判的な発言をした。アーセナルは競争力がなく、主力選手を売却し、みすみす契約を満了させている、と述べた。アーセナルは2014年のFAカップで優勝し、新たな野望を見せたが、サニャの気持ちはすでに決まっていた。彼はウェンブリーでのFAカップ優勝の翌日に電話があれば残留しただろうと語っている。だが電話は鳴らず、彼はシティに移籍した。マンチェスター・シティへの移籍はずっと前から決まっていたというのがアーセナル側の考えだ。

シティに加入した直後、サニャはインタビューで本心を語り、なぜ移籍したのか、ヴェンゲルが率いるアーセナルの哲学をどう感じていたかを語っている。

私は、アーセナルは今後もクオリティを保っていくと思う。移籍市場で、ほかのクラブはいい買い物も悪い買い物もどんどんしている。アーセナルはいいチームで、若手がどんどん出てくる。昨年はトロフィーを獲得して、メンバーはあまり変わらなくてもいいチームだと証明した。ファンが苛立っているのは、隣のチームがどんどん買っているのに自分たちが応援するチームはなぜ同じようにしないのかと疑問に思っているからだろう。

ほかのチームを見るいいチャンスだと思ったんだ。アーセナルでは素晴らしい七年間を過ごした。来たときはとても若く、それからたくさんの素晴らしい経験をした。アーセン・ヴェンゲルとチームメイトから多くを学んだ。三十一歳で、キャリアを高めるにはいいときだと思ったんだ。いろいろと考えたし、決心するのは簡単ではなかったから、気持ちの面でとても難しい一年だった。私はとてもくつろげる、家族のようなクラブを去った。難しい決断だったけれど、そう決めたんだ。

そのインタビューで、サニャはヴェンゲルとは違うやり方もありうると述べた。アーセナルは家族的なクラブだが、ほかのクラブは大金を使う。ヴェンゲルは若い選手でチームを作り上げることを好むが、選手たちは結局勝ち続けることを求めて出ていく。

ヴェンゲルはユーモアによって別離をうまく乗り越え、その場を和ませるのが得意だ。ホセ・レジェスがスペインのラジオ局にそそのかされてロンドンは好きではないと口を滑らせ、退団してスペインへ戻りたいと言ったとき、ヴェンゲルはこう答えた。「まるでミス・ワールドと結婚したいが、相手がそれを望んでいない、という状況だね。助けてあげたいが、向こうはそれを望んでいない。私はどうしたらいい？」

また、ソル・キャンベルが2006年に退団したときは、外国へ移籍すると告げられて自由契約を認めたが、結局ポーツマスに移籍することになった。「外国への移籍をやめたとは驚いたね。ポーツマスは外国に売られたのか？」。ヴェンゲルはそう言って笑った。

アーセナルの元キーパーでインビンシブルズのメンバーだったイェンス・レーマンは、2014年のFAカップの優勝を前にインタビューを受けた。そこで、はじめてのシーズンを無敗で終えたあと、2004－05シーズンに成績が落ちたことは残念だったと語った。レーマンはいまでもアーセナルへの愛着を抱いているが、構造を変えないかぎり安定して勝ち続けることはできないと考えている。

いまのままでは勝つのは非常に難しいだろう。変化が必要だ。じっとしていても何も得られない。だが、資金があるのはいいことだ。あとはその使い方が大切になる。

クラブはアーセンの肩にかかっている。けれども、ひとりの人物次第という構造ではなかなか成功できないだろう。何人かでクラブの進歩や考え方をコントロールし、チェックすることが必要だ。クラブの規模も監督への要求も成長し続けるからだ。何もかもひとりでやっていたら成功するとは思えない。

彼には素晴らしいサポートがついている。だが、私がアーセンに教わったのは、最高の選手でも調子が悪ければ休ませるということだ。それが彼の哲学で、特に私に関する哲学だった。そしていまが、その哲学を適用すべきときだと思う。

イヴァン・ガジディスはいい働きをしているが、彼が来たときには状況も変わっていた。デイヴィッド・ディーンがフットボールや選手の評価に関してアーセンを助けていたころは、アーセンがフランスの市場を熟知していることが有利に働いていた。だがいまでは、市場は変化している。

アーセンの考えや哲学、新戦力の発掘に依存しているようでは、もう充分ではない。どれほど偉大な人でも、なんでも自分ひとりですることはできない。トレーニング以外の部分でフットボールに関する知識をサポートすることが有効だと思う。

ヴェンゲルは移籍交渉を担当するディック・ローと仲がいい。友人で仕事仲間であり、互いを尊敬している。だが役割分担はディーン時代とはまったく異なる。ディーンは敏腕で、副会長の職にあった。彼はヴェンゲルに契約を促すことができたし、そうしていたことをおおむね認めている。テキサス出身で魅力的なローも、ディーンと同じように如才なく、交際範囲も広い。ヴェンゲルも彼の話に耳を傾ける。しかし彼は副会長ではない。

ガジディスもまたフットボールに詳しく、情報を収集して獲得をお膳立てしている。だが英国では、多くのクラブで選手獲得の最終決定権は監督が握っている。監督は出場する選手を選ぶ権利があるのだから、ある選手が欲しいかどうかは監督が判断すべきだという文化があるからだ。アーセナルが選手の獲得に失敗している最大の原因は、監督の優柔不断にあると言わざるを得ないだろう。

それでも、主力選手が流出し続けたのち、状況には変化の兆しが見えていた。2011年と2012年の厳しい夏のあと、アーセナルは新しい成功期を迎えようとしていた。2013年の夏には、大物選手を購入して再び優勝争いに加わるだけの資金力を得ていた。

第10章 宿敵

アーセン・ヴェンゲルはスイス、ニヨンにあるUEFA本部の広々とした明るい会議室で席に着いていた。テーブルの向こうには最大のライバルふたりがすわっている。サー・アレックス・ファーガソンはきちんとした着こなしで、水色のシャツに紺のタイを合わせている。引退したいまでは監督たちのゴッドファーザーの立場にあり、このときはUEFA監督会議にホスト役として招かれていた。チェルシーのジョゼ・モウリーニョ監督の服装はもっとカジュアルで、スーツの下は襟の開いたグレーのシャツだ。憮然とした表情で、ヨーロッパ各地から集まって開催日程や審判の判定、指導法について話し合っている監督たちの話にほとんど興味を示さず、いくらか退屈した様子を見せていた。

2014年9月に行われたUEFAエリートクラブ監督会議には、カルロ・アンチェロッティ、ジョゼップ・グアルディオラ、ラファ・ベニテス、そしてアンドレ・ヴィラス・ボアスも集まっていた。そうした会議では、日ごろの考え方の違いは棚上げされるのですか、と私は質問した。「ああ、もちろん」。ヴェンゲルはにやりとした。

「それでも、嫌いな人もいるのでは？」

「そのとおり。だが私だって全員から好かれているわけじゃない」。ヴェンゲルは笑った。

それは控え目な言い方だ。ファーガソンとはすでに停戦協定が結ばれているが、かつては腹に据えかねて、ただ〝あの男〟とだけ呼んでいた時期もある。口にするのも嫌な名前だった。「あの男のことはもう話さない」とヴェンゲルが言ったのは、公の場でのいさかいが加熱し、収拾がつかなくなったときだった。

最近では、ヴェンゲルはファーガソンに敬意を示し、人前に出ても互いに賞賛し合っている。2013年にファーガソンが引退を表明したときには、ヴェンゲルはプレミアリーグの監督のなかでも真っ先に前途を祝福するメールを送ったひとりだった。ヴェンゲルとファーガソンの対立が激化していた九年前には想像すらできなかったことだ。だが、年を追うごとに敵対心は収まっていた。

ファーガソンとヴェンゲルのいがみ合いは次第に敬意へと変わっていった。だが、チェルシーの監督との関係はそうした道筋をたどることはなかった。

だが、やがてヴェンゲルの業績を振り返るときが来たとき、最も楽しく思い出されるのはおそらくファーガソンとのライバル関係だろう。それはヴェンゲルがアーセナルに来た1996年に始まり、〝ピザゲート〟事件でピークに達すると、その後アーセナルとヴェンゲルがファーガソンの成功の前に立ちふさがる脅威ではなくなるにしたがって沈静化していった。

グラスゴーの造船所の労働者を父に持つファーガソンははじめ、マンチェスターでの記者会見で「イングランドのフットボールの何がわかるというんだ」とヴェンゲルを馬鹿にしていた。

その言葉は、二十年前に外国人監督が味わった困難や、彼らに向けられた不信感、反感などの一例にすぎない。ヴェンゲルが〝教授〟と呼ばれて高い知性の持ち主とみなされていたことや、数カ国語を話し、科学的手法を取り入れていたことも反感を買う原因になった。ファーガソンは記者たちに語った。「知性か。知性的な人物だという評判のようだ。五カ国語を話すというが、私はコートジボワール出身で五カ国語を話す十五歳の少年に会ったことがあるぞ」

ファーガソンの影響力は大きく、取り巻きの記者団に加え、何かにつけて彼に追随する監督のグループもあった。新人監督がファギーのお気に召さないとあれば、ほかの者もそれに倣った。

アーセナルの広報担当だったクレア・トムリンソンは、ヴェンゲルを爪はじきにするグループの監督のひとりと口論をしたことがある。それは試合後に相手の監督とワインのグラスを傾けるという、いかにも英国的な伝統にヴェンゲルがしたがわなかったことをめぐるものだった。

ファギーのグループは全員がひどい扱いをしていました。ひとりが「なぜ彼は飲みに来ないんだ?」と言いました。「あなたがたにはうんざりです。まるで子供みたいです。誘ったことはあるんですか?」と尋ねると、その人は「ないね。誘っても来ないから」と答えました。誰も誘っていなかったんですよ。そういう習慣だと、彼は知らなかったんです。誘われたあとは「楽しそうだ」と言っていました。そして、ついて行って一杯飲んでいました。

試合後、長く飲んだりはしませんでした。選手たちが一時間以内に水分と食事を摂って燃料補給することが大切だと考えていたからです。だらだらと時間を潰さずに、バスに乗って帰りたがっていました。海外のメディアが数多く来ていたため、対応には誰よりも長い時間がかかりました。でもとにかく、飲みには行っていました。

ファーガソンはほとんどあらゆる機会を逃さずにヴェンゲルを攻撃した。不穏な空気が生まれたのは1997年の4月で、プレミアリーグはチャンピオンズリーグに出場するチームへのサポートが充分ではないというファーガソンの発言に対して、ヴェンゲルが記者会見で言った何気ないひと言がきっかけだった。トムリンソンは回想する――

4月に起きた口論は覚えています。ファギーがヨーロッパでの試合の前後に組まれた試合日程に文句をつけたんです。プレミアリーグのアーセナル対マンチェスター・ユナイテッド戦はその前の土曜日に組まれていました。アーセナルはUEFAカップだけに出場していました。試合後の記者会見では特に話題もなく、くつろいだ雰囲気で、そのとき記者のひとりケヴィン・モーズリーがふと、ファギーの発言についてどう思うかと質問しました。アーセンは、アレックスの発言には百パーセント同意する、と答えました。百パーセントですよ。それでも言葉尻を捉えられて、それが見出しになってしまったんです。

ファギーはそれを見て激怒しました。「ここへ来てわずか五分で、この男は我々にフットボールのやり方を教えようとしている！」

FWA賞の授賞式の晩にファギーと会って話しました。「アレックス、事情はおわかりでしょう。彼はあなたの発言にすべて賛成したうえで、ただ『それを変えることはできない』と言っただけなんです」と。でも見出しは、ヴェンゲルがファーガソンに対して、言っても無駄だから忘れたほうがいいと諭したかのように書かれていました。私はファギーに、「きっと彼が好きになるでしょう。うまくやっていけますよ」と話しました。

それは始まりにすぎなかった。1997－98シーズンに、ファーガソンはヴェンゲルが真の脅威だと理解し、心理戦を仕掛けた。マンチェスター・ユナイテッドのリードがじわじわと着実に減っていき、ヴェンゲルのチームが優勝決定を目指して鮮やかな戦いを続けるなか、ファギーは、プレッシャーはアーセナルにかかっていると語った。

ヴェンゲルは動じることもなく、眼鏡をかけた普段どおりの勤勉そうな様子で、落ち着いた対応をした。ファーガソンは、ヴェンゲルに揺さぶりをかけるのはケヴィン・キーガンほど簡単ではないと気づいた。1995－96シーズンには、マンチェスター・ユナイテッドはニューカッスルを逆転して優勝していた。そのときファーガソンは、他チームはライバルのニューカッスルよりもマンチェスター・ユナイテッドを倒すのに懸命になっていると語り、キーガンのチームと対戦するリーズ・ユナイテッドの戦意を煽った。

キーガンはスカイスポーツの番組に出演し、ファーガソンを標的にして「奴らを倒せたら、最高だね」と感情的にまくし立てた。その時点でニューカッスルは負けていた。リーグ優勝は、結局ユナイテッドのものになった。

ヴェンゲルとファーガソンは、互いを挑発するようなコメントを発していた点でどちらも無実とは言えない。だがそれはテレビカメラのないところでなされる傾向があった。ふたりの敵対関係をさらに煽ったのは、ヴェンゲルの2002年5月の発言だった。リーグ優勝したのはアーセナルだったが、ファーガソンはクリスマス以降のベストチームはマンチェスター・ユナイテッドだったと主張し、「アーセナルはけんか腰の乱暴者たちだ。うちのほうがいいチームだ」と蔑むように言った。

ヴェンゲルは遠回しな皮肉でそれに応戦したが、それが彼らの関係を大きく変えることになった。舞台はロンドン・コルニーのトレーニング場で、チェルシーとのFAカップ決勝を控えてメディアが集まっていた。からりと晴れた日だった。ヴェンゲルの言葉を待っていた記者たちのほとんど誰も、その発言があれほどの嵐を引き起こすとは予測していなかった。

「誰だって自分の妻がいちばんきれいだと思っているものだ」と、ヴェンゲルはいつものようにいたずらっぽい笑みを浮かべて言った。もちろんそこに、ファーガソンの妻キャシーを貶《けな》そうなどという意図は一切なかった。それは一般的な見解にすぎず、誰もが盲目的に自分の妻がいちばんだと信じていると述べただけのことだ。だがファーガソンはそこに悪意を感じ取り、その瞬間に彼らの対立は深まった。

幾人かの記者がファーガソンの怒りを聞きつけ、アーセナルとヴェンゲルにそれを伝えた。ヴェンゲルはファーガソンに電話をして〝自分の妻がいちばんきれいだ〟という言葉の真意を説明しようとしたが、うまく伝わらなかったようだ。そのころ、フットボール記者のヘンリー・ウィンターはアーセナルの広報担当だったアマンダ・ドカーティとばったり会った。ミレニアム・スタジアムで行われる2002年のFAカップ決勝の記者証を得るために並んでいたときだった。「ファギーはアーセンに激怒してるわ」と教えられた。ウィンターは記者会見に出席していて、それが及ぼした影響も覚えている。

あの発言の意味は、実際に耳にした人間とすれば、人は自分のものを擁護するということにすぎなかった。自分の妻がいちばんきれいで、自分の子供がいちばん優秀で、自分のセンターハーフがいちばんうまく、自分のチームがベスト、ということだ。ヴェンゲルが言ったのは、どの監督も自分のチームがいいと思うものだ、ということだと私は理解した。

ところがそれを伝え聞いたファギーは文字どおりに捉え、キャシー夫人への批判だと考えた。だがそれは邪推だよ。質問されたファギーはその発言を読み直し、キャシー夫人への敬意を欠いていると判断したのだろう。だが何年かあとにも、ヴェンゲルはインタビューでやはりその言葉を使っている。

ヴィエラが活躍したあるシーズン後、テレビ・ドキュメンタリーが作られた。そのなかで、解説者のガイ・モーブレーがヴェンゲルにヴィエラはどれだけの選手なのかと尋ねた。ヴェンゲルはそのとき、また同じ表現を使った。彼がベストだと思うが、誰でも自分はいちばんきれいな妻を手に入れたと思うものだからね、と。あの言葉はファーガソンの家族への当てつけではない。誰にとっても自分のものは良く思えるというだけのことだ。

ファギーはアーセナルが脅威として立ちはだかっていることが気に入らなかったんだろう。ヴィエラやアンリといった選手たちがいた。しかもヴィエラはロイ・キーンと互角に戦っていた。大事なのはそこだった。

ファギーは最初からヴェンゲルを攻撃していた。たとえば、「しゃべるのは日本のフットボールのことだけにしたほうがいい」とか。脅威になると感じて、あら探しをしていたんだ。最初の五、六年間にヴェンゲルが獲得した選手は素晴らしかった。アネルカが来た――そしてチャリティシールドでヤープ・スタムの息の根を止めた。アンリやヴィエラが成功した。ファーガソンはヴェンゲルが大きな脅威になると気づいていたからあれほど突っかかったんだ。

ヴェンゲル就任当初の数年は、毎シーズン優勝争いはアーセナルとユナイテッドの一騎打ちだった。2003年9月には〝オールド・トラッフォードの戦い〟があった。土壇場の微妙な判定で得たPKをルート・ファン・ニステルローイがクロスバーに当てて外すと、醜い乱闘が起こった。このPK失敗でアーセナルは0対0の引き分けに持ち込んだ。その日いちばん目立っていたのは、ファン・ニステルローイの顔に向かって声をあげたマーティン・キーオンだった。彼はファン・ニステルローイを嘘つきと呼び、その後も撤回しなかった。

〈ガーディアン〉の伝説的なフットボール記者デイヴィッド・レイシーは、この騒動を受けてこう書いた。「マーティン・キーオンはあの怪物のような表情についてもファン・ニステルローイに腕を振り下ろしたことについても、いずれも釈明する必要がある」

おそらくはこの日の経験と、あのペナルティースポットでのいさかいが、アーセナルのシーズン無敗記録の原動力になった。ヴェンゲルは事件のあと謝罪したが、無敗で残りのシーズンを終え、最後には笑った。シーズンを通して最も敗北の瀬戸際に立っていたのは、このオールド・トラッフォードでの一日だった。

翌日の新聞の見出しは当然ながら手厳しく、屈辱的なものだった。〈デイリー・テレグラフ〉は〝恥辱のアーセナル、被告席へ〟とした。ヘンリー・ウィンターの記事は当時の雰囲気を捉えている。「アーセン・ヴェンゲルが指揮するアーセナルは恥ずべき反則行為を繰り返した。今日のオールド・トラッフォードでの衝突によって、この誇りあるクラブは、〝選手管理を怠った〟という屈辱的な責めを負わされるだろう。アーセナルは黄色のユニフォームを着ていたが、血に染まっていた」

イングランド・フットボール協会はアーセナルが選手管理を怠ったとして、過去に例のない17万5000ポンドの罰金を科した。またローレン、キーオン、レイ・パーラー、パトリック・ヴィエラの各選手にも罰金と出場停止が科された。アーセナルとヴェンゲルには、その週、正当な罰が下された。

ヴェンゲルは新聞で公然と非難されていたにもかかわらず、記者たちとの言葉の応酬を楽しんでいた。自分の選手たちが悪いことをしたとわかっている、とでもいうようないたずらっぽい笑みを浮かべて記者会見に現れたものだ。オールド・トラッフォードの戦いのあとはじめての記者会見はロンドン・コルニーで行われた。ヴェンゲルがロッカールームから階段を上がって二階の食堂に姿を見せると、失言を恐れているのですか、と誰かが尋ねた。「心配要らない」と、ヴェンゲルは満面の笑みで答えた。「むしろ望むところだよ」

ユナイテッドは2004年の10月に2対0で勝ってリベンジを遂げた。ウェイン・ルーニーが獲得したPKを、ソル・キャンベルはダイブだと抗議した。ヴェンゲルは判定を下したマイク・ライリー審判をいまだに許していない。アーセナルの史上初となる四十九戦無敗の記録は最強のライバルによって止められた。両監督は殴り合い寸前になり、食べ物が宙を舞う騒動にまで発展した。

その中心にいたのはまたしてもファン・ニステルローイで、彼はユナイテッドのロッカールームに入っていくなり、試合後ヴェンゲルに暴言を吐かれたと告げた。ファーガソンは怒ってアーセナルのロッカールームに飛び込んでいくと、余計な口出しをするなとヴェンゲルに言った。ファーガソンの主張によると、それから激しい口論が起こり、選手通路で選手たちは暴徒と化した。アーセナルの選手たちは完全に我を忘れ、ファーガソンの顔にピザとスープが命中した。2003年の試合同様に、この不快な出来事もすぐに〝ビュッフェの戦い〟と名づけられた。そしてその後には、誰が食べ物を投げたかの詮索が行われ、そちらは〝ピザゲート〟と呼ばれるようになった。ヴェンゲルとファーガソンの公の場でのいさかいのなかで、最も記憶に残るものになった。

ヘンリー・ウィンターは回想する。「アーセナルは〝ビュッフェの戦い〟ではいささか見苦しかった。たとえ試合に負けても、人にピザを投げたりするものじゃない。ファーガソンは著書のなかで、ヴェンゲルは骨の髄まで傷ついただろうと書いている。ピザを投げられたとき、自分は勝った、周囲も自分もコントロールできていると感じ、内心ほくそ笑んだ、と言っている。それまでの四、五年、ファギーはおそらく主導権を失っていると感じていて、それを取り戻したがっていたんだ。だからあの選手通路での出来事で、ファギーは〝あいつに勝った〟と言いたい気分になったのだろう」

オールド・トラッフォードの戦いとビュッフェの戦いは、数年とは言わないまでも、その後数カ月は水面下で燻り続けた。そして2005年1月にファーガソンが〈インディペンデント〉でグレン・ムーアのインタビューを受けると再び表面化した。言葉は、人の口から語られるよりも印刷されているほうがきつい印象を与えることがある。ファーガソンはヴェンゲルについて、なんの遠慮もなく思ったままを語った。辛辣《しんらつ》で、かなり感情的で、気遣いは一切なかった。ファーガソンはヴェンゲルを最大限にこき下ろした。そしてムーアにカットしないように要求した。

その記事でファーガソンはヴェンゲルを〝恥知らず〟と呼び、アーセナルは〝史上最悪の負けっぷりの悪さ〟だと語っていた。「選手通路でヴェンゲルが私の選手たちを非難し、嘘つき呼ばわりしたから、私は放っておいてくれと話した。彼は腕を振り上げて、『何が言いたいんだ』とわめきながら突進してきた。選手たちのふるまいについて、相手の監督に謝罪しないなんて考えられない。恥知らずだ。でも私はヴェンゲルが謝ることなど期待していない。そういう人間だからね」

はじめ、ヴェンゲルは反応することを拒んだ。だがボルトンでの敗戦後、ヴェンゲルはついに我慢できなくなった。「彼との友好関係は終わりだ。私に理解できないのは、彼は好きなようにやり、君たちメディアは彼の足元にひれ伏しているということだ。試合前に問題を起こさないことも監督の責任だろう。だが英国では、罰せられるのは試合後の発言についてだけだ。言葉を返すのはやめておこう。英国には〝フットボールをけがす〟という表現がある。だがそれは試合後のことだけじゃない。試合前のことにも当てはまる」

〈ガーディアン〉の主任フットボール記者ダニエル・タイラーはその日ボルトンにいた記者のひとりだ。ヴェンゲルが冷静さを失ったことはほかにも見たことがあるが、そのときはとりわけひどかったと語っている。

記者会見後、月曜版の談話をとるために日刊紙の記者は隣の部屋に移った。場所はイングランド北西部だったから、ヴェンゲルとは面識のない記者ばかりだった。どうやら我々のことはファーガソンの取り巻きか何かだと考えていたようだ。

ヴェンゲルはバイエルン・ミュンヘンとの試合前の記者会見で〈ザ・サン〉に激怒したこと

がある。FAカップで敗退した直後に、彼の契約について報道されたからだ。皆そのときの剣幕は凄まじかったという。だがボルトンではそんなものじゃなかった。怒りで、文字どおり顔面蒼白になっていた。彼の背の高さを意識したのはそのときがはじめてだった。相当な威圧感を感じた。彼は指を突き出して非難した。その指を、私は〝E.T.の指〟と呼んでいる。友好関係は終わりだと言ってから「もうあの男のことは話さない」とつけたした。冷静さなどかけらもなく、落ち着きは完全に失われていた。だからファギーの狙いが挑発することだったなら、まさに成功したことになる……。

そのころ北西部でのアーセナルの戦績は悪く、しかもボルトンに負けたあとだった。水を向ける必要はまったくなかった。ファギーの足元にひれ伏している、とはね。あとでほかの記者たちと笑ったものだよ。真実とはほど遠かった。監督が癇癪玉を破裂させるのはよくあることだが、それをカメラが捉えていないことも多い。もしその映像が残っていたら、ヴェンゲルとファギーの話が出るたびに流されただろう。

ヴェンゲルとファーガソンの冷え切った関係は、2008年か2009年まで変わらなかった。2013年に出版した自伝で、ファーガソンは〝ピザゲート〟事件では自分よりもヴェンゲルのほうが怒っていたと書いている。「彼は拳を握りしめていた。私は冷静だった」

それが想像しがたいというなら、ヴェンゲルがマルティン・ヨルと殴り合いの喧嘩をしそうになったことを思い出してほしい。ヨルがトッテナムの監督をしていた2006年4月の、とりわけ激しかったノースロンドン・ダービーでのことだ。怪我人が出たのにトッテナムがボールを蹴り出さず、ロビー・キーンが得点したことにヴェンゲルは激怒した。白いシャツとタイに身を包んだヴェンゲルがトラックスーツ姿のヨルに詰め寄り、悪態をつき、スポーツマンシップに欠けた嘘つきだと罵った。あとで、殴り合いになるかもしれないと思いませんでしたか、と揶揄するように訊かれると、ヨルは「私の拳の威力を彼は考えていなかったようだね」と笑いながら答えた。ヴェンゲルは勤勉だが、気の短さは喧嘩好きのごろつきと変わらない。

ヴェンゲルとファーガソンは試合後には握手をし、カメラの前では声をかけ合っていたが、ようやく雪解けを迎えたのは2008年になってからだった。ふたりの関係改善は公開イベントでのことだったため、ほとんど世界的なビッグニュースのような扱いをされた。リーグ監督協会の夕食会が2008年の9月に開催され、ファーガソンとヴェンゲルがゲストとして招かれた。司会者のリチャード・キーズが進行役だった。

キーズがステージでふたりの左にすわり、参加したゲストへの質疑応答が行われた。ファーガソンはヴェンゲルの皮肉なジョークに声をあげて笑った。「監督はクラブでいちばん偉いんです。そうでなければ、チームの不振を理由に解雇されるはずがない」

「おふたりの関係は良好で、互いに敬意を抱いていると判断してもよろしいのでしょうか」と、キーズは尋ねた。

赤ワインが入り、くつろいだ様子のファーガソンは答えた。「もちろん。次の試合まではね」

ヘンリー・ウィンターはこう語る。「どのアーセナルファンに尋ねても、ヴェンゲルに不安を覚えたのはファーガソンの態度が軟化したときだったと答えるだろう。リーグ監督協会にふたりが招かれてステージ上で仲良くしていたときのことは覚えているよ。ファーガソンが食ってかかるのは勝てるかどうか心配な相手に対してだけなんだ」

ヴェンゲルは上質の赤ワインを好むが、試合後にホームチームの監督のオフィスで酒を飲むというかにも英国的な伝統に馴染むことはなかった。アシスタントコーチのパット・ライスは酒の誘惑にはいつも喜んで屈していたが、それでも2004年から2008年の冷戦中にはファーガソンのオフィスへ行かなかった。だが、2009年にヴェンゲルが歩み寄り、ファーガソンをオフィスに招待してチャンピオンズリーグ準決勝の勝利を祝福した。

ユナイテッドがピッチ上ではるかに優位に立ったことにより、ヴェンゲルを怒らせ、心理戦を仕掛ける必要をファーガソンは感じなくなっていた。2011年にユナイテッドがオールド・トラッフォードでアーセナルを8対2で下し、ファーガソンがヴェンゲルに同情したことがきっかけで、友好関係が始まった。ヴェンゲルはかつてのライバルから擁護され、格下に対するような褒め言葉までかけられて、深く傷ついていたはずだ。

ファーガソンは言った。「彼を批判するのはおかしいと思う。アーセナルでのこれまでの仕事ぶりや彼の理念を考えてみてくれ。それに、目を見張るような選手を獲得してきた。しかも上手に選手を売却し、アーセナルの資金繰りの面倒も見てきた。そのことが忘れられている。一、二、三試合落としただけで批判されるとは、世の中は皮肉なものだ」

ヴェンゲルは関係の変化を振り返り、こう語っている。「穏やかな関係になり、敬意を持つようになったのはたしかだ。最近では乱闘もしていなくて、いがみ合っていないからかもしれない。ふたりとも長くこの仕事をしているから、敬意が生まれたのかもしれない。彼はフットボールから離れるとまるで別人だ。ボルドーワインが好きなんだ。試合では、ろくに話をすることもない。『ハロー』と挨拶して、試合後には『いい試合だった』と互いに言葉を交わす。あとはアドバイスをし、『また次回』と言うくらい。会話などないようなものだ」

ヴェンゲルはいつの日か、引退後になるだろうが、ファーガソンに倣って自伝を書くかもしれないと認めた。その日はまだ決まってはいないという。


何が起きてもおかしくはない。人生は状況の捉え方次第だ。心の声に耳を澄ますことだ。ファーガソンは全部準備していたんだろう。在任中から、自伝を書く準備していたんだ。たぶん、家で夜に書いていたんじゃないだろうか。出来事を思い出し、〝これは本に書こう……〟と考えていたんだろう。

いまのところ本を書くつもりはない。いつかそんな気になるのかもしれないが、まだその気はない。絶対に書くことはないとは言えないが、いまは書く必要があるとは感じていない。過去は歴史であり、歴史は書かれるべきものだ。フランスには、歴史は、作るだけではなく書くことが重要だという言葉がある。書くのはいいことだ。

彼のキャリアは後世に遺《のこ》された。意味のあることだと思う。特に英国では、彼は二十七年間もマンチェスター・ユナイテッドの監督を務めていたのだから。大きな功績を残した人のものだ。読んでいないから内容は知らないがね。

すでに話したことだが、この仕事をしていると謙虚にならざるを得ない。いつ誰が自分の仕事に対する評価を下すかわからないし、それはこの仕事のすべてを理解したうえでのものでもないのに、そうした状況を受け入れるしかないからだ。だが、それも仕事のうちだ。いい評価もあれば、悪い評価もある。ときには自分が仕事にふさわしくないと思わされることもある。だが、いずれにしても受け入れなければならない。

このところ、そうした難しさは増していると思う。そうはいっても我々の仕事はとても単純で、明日のこと、次の試合のことを考える、ただそれだけなんだ。評価は人に任せておけばいいさ……。

ヴェンゲルが長年にわたってファーガソンへ放ってきた棘のある言葉は、彼にフットボールの監督だけでなく詩人の資質があることを示している。

1999年1月にファーガソンは、アーセナルのプレースタイルは〝けんか腰〟で、選手たちは〝乱暴〟であり、「アーセナルが関わった乱闘は開催中のウィンブルドンの試合より多い」と発言したが、その後、ヴェンゲルに謝罪すると約束した。ただしそれは、内容についてではなく、単にオフレコの発言が漏れたことについてのみだった。ファーガソンは手紙を書くと約束した。次の記者会見で、私たちはヴェンゲルにそれを受け取ったかを質問した。「まだだ。郵便馬車で送ったんだろうか」とヴェンゲルは笑った。

ふたりの対立関係ははじめ礼儀正しく、その後、怒りや苦々しさを経て心地よいものに変わっていった。ヴェンゲルはそのほとんどを積極的に楽しんでいた。「ファーガソンは落ち着いたほうがいい。我々を壁に磔《はりつけ》にして銃で撃てばよかったのに」と即座に切り返したこともある。そこにはユーモアと皮肉が同じだけ含まれ、しかも真意をうまく伝えていた。彼らの言葉の応酬はいつも見物だった。だが最後には互いへの敬意が上回った。ヴェンゲルがファーガソンの引退に際して、フットボールとプレミアリーグはファーガソンがいなければつまらなくなってしまう、と語ったのはそうした気持ちからだった。

「もちろんプレミアリーグは続く。だが、巨大な人物が去ってしまった」

ヴェンゲルはジョゼ・モウリーニョとも長いライバル関係を続けてきた。そしてファーガソンの場合と同じく、ふたりの関係は紆余《うよ》曲折を経てきた。しかし、モウリーニョがチェルシーに復帰してからは対立が深刻化し、いまのところ、ふたりが温かい関係を取り戻せるとは考えにくい状況にある。

はじめにモウリーニョがチェルシーを退団したあと、ふたりの関係は良好だった。そして、スタンフォード・ブリッジへ戻るなり、モウリーニョはヴェンゲルを賞賛した。「彼はナイスガイだ。イングランドを離れたら会う機会がかなり増えて、監督会議や欧州選手権、ワールドカップで会うようになった。何度か会って、食事へも行った。同じリーグで戦っていないときのほうが、人への理解は深まりやすいものだ。相手をより深く知ることができるし、フットボールの話もしやすい。たしかに私はプレミアリーグに戻ってきた。だが彼が親切であることに変わりはない。とても尊敬しているし、これからも敬意を持って接するだろう。フットボールではよくあることだ。友人同士で尊敬し合っていても、ときには相手の気分を害することを言ってしまったり、言い合いになったりすることもある。でも結局、私は彼を尊敬しているし、それで関係が変わることはない。きっと何ひとつ問題は起きないだろう」

最後の言葉は、いまにして考えれば思い違いも甚だしい。だが、理性にしたがって行動できる、魅力的で賢明な男たちが完全に予想外の方向へ進んでしまったのは、おそらくフットボールというゲームの激しさが原因だろう。

戦いの始まりは2005年10月だった。モウリーニョは、ヴェンゲルはチェルシーが気になって仕方がないんだと言ったあと、悪名高い〝覗き魔〟発言をした。それが発端だった。ヴェンゲルが覗き魔か性的異常者だと示唆するかのような言葉は強烈だった。アーセナルに来た当初、根も葉もない噂に対してハイバリーの階段で弁明せざるを得なかった経験があるヴェンゲルにとってはなおさらだった。それを誘発したのは、質問に対するヴェンゲルの何気ない答えだった。チェルシーがエヴァートンと引き分け、さらにリーグカップでチャールトンに敗れたことに対する意見を求められ、モウリーニョのチームは信念を失っていると答えた。モウリーニョは数名の新聞記者からヴェンゲルの見解について聞かれると、反撃できる嬉しさを隠しながら衝撃的な発言をした。その言葉は人々の記憶にしっかりと刻まれ、ヴェンゲルを激怒させた。

〈デイリー・スター〉のデイヴィッド・ウッズと〈イブニング・スタンダード〉のレオ・スポールは、その有名な発言の現場にいた。ウッズは回想する――

ヴェンゲルの談話はそれほど大きな記事にはならなかったから、モウリーニョは注意して見ていたに違いない。モウリーニョはヴェンゲルが自分やチェルシーに関して皮肉交じりの発言を繰り返していることにうんざりしていて、この小さな侮辱でついに我慢できなくなり、反撃に出たのだろう。日曜版の記者は誰もそれを話題にせず、通路に入っていった。私が質問のなかでヴェンゲルの名前を出したら、あの発言が飛び出した。

モウリーニョがしゃべりつくしたあと、私はたしか別の質問をした。するとモウリーニョは、「もう充分だろう」と答えた。あらかじめ考えてあった言葉を夢中で語っているようだった。そして何より、それがヴェンゲルを傷つけると知っていた。

狙いは的中した。「覗きの趣味でもあるんだろう」と、モウリーニョはそのインタビューで語った。

「きっと他人を覗くのが好きなんだ。巨大な望遠鏡を手に持って、自宅からほかの家庭で何が起こっているか覗くのが好きな奴らと同じだ。話すのはチェルシーのことだけじゃないか。毎度その話ばかりで嫌気がさすよ。こっちは向こうの話なんてしないのに。我々が気になるんだ。話すのはそのことばかりだ。チェルシー、チェルシー、チェルシーってね。もしかして私の仕事が欲しいのかな。チェルシーが好きでたまらないんだよ」

当時、チェルシーのやり方に対するヴェンゲルの不快感は頂点に達していた。ロマン・アブラモビッチが来ると、チェルシーは大量の資金をつぎ込んで移籍市場で選手を買い漁り、アーセナルとマンチェスター・ユナイテッドをイングランドのトップの地位から追い落としていた。

モウリーニョのコメントのあとの記者会見で、ヴェンゲルは怒りのあまり言葉を失っていた。テレビの記者会見ではレポーターのしつこい質問に悩まされた。その後私たち新聞記者がいる場に来たが、席に着く前から逆上していた。そんなときの常で、顔には軽蔑したような表情が浮かんでいた。こういう状況での記者会見が嫌いなのだ。〝覗き魔〟という言葉に怒り狂っていた。ヴェンゲルは怒りのあまり法的措置をとると脅したが、実際にはそうしなかった。その言葉は彼の心に突き刺さり、深い傷を負わせた。

記者のマット・スコットが望遠鏡を持っているかと質問したことも逆効果だった。返答がなかったので、スコットは質問を繰り返した。ヴェンゲルは呆れ果てていた。「答えてください、アーセン。あなたは本当に望遠鏡を持っているんですか?」。ヴェンゲルは信じられないといった表情をし、不快そうに顔を背けた。ヴェンゲルがこれほどまでに憤ることは滅多にない。彼は私たちの変な質問の多くをぐっと飲み込むが、気分が悪いときは、気に入らない質問をされると蔑んだような表情になる。

それでも、ヴェンゲルはモウリーニョの言葉に対する自分の考えを明確に述べた。「彼は異常で、現実から乖離《かいり》しているし、人に対する敬意もない。愚か者が成功を手にすると、知性が磨かれるどころか、ますます愚かになることがある」

その年モウリーニョは、ヴェンゲルにクリスマスカードを送ってこじれた関係を修復しようとした。ほかの十八人のプレミアリーグの監督にもカードを送り、ヴェンゲルには特別に覗き魔コメントに対する謝罪のメッセージを書き添えた。だが、その後の出来事がさらに事態を悪化させた。まるで子供の喧嘩だった。

アーセナルのスタッフのひとりが、そのカードが本物かどうかを調査した。チェルシーからそのことを知らされたモウリーニョは、12月18日の日曜日の対戦でヴェンゲルとの握手を拒んだ。謝罪の試みは拒絶されたと考えたからだ。アーセナルはただ、そのカードが本当にモウリーニョから来たのかを確認しようとしただけだった。いかにも子供じみた状況に陥ってしまっていた。ちなみに、その日の試合はチェルシーが2対0で勝った。小競り合いや心理戦どころではなく、何よりヴェンゲルを苛立たせたのはそのことだった。モウリーニョのチェルシーがヴェンゲルのアーセナルを上回った、という事実だった。

その後、関係は修復されないまま、モウリーニョは２００７年にチェルシーを去った。アーセナルに別れを惜しむ声はなかった。だが、２０１３年にモウリーニョが復帰したとき、ふたりの関係は良好になっていた。ヴェンゲルはいつか戻ってくることはわかっていたとさえ言った。「まるで外へ一杯飲みに出かけ、戻ってきたようだ。クラブに溶け込むには、通常二、三カ月はかかる。受け入れられ、クラブの仕組みを知り、選手をよく知り、ストレスがかかる状況でどう対応できるかを知るとなると、半年以上だ。信頼できる人物の見極めも必要になる。その点彼は、すでにチェルシーをよく知っている。

競争の世界には浮き沈みはつきもので、我々は次の一試合に全身全霊をこめる。度を超すこともあるが、それだって仕事の一部だ。ある程度の時間が経てば落ち着くものだ。ただし、友人になることはできない。それは無理だ。友人同士でいられるのは、試合が始まるまでだ。その点で言うと、真のスポーツはラグビーだ。試合前に選手通路を歩きながらキスしたりしない。戦う準備をしている。だが試合が終われば友達になるんだ」

関係は改善されていた。モウリーニョが復帰したシーズン、アーセナルは10月にチェルシーにキャピタル・ワン・カップで負け、12月にはエミレーツで引き分けた（モウリーニョの対ヴェンゲルの無敗記録は十に伸びた）。それでも衝突することはなかった。しかし皮肉にも、２０１４年のバレンタインデーにふたりの仲は裂けてしまった。

その週、アーセナルは苦しんでいた。前の週末にリヴァプールに1対5で敗れたあと、ホームでマンチェスター・ユナイテッドと引き分けていた。その二試合の結果にヴェンゲルは気を落としており、チームの調子も良くなかった。また、その週は心理戦でも奇妙な局面を迎えていた。モウリーニョがまず、チェルシーは〝子馬〟にすぎず、優勝は難しいと語った。それに対してリヴァプールの監督ブレンダン・ロジャーズが、自分のチームは〝馬の脚のあいだを駆けていくチワワ〟だと語った。

彼らの狙いは、自分のチームの優勝の可能性を低く見積もることで選手をプレッシャーから解放することだった。その後モウリーニョは〈デイリー・メール〉のインタビューで、アーセナルを巻き込もうとした。そして、彼らはもう発展途上ではなく、若い選手たちは〝成熟〟しているし、〝メスト・エジルやサンティ・カソルラ、ペア・メルテザッカーといった素晴らしい選手たち〟を獲得している、と発言した。順位表のトップにいたヴェンゲル以外のすべての監督が、いちばん強いのは自分以外のチームだと懸命に主張し合っていた。伏兵でいるほうがずっと気楽だからだ。

テレビの記者会見で、ヴェンゲルは優勝を狙っていると言いたがらない監督たちについて質問された。「ほかの監督たちはなぜ優勝争いに加わっていないと言うのか。それは失敗への恐怖だ。レースに参加していないと宣言すれば、負けることはない。単純なことだ。我々の仕事は野心を抱き勝利を目指すことで、もし勝てなければ、すべての責任を負う。単純明快に私はそう考えている。我々は優勝争いに参加している。勝利を目指している。すべてを賭けて勝利を目指し、負ければ責任を負う」

ヴェンゲルは、チェルシーともモウリーニョとも名指ししたわけではなかった。だがその〝失敗への恐怖〟という言葉はすぐに悪い伝わり方をした。即座にツイッターで拡散され、出席すらしていなかった記者のウェブサイトで書かれ、しかもいつの間にか、モウリーニョが失敗を恐れていると非難したことになっていた。

コブハムのチェルシーのトレーニング場では、モウリーニョがまだ記者会見場の席に着く前から、まるでヴェンゲルの言葉はチェルシーを標的にしたものであるかのように伝えられていた。モウリーニョは負けずにやり返した。


私が失敗を恐れているって？　失敗のスペシャリストは彼だよ。私じゃない。だから、仮に彼が言うとおり私が失敗を恐れているのだとしたら、それは私があまり失敗したことがないからだ。なるほどそのとおりなのかもしれない。私は失敗にはたしかに慣れていない。だが事実を言えば、失敗のスペシャリストは彼のほうだ。八年もなんのタイトルも獲っていないなんて、失敗以外の何物でもない。もし私がそんなことをチェルシーでやったら、ロンドンから消えて、二度と戻ってこられないだろう。私はフットボールに関しては何も恐れていない。

ヴェンゲルを苛立たせたのかって？　そんなことはない。もしアブラモビッチ氏が私にチームの準備のために八年くれるとしても——そんなことは望んでいないが——四年の契約で充分だ。次の契約に値するかどうかは、その結果で判断してもらえばいい。だが八年あったら、ずいぶんたくさんの成果が出せるだろうね。

覗き魔とコメントしたことは申し訳なかった。だが彼はこのクラブを見るのが好きなんだ。2007年から2013年までのあいだにもう忘れていると思っていたよ。でもどうやら、我々を見るのが相変わらず好きなようだ。なんでそんなにチェルシーが気になるんだろう？

聞いてみてくれ。

なぜ八年も優勝していないんだろう？　聞いてみてくれ。私は優勝するのに八年かかるだろうか？　ノー。私のこの発言は、彼のその直前の発言と一緒に世界を駆けめぐるだろう。ああ、不快だね。私が失敗を恐れている？　なんだそれは？　きっと、無礼なのは私で、攻撃的な言葉を吐いたのも私だということにされるんだろう。

だがもちろん違う。彼は我々が失敗を恐れているから優勝候補ではないと言っている。失敗とはなんだ？　今年リーグ優勝できないことか？　それともあと二年優勝できないことか？　私は彼をおおいに尊敬しているが、失敗というのは、七年も八年もタイトルを獲れないことだ。それこそが失敗だよ。


モウリーニョが怒って言い返し、ヴェンゲルを挑発し、さらに2005年以来アーセナルがタイトルを獲っていないことを当てこすったことは、凄まじい結果をもたらした。宣戦布告がなされたのだ。日曜日にFAカップでリヴァプールを倒したあと、ヴェンゲルは、モウリーニョのコメントは「恥ずかしい」と言った。我が〈デイリー・ミラー〉は、「ヴェンゲル：チェルシーは恥ずかしい」という見出しをつけた。三日後、ホームでバイエルン・ミュンヘンに敗れると、各紙の最終面に〝失敗のスペシャリスト〟の文字が躍った。

ヴェンゲルは新聞を読まないと繰り返し語っている。だが読まない割には、いつもそこに書かれた内容を把握しているようだ。それはおそらくコーチの誰かが、見出しがちゃんと彼の目に入るようにわざわざトレーニング場に新聞を残していくからだろう（フットボール関係者はそうした行動に倒錯した喜びを見いだすものだ）。彼はいつも記事から情報を得ている。〈デイリー・メール〉にクラブで育った選手が少ないという記事が載ったときには、納得がいかずに記者に問い質した。そして、アーセナルを出てから花開いたとしても「いいキャリアを積ませている」ことに変わりはないと主張した。

それから数週間、ヴェンゲルはますます閉じこもったような態度を取るようになった。メディアはチェルシーとモウリーニョ、リヴァプール、マンチェスター・シティに肩入れしているのだと信じ、自己防衛的な態度を取っていた。場を和ませる軽口はどこかへ消え、記者会見のはじめに雑談や冗談を仕掛けてもまるで聞いていなかった。アーセナルは偶然にもヴェンゲルの一千試合目に当たるチェルシー戦に向けて好調を維持していたが、ヴェンゲルの気分は晴れなかった。

試合前、ヴェンゲルは普段以上に時間を割いて私たちと千試合の思い出を振り返り、楽しく過ごしていたが、そんな気分はすぐに吹き飛んでしまった。チェルシーはアーセナルを蹂躙《じゅうりん》し、完膚なきまでに叩きのめした。ヴェンゲルは意気消沈していた。アーセナルは0対6で敗れたうえ、キーラン・ギブスが誤って退場処分を受けた。ハンドを犯し、本来退場になるべきだったのはアレックス・オックスレイド＝チェンバレンだった。

アーセナルのベンチは強いショックを受けていた。チェルシーのアシスタントコーチのルイ・ファリアは、芝居がかった言動と派手な喜びのアクションでアーセナルをはじめ、相手チームのコーチ陣を長年激怒させてきた。ヴェンゲルが一千試合という節目の試合で屈辱を味わっていることを、モウリーニョと部下たちがこれみよがしに喜んだことが、監督同士の敵意をさらに煽った。

当然ながら、その後対立は激化した。モウリーニョはヴェンゲルとの握手を拒否した。彼はのちに、試合終了のホイッスルが鳴る前にベンチを出て選手通路へ戻り、相手チームの監督を待つのはよくあることだと言いつくろった。そして、ヴェンゲルの節目を〝祝福〟したのだが、受け入れられなかったようだと主張した。ヴェンゲルは選手通路を行き来しながら、この記念の試合で為す術もなく敗れた選手たちに苛立ちと怒りを覚えていた。試合後の記者会見に姿を見せることはなかった。彼はモウリーニョが時間をとりすぎたため、チームバスの出発前に会場へ入ることができなかったからだと語った。だが一、二名のテレビレポーターには試合後の選手通路で、この敗戦で「私は非難を浴びるだろう」と語った。

三日後のスウォンジー戦で、ヴェンゲルは試合前の記者会見をしなかった。屈辱を誰とも共有したくなかったからだ。アーセナルは終了間際のマチュー・フラミニのオウンゴールによって2対2で引き分け、勝ち点3を逃した。ヴェンゲルに近い人物によれば、チェルシー戦よりもスウォンジー戦のあとのほうが落ち込みは激しかったという。ヴェンゲルは怒りの矛先をコーチ陣に向け、キーパーコーチのギャリー・ペイトンに当たり散らした。

シーズン終了が迫ったころ、年間最優秀監督を選ぶとしたらと質問されてヴェンゲルはこう答えた。「候補は大勢いるよ。リーグ優勝監督と、降格を回避した監督の二種類の候補が考えられる。降格回避組では、ピューリスやブルース、それに素晴らしい仕事ぶりでキャピタル・ワン・カップの決勝に残ったポジェがいる。そしてリーグ優勝しそうなペジェグリーニやブレンダン・ロジャーズも魅力的なゲームをしている」

リーグ優勝はそのころまでにマヌエル・ペジェグリーニのマンチェスター・シティ、ロジャーズのリヴァプール、モウリーニョのチェルシーの三チームの争いになっていた。だがヴェンゲルにとっては、争っているのは二チームだったようだ。ヴェンゲルが次にモウリーニョと対戦した２０１４年10月の試合は、アーセナルの元キャプテン、セスク・ファブレガスのチェルシー移籍後はじめての対戦だったこともありピリピリしていた。その試合で、モウリーニョ対ヴェンゲルの長きにわたる戦いに、最新の、そしておそらく最も記憶に残る出来事が加えられた。

日曜の明るい日射しのもと、スタンフォード・ブリッジの記者席正面のベンチとテクニカルエリアで両者は激しくやり合った。そのとき、ヴェンゲルはモウリーニョを押した。自分のテクニカルエリアから出てモウリーニョのエリアに入ったが、それはアレクシス・サンチェスがガリー・ケイヒルの荒いタックルで怪我をしていないかを確認しに行っただけだとヴェンゲルは主張した。一方モウリーニョは、ヴェンゲルがケイヒルを退場にさせようとしていると考えて怒ったのだと語った。マーティン・アトキンソン主審はケイヒルにイエローカードを出し、そのあいだに第四審判のジョン・モスは揉み合う両監督を引きはがそうとしていた。翌日の最終面はその話で埋めつくされ、〈タイムズ〉はチェルシーの勝利を〝余裕のひと押し〟と呼び、〈ザ・サン〉は〝恥辱〟と書いた。

ヴェンゲルは記者会見場で無罪を主張し、たいして押してはいないと語った。その場面で印象的だったのは、モウリーニョに覆い被さるようにしていたヴェンゲルの背の高さだった。ヴェンゲルにとっては残念なことに、ピッチ上ではほとんどチェルシーを攻撃できなかった。０対２の敗戦は、前回の０対６に比べればましだったが、２００３年10月以来はじめて、アーセナルは一度も枠内へシュートを打てなかった。たとえ点差は小さくても、アーセナルには明らかに勝ち目がなかった。

記者会見でのヴェンゲルのふるまいの背後にはそうしたことがあったのかもしれない。押したことを後悔しているかと問われると、その表現は適切ではないと言った。「あれで押しただって？押すとはどんなことか見せてあげよう」と言わんばかりだった。

「本気で押したかどうかは見ればわかるだろう」と、ヴェンゲルは言った。「正直なところ、私は彼の言葉など聞いていない。きっと今後二週間は道徳的非難にさらされるだろうが、私はそれを甘んじて受けよう。この世界に長くいれば、それくらいの予測はつく」

モウリーニョはその後、押したのがヴェンゲルではなく逆だったらスタジアム入場禁止になっていただろうと主張した。「ヒートアップしたのはビッグゲームで、ビッグクラブのビッグライバル同士、両チームにとって重要な試合だったからだ。こうした条件では、感情的な試合になりやすい。テクニカルエリアはふたつある。ひとつは私の、ひとつは彼のだ。彼は私のテクニカルエリアに入ってきたが、それはテクニカルな指示をするためではなく、審判にレッドカードを出させるためだった。私はそれが気に入らなかった」

だが不思議なことに、ヴェンゲルは試合後かなりリラックスしていた。笑みを浮かべ、記者会見後にピッチで会うと、挨拶の言葉を交わしたほどだった。だが、彼にとってあまり面白くなかっただろう出来事もあった。４２５０万ポンドをかけて獲得し、その日テレビ解説者のグレアム・スーネスとガリー・ネヴィルに酷評されていたＭＦのメスト・エジルが、アーセナルの選手たちがシャワーを浴びて着替えをし、チームバスへ向かっているときにモウリーニョとピッチ上でハグをしていた。

エジルをレアル・マドリードで指導し、彼を世界最高の背番号10だと称えているモウリーニョが

「メシー！」と呼びかけ、手を広げてハグをした。彼らはピッチの真ん中で熱心に話し込み、モウリーニョは、もっと筋肉をつけたほうがいい、とでもいうようにエジルの二の腕をつねった。

ヴェンゲルは当初何も謝罪することはないと主張していたが、一週間後に、英国の新聞が話を大げさにしすぎたと言いつつ謝罪した。「新聞は大騒ぎしすぎだ。あとから考えれば、あんな行動は決してすべきではなかった。フットボールのフィールドですべき行動ではなかった。私は常に、ほんのわずかな暴力でもあってはならないと考えている。申し訳なかった。だが、あれは試合の興奮のなかでのことだ。それに、我々には過去のいきさつもある。モウリーニョに挑発されたのか？私はそう感じた。だが私はチェルシーのテクニカルエリアには入っていない」

このライバル関係の今後は興味深い。アーセナルはチェルシーに追いつけるだろうか。

ヴェンゲルが対立した相手はファーガソンとモウリーニョだけではない。2006年11月には別の押し合いが起こっている。相手はウェストハムのアラン・パーデュー監督で、彼が終盤に勝ち越し点を挙げて喜んでいたときだった。ヴェンゲルは〝暴力行為〟をしたとして1万ポンドの罰金を科され、パーデューは謝罪した。それ以来、両監督のあいだには水面下でわだかまりが残った。

パーデューはヴェンゲルが外国人選手を使いすぎだと批判し、ヴェンゲルはアーセナルに英国人が加入するとそれに反論した。だがヴェンゲルが不満だったのは、コーチとしての研修の仕上げとして、パーデューをアーセナルのトレーニング場に何度か招いて見学させたことがあったからだ。ヴェンゲルはパーデューがもっと敬意を示すべきだと考えていた。

ヴェンゲルは特定の監督には怒りを隠さない。それはたしかなことだ。ファーガソンとのライバル関係はクラブ間の激しい競争から生まれた。モウリーニョ嫌いはヴェンゲルの長年のフラストレーションから来ている。ヴェンゲルはかつて主役であり、最も優秀な監督だった。ところがチェルシーはモウリーニョに、成功を買えるだけの小切手帳を渡した。それは不公平なアドバンテージだった。少なくとも、ヴェンゲルにはそう映っていた。また、ヴェンゲルはかっとなって我を忘れることがある。それが理由で起こる衝突もある。タッチラインにいると、彼は感情をむき出しにしてゲームにのめり込む。ヴェンゲルにはそうした一面もある。

だがヴェンゲルの仕事上の親友のひとり、スヴェン・ゴラン・エリクソンは、それとは正反対の面を明らかにしてくれた。中国にいるエリクソンに電話をかけると、彼はヴェンゲルの素晴らしさを語ってくれた。昔からの知り合いで、元イングランド代表監督のエリクソンは、ヴェンゲルを監督として非常に尊敬している。

はじめて会ったのはイタリア、たしかローマだったと思う。彼がアーセナルの監督になる何年も前の話だ。彼はきっと成功すると、私はずっと思っていた。とても頭が良く、知性があり、もちろんフットボールに関する知識が素晴らしかったからだ。彼はフットボールのために生きている。

アーセナルでの成功に驚きはなかった。彼の才能からして当然だったし、作り上げたチームやフットボールは素晴らしかった。アーセナルの守備陣は、長いあいだ、たぶん十年くらいは不動だった。

彼はアーセナルに独自のプレースタイルを定着させた。それまでとは違うスタイルだった。

誰もしたことがないボールの動かし方をしていた。何年も、アーセナルのようにプレーできるチームはなかった。素晴らしいフットボールで結果を残し、ピレスやアンリ、ヴィエラなどのフランス人選手を獲得した。まさにトップクラスの選手たちだった。ベルカンプもいい選手だった。

激怒したことなどなかった。機嫌が悪くなったところすらほとんど見たことがない。彼はとてもいい人だ。私がロンドンにいたとき、何度も夕食に行った。よく連れだって出かけたよ。デイヴィッド・ディーンの自宅に一緒に行くことも多かった。

アーセンのいいところは、一日二十四時間、フットボールのことばかりではないことだ。ほかのこと、たとえば政治でも音楽でも、なんでも話ができる。楽しく過ごせるし、面白い人だ。どんな話題でも語り合えるし、きちんと理解している。会話がとてもうまいんだ。

クラブの経営状況もいい。そういうクラブはいまでは本当に少なくなってしまっている。重圧もかかるし、財政的な圧迫もあるからね。だがヴェンゲルは、とても賢くクラブを運営している。

ヴェンゲルとクラブ、ファン、選手たちは長く成功を享受してきた。彼らが築いた王国は、今後も長く繁栄していくだろう。ここ数年は厳しい状況だが、アーセン・ヴェンゲルは賞賛すべき働きをしている。彼の哲学によって、クラブは非常に安定している。毎年チャンピオンズリーグに出場し、一年たりとも途切れていない。すごいことだ。いつもチャンピオンズリーグに出ているなんて信じられないよ。それを新スタジアムへの移転をしながら達成したんだ。難しいことだったに違いない。

もちろん、サポーターはトロフィーを望んでいる。成功とは結局なんだろう。成功はしたいが、高額の選手を買ってきてもそれが保証されるわけではない。世界最高級のリーグのトップチームであり、毎年チャンピオンズリーグに出場し、すごいフットボールをしていることは幸福だ。すごいことだよ。しかも負債もない。信じられない快挙だよ。

彼とはいろいろな話をしたし、フットボールを辞めたあとのこともよく冗談にしたものだ。アーセンはフットボールのために生きている。引退なんてできそうにない、と何度も言っていた。それに、イングランド代表でプレーできそうな好調な選手たちのことも話した。セオ・ウォルコットが2006年ワールドカップへ行ったことはまだ人々の話題にのぼる（ウォルコットはその数カ月前にアーセナルに十六歳で加入していたが、まだ出場機会はなかった）。あれは大きな決断だった。彼はいつも、チームにいる代表選手の調子やプレーぶりを話してくれた。貴重な情報だった。トレーニングの様子も聞いていた。もちろんセオ・ウォルコットのことにも、私は喜んで耳を傾けた。

偉大な監督たちを順位付けするのは難しいが、彼は最高の監督のひとりだ。実績もフットボールも素晴らしい。アーセンは生きている伝説だ。アーセナルの魅力的なプレースタイルは彼と切り離せない。この仕事ではいらいらしたり腹の立つことは多いが、アーセンといるとそんなことはない。素晴らしい人格者だよ。

また、ヴェンゲルとは手法の異なる監督で、彼とは長年ピッチの内外で戦ってきたフィル・ブラウンも彼を高く評価している。ボルトンでサム・アラダイスのナンバーツーを、ハル・シティでは監督を務めた（そして２０１０年にアーセナルに敗れて解任された）ブラウンは、ヴェンゲルの別の一面を語ってくれた。その話は、ヴェンゲルが試合後に相手の監督と酒を飲むことを好まないという一般的な認識とは異なっていた。

私がハル・シティを首になったのは彼のせいじゃない。それはただのきっかけだよ。あの試合では、93分に勝ち越し点を入れて向こうが勝った。我々は35分ごろから十人になっていた。試合後、彼は握手し、飲みにきた。私が解任されたのは月曜だった。その五日後に、彼はプログラムノートで私がハル・シティでいい仕事をしていたと書いてくれた。そんなことをする理由はなかったんだ。同じコーチ、監督としての共感から書いてくれた。私がしてきた仕事を認め、地位を失ったことを思いやってくれた。それだけでも立派な人物だと思う。

打ち解けない人だという評判はよく聞く。だがそれが彼のスタイルであり、戦略なんだ。優位に立つために、あらゆるものを利用する。戦略家とはそういうものだ。プランの練り方などは、戦場にいる将軍を思い出させる。狙いは試合で勝つチャンスを最大化することだ。彼は長いこと、試合を戦争のようにみなして戦略を練ってきた。

試合後の一杯にはたしかあまり来なかった。だが、それぞれに自分なりのやり方がある。方法も人それぞれだ。それは国内の伝統にすぎないし、外国ではそんなことはしていない。文化の問題だから、おかしなことだと思う外国人のコーチがいるのも当然だろう。

ブラウンはまた、サム・アラダイスの右腕としてアーセナルがボルトンと激しいライバル関係にあったころの過酷な戦いの思い出を語ってくれた。ブラウンはハルにいたときにも、アーセナルのセスク・ファブレガスと選手通路で小競り合いをしたことがある。ヴェンゲルはイングランドの荒っぽさを好んではいなかったが、適応していた、というのが彼の考えだ。

サムは少しかっとなっていた。この人もまた、相手チームを不利にするために策を練る人物だ。サムはアーセンのチームにも罠を仕掛けていた。アーセンと同じように、サムも相手チームのスタッフやクラブそのものの弱点を探した。あらゆるものを利用して優位に立とうとした。いざこざも起こった。それも、かなり派手ないざこざだ。アーセンのチームはそんなことをしないと思うかもしれないが、やり方が少し違うだけだ。アーセンの試合での勝ち方は美しく、私やサムの勝ち方はもっと泥臭かった。

それがアーセンにとってイングランドのサッカーでいちばん受け入れがたいことだったかもしれない。だが、それを完全に克服していた。そして、負けじと対抗策を練ってきた。イングランドのフットボールを正しく理解し、長いあいだうまく立ちまわってきた。

アーセナルのホームでハルと問題が起きたとき、関与していたのはアーセン・ヴェンゲルではなく、セスク・ファブレガスだった。だが、セスク・ファブレガスがアーセン・ヴェンゲルの意思で動いていたのは明らかだ。キャプテンでもあった。どう考えてみても不快な出来事だった。だがそれを持ち出すのはよそう。もう過去のことだし、アーセナルとアーセン・ヴェンゲル、セスク・ファブレガスを一緒くたにしてはいけない。

ブラウンは、ヴェンゲルの実績と監督としての能力は、史上の偉大な監督たちに並ぶものだと考えている。

この国に来た最高の外国人監督のひとりであることはたしかだ。歴代の偉大な監督たちにも肩を並べられる。サー・アレックス・ファーガソンやサー・ボビー・ロブソンといった偉人たちと比較しても甲乙つけがたい。間違いなく偉大な監督だ。

最初の八年間は、成績もフットボールも素晴らしかった。偉大な監督には、外国人であれイギリス出身であれ、タイトルをどんどん獲る時期と、そうでない時期とがある。

たとえばリヴァプールにいたビル・シャンクリーだ。彼ははじめ何度も優勝し、その後七年間タイトルから遠ざかった。だが、ヴェンゲルと同じように復活した。ヴェンゲルはＦＡカップで優勝するまで、八年間タイトルが獲れなかった。シャンクリーは偉大な監督と呼ばれているのだから、アーセン・ヴェンゲルもやはり偉大な監督のひとりだよ。

こうしたコメントには、ほかの監督たちが抱くヴェンゲルへの尊敬が表れている。それは、英国では稀な長い任期のなかで彼が勝ち得てきたものだ。就任当初はやり方の異なる外国人監督に対する不信感もあった。だが、彼は英国のフットボール界で確固たる地位を築いた。新聞各紙もまた、その姿を追い続けてきた。

第11章
メディアとの関係

2011年8月、アーセン・ヴェンゲルはトリエステへのチャーター便の座席に腰を下ろし、目の前のシートポケットに置かれた機内誌〈BMIボイジャー〉を手に取って眺めていた。アーセナルの元キャプテン、トニー・アダムスのインタビューに目が行くが、あまり喜ばしい内容ではない。「アーセンのことは心から好きだよ」と、アダムスは記事のなかで語っていた。「でも指導はそれほど得意じゃなかった」

タイミングも良くなかった。アーセナルはチャンピオンズリーグのプレーオフ第二戦のためイタリアへ向かっているときで、ヴェンゲルには様々な重圧がかかっていた。セスク・ファブレガスが移籍し、サミル・ナスリの移籍も決まりかけていた。アダムスがヴェンゲルについて語っていたのはそんなときだった。

ジャーナリストのピーター・ワッツとのロング・インタビューだった。ヴェンゲルの食事革命に対する世間の評価は過大で、運良くいい選手を引き継いだが、選手のやる気を引き出すのも上手ではなかった、とアダムスは語っていた。

「食事に関しては、アーセンがクラブに来る十年前の1987年にはもう本で知識を得ていた。整骨医と鍼《はり》師を連れてきたのには、自分なりの考えと戦略があったんだろう。だが、特別なことなんて何もない。食事法を変えても、いい選手がいなければどうにもならないし、私はアーセン・ヴェンゲルが来てからの六年間も、フィッシュ・アンド・チップスはずっとやめなかった。毎週金曜にパットニー・ブリッジに行って、すわって川を眺めながらタラのフライとチップスのサンドイッチを食べていた」

アダムスはヴェンゲルの指導力を否定した。そして彼のことは好きだと言いながら、自分がプレーしたベストチームとして、ジョージ・グレアムの1991年のチームを挙げた。

アダムスはワッツに当たり障りのない表現に変えるようにとさえ言っていた。つまりその場では、ヴェンゲルの指導力に対してそれ以上に容赦ない言葉を浴びせていたわけだ。チャーター便に同乗していた一記者の立場からすると、アダムスの発言はヴェンゲルとアーセナルをとりまく嵐をさらに強めただけだった。チャンピオンズリーグ敗退の危機を脱するため、ウディネーゼのホームでのセカンドレグに向かう便だった。主力選手の退団が相次ぎ、移籍市場での獲得はあまり進んでいなかった。ヴェンゲルは監督としての魔法を失いつつある。いや、すでに失ってしまったのではないか。そんな疑問が沸きおこっていた。そうした状況で、元キャプテンがさらに傷をえぐるような発言をしていた。

ウディネーゼを破って勝ち上がり、同じ飛行機でホームへ戻るときには、もちろん機内誌はシートポケットから外されていた。クラブはいつもどおり、ヴェンゲルの目に批判が入らないようにした。

ヴェンゲルは常々、新聞を読まないし、何を書かれても気にしないと言っている。それでも英国に移住したとき、デイヴィッド・ディーンに面白いと勧められて〈デイリー・メール〉の定期購読を始めた。記事の話をするのは、書かれた内容が気に入らないときだ。

トレーニング場ではしばしばいたずらが行われる。たいていは新聞全紙が持ち込まれているのだが、コーチやスタッフは、何か言いたいことがあるときには、ヴェンゲルが必ず見る場所に新聞を置いておく。「何が書いてあるんだろう」と、彼らはヴェンゲルの顔色を窺いながら新聞にけちをつける。ヴェンゲルは記事の内容が気になって仕方がないとまではいかないが、それをまったく気にしていないわけではない。

ヴェンゲルはＢＢＣの「マッチ・オブ・ザ・デイ」を観ているが、評論家の意見には否定的だ。ラジオの視聴者参加番組やトーク番組も軽視していて、ツイッターは一切見ないと語っている。

ソーシャルネットワークについて私が言えるのは、それを使えば誰もがどんな相手でも侮辱できるということだけだ。事実に反していても関係ない。それが現代のソーシャルネットワークの弱点だろう。いつ何時、防ぎようのない攻撃を誰からされるかわからない。だが、それによって監督としての行動に影響を受けることはまったくない。今日では、情報を得るのは簡単だ。リーグ監督協会の会議でも最近この話題が出た。それで不快な経験をしたという監督もいたが、なくすというのは無理な話だ。

いずれにせよそれはあるのだから、クラブ内の団結を強めていく必要があるだろう。それに、監督がこれまで以上に信念を持つべきときかもしれない。批判の数は増え、それが新たな困難として目の前に立ちはだかる。あらゆる行動が疑問視される。なかには、言われたとおりこちらが間違っていることだってあるだろう。

私は決してソーシャルメディアを見ない。一切目にしない。ラジオ番組で、リスナーが電話をかけてきて議論するものがある。私は番組そのものを知らなかった。ここへ来て十七年になるのに。

私は日本でとても大切なことを学んだ。はじめ私は日本語がひと言も理解できず、読むこともできなかった。だから私を酷評した記者がいても、何も知らずに翌日には笑顔で迎えて記者会見をしていたんだ。

ラジオではクラシックか、70年代か80年代のポップミュージックを聴いているという。ヴェンゲルは常連の記者は誰なのかを知っている。取り巻きはいないが、仲のいい記者はいる。質問や記事、放送の際にどの記者がヴェンゲル寄りの発言をするかはわかっているはずだ。ヴェンゲルとの会話は楽しく、ユーモアがあるため、記者会見はかなり盛り上がることがある。だが長年のあいだに、記者たちとの関係もヴェンゲル自身も少しずつ変わってきた。

毎年のように優勝していた時代には、ヴェンゲルはいまよりも頻繁にメディアの前に現れ、賞賛されることを楽しんでいた。試合前の記者会見では、はじめにインタビューするのはテレビだった。次にラジオ各局、そのあとが日刊紙だった。就任当初はこのすべてをトレーニング場で行っていたが、古いトレーニング場が焼失したときにセント・オールバンズのソプウェルハウス・ホテルに移った。新しいトレーニング場が建設されると、独立した取材棟が建てられ、インタビューはすべてそこで行われるようになった。そして記者はトレーニング場のメインの建物に入れなくなってしまった。

試合後、ヴェンゲルはテレビ、ラジオによる各種のインタビューをこなし、それからエミレーツの豪華な記者会見室へ入っていく。土曜日には日刊紙の月曜版の取材のために、クッション材でできた独房のような小部屋に入る。しかし、長年のあいだに試合前の取材は簡略化されていった。時間は短くなり、慌ただしくなっていった。それはアーセナルの成績が下降し、ヴェンゲルへの賞賛が減った時期と一致している。

とはいえ普段のヴェンゲルは取材に協力的で、忍耐強く対応している。だがときどき、堪忍袋の緒が切れることがある。「どういうことだ、マーク」と、彼は２０１４年12月に広報部長のマーク・ゴネラを怒鳴りつけた。「長すぎるじゃないか」。テレビ、ラジオ局、ウェブサイトそれぞれに与えられる十七分という取材時間が長すぎることへの不満だった。しかもその後には、別の切り口から報道できるように新聞各紙に個別に時間を割かなければならなかった。持ち時間は各紙七分だった。

現在では、我々は部屋のテーブルのまわりに集まって取材している。かつては個別に別室に呼ばれていたし、時間ももっと長かった。ヴェンゲルと顔を見合わせて笑ったことや、ごく稀にだが、オフレコでちょっとしたヒントや情報をもらったこともある。

２００９年、アーセナルがセンターフォワード不足に悩んでいたときのことだ。1月の移籍期間を目前にして、多くの名前が取り沙汰されていた。私は厚かましくもストライカーたちの名前をリストにし、ヴェンゲルがすわったときに目に入る場所に紙を置いた。エデン・アザールの名前もあった。ヴェンゲルはドアを開け、入ってきて腰を下ろすと、すぐにその紙を見た。

「お買い物リストを作成してみただけですよ、アーセン」。私は笑みを浮かべた。

「なるほど、面白いね」とヴェンゲルは言い、アザールの名前を指さした。それから別の名前のところで視線が止まったので、尋ねてみた。「お好きですか？」

「いい選手だ」とヴェンゲルは答えた。「好きだね。だが怪我が多く、週に二試合のプレーに耐えられない選手はこれ以上要らない」

ヴェンゲルはそんな取材を楽しんでいた。別室で個別取材をしていた時代には特にそうだった。誰かが〈ガーディアン〉のジェイミー・ジャクソンが結婚した、と伝えると、彼は新婚旅行の行き先を尋ねた。ジャクソンがタイに行ったと答えると、「もったいない」と、ヴェンゲルは目を輝かせながら微笑んだ。

ヴェンゲルはときどき、自分の電話番号が多くの記者に知られていることを話のネタにする。「君たちがかけてくることはわかっている」と言って、彼は笑顔を見せる。このごろでは、電話よりもメールのほうが返事が早い。だが、私がいつも思い出すのは、2004‐05シーズン末にアシュリー・コールの不正交渉の件でプレミアリーグの聴聞会が開かれたあとに電話をかけたときのことだ。ヴェンゲルは電話に出た。遊園地（周囲から雑音が聞こえていた）で娘のリアと一緒にいるようだった。

その件については話したくないと言われ、私は家族での休日を邪魔したことを謝罪し、家族の相手をしてくださいと伝えた。ところがヴェンゲルは急ぐこともなく、丁寧な口調で世間話をし、私にも休みなのかと尋ねた。機嫌がいいときには、ヴェンゲルはとても気持ちのいい対応をしてくれるし、記者に優しい。

ワールドカップや欧州選手権などの大会中にも様々な話をする。２０１４年夏のブラジルでは、ヴェンゲルは決勝戦の翌日の月曜日に空港で英国の新聞記者たちの見慣れた顔を見つけ、まっすぐに歩み寄ってきた。

大会期間中にジェラール・ウリエとワインバーから出てきたところを記者たちに見つかったときには、かなりうろたえていた。ヴェンゲルは好んで酒を飲むし、夜間に外出することもある——ただし、記者がいないところで。誰かに見られるのが嫌なのだ。

もちろん、記者たちとの関係に亀裂が入ることもある。我が〈デイリー・ミラー〉は、続けざまに彼のお気に召さない見出しを打ち、一週間のトレーニング場出入り禁止処分を頂戴したことがある——もっとも、気分を害したのがヴェンゲルなのか広報担当者なのかは、いつもながらわからないままだったが。記者仲間たちは、テーブルを囲む椅子のひとつにジョークでＡ４の紙切れを貼りつけた。〝クロスの席〟と書かれたその椅子を、ほかの記者たちはずっと空けておいてくれた。ヴェンゲルも一緒にそれを面白がっていた。取材時間を短縮する以前は、毎回楽しく、いつもきちんと時間を割き、見出しにぴったりのひと言を提供してくれていた。有名な遅刻癖についても、金曜の午後の練習が長引いて二時間遅れになったこともあるが、ほとんどの記者は気にしていなかった。

２００９年の10月に彼が六十歳になったとき、私は記者たちとお金を出し合って赤ワインのボトルを買った。彼の好みを調べ、百ポンド以上を全員から集めた。そして金曜日の記者会見後に外で待っていて、ささやかな贈呈式をした。彼は心から感動した様子で微笑んでいた。ところが翌日、広報担当のアマンダ・ドカーティがワインの値段を尋ねてきた。「何かまずいことでも？」と私は尋ねた。「さあ、どうかしら」。彼女の表情からして、どうやら百ポンドのボトルは彼の好みに合わなかったらしい。

ヴェンゲルは記者会見を練習前にずらし、時間も徐々に短縮した。現在では、できるかぎり短い時間で済まそうとしている。日刊紙の個別取材は2011年2月になくなった。セスク・ファブレガスが選手通路でリー・メイソン審判に対してレッドカードに値する言動をしていたと当時エヴァートンの監督だったデイヴィッド・モイーズが告発したことがあったが、その後の各紙の見出しが気に入らなかったためだ。

抗議すると、ヴェンゲルはシーズン後に席を設けて話し合おうと約束した。だが、結局それきりになってしまった。いまでは、我々は記者会見室のテーブルを囲んでいるが、時間は押しているし以前のような面白さはない。ジョゼ・モウリーニョは通常、試合前の記者会見放送のあと国内の新聞に二十分を割いているし、ほかの監督はもっと長い時間をとっている。

ヴェンゲルは長年フランスのテレビ局ＴＦ１で評論家の仕事をし、辛口の解説で話題になっていた。２００９年11月のワールドカップ欧州予選プレーオフ、アイルランド戦の、ティエリ・アンリの有名なハンドに関しては、アンリを率直に批判し、過ちを認めて謝罪するよう促した。「正直に話すべきだ。重圧がかかり、失うことを恐れている」と、ヴェンゲルはラジオで語った。

「あのゴールは相手方には受け入れられないだろう。正々堂々と出場権を得ることだってできたはずだ。スタジアム全体があのハンドを見ていたが、審判は見ていなかった。これはフランスにふさわしくない。フットボールはこのことから学ばなくてはならない。

試合後にアンリは、正しくないことはわかっているが、プレーを止めるのは審判の役目だと言っていた。つまりは誤審と、手首の強さ、それにゴールを守るアイルランドの選手の不器用さのおかげで出場権が転がり込んできたわけだ」

ところが、そうした痛烈な見解がイギリスのメディアで紹介されるようになると、ヴェンゲルは率直な発言を控えるようになった。ヴェンゲルがTF1の解説を降板し、その後釜をビセンテ・リザラズが務めることが増えたのはたぶんそのせいだろう。もっとも、TF1での仕事がなくなったわけではなく、いまでも定期的なインタビューを受けている。

メディア関係の仕事量に不満を漏らしながらも、ヴェンゲルはビーイン・スポーツ（かつてのアルジャジーラ）で、月一度インタビューを受けている。テレビ局とパリ・サンジェルマンの会長を兼ねるナセル・アル・ケライフィと親しいからだ。パリ・サンジェルマンとのつながりを指摘されると、ヴェンゲルは必ずクラブの上層部とのつながりはアルジャジーラやビーイン・スポーツでの仕事によるもので、フットボール中継の助言をしているからだと答える。メディアでの仕事量がほかの仕事よりも多いとこぼしながら、資金豊富なテレビ局のインタビューで報酬を得ているのは、おそらくそれによる収入が目的だろう。

ヴェンゲルは情報操作や選手の怪我に関する嘘を認めている。選手たちの復帰時期についてきちんと発表しないことも多く、その点にアーセナルのメディカルチームはいつも不満を抱いている。彼らはヴェンゲルに対して治療に要する時間を実際よりも長く報告することがあるが、それはヴェンゲルが事実を伝えないためだ。2013年8月のアストン・ヴィラとの開幕戦でアレックス・

オックスレイド＝チェンバレンが膝を負傷したときには、戦列を離れたのは三カ月だったが、ヴェンゲルははじめ一カ月で戻ってくると語っていた。ファンは回復が遅れているのかとやきもきさせられることになった。

この問題について、ヴェンゲルは２０１０年に語っている。「選手を守るために私が報道機関に嘘をついたのかという質問であれば、正直に言えばイエスだ。そのあとの気分はあまり良くなかった。だが選手たちのためだったんだ。報道機関に事実を伏せる場合には、選手本人には事前に本当のことを話している。選手たちに尋ねれば、三日おきに試合に出たいと言うだろう。だが監督としては、ときどきは休ませなければならない。選手の疲労には、身体だけでなく精神的なものもある。三日おきにプレーしても、数値そのものは悪くならない。走行距離もスプリントも落ちない。大切なのは精神状態なんだ」

ロンドン・コルニーのトレーニング場にある取材棟で起きたばつの悪い出来事は怪我に関する他愛のない嘘だけではなかった。あるとき、トレーニング場の建物をうろつき、選手たちに自分を売り込んでいたことを咎められた代理人とのいざこざが起こった。それ以来、代理人はトレーニング場の建物への入館を禁止され、現在は選手に関する交渉は取材棟で行われている。

ロンドン・コルニーのトレーニング場は広大で、ピッチは素晴らしい。ヴェンゲルはスタジアムよりも、選手たちがより頻繁に使うトレーニンググラウンドのピッチを良質なものにすることを優先したと言われるほどだ。

グラウンドはメインのトレーニング場の建物の裏にある。建物は巨大な白いガラス構造で、選手たちが非公開練習をする大きな白い室内競技場に囲まれている。室内グラウンドとほとんど隣接する場所に取材棟があり、そこにはまた、アーセナル・レディースの監督、若手選手の育成担当、選手との連絡担当、そして記者にとっては最も興味がある、アーセナルの移籍交渉を担当するディック・ローのオフィスもある。

移籍に関わる人物は誰でもそうだが、ローはいつも記者のそばでは口が堅い。しかし、取材棟の窓から外を眺めたときにベントレーやフェラーリ、ポルシェが駐車場に止まっていれば、代理人が来ていることはわかる。ときには選手が姿を現すこともある。アーセナルは移籍に関して秘密主義を取っているが、この施設のなかのどの部分を見ていればいいかを知っていれば、動きを把握することは可能だ。

選手の移籍に関する噂があると、ヴェンゲルは否定する。長年彼の記者会見に出席していると、そのときの態度から〝ヴェンゲル・コード〟を読み解き、どのレベルの否定なのかを察知する術が身についてくる。単なる憶測である場合もあれば、何食わぬ顔で否定しているが、関心はあるということもある。そしてごく稀には、確信を持って判断できることもある。微笑んだときは可能性あり。心配そうに笑みを浮かべているときは、デリケートな段階にある。そして、きっぱりと否定しているときは獲得確実だ。

私はそのなかでも、2008年12月ごろのエピソードが気に入っている。セスク・ファブレガスが膝の故障で長期離脱した直後だった。アーセナルはアンドレイ・アルシャヴィンを以前から調査していたが、テレビのインタビューで質問されたとき、ヴェンゲルは関心を抱いていることを断固として否定した。だが1月の移籍期間になると、やはり興味を持っていたことが判明した。「希望金額が大きく隔たっている」とヴェンゲルは言った。

私はアルシャヴィンの代理人であるデニス・ラヒターに電話をし、動きはないかと尋ねた。代理人の発言を引用することは滅多にないのだが、この場合は例外としたい。個性派のラヒターが語った言葉は、ヴェンゲルのある面を的確に捉えていた。「アーセン・ヴェンゲルがアルシャヴィンのルックスを気に入っているのはお見通しだ。そうは言っても、私はアンジェリーナ・ジョリーのルックスが気に入っているが、欲しいものがいつも手に入るわけじゃない」。公平を期して言えば、ヴェンゲルは決して質問をはぐらかさないし、それが報道関係者のあいだで高い人気を保っている理由だ。

記者会見で完全に怒ってしまうこともある。実際、最近もそういうことは多かった。敗戦後は怒りっぽいし、質問に対して気を悪くすることが多い。2014年10月にエミレーツ・スタジアムでハル・シティと引き分けた試合後に「マッチ・オブ・ザ・デイ」のインタビューを受けたとき、ヴェンゲルは無礼で居丈高だったと感想を漏らしたジャーナリストが多かったことに私は驚いた。BBCは〝気詰まりな〟インタビューと呼んだ。率直なところ、あのときは思いどおりにいかなかった試合のあとにしては、機嫌がいいほうだった。

2013-14シーズンのアストン・ヴィラとの開幕戦を落としたときには、目立った選手補強もなく、ファンはがっかりし、ヴェンゲルに批判の矛先が向けられていた。試合中、ファンは〝金を使え、金を使え、金を使え〟と書かれた横断幕を掲げていた。飛び交うヤジには、痛烈な人格攻撃も含まれていた。ベンチでヴェンゲルの近くにすわっていた人物は、これまでで最も耐えがたかったと語っている。ヴェンゲルはいつもヤジを聞いていないと言っているが、このときはかなり辛辣で、しかもアーセナルのファンからのものだった。アウェーの試合での通常のチャントを考えれば、コーチが心底ショックを受けるほどひどいヤジだった。

ヴェンゲルは1対3の敗戦後に記者会見にやって来たとき、怒り、興奮し、ふてくされていた。「君たちの望みどおりだ。さぞ嬉しいだろう」。ヴェンゲルはエミレーツの広い記者会見場に集まった報道陣に向かって言った。「シーズン前、全紙がそう書いていただろう。何を期待しているんだ？」。ヴェンゲルはメディアと、さらには審判に対する怒りもほとんど隠せない様子で、アストン・ヴィラは判定にも恵まれていたと語った。

三日後のイスタンブールではさらに攻撃的な態度だった。チャンピオンズリーグの予選プレーオフでのフェネルバフチェ戦の試合前の記者会見で、ヴェンゲルは記者たちに我慢できなくなり、怒りを露わにして指を突きつけ続けた。

同じころ、アーセナルはニューカッスルのヨアン・キャバイエと契約を結ぼうとして交渉がこじれ、アラン・パーデュー監督から非難されていた。ディック・ローが相手方のオーナー、マイク・アシュリーに電話をし、キャバイエに対し1020万ポンドを提示すると、アシュリーは即座に皮肉を効かせて答えた。「その金額で、彼ののどの部分を買いたいのかな？」。ローは真剣なオファーだと言ったが、アシュリーは真剣ならば2000万ポンドは用意してかけ直すよう伝えた。

何もかもがうまくいっていなかった。ファンはヴェンゲルへの不信感を募らせ、ニューカッスルとの交渉はこじれ、重圧はさらに増していた。ヴェンゲルは特に神経質になり、フェネルバフチェ戦の前の記者会見が進むにつれ、社交辞令は一切なくなった。挑むような態度で、ますます機嫌が悪くなった。「我々は誰も傷つけようとしていない。ニューカッスルも、ほかの誰も。我々が選手を買わないといって非難し、同時に買おうとしているのに非難することはできない。矛盾している。繰り返しておきたいが、我々は過去十六年間、移籍市場で成功してきた。それに、ここでプレーする選手たちは最高のクオリティを持っている。それを忘れてはならない。外にあるものは、いまあるものよりも必ず優れていると考えてはならない。大切なのはいまあるものを正しく評価することで、ファンもその点は理解する必要がある」

ヨーロッパ遠征に我々記者が同じ便で移動しなかったのは、そのときがはじめてだった。アーセナルは旅行代理店を替え、記者とファンが同じ便に乗ることはなくなった。我々は自前で移動しなければならず、そのために〝態度が悪く〟なったのではないかと疑われていた。広報担当者からは攻撃的だと指摘されていた。だがそれは事実ではない。アーセナルは困難な状況にあり、疑問は問われなければならなかった。

その二十四時間後、明るい兆しが見えはじめた。アーセナルはイスタンブールで勝ちを収めた。またさらに重要なことに、メスト・エジル、アンヘル・ディ・マリア、カリム・ベンゼマの三選手のうちひとりを獲得する交渉がレアル・マドリードとのあいだで進んでいるという話が伝わってきた。レアルは三人のうち誰でも交渉に応じる構えだったが、アーセナルはそのうちひとりに狙いを定め、メスト・エジルを獲得した。

監督の気分を変えるのに勝利に優るものはない。そしてアーセナルの調子はすぐに上向き、エジルの入団によってクラブの歴史は大きな転換点を迎えた。クラブ新記録となる4250万ポンドの移籍金により、一挙にアーセナルはビッグクラブの地位に返り咲き、数年ぶりに真のトップレベルの選手を獲得した。

そして、最悪の敗北は監督の気持ちをぐらつかせる。アーセナルはトロフィーを切望していた。

2005年のFAカップ以来勝利から遠ざかり、2012–13シーズンには、優勝を求めるファンは我慢の限界に達していた。けちのつけはじめはリーグカップの準々決勝の組み合わせ抽選でブラッドフォードと当たったことだった。ヴェンゲルは相手のムードの良さを警戒し、いつもなら若手を出場させるところを、ほぼフルメンバーでリーグ2（4部）のチームとの対戦に臨んだ。だが残念なことに、それが裏目に出てPK戦の末敗退した。

2012年12月ほどヴェンゲルが肩身の狭い思いをしたことはないだろう。ブラッドフォード戦の試合後、スカイスポーツのガイ・ハヴォードのインタビューでヴェンゲルは冷静さを失った。

「これはあなたがアーセナルに来て以来最も屈辱的な敗戦ですか？ 相手は4部のチームですよ。実力が足りないのでしょうか？」

ヴェンゲルはもう一度、そのような〝屈辱的な敗戦〟を乗り越えるのはどれだけ難しいかと問われ、身体を震わせて「それを乗り越えるのが我々の仕事だ」と答えてその場を足早に去った。

三日後にトレーニング場に現れたとき、ヴェンゲルがそれを乗り越えていないのは明らかだった。記者会見場に入ってきて着席すると、ジャーナリスト全般に対する否定的な意見をぼそっとつぶやいた。ヴェンゲルはテレビとラジオの質問に答え、その後、我々新聞記者の質問が始まった。コートジボワール代表のジェルヴィーニョの不調やブラッドフォード戦での簡単なミスには、特に質問が集中した。やりとりは以下のとおりだった。

——サポーターの現在の心配は理解されていますか？

ヴェンゲル：もちろんだ。

――火曜日以来、選手たちがどう感じているかは確認しましたか？

ヴェンゲル：うちの選手たちほどの真剣さもなく、もっといい結果を出したチームもある。もっと集中力がないチームだってある。

――そのチームはトロフィーを獲得したんですか？

ヴェンゲル：そうだ。

――では、選手たちは実力を発揮できなかったことに傷ついていますか？

ヴェンゲル：もちろん選手たちは傷ついている。

――選手たちが本来はもっと優秀なのであれば、この三、四年で獲得した選手たちに失望させられたこともあるのではありませんか？

ヴェンゲル：誰のことだね？

――あの、名指しをするのはお嫌いですよね？

ヴェンゲル：いいから名前を言ってくれ。

――では、ジェルヴィーニョです。ジェルヴィーニョ、シャマフ、サントス、パク、スキラッチはいかがです？　高い移籍金がかかった選手もいます。パクはどうしたんです？　普通でない状況ですね。

ヴェンゲル：高い移籍金というのは誰のことだね？

――では、ジェルヴィーニョは？

ヴェンゲル：金額は？

――１１００万ポンドです。

ヴェンゲル：800万だ。

――では、彼はいま自分の能力を発揮しているとお考えですか？

ヴェンゲル：ジェルヴィーニョが？

――ええ。

ヴェンゲル：ジェルヴィーニョはいい選手だ。

――百パーセント力を発揮しているでしょうか？

ヴェンゲル：個々の選手の評価までは立ち入りたくない。

――ですが一般的に言って、契約した選手たちのレベルに不満はありませんか？　一般的に、ですが。

ヴェンゲル：一般的に、とは？

――いま挙げた選手たちにはまるでいいところがありませんよね。

ヴェンゲル：シャマフが高額だって？　フリーじゃないか。スキラッチはフリー同然だ。駄目な選手ばかりとは言えない。彼らは各国の代表選手だよ。

――私なら2メートルの距離から外すかもしれませんが、でもジェルヴィーニョにとっては……。

ヴェンゲル：君にしても誰にしても、外す可能性はある。

状況はさらに悪くなった。FAカップでブラックバーンに敗れたことは、エミレーツでの初の下部リーグのチームへの敗戦だった。そのわずか三日後にはチャンピオンズリーグのバイエルン・ミュンヘン戦が控えていた。そして月曜日には、〈ザ・サン〉が最終面でヴェンゲルの新たな二年契約の締結は間近だと報じた。その噂は二週間ほど前から流れていたが、電話確認をとろうとした記者全員が否定していた。

ヴェンゲルが記者会見でこれほどまでに激怒したのは、私の知るかぎりジョゼ・モウリーニョとの〝覗き魔〟騒動のときに、本当に望遠鏡を持っているかと質問されて以来のことだった。しかも今回は、テレビカメラが入っていた。原因は、デリケートな時期に報道が出たことだった。それでなくともファンは怒っていた。その記事のタイミングは、ヴェンゲルからすれば、ファンの怒りをビッグゲーム直前にさらにかきたてる余計なお世話でしかなかった。つまり、次の契約の発表にはいい時期を選ばなければならない、ということだった。タイミングは最悪だった。何も決まっていないとクラブは頑なに主張した。

トレーニング場の雰囲気は凍りついていた。ヴェンゲルが〈ザ・サン〉を見たことは間違いなかった。選手たちがグラウンドに出てきて、チャンピオンズリーグの試合前の十五分間の練習が始まった。それは主にカメラマンやテレビクルーのための時間だったが、すべてのメディアに公開されていた。ヴェンゲルは新聞記者たちの一団のほうを向き、睨みつけていた。

ビッグクラブ相手の重要な一戦を前にした記者会見で、会場は混み合っていた。ヴェンゲルは入ってくるなり壇上のミケル・アルテタの隣に腰を下ろしたが、機嫌の悪さは一目で見てとれた。ブラックバーンに敗れたあとで、選手たちはバイエルン・ミュンヘンに勝てると思っているかと問われ、ヴェンゲルは前触れもなくいきなり噛みついた。「なぜだ、なぜそんなことを質問する？」

それから、新しい契約に間もなくサインするという報道は本当かという質問が出た。「誤報だ。私はここに十六年いる。そんな誤った情報より私の言葉を信じてもらってもいいだろう。その報道の意図はただひとつ、害を及ぼすことだけだ。完全に間違っている」

ヴェンゲルはそれから〈デイリー・メール〉のニール・アシュトンのほうへ向き直った。彼を忘れたのか、〈ザ・サン〉の記者だと勘違いしたのだろう。

「なぜ君は私を見ている?」

「あなたの記者会見だからですよ」

「あの情報を流したのは君だな」

「私の記事じゃありません」

「わかった、もういい」

テレビカメラを前にして、激しい言い合いが十五分間続いた。アルジャジーラ〈現ビーイン・スポーツ〉所属で、先ほどヴェンゲルに質問を遮られたキャリー・ブラウンが戻ってきて発言した。

「私が言いたかったのは、今回があなたにとってトロフィーを獲る最後のチャンスだと……」

ヴェンゲルはすぐに口をはさんだ。「まったくありがたい質問だね。そう言われはじめてから、ずいぶん長い時間が経つ」

ヴェンゲルは続けた。「いいか、私はFAカップに真剣に臨んでいないと非難されてきた。四回も優勝しているのに。ほかにそれだけ勝っている監督はいない。それに、チームの強化費用が充分ではないとも非難されている。試合を落としたのは先発メンバーではない。最後の十分間で負けただけだ。浅はかな批判が多すぎる」

ブラウンは答えを引き出すために別の質問を試みた。「ではアーセン、あなたの野望は決勝進出なのですか?」

「負けたいね。私は明日負けてしまいたいよ。そうすれば君たちは全員幸せだろう」。ヴェンゲルは不機嫌に言い返した。

それは棘のあるやりとりだったが、フェネルバフチェ戦の前の記者会見ほどひどくはなかった。それでも、ヴェンゲルとクラブにとってうまくいかない時期で、敗退は避けられなかった。ただし、負けたのはアウェーゴールの差だけで、ミュンヘンでの第二レグの2対0の勝利は、チームの士気を高めることになった。リーグの4位争いでトッテナムに7ポイント離されていたが、それをきっかけに盛り返してシーズン最終日に逆転した。

UEFAの規定により、チャンピオンズリーグの試合前日には監督と選手ひとりが記者会見を行うことになっている。ヴェンゲルはその際、対戦相手と同じ国籍の選手を選ばないようにしている。たとえばドイツのチームと対戦するときには、ペア・メルテザッカーは会見に出ない。相手チームを煽ったり、攻撃される材料や口実を与えることが決してないようにという意図からだ。なかには、あえてロッカールームで選手たちに相手のことを語り、士気を高める監督もいる。1989年、アーセナルはほとんどの新聞に優勝の目はないと書かれていたが、アンフィールドでの最終節でジョージ・グレアムはその手法を使い、優勝を決めた。

ヴェンゲルは対戦相手の有利になることを注意深く避ける。アーセナル担当記者たちのあいだでは、ビッグゲーム前になるとヴェンゲルのまわりに何人ものガードマンが張りついているのは、うかつな挑発や新聞の見出しになる発言を防ぐためだというのが定番のジョークになっている。

ヴェンゲルはテレビ番組の「マッチ・オブ・ザ・デイ」を観ているが、コメントについては、特にアーセナルの肩を持つものは、あまり真面目に受け取っていないと語っている。2013年12月に、首位に立っていたにもかかわらず、すべての評論家がアーセナルは優勝できないと述べたとき、ヴェンゲルは言った――

「マッチ・オブ・ザ・デイ」はたまに観ている。だが出演者は、根拠もなくただ自分の意見を披露しているにすぎないことがある。言いたいことはわからないでもない。だが、もしそれが好悪とか勘にもとづいたものなら、〝なるほど、ひとつの意見だ。その人は正しいかもしれないし、間違っているかもしれない〟というだけのことだ。私にはチームやプレーについて判断するだけの経験がある。ほかの誰かに教えてもらう必要はない。それに気持ちを乱されることもない。

過去の仕事の積み重ねをいかして説得力のある意見を述べている批評家は多くないようだ。批評家から有益な情報を得ることももちろんあるが、そのためにはアーセナルが優勝すると考える理由、あるいは優勝しないと考える理由、またはその根拠となる数値などを提示してもらう必要がある。ただ「アーセナルは優勝するだろう」とか「アーセナルは八年も優勝していないのだから今年も優勝しないだろう」と言うだけなら、それはただの意見にすぎない。

私がここへ来たとき、外国人には優勝できないと言われたものだ。誰にだって自分なりの論理がある。私は、タイトルはクオリティ次第だと思う。我々は八年間勝っていないが、それはシーズンの山場で実力不足が出たからだ。力を示すいい機会だ。ぜひものにしたいね。

ヴェンゲルはまた、元選手のアラン・ハンセンがアーセナルの守備を酷評し、カウンターに弱いと語ったことに反論した。

「たしかに例はある。一度の特殊な例だが」と、ヴェンゲルは言った。「あの夜に関してはそのとおりだ。コーナーからのカウンターでやられた。ギブスが前に行ったが、本来は後方に残っているはずだった。彼にボールが出て前へ出たところでカウンター攻撃を食らった。そしてアルテタが退場になった。あれは事故だった。大胆なプレーの裏をかかれてしまった」

ヴェンゲルは記者会見にかなり遅れることはあるが、キャンセルすることは滅多にない。しかし、2014年3月の、チェルシーに0対6で敗れた二日後のスウォンジー戦の前は例外だった。そのため、ヴェンゲルはシーズン終了後の辞任をロッカールームで選手たちに伝えたという噂が流れ、広報担当者たちはそれを否定するために電話をあちこちにかけなくてはならなかった。

そのスウォンジー戦で終了間際に同点にされると、ヴェンゲルはさらに激しく怒った。チェルシー戦のあとには、記者会見に姿を現さなかった。彼はスタンフォード・ブリッジの選手通路で打ちのめされ、苛立たしげに歩きまわりながらプレスルームに入る順番を待っていた。だがジョゼ・モウリーニョが質問や賛辞を受けるのに忙しそうにしていたため、ヴェンゲルは向きを変えてテレビ・インタビューを簡単に済ませ、新聞記者を待たせたままチームバスに乗り込んだ。

記者は会見でまともなコメントを得ることを望んでいる。素っ気ない言葉は求めていない。いらいらした記者会見では、ほとんど記事にならない。会見の記事はコメントでき上がる。そして、機嫌のいい監督から機嫌のいいコメントをもらうほうが、機嫌の悪い監督の機嫌の悪い返答よりもいい。

ヴェンゲルは政治に強い関心を抱いている。フランスの選挙前に、投票するのかどうか、するのならば方法はどうなるのかを質問したことがある。私は裕福な社会主義者《シャンパン・ソーシャリスト》にシャンパンの差し入れをしてはと言った。

「投票はここでするよ」と彼は言い、フランスの選挙の投票をロンドンですることができるのだと説明してくれた。「詳しいことまでは教えないが」

2013年8月には、ヴェンゲルは前シーズン限りで引退したサー・アレックス・ファーガソンと話をしたと語った。ファーガソンは何か言っていましたか、と私は質問した。「君たちが恋しいと言っていた。取材されないからさびしいんだろう。私がいなくなったら君たちはさびしがるだろうな」

元BBCのラジオ5の解説者デイヴィッド・オーツが亡くなったときには、彼は思いやりのある面を見せた。自身も報道関係の仕事をしている未亡人のシャーロット・ニコルを探し出して哀悼の意を伝え、慰めの言葉をかけた。

長い経験から、ヴェンゲルはすべてのジャーナリストがどのチームを応援しているかを知っている。たとえば〈プレス・アソシエーション〉のジム・ファン・ヴェイクがノリッジを応援していることを知っていて、ヴェンゲルがわざとチーム名を〝ノーウィッチ〟と呼ぶのがお決まりのジョークになっていた。ファン・ヴェイクが意気込みのほどを質問すると、ヴェンゲルは答えた。「君と表に出て1対1をやろう。そこで実際に意気込みを見せてあげよう」

ファン・ヴェイクは言った。「もう膝が昔のように動かないんです」

「やる前から言い訳をしない！」

ヴェンゲルはジャーナリストの敬意を集めている。記者としてこの世界に入った者も、元選手もそれは同じだ。彼はいつも礼儀正しいし、笑みを絶やさない。日曜でも電話を受けてくれ、選手の賞賛など、気に入った話題ならば気持ちよく話してくれる。アーセナルの元ストライカーで現在はテレビ解説者のジョン・ハートソンはこう語っている。

ヨーロッパの試合へ行ったとき、イスタンブールで一時間半ほど、本当に楽しく話した。試合前の晩で、選手たちはみんなすでに眠っていた。九時半ごろだったと思う。いろいろなことを話した。

ウェストハムやセルティックでいい働きをしていたと言ってくれた。僕はラムジーやウィルシャーのことや、あまり資金を使わない理由、彼の哲学について質問した。ためになる話だったよ。いつまでも話題は尽きなかった。

僕は自分の子供のことや現在の活動、メディアの仕事で関心があることなどを話した。彼はメディアで書かれたことに神経質になったり、気分を害したりはしない。アーセナルに関しては、あらゆることが書かれる、と言っていた。マンチェスター・ユナイテッド、マンチェスター・シティ、チェルシーで残念なことが起きたとしても、アーセナルで同じことが起きた場合とはまるでスケールが違う。誰も彼もがやってきて騒ぎ出す。

僕はウェスト・ブロムにいた。地方紙では、必ずバーミンガムのことが書かれていた。アーセナルもそれと同じで、しかも全国規模なんだ。でも彼はそのことをあまり気にしていなかった。メディアにはメディアの仕事があるとわかっている。彼はアーセナルでの成果やこれからの目標、常に勝てるクラブ作りについて話してくれた。

スカイスポーツの解説者マーティン・タイラーはヴェンゲルとはじめて会ったときの礼儀正しい挨拶を覚えている。「1992年のカップウィナーズカップ決勝のときが初対面で、彼がモナコを率いてヴェルダー・ブレーメンに敗れたときだった。モナコが負けると、私はピッチに上がり、『残念でしたね。私はこの試合の解説者ですが、あなたの名前の発音を教えていただけますか』と話しかけた。笑顔で応えてくれたよ。それが出会いだった」

ヴェンゲルがアーセナルの監督に就任すると、タイラーは数日後に会いに行った。イングランドのメディアについて知りたかったヴェンゲルと、アーセナルの新監督のことを知りたかったタイラーの双方にとって有益な会合だった。

彼が就任したとき、面会を申し入れてソプウェルハウス・ホテルで会った。彼はアーセナルだけでなく、イングランドのフットボールに何かをもたらす人物だと感じた。一時間ほど、とても素晴らしい話ができた。とても魅力的だった。私は本当に彼を慕い、尊敬している。

ほかの話題についてもよく話をした。試合前にアメリカの大統領制について話したこともある。あれはアウェーのウィガン戦のときだった。パリで暴動があったばかりのころだ。我々はロッカールームと選手通路のそばの、スタジアムの入口付近に立っていた。話をしていてふと気づいて私は言った。「キックオフまで三十分しかない！　私は上階へ、あなたはロッカールームへ行かないと」

「エボラ熱についてどう思いますか」と話しかけてみるといい。間違いなく完璧に理解しているだろう。サッカーに関しても揺るぎないが、その他の分野でも、私が会ったなかで最も幅広い知識のある監督だ。

タイラーは、いいときも悪いときもヴェンゲルとアーセナルを取材してきた。そして、比較的成績が上がらなかった時代を経たいまでは、タイラーはヴェンゲルの遺産がずっと受け継がれていくことを心から願っている。

いまでは、ヴェンゲルの魔法は終わってしまったのか、いつ終わったのか、それともまだ続いているのか、ということが議論されている。そのことに関しては、こんなことを思い出す。FAカップで優勝（し、1998年の二冠を達成）したとき、私は彼に言ったんだ。「フットボールに関して、あなたは不滅だ」と。1998年には二冠は稀だった。トッテナムが最初に1961年に達成し、アーセナルが1971年に続いた。私が子供のころ、それはとても難しいものだった。

この遺産がその後の成績で消えてしまわないように願う。電話の発明やペニシリンの発見は大変なことだった。十八年連続で上位4位に入り続けることだって同等の偉業だよ。本当に信じられない。

フットボール記者のヘンリー・ウィンターにも同じことが言える。彼はヴェンゲルがアーセナルの監督になって以来、常に親しく接してきた。癇癪と愛嬌、成功と失敗という、ヴェンゲルのあらゆる面を知りつくしている。

「私はデイヴィッド・ディーンが手配した最初の記者会見に出ていた。彼のことはあまりよく知らなかった。だが、四十五分くらいの話を聞いているうちに完全に魅了されてしまった。哲学が語られ、独自の皮肉なユーモアのセンスもそのときから滲み出ていた」とウィンターは語っている。

彼によれば、2004年のヨーロッパでの試合後、ヴェンゲルは広報担当のアマンダ・ドカーティに対して怒鳴っていたという。

たしかに癇癪持ちだね。セルタ・デ・ビーゴとの試合後、2得点したエドゥがドーピング検査を受けることになった。ところがヴェンゲルは十二時ちょうどに発たなければならなかった。彼は隅のほうで苛立ちを爆発させていた。エドゥはスカイスポーツと、その晩宿泊する予定だった私に託された。ヴェンゲルは耳から湯気を出さんばかりに怒り、悪態をついていた。数日後の記事で、あの癇癪は教授という呼び名にそぐわないように思われると書いた。私は、あれがあるからこそ監督として偉大なのだと思う。偉大な監督はひとり残らず癇癪持ちだ。

私の妻もヴェンゲルと面識がある。会ったことのあるフットボール関係者のなかで、マナーはいちばんだったそうだ。最も魅力的で、妻の名前も覚えていたらしい。

ヴェンゲルはまた、クラブが行う慈善事業にも心から関心を抱いており、アーセナル基金を強力にサポートしている。ウィンターは語っている――

アーセナルはチェルノブイリとその周辺地域に関わっている。ユニフォームの贈呈もしている。ヴェンゲルはそれに賛同し、世界中に活動を広げる必要があると話していた。およそ一年後に受け取った手紙によると、原子力事故で影響を受けて亡くなった人々の子供たちを助けているそうだ。ガンで死の床にあったある少女は、人生のなかで愛情を示してくれたのはアーセナルだけだから、埋葬のときにユニフォームを着させてほしいと頼んだ。どのクラブでもしていることだが、ヴェンゲルは特に意識が高い。

作家のニック・ホーンビィとともに行っている〈ツリーハウス〉という自閉症のチャリティでのことを覚えている。彼は自閉症について正しく理解していた。施設を歩きまわる彼を見るのは興味深かった。その愛情は本物で、目を見て人々に話しかけ、しっかりと話を聞いていた。ただの見せかけではなかった。クラブの雇用主向けのアピールなどではなかった。彼はアーセナルが人々の生活に及ぼしている影響を理解している。自閉症に対する知的関心もある。私はフットボール界でこれほど頭のいい人には出会ったことがない。

クレア・トムリンソンは現在スカイスポーツニュースの人気司会者として知られているが、以前はイングランド・フットボール協会の広報担当をしており、アーセナルでも1996年から1998年まで広報担当を務めていた。彼女もまたヴェンゲルを賞賛している。

彼は質問をはぐらかしませんでした。少しいらいらすることもあって、そんなときには話し方で怒っているのだとわかります。会見で記者をいじめたこともありません。短くふてくされた返答をすることも――まあ、その点はこのごろ良くなってきたところですが。とても丁寧で、親切で、いつもすべての質問に答えてくれます。

かつて、彼が木曜日にやって来ると、山のように要望書が届けられていたのですが、そんなときは呆気にとられていました。三カ月くらい経ったころ、私は紙を二枚だけ持っていったことを覚えています。「あの紙の山はどうしたの、クレア?」と訊かれました。要望の数にびっくりしていましたね。残りは全部お断りしました、と答えると「ようやくわかってきたな」と言われました。

どうしても外せない取材はどれかと尋ねられました。金曜の記者会見と、日曜に試合があれば月曜版用の個別対応、それから試合前、試合後の会見です。さらに放送用、ラジオ用、テレビ用、記事用にそれぞれ個別インタビューが必要で、外国語による取材はお好きなものを、と答えました。

ただし、独占インタビューを一度したら、全員としなければなりません。そうなったら私の生活はめちゃくちゃです、と言いました。「〈ミラー〉でやれば、〈テレグラフ〉もやらないわけにはいきません」と。すると彼は「独占は絶対やらない」と言い、その言葉を忠実に守りました。日刊紙、日曜版、ラジオ、テレビといったメディアごとに別々に取材を受ける理由を理解してくれました。それぞれ、求められているものが違うのです。ひたむきで、フットボールのことしか考えていない人ですが、メディアに対する責任を理解し、立派にこなしていました。

トッテナムのファンであることを明かしているトムリンソンは、1998年にFAカップで優勝して二冠を成し遂げた直後に退職することを告げた。

「辞めるとき、ピッチのまわりを歩きながら話したのを覚えています。彼はこう言いました。『クレア、これが最後の試合だ。さびしいだろう』。トッテナムの試合を観に行けますからと答えると、からかわれてしまいました。『じゃあ、君はこれからスポーツニュースをやるんだね。クリケットの話もしなきゃならない。クリケットか。私は全然わからないな』『フットボールは好きかい？』『アーセン、二年も一緒に働いてきて、フットボールが好きかどうかを尋ねるんですか？』。すると彼は言いました。『だってトッテナムファンなんだろう？』。そして、自分で面白がっていました。彼には尊敬の気持ちしかありません」

第12章 インテリジェント・ワン

「ビリー・ビーンにはたしかに会ったことがある。野球はさっぱりわからないけれど。複雑すぎるよ。日本では人気のスポーツだから、観たことはある。名古屋にはチームがあって、コーチと会ったこともある。スタン・クロンケによれば、ビリー・ビーンは野球の世界ではずば抜けた人物で、統計データにこだわっているらしい。私も数値は好きだ。なぜなら、繰り返されることは偶然ではないからだ。いい守備や、いつも点を取られることは、統計データに表れる。だが、パフォーマンスを数値化することはそれ以上に難しい」

アーセン・ヴェンゲルのデータ利用法はたいていのフットボールの監督と変わらない。負けたときには枠内シュート数などのデータによってその痛みを和らげ、勝ったときにはパフォーマンスを吟味するために使う。ビーンはオークランド・アスレチックスで統計学と経済学を用いて成功した。それは本の題材になり、のちに『マネーボール』というハリウッド映画にもなった。ビーンはヴェンゲルの方法論の大ファンで、そのことはアーセナルの大株主であるスタン・クロンケも幾度か語っている。クロンケのヴェンゲルに対する評価はそのためにますます高まり、信頼は揺るぎないものになっている。

チャンピオンズリーグに毎年アーセナルを出場させ、大きな利益をあげていることもヴェンゲルの魅力のひとつだ。クラブは出場による巨額の分配金によって健全な財政的基盤を維持している。またヴェンゲルは長年にわたり、若手選手や、才能はあるが未熟な選手を発掘し、成長させ、売却することで大きな利益を得てきた。エマニュエル・アデバヨール、ニコラ・アネルカ、サミル・ナスリ、マルク・オーフェルマルス、エマニュエル・プティ、ロビン・ファン・ペルシー、コロ・トゥーレといった選手たちはそのいい例だ。彼らはヴェンゲルの経済学の結晶だ。ビーンの場合は、はじめに才能と潜在的能力を見分ける段階でもっと数値に頼る。そして過小評価されている選手を獲得し、活躍後には売却して利益を得る。これが有名なマネーボールの効果だ。

身近にいるスタッフによると、ヴェンゲルは統計データの利用は認めているが、マネーボールにはあまり賛同していないらしい。だがクラブ側が賛同していることは間違いない。CEOのイヴァン・ガジディスはヘンドリック・アルムシュタットを事業開発部長として招き、さらに2013年の夏には自称〝社内コンサルタント〟のジェロ・カーレンをその補佐につけた。現在はアストン・ヴィラのスポーティング・ディレクターをしているアルムシュタットは、トレーニング場を活動拠点にし、保守派のコーチやスカウト陣からは信頼されていなかった。2015年夏に退団したが、別れを惜しむ声はあまり聞かれなかった。

アーセナルはさらに、2012年12月にアメリカに拠点を置くデータ会社〈スタットDNA〉を216万5000ポンドで買収した。ガジディス曰く、「この会社がもたらす洞察はチーム運営に幅広く活用される――スカウティングや、才能の選別、試合の準備、試合後の分析、戦術的な発見のために」

数値を処理することでデータや選手の分析はできるとしても、保守派のスカウトやコーチたちが知りたいのは、それが実際上使い物になるレベルなのかどうかだ。たとえば、2014年の春にトム・クレヴァリーが獲得候補に挙げられたことがあった。〈スタットDNA〉での分析結果では、突出した数値が出ていた。だがそのシステムで、パスが正確につながったという事実以上のことが本当に分析できるのだろうか。つまり、それらの正確なパスのうちどれだけが実際にチームを前へ進めたかを理解できるのだろうか。クレヴァリーが入団しなかったのは、保守派のスカウトはデータがいつも正しいわけではないと判断したからかもしれない。

だが、2015年1月にビジャレアルから1500万ポンドでブラジル人DFのガブリエウを獲得した際に、ヴェンゲルはデータを判断材料にしたことを認めた。アーセナルがガブリエウ（二十四歳までどの年代でもブラジル代表の経験はなく、比較的無名だった）を実際に視察したことは確かだが、発見したのは統計データからだった。それほどまでに数値を重視したことを、ヴェンゲルが居心地よく思っていないことは、記者会見で質問されたときの様子でも明らかだった。気まずささえ感じているようだった。

〈タイムズ〉のガリー・ジェイコブは、関係者からガブリエウの契約はデータをもとにしているとの情報を得ていた。それをぶつけると、ヴェンゲルは笑って答えた。「それは言えない。否定はしないがね。ただ、データ上は言うことなしだ。インターセプトや守備のミス、タックル成功率――つまり、どれだけボールを奪うことに成功したか――それから、セットプレーに対する守備もいい。だが、いちばん大切なのは自分の目で確認することだ。

すべてのゲームを見ることはできない。だから、統計データが目で見ることを補ってくれれば、より多くのことがわかる。〝いい選手を見つけた〟という視察の報告があったら、その選手の五、六試合のデータを調べればいい。もう一度その選手を見に行かせて、やはり評価が高く、数値の裏付けもあるなら、リスクは軽減されたとみなしていいはずだ。もちろん常にリスクはあるものだが」

では、統計データとスカウトのどちらが先だったのか、という疑問が湧く。ヴェンゲルの気まずそうな様子からして、おそらくデータが先だったのだろう。だが、アーセナルの元選手で現在はスカウトのジル・グリマンディの言葉には、ヴェンゲルや保守的なスカウトたちが、本当はあまりデータを信用していないことがはっきりと表れていた。2014年12月の〈レキップ〉のインタビューでグリマンディはこう語っている。「統計データの役割は大きくなる一方だ。数値の裏付けがない主張をするためには、かなり強く推す必要がある。それに、統計データのおかげであまり知識のない人がクラブに入ってくることが可能になった」

2014年の夏、アーセナルは深刻なDF不足に悩まされていた。だがデータによると、それまでの数シーズンで、四番手のセンターバックの出場試合数は平均してシーズンにわずか四試合ほどだった。そこから、トーマス・フェルメーレンをバルセロナに売却したあとを埋める選手を獲得する必要はないという判断が下された。ところが、新加入の右サイドバックであるマチュー・ドゥビュシーと、レギュラーのセンターバックの一方で左サイドバックもこなすローラン・コシールニーが負傷することは想定されていなかった。結局この件では、データは手痛い間違いを犯したわけだ。

キーパーのスカウティングでは、ひとつのミスと次のミスの間隔が重視される。それによって、キーパーの精神的な強さと切り替えの早さが判断できる。これもまた、パフォーマンス自体を判断する昔ながらの方法ではなく、データにもとづいた評価である。

アーセナルが2013年にイタリア代表のゴールキーパーのエミリアーノ・ヴィヴィアーノを獲得したのは、彼が二線級のグループのなかではトップで、バックアップに最適と判断されたからだった。それは典型的なマネーボール戦略だった――ベストの選手ではなく、あるカテゴリーのなかでベストの選手を獲得すること。ヴィヴィアーノは一シーズンのローン移籍で加入したが、一度も試合に出ることはなく、完全移籍を希望させるほどの印象も残さなかった。彼はパレルモに戻り、すぐにサンプドリアにローン移籍することになった。

基本的に、統計データはある程度までは有効であり、クラブは自分のチームの選手だけでなく、相手チームを分析するための科学的な手法として期待している。ヴェンゲルはよく、選手が〝レッドゾーン〟にある、という言い方をするが、それは疲労により怪我の危険が高まっている状態を意味する。だがヴェンゲルは、レッドゾーンの選手でも休ませずにプレーさせることが多い。適した交代の選手がいないときには特にその傾向がある。また、彼の判断は自分がピッチ上やトレーニング場で見たことにもとづいている。アーセナルを引き継いだとき、彼は食事法やフィットネス、ストレッチにも新しい科学的手法を持ち込んだが、いまでは自分の理論に反対されることを嫌っている。

とはいえ、ヴェンゲルの知性は平均的なフットボール監督をはるかにしのぐ。まさに〝インテリジェント・ワン〟だ。多くの事柄について深い知識を持っていることが感じられる。

彼は数カ国語を話す。英語――たしかに独特で、ときには〝footballistically〟といった珍奇な語（おそらく、フットボールにまつわる何事かを表現しているのだろう）が飛び出すこともあるが――ドイツ語、スペイン語、若干の日本語、そしてもちろんフランス語だ。頭の回転が速く、博識で、話は面白い。トラックスーツを着て、吠えるように選手に指示を飛ばす典型的なフットボールの監督とはまるで異なっている。

その一方で、冷淡な印象を与えかねない場合もある。アーセナルの元フィジオ、ガリー・ルーインがセオ・ウォルコットを連れてオフィスを訪れ、肩の手術の許可を得ようとしたとき、ヴェンゲルは机から顔を上げて言った。「ああ、ああ、もちろんだ」。だが、選手の回復を祈ることも、できることがあればサポートしようと伝えることもなかった。

科学的手法や新しい技術に関しては、１９９６年の就任以来、ヴェンゲルは次第に優位を失いつつある。すでに追い越された、と言われることもある。だが、心理学や選手に課す知能テストなど、独自の発想はまだほかにもある。メンタルコーチを採用し、契約前に選手のメンタリティーや意欲を把握する試みも行っている。

ヴェンゲルはファイナンシャル《F》・フェア《F》プレー《P》やドーピング、英国のフットボールの将来についてといった、クラブの垣根を越えた事柄にも確固たる意見を持っている。また彼の考えでは、自身のマネジメント手法の多くは普遍的であり、大企業の手法とも共通点は多い。ツアー先では、ビジネスセミナーに参加することが多い。ほかの監督たちはスピーチやビジネス会合などはＣＥＯに任せているが、ヴェンゲルはマイクを手に聴衆に語りかけ、質問に答えている。

２０１３年夏のツアー中、日本のさいたま市でもそうした姿が見られた。短い質問に対して回答は長く、よく練られており、中身も濃かった。ヴェンゲルを突き動かす原動力が語られていた。話題は若手選手の育成、フットボールにおけるエゴの管理、いいチームを作るために何が必要か、西洋人が必ずしもいい指導者とはかぎらない理由、重圧のもとでのプレー、時間管理、チームワークの重要性、そしてジョギングをしていて迷子になったことにまで及んだ。

Q：競争が激しく、グローバル化した市場において、アーセナルはいかにして最高の才能を探し出しているのですか？

A：若手にチャンスが与えられるクラブだと認められていることはひとつの強みです。我々は、成功への意欲がある選手を探しています。では、意欲とはなんでしょう。何をもって意欲があると判断できるのでしょうか。ずっと意欲を持ち続けるにはどうすればいいのでしょうか。まず、私にとって意欲があるとは、目標を達成するために必要なものを手に入れる能力があることを意味します。

たとえば、さきほど私はさいたま市内でジョギングをしたのですが、道に迷ってしまいました。私にはホテルまで戻ろうという意欲がありましたが、帰り道がわかりません。私には強い意欲があったので、ゆっくりと時間をかけて道を探し、ホテルへ戻りました。ここからわかることはなんでしょう。意欲は重要だが、それだけでは足りないということです。必要なのは意欲の持続です。我々は選手のそうした部分が知りたい。私にはそれがとても過小評価されている能力であるように思えます。

私は「ホテルへの帰り道がわからないから、タクシーを探そう」と考えてもよかった。それでも、スポーツマンなのだからタクシーには乗らず、どれだけ時間がかかろうとも帰る道を見つけよう、と決心し、走り続けました。それが私のいう意欲の持続なのです。意欲のスタミナです。成功者とは、意欲のある人ではなく、意欲を持続させている人です。元旦にダイエットを始める人は大勢います。1月半ばでやめてしまう人もいれば、6月半ばで諦める人も、ずっと続けていく人もいるでしょう。我々の関心は、ずっと続けていけるかどうかにあります。なぜならそれが、成功するスポーツ選手には必要だからです。

もちろん成功した選手が必ずしも幸せとはかぎりません。しかし、成功者は意志が固く、成功するためなら自分を犠牲にする気構えがある。それこそが我々の求めているタイプなのです。自分にも仲間にも、長期間にわたって高い要求をし続ける人々です。そうした持続する意欲は、フットボールやビジネスだけでなく、人生のあらゆる面に当てはめることができます。

Q：では、どこでそうした才能を探すのですか？

A：世界中を探します。単純なことです。私はサッカーの世界に長くいますが、それでもまだ、このゲームが世界中でこれほど急速に広まったことはちょっとした奇跡だと思っています。今日では、ロンドンで何かが起きると、さいたまでもほぼ同時にそれを知ることができます。それはつまり、アーセナルは世界規模のクラブであり、我々は世界中の才能に関心があるということなのです。世界は小さい。以前なら、さいたまの少年はワールドクラスの選手になる可能性はありませんでした。でも現在ではその可能性があります。なぜなら、才能と意志があればどこかでチャンスを摑めるし、我々はそうしたチャンスを与えようとしているからです。我々は世界中で才能と野望を持った選手を探しています。サッカー界では、不幸なことに才能よりもお金のほうが有りあまっているのです。

Q：才能ある選手をワールドクラスの選手に育てた経験について教えてください。

A：私は、人のマネジメントをする最大の楽しみは、相手に良い影響を与えることだと思っています。それが監督の基本的な役割です。それができたとき、私はとても幸せです。土曜の午後に勝利することもとても大きな職務ですから、それが唯一の仕事ではありませんが、とても重要なことです。スターだけが大切にされる世界では「君はまだスターではないが、そうなれる可能性はある。そのチャンスを与えよう」と選手に伝えることが重要なのです。アーセナルはその点に誇りを持っていますし、スターを購入してくるだけのやり方とは違った考えを持っています。スター選手も皆、才能ある無名の人物だった時期があるということをよく考えてみる必要があります。我々はこのような選手にチャンスを与えるクラブでありたいと思っています。

Q：あなたは世界で最も高給取りのスポーツ選手とともに働いていらっしゃいます。監督としての仕事のなかで、エゴの問題はどれくらい重要なのでしょうか？

A：もしエゴは大きな問題かと問われているのであれば、答えはイエスです。大切なのは、どんな大スターであれ、必要とあらば他人の言葉に耳を傾けるということです。では、必要かどうかを何をもって判断するかというと、相手を試すのです。選手としての目標へ導いてくれる監督だろうか、と。

残念ながら、監督は長いあいだ騙し続けることはできません。三十人のチームに加われば、選手たちはあっという間に性格上の弱点を見抜きます。だから人と向き合えば、毎回自分のことを思い知らされます。彼らは観察し、自分の助けになる人物かどうかを見極める。そして助けになると判断すれば尊敬します。次のステップは、チームが成功をもたらしてくれるかどうかの見極めです。我々は、財政面で制約があった時期にこの問題を抱えていました。すぐに成功することを求める選手もいましたが、それにはスター選手が足りなかった。もちろん、この仕事をしていればこうした問題にぶつかることはあります。

Q：あなたのフットボールの理想は、ピッチ上の結果によってのみ達成できるものなのですか？

A：監督は先導者です。集団を率い、語りかけます。「私は君たちとともに成功できる。その方法を示すことができる」と。しかしその前に、自分が何を求めているのかを明確にする必要があります。コンセプトを明確にし、彼らが一緒にそれを目指せるように理解可能なものにしなければなりませんが、それは簡単なことではありません。だからこそ、私にとって日本で働いたことはとても意味があったのです。自分の考えをできるかぎり明確にすると同時に、文化の違いに適応しなければなりませんでした。ときには、結果が悪くとも考えを変えてはならないこともあります。

Q：サッカーとビジネスでは、マネジメント手法に違いはあるのでしょうか？

A：おおむね同じです。唯一の違いは、ビジネスにおいてはほとんどの場合、成熟した人々を管理するということくらいです。サッカーでは、管理する選手は十八歳から二十歳くらいです。彼らはとても大きな責任を背負っています。6万人の大観衆が与える重圧のなか、試合に勝つという大変な任務を遂行しなければなりません。もし自分が二十歳で、金銭も名声も得たビッグスターだったらどう感じるかはわかりませんが、たやすいことではありません。それがサッカーとビジネスのマネジメントの大きな違いです。

もうひとつ大きく違うのは、オフィスでの仕事は、能力の七十パーセントを発揮すれば成功だと言えることです。サッカー選手にとって、能力の七十パーセントを発揮しても成功だとは言えません。それがストレスのもとなのです。ひとりの選手がチームの弱点になれば負ける可能性があり、そのことを選手は知っています。そこからプレッシャーが生じるのです。サッカー選手はいつでも気が抜けません。試合で良いプレーができるのは百パーセントの状態のときだけなので、それが身体にプレッシャーとしてのしかかります。ツール・ド・フランスの例を考えてみましょう。クリス・フルームが優勝しましたが、一日でそれを失う可能性もあったのです。職場でわずか一日うまくいかなかった、というだけで。それがトップレベルのスポーツなのです。

Q：チームの勝利にとって大切な要素はなんですか？

A：穴となるポジションがないことです。そして、決定的な働きをする選手が必要です。相手チームの得点を防ぐためには優秀なゴールキーパーと優秀な守備陣が必要で、なおかつ得点を取らなくてはなりません。パスを出せる選手、つまりクォーターバック役と、ゴールを決める選手、つまりレシーバー役がいなければなりません。得点につながるパスができる選手がいれば、サッカーの試合では常に勝つチャンスがあります。あとはチームワークと態度次第です。

Q：多文化のチームをどう扱っているのですか？

A：我々自身の文化を作ることによってです。私は十八の異なる国から来た選手たちと一緒にやってきました。たとえば、時間に間に合うということの意味は、日本人とフランス人では違います。フランス人は五分遅れで来ても時間どおりだと考えます。日本では、約束の五分前に来ても遅すぎたと感じます。だとすると、新しい文化を作って行動の基準を作らなくてはなりません。つまり、企業文化ですね。そうすれば、誰かが間違ったことをしたときに「ほら、前に話したことと違うじゃないか」と言える。だから、大切なのは明確なルールを作ること、そして全員がそれを知り、同意していることです。

Q：チームが落ち込んだときに奮い立たせるための良い方法はありますか？

A：生活していれば、誰もが私たちの短所を指摘してくれます。私はほとんどの時間を割いて、チームや選手に彼らの長所を言って聞かせています。完璧な人生を送っている人など誰ひとりいません。でもありがたいことに、完璧でなくとも成功はできるのです。選手たちは、自分の欠点など忘れたほうがいい。

Q：ビジネスでは、個人的な目標を達成するかどうかは各人次第で、目標を達成できなければ不利になることもありますが……。

A：人生における成功とは、個人の成績と他者との協力のバランスです。西洋では個人の成績が重要視され、何がなんでも成功することが求められます。自らのパートナーを殺し、ずるいことをしなければならないとしても。大切なのはひとつ、どんな犠牲を払ってでも個人的に成功することなのです。

しかし日本の文化では、他者との協力がより大切にされます。成功の度合いは、会社全体の精神にどれだけ一体化することができたかで測られます。ときには行きすぎることもあるでしょう。なぜなら個人的なパフォーマンスは集団の成功ほど評価されないからです。ヨーロッパでは、その点は完全に逆です。他者と協力するという意識はばっさりと切り落とされます。

幸福感をもたらすのはそのふたつのバランスです。チームスポーツとはそのためのものです。優秀なサッカー選手は、自分を表現し、同時に集団にも貢献していると感じているはずです。どちらかが欠ければ完全な幸福は得られないでしょう。それがチームスポーツの魔法なのです。

Q：目標を達成できない選手たちにはどう接するのですか？

A：実力が発揮できていないとき、監督の最終手段はメンバーから外すことです。この仕事の難点は、チームには土曜日にプレーしようと争う二十五人がいて、金曜日にはそのうち十四人に仕事を与えられないのですが、月曜日には彼らに「さあ、やり直しだ。チャンスはまた来る」と話さなければならないことです。それがこの仕事の難しさですね。

長年ヴェンゲルとアーセナルの取材をしている私には、時間管理に関する発言が面白かった。すでに書いたとおり、ヴェンゲルは記者会見に頻繁に遅刻をするからだ。ヴェンゲルが時間管理について語るという皮肉には思わずにやりとした。

ヴェンゲルが人のマネジメントや精神的態度、選手育成をかなり重視していることは明らかだ。たしかにロッカールームでは寡黙で、選手をレギュラーから外す場合やトレーニング場の使用許可の例でわかるように、意見が対立するのを避けていると言われることもある。しかし、ハーフタイムのロッカールームでもそうだが、そうした行動には明確な考えがある。普段あまり話さないことで、口を開いたときには自分の言葉が選手たちの耳に届き、心にとどまるようにしているのだ。

選手が成長してファーストチームに入ったときに、自信を植えつける方法としてもそれはうまく活用されている。イングランド代表のキーラン・ギブスの場合、ヴェンゲルがファーストチームでのデビュー戦に選んだのは２００７年のシェフィールド・ユナイテッド戦で、ポジションはそれまで経験のなかった左サイドバックだった。不安を感じるだけの時間を与えないように、本人に伝えたのは試合前日だった。ティエリ・アンリや、ＭＦからＤＦにコンバートされた無敗シーズンのローレンなど、未経験のポジションをこなす素質を探り当てるヴェンゲルの観察力がこのときも発揮された。

ギブスはインタビューでヴェンゲルの手法や人のマネジメントの巧みさの理由について興味深い見解を語ってくれた。

　彼は特別だ。加入したばかりの選手に、自分はそこにいるだけの価値があるんだと思わせてくれる。何も大げさなことじゃない。声をかけられて、褒めてもらうだけで、選手は「アーセン・ヴェンゲルが話してくれているんだ」と思う。家に帰ってからも、その言葉はずっと頭に残るだろう。

それは絶対に正しい言葉として心に刻まれる。彼はいつも張りついて見ているような監督じゃない。選手自身に吸収し、学ばせる。自由にプレーしろ、展開のなかで正しいと思うことをしろといつも言われている。その言葉が僕にはありがたかった。とても好きな言葉だ。さっさと言われたとおりにやれ、という言い方で指示を出されたら、きっとついていけないだろうね。彼はその場に選手を放り込み、自分で学ばせるんだ。僕は自分自身のいちばん厳しい批評家だから、やるべきこと、やるべきでないことは自分で判断できる。彼は性格を見抜くのもうまい。放置したほうがいいときにはそっとしておいてくれるし、話すべきときには話してくれる。

レイ・パーラーはこの見解に同意する。そしてアーセナルを退団した選手が公の場でヴェンゲルを悪く言うことがほとんどない理由もここにあると考えている。だから、サー・アレックス・ファーガソンとロイ・キーンとのようなことは起こらない。ヴェンゲルはアーセナルの偉大なキャプテン、パトリック・ヴィエラとはずっといい関係を保っている。

「彼のマネジメントは最高だと思う。毎日の仕事を楽しんでいた」と、パーラーは言う。「素晴らしいのはフィールドのなかだけじゃない。何か問題を抱えていれば、じっくりと話を聞き、監督として手を差し伸べてくれる。人のマネジメントはとても重要だ。彼の悪口を言う人は、本当に見当たらないよ。すごいことだし、人の真価はそんなところに表れるものだ。

成績は良くても、その点で足りない監督は多い。なかなかできることじゃない……。監督と選手の仲は難しいよ。監督にああだこうだとけちをつける選手もいる。でも、ヴェンゲルと一緒にやった選手から、彼が優秀な監督でも親切でもないという声はあまり聞かない。それは、本当に親切な人だからだ」

公平のために言っておくと、ヴェンゲルは怒りを爆発させるよりむっつりと不機嫌になる傾向がある。もちろんまったく怒らないわけではないし、選手たちを怒鳴りつけることもあるが、効果が薄れてしまわないように、間隔を空けることに注意している。選手がミスをすると、選手ではなくコーチに不満の声を浴びせることも多い。怒りは選手に直接ぶつけるのではなく、皆がいる場で吐き出す。チームミーティングや叱責の効果が失われないように、選手たちは普段怒鳴られることはない。

ヴェンゲルはメンタルコーチを雇っていることを認めているが、それについてあまり詳しいことは語りたがらない。長いあいだ雇っていることすら認めていなかった。デイヴィッド・ディーンは、すでにヴェンゲルが心理面での指導をしているのだから、必要ないと考えていた。だが、ヴェンゲルはいまではこう語っている。「たしかにひとり雇っている。いや、それについては話したくない。なぜならクラブ内で行われていることについては……そう、コカ・コーラの製造法だって誰も教えてくれないじゃないか」

クラブの内部で行われていることは、コカ・コーラのレシピに匹敵する極秘事項だということだ。ヴェンゲルは自分が知らないところで情報が流出したり、内部事情を暴かれることを極度に嫌っている。メンタルコーチを雇っていることを認める一方で、その効果はさほどではないかのように語るのはそのためだ。

「選手も一般人と変わらない。勝利は全員の成果で、敗北は全員の責任だ。私は心理面でのサポートが必要だと考えている。誰だって完璧ではないから、心理面でのサポートにはいくらかの効果がある。だがプロのレベルに達している人物はもともと精神的な強さを持っていて、逆境にも対応できる。そうでなければ、そこに達していないはずだ」

２００８年９月、ヴェンゲルの機嫌を損ねる出来事があった。私を含む幾人かの記者が、偶然にも心理学を用いたチームミーティングの状況を詳しく知ってしまったのだ。ボルトンでの試合前日にアーセナルが宿泊していたマンチェスターのホテルに、私たちは結婚式に出席するため、たまたま居合わせていた。試合には勝ったが、ヴェンゲルにとっては情報が漏れたことへの不満のほうが大きかったようだ。

選手たちはＡ４の紙を一枚ずつ配布されてミーティングをしていた。驚くべきシンプルさだ。それは重要なメッセージを強調するためだった。アーセナルはアウェー、とりわけ北西部での試合には苦戦していた。〝推進する力〟や〝エネルギー〟といった言葉が使用されていた。また〝積極的な態度〟の必要性が主張され、〝選手としても個人としても、謙虚に、分別のあるふるまいをすること〟を求める言葉も含まれていた。さらに、ボルトンのような敵地は戦いやすい場所ではないが、〝ホームでのいつものフットボールをする〟ことも強調されていた。

これが試合前のミーティングで選手たちに渡された紙だ。

ほかのスポーツと比較して、フットボールにおける心理学は往々にして軽視されているし、真剣

チームの強さ

■チームの強さとは、その内部の関係の強さである。チームを推進する力は、素晴らしい関係を作り出し、維持するメンバーの能力であり、それがチームのエネルギーをより大きく、強くする。

■こうした態度によってチーム内に感謝の気持ちが芽生え、チームが我々の人生にもたらす、きわめて重要な利益に注意が向けられる。それによってチーム内の関係は強く、深くなり、結束した強いチームに与えられるチャンスを最大化することができる。

我々のチームを強くする要因は、

・ピッチの内外で積極的な態度を示すこと
・全員がチームにとって正しい判断をすること
・目標を達成できるという揺るぎない信念を持つこと
・チームの強さを信じること
・常により多くを求め、常により多くを与えること
・コミュニケーションに集中すること
・己に厳しくあること
・フレッシュで、勝つための準備ができていること
・精神的により強くなり、必ず最後まで進み続けること
・アウェーでは、我々のアイデンティティーを信じ、ホームでのいつものフットボールをすること
・協力し合うこと
・選手としても人としても謙虚に、分別のあるふるまいをすること
・何をするときもそこに勝利への野望が表れていること

チームの一員であることの特別さのすべてを享受し、それに寄与すること――何もせずに得られるものと思ってはならない。

に考慮されてもいない。その価値を認める選手は多いが、フットボール界ではまだ馴染みのない新奇な概念とみなされている。ヴェンゲルはフランスの心理学者ジャック・クルヴォワジェと四十年来の付き合いがある。彼はアーセナルの選手たちと定期的に関わり、選手の知性や自信、信念を測る選択形式の質問を行っている。

職務の性質とヴェンゲルの性格からして秘匿性が重んじられるはずだが、クルヴォワジェは定期的にインタビューを受けている。スウェーデンの雑誌〈オフサイド〉のインタビューでは、アーセナルのストライカー、ニクラス・ベントナーが規格外の自信家であることを示す面白い調査結果を明らかにしている。「カテゴリーのひとつに〝有能さに対する自覚〟があります。要するに選手自身が、自分はどれだけ優秀だと考えているかを示すものです。数値は最大九までという設定なんですが、ベントナーは十だったんですよ。そんな数値は見たことがありません。私の横にすわっていたパット・ライスは、笑いが止まらなくなっていました。チャンスでミスをした場合、ベントナーはいつだって悪いのは自分ではないと心から信じているんです。それは問題だと思われるかもしれないし、たしかにある程度はそのとおりでしょう。でも別の見方をすれば、この人物は挫折してもくじけずに回復する驚異的な能力を有しているとも考えられるのです」

クルヴォワジェはヴェンゲルと親交がある。そして、選手の精神的強さの重要性を確信したときにヴェンゲルは壁を打ち破ったと考えている。２０１１年、アーセナルがタイトルから遠ざかっていたころ、クルヴォワジェは語っている――

アーセナルの全若手選手をテストしたところ、彼らはメンタルの面できわめて優秀でした。

私は、問題は精神的なものではないと考えています。アーセン・ヴェンゲルには特別な哲学とポリシーがあることを理解すべきです。新スタジアム建設のため、選手の獲得資金は限られていました。そうした制約に縛られていないクラブと戦うのはフェアなことではありませんでした。チェルシーでは、ロマン・アブラモビッチが世界最高の選手たちを買える金をジョゼ・モウリーニョに渡していました。ラファ・ベニテスはリヴァプールで五年間に六十八人の選手を獲得しました。アーセナルはその間、選手の流出を食い止めるのに必死でした。ファブレガスやウィルシャー、シュチェスニーのような選手があと三、四年チームにいれば、特別な働きをしてくれるはずです。

アーセンは、キャリアの終わりを迎えてアーセナルを去るとき、クラブに新しいスタジアムと新しいアカデミー、素晴らしいチーム、そして充分な資金を残すでしょう。とてつもない遺産です。会話に新鮮な彩りを添える彼の知性には、会うたびにいつも感心しています。アーセン・ヴェンゲルは、アーセナルの選手に求められるのは賢明さであり、それが出発点だといつも話しています。そうでないと、彼のシステムに入ることはできません。

アーセナルは長年、メンタルコーチを臨時で雇ってきた。その結果、一貫性のないメッセージが伝えられることになり、それが選手たちのジョークのネタになったこともある。ひとりのメンタルコーチが何かを語る。別のメンタルコーチには独自のメッセージがあり、コーチや監督が話す内容もまた違う。代表チームに行き、さらに別のメンタルコーチと接する選手も多い。レイ・パーラーはあるセッションのあとでこんなことを言った。「しゃべるオウムを肩に乗せて、もう一方の肩にも別のオウムを乗せているようなものだね」

その声に耳を傾ける選手もいれば、あまり聞いていない選手もいる。ジャック・ウィルシャーはメンタルコーチに全面的な信頼を寄せるひとりで、アーセナルでコンサルタントをしているピート・リンジーの面談を受けていた。ウィルシャーはそれによって、選手も監督もそれぞれであり、自分のピッチ上の問題は怪我や自信の欠如ではなく、怒りと欲求不満によるものであることを理解するようになった。イングランド代表への招集中にリンジーのサポートを受けたことで、自分の攻撃性を別のところへ向け、不運な怪我に対する欲求不満を乗り越えることができたという。

選手はそれぞれ違う。適応に時間がかかるタイプもいれば、いきなりチャンスを摑めるタイプもいる。そのわかれ目は、自信ではなくて不安なんだ。自信じゃない。いや、不安というより、欲求不満かな。いまは、フットボールを楽しめるあいだは楽しもうと思えるようになった。ピッチに立つときは楽しむことだけを考えている。攻撃的な気持ちはないし、怒りもない。数年前だったら、いいプレーができなければフィジオのところへ行って「膝がおかしい」と訴えただろう。いまはそれを乗り越えてフットボールを楽しんでいる。成長したんだ。毎週思ったとおりに物事が進むわけじゃないと気づいた。当然だよね。そんなはずはない。大切なのは自分のすべてを出して、楽しむことだ。

あるとき、変わらなきゃならないと気づいた。いつだったかははっきりと覚えていないけれど、そんな瞬間があった……。スティーヴ・ピーターズ（イングランド代表のメンタルコーチ）ではなくてアーセナルのメンタルコーチ（ピート・リンジー）がそばにいて手を貸してくれた。正しく思考しなければ、身体のほかの部分に影響を及ぼす。だから思考を正し、フットボールを楽しむようにと教わった。いまはそれを目標にしている。

こうしたことはすべて、結局は人のマネジメントの問題に帰着する。2014年夏には、アーセナルはロンドン・コルニーの指導体制を変化させる必要があると考えはじめていた。時代に追いつき、スポーツ心理学の活用法を定め、フィットネスの問題に対応しなければならなかった。

2004年からドイツ・サッカー協会でフィットネス・コーチをしていたシャド・フォーサイスが招聘され、アーセナルが抱えている負傷離脱などの問題改善に取り組むことになった。アメリカのフィットネスの第一人者であり、ワールドカップで優勝したドイツチームの一員だった彼の加入は大きな話題になった。メスト・エジルも喜びのツイートをした。「アーセナルにまたひとり世界チャンピオンが来た！」

それほどの派手さはなかったが、ラグビーチームのサラセンズで心理学と自己啓発の責任者をしていたデイヴィッド・プリーストリーが専属のメンタルコーチになったことも同じくらい重要な出来事だった。プリーストリーが就任するまで、クルヴォワジェらは臨時雇いの立場で、必要なときに招かれるだけだった。プリーストリーはサラセンズ時代、ピッチ上で何かをするのではなく、選手ごとの指導計画を立て、自信と率直さ、そして謙遜の重要性を教えていた。そのために彼は、入院している子供たちの訪問や刺激的な人物の話を聞くことによって、選手たちにチームスピリットと自信を植えつけるといった手法を用いていた。

ヴェンゲルは技術指導とフィットネス、心理学を組み合わせ、それらの分野の最先端の成果を取り入れることによって選手たちの最高のプレーを引き出すことができると考えている。また、若手選手に活躍のチャンスを与えることにはとりわけ熱心だ。ジャック・ウィルシャーはこう語っている。

監督のすごいところは、若い選手のベストを引き出す能力だ。選手は自らを信じて、自信を持ってプレーできる。若いときにそういう接し方をしてもらい、正しい技術と身体能力を身につけることができれば、きっとうまくいく。

大事なのは、若い選手を信頼してチャンスを与えていることだと思う。それだけではないけれど、ほかのチームでは、若手を起用しても悪いプレーやミスをしたら簡単に外してしまうことがある。下位のチームでは珍しくないことかもしれないが、アーセナルのような上位チームでチャンスを与えられれば、若い選手は大きな自信を持つ。十八歳でワールドクラスの選手と一緒にプレーして、タイトル争いが経験できるんだ。

これらのサポート・スタッフが加入したのは、2014年にFAカップで優勝し、久々のタイトルを得たあとだった。ヴェンゲルは、プレミアリーグでは優勝争いをする力がないというファンの不満に気づいていたのだろう。マンチェスター・ユナイテッドはファーガソン時代が終わって苦戦しており、チャンスが来ていることもわかっていた。ファンはその瞬間をずっと待ち焦がれていた。

第13章 ファンの声

アーセナルファンの多くにとって、アーセン・ヴェンゲルは大好きな叔父さんのような存在だ。どこか憎めず、楽しい思い出がいくつもあって、とても嫌いになどなれない。けれども在任中のいつか、おそらくは２００８年ごろから、ヴェンゲルの魔法は解けはじめた。最初にそう主張したのは、声の大きな少数の集団だった。だが徐々にその意見は広がっていき、いまではそれが大多数の声であるかのように感じられることさえある。もちろん、アーセナルが優勝すればそうしたファンの声は収まり、消えていくだろう。

だが本当は、ヴェンゲルの最大の敵はヴェンゲル自身なのだろう。あらゆる相手を倒し、信じがたいほどのフットボールをすることで、最初の数年間でとてつもなく高いところに基準が置かれてしまった。その基準を維持することは困難だった。２００６年にはチャンピオンズリーグの決勝で敗れ、２００７年にはリーグカップの決勝でチェルシーに敗れ、プレミアリーグのタイトル争いでは２月末時点での５ポイントのリードを守れなかったとはいえ、アーセナルは２００８年まで、ずっと優勝争いに絡んでいた。常にいいところまで行き――だがあと一歩のところで敗れていた。向かうところ敵なしのスーパースター軍団が、少し足りないチームになってしまったことは、ファンにとって受け入れがたかった。

残念ながら、ファンの批判はいまに始まったことではない。アーセナルのサポーターは、おびただしい数のブログやソーシャルメディアを通じて、負けたときは言うまでもないが、引き分けでも厳しい反応を示してきた。それは、高額なチケットを販売してきたヴェンゲルの任期では、大きな特徴となっている。そうしたファンはかつての栄光にすがりつき、勝って当然だという意識から抜け出せずにいる。

ヴェンゲルにとっては、今後人々の記憶にどのように残っていくか、任期後半の低迷によって輝かしい実績に傷がついてしまわないか、という点も大切なことだ。トップクラブの監督にとって、九年間優勝できずに留任し続けるというのは難しい。ヴェンゲルにしても、就任当初の成功がなければすでに辞めているだろう。つまり、過去の実績のおかげでいまがあるわけだ。だがそれでも、かつてのような素晴らしいフットボールを取り戻し、再び黄金期を迎える希望は残されている。

だからこそヴェンゲルは監督の地位にとどまっているのだ。もちろんそれに加えて、アーセナルが4位までに入り続け、チャンピオンズリーグに毎年出場し、膨大な収入をもたらしていることもある。だがそこには別の問題もある。最も大切なのはフットボールなのか、それともクラブの財政なのかが、よくわからなくなってしまっていることだ。

ヴェンゲルが監督ではなく、ほとんど会計士のように思えるのは、サポーターにとって腹立たしいことだ。いずれアーセナルでのヴェンゲルのキャリアを振り返るとき、かつて崇拝していたファンが大好きな叔父さんに幻滅してしまったことが、彼の任期のなかで決して忘れられない記憶として残ることは誰にも否定できないだろう。

ときにはアーセナルファンは行きすぎることもあった。2014年12月にストーク・シティに2対3で敗れたあと、ファンの集団がヴェンゲルと選手たちを汚い言葉で罵倒するチャントを歌った。ヴェンゲルの親しい友人によれば、公の場でどう言おうとも、彼はそれに心底傷つき、落ち込んでいたそうだ。また、2013－14シーズンの開幕戦、ホームでアストン・ヴィラに敗れたときにも、非難の声はあまりに大きく侮辱的だった。ベンチメンバーの多くもそれまでで最悪のヤジだと感じ、ヴェンゲルはこのときも落胆していた。

はじめはこれほどひどくはなかった。2008－09シーズンに小さな不満の声があがったとき、最大のファンのグループのひとつ〈レッド・アクション〉は、2009年5月のシーズン最終日にヴェンゲル支持の行進をしたほどだ。アーセナルはその日の試合で、4対1できっちりとストークを破った。

一般的に、アーセナルのファンには礼儀正しく穏健な中流階級が多い。そして批判的なファンがヴェンゲルの退任を求める横断幕を張ったときでさえ、やり方はいたって控え目だった――〝アーセン、思い出をありがとう。でもお別れのときが来た〟。こんな礼儀正しいやり方をされては、黙って引き下がるしかない。ただし、もちろんそれは選手たちの自信をぐらつかせたし、試合にも影響を及ぼした。

ヴェンゲルの最大の批判者のひとり、〈デイリー・ミラー〉の元編集長でタレントのピアース・モーガンは、ヴェンゲルに敬意を払ってきたが、在任期間が長くなりすぎたと考えている。モーガンは根っからのアーセナルファンで、ヴェンゲルとはきわめて親しく、デイヴィッド・ディーンとも仲がいい。２００４年にホワイト・ハート・レーンでアーセナルがプレミアリーグ優勝を決めたときには、スパーズの元会長サー・アラン・シュガーに招かれていた。トッテナムの役員室での素晴らしい思い出はいまも忘れていない。

２対２で引き分けてホワイト・ハート・レーンでリーグ優勝を決めたとき、私はアラン・シュガーに招かれ、生涯のスパーズファンである父と一緒に役員室にいた。敵の本拠地で優勝を祝っているのは我々だけで、皆どこかへ行ってしまっていた。ヴェンゲルとパット・ライスが役員室に入ってきて四人になると、そこにあるいちばん高級なワインを出させ、一時間ほどアーセナルの最高の瞬間を祝った。ひとりの人間にこれほど愛情を抱けるのかと思うくらい、私は情熱的にヴェンゲルを愛していた。

最近も、２０１４年にまたしてもアーセナルが勝ったときに、スパーズの役員室でパット・ライスに会った。彼は最近体調が良くなかったから会えてなによりだった。楽しいときを過ごし、ワインを飲み、一時間ほどヴェンゲルがクラブにもたらした栄光について語り合った。アーセナルファンは皆似たようなものだろう。ヴェンゲルを批判することは、妻の目を盗んで浮気をするのに少しばかり似ている。誰もが心から彼を愛しているんだ。それでもクラブの今後の方向性を、現実に即して感情を交えずに考えてきて、何年もかかって達した結論は、彼は退任すべきだということだった。胸が痛むよ。だがそれが現実だ。

モーガンは多くのアーセナルファンの気持ちを代弁している。私が最初に新聞社に入って彼のもとで働いていたころから変わらずアーセナルに情熱を注いでいるし、そう語るとき、彼には無念さがある。なぜならまだヴェンゲルが好きで、それでも魔法はもう解けたと考えているからだ。

それはヴェンゲル個人の問題ではない。立場上、私はアーセナルが常にリーグ優勝を争う位置にいるべきだと考えなければならない。それがイギリスのすべてのビッグクラブにとっての絶対的な尺度なのだ。ヴェンゲルや役員会、多くのファンの意識がリーグ優勝から4位以内の確保へとずれてしまっていることには納得できない。十八年間連続のチャンピオンズリーグ出場の話ばかりを我々は繰り返し聞かされている。

優勝したことがあるのならともかく、チャンピオンズリーグのことなどどうでもいい。一度決勝に進出しただけで、戦績はまったく悲惨なものだ。優勝できそうにないトーナメントに毎年出場していることは、祝福すべき事柄ではない。ジョゼ・モウリーニョやサー・アレックス・ファーガソンが、勝ったこともない大会に出場したことを誇りにするなどと想像できるだろうか？　そうは思えないね。

アーセナルに来たとき、ヴェンゲルは完全な勝者のメンタリティーを備えていたと思う。彼は英国のフットボールを揺さぶり、食事法からトレーニング、試合への準備やプレーに至るすべてを変えた。

だがヴェンゲルが受けた賞賛は、英国のフットボール史上屈指のＤＦ五人を引き継いだことによるものだ。その点が忘れられている。すでにいた選手たちが最初の基盤だったわけだ。引き継いだのはベルカンプ、ボールドウ、アダムス、シーマン、ディクソン、ウィンターバーンらだ。それを忘れてはならない。アネルカを連れてきたことは素晴らしかったが、就任当初の成功は、もともとあった基盤の上に築かれたものだ。

彼はアンリ、ヴィエラ、キャンベルといった偉大な選手たちを加入させた。並の選手を獲得し、世界で戦える選手にするという評価を得た。また、オーフェルマルスやピレスといった、すでにワールドクラスの選手を買ってきた。ヴェンゲルとチームにはちょっとした神話が生まれたが、それは彼が幸運にも強力な守備陣を持ち、それを基盤に優勝を重ねたからだ。

公平に考えてみよう。最初の八年間のヴェンゲルは、アーセナルの歴史で一、二を争う偉大な監督だった。また、プレミアリーグの歴史のなかでも最高の監督のひとりであり、チャンピオンズリーグ以外、勝つべきものはすべて勝った。

なぜそれほど勝つことができたのか。長身で技術があり、攻撃的でパワフルな選手たちがいたおかげだ。では、この十年で何が起きたか。インビンシブルズのメンバーは二年で全員がいなくなり、ヴェンゲルは代わりにもっと小柄で体重が軽く、当たりの弱い選手を入れた。高い能力を持っていたが、チェルシーやマンチェスター・シティといった非常に力強いチームに対抗できるだけのパワーはなかった。率直に言って、体格がよくパワーがある選手がいたストークのようなチームにも苦戦していた。

私の不満は募った。それで、あとですぐに後悔したんだが、マンチェスター・シティにアウェーで0対3で敗れたとき、〈メール・オン・サンデー〉のコラムで長々と自説を展開したことがある。選手が小型化し、威圧感のないチームになっているが、それは間違った戦略だ。

ヴェンゲルは退任すべきではないか、といったことをね。当時は相手にされなかったが、この七、八年、あのコラムで書いたとおりの状況が続いている……。

では、いったい何が問題なのだろう。言うまでもなく、ヴェンゲルには移籍や選手の獲得に関する決断力が完全に欠けているということだ。デイヴィッド・ディーンはその優柔不断を押し切って大型契約をまとめてきた。ベルカンプを連れてきた人だからね。行動が早く、マーケットの動きを理解している。彼らはジョン・レノンとポール・マッカートニーみたいなものだ。一緒のときはいい曲を作ったが、別れたら変わってしまった。

ヴェンゲルは大金を払ってあまりに多くの凡庸な選手を連れてきた。スタジアム建設のコストをはじめ、理由はたくさんあるのだろうが、マンチェスター・ユナイテッドだってスタジアムを建て、アメリカ人オーナーが来て、巨額の負債があり、アーセナルと似たような問題を抱えている。それでもタイトルが獲れなくなったりはしなかった……。

誰もがヴェンゲルを好いている。博識で知性があり、頭のいい人物だと思っているが、それも問題だ。困難な状況でも言い訳がうまいから、ファンとしてはそれを受け入れざるを得ないんだ。人としてのヴェンゲルと監督としてのヴェンゲルは区別しなければならない。監督としてのヴェンゲルは、もう九年前と同じではない。その変化から目を背け、モウリーニョと対等だと思い込んでいる人は、私に言わせれば夢の国にいるようなものだ……。

アーセナルファンは、残念ながら冷徹な判断力を自ら曇らせ、集団で感傷に浸っている。プレミアリーグやチャンピオンズリーグの制覇や、主だった大会での優勝争いを目指すなら——それだけの資金はあるんだからね——感傷にとらわれていてはいけない。ヴェンゲルは十年前、素晴らしい監督だった。だが、いまはもうそうではないんだ……。

ファーガソンが十年間でFAカップの一回しかタイトルが獲れないなど、考えられるだろうか。モウリーニョが十年でFAカップの一回しかタイトルを獲れないなど、考えられるだろうか。いや、五年でもいい。ヴェンゲルとクラブの蜜月は、前例がないほどの長さだ。資金はある。スタジアムもできた。そして資金を使いはじめたのに結果が出ていない。

私だったら、2014年のFAカップタイトルを獲ったあとで退任しただろう。すべてのファンが、彼を送り出す機会として歓迎したはずだ。偉大な監督アーセン・ヴェンゲルが、最上級ではないにせよタイトルを獲得してチームを去る——そうすれば我々は新監督とともにチームの再建を目指すことができた。誰にとっても完璧だった。


ヴェンゲルはずっと、ファンによる批判的な見解はメディアが駆り立てたもので、特に、記者席の近くに声の大きいファンのグループがいるためだと主張し、相手にしていなかった。ファンの不満はすべてメディアに責任があるという考えを繰り返してきた。

「ファンがメディアの希望どおりの方向へ進んだら目も当てられない」と、ヴェンゲルは答えた。ロンドン・コルニーのトレーニング場で、ファンは変わりつつあるのかと質問されたときのことだ。

「私の背中のあたりや記者席のまわりにいる人々がファンの多数派を代表しているとはかぎらない。彼らは君たち記者の耳にはいちばん入るかもしれないが、それが多数派かどうかはわからない。それが君たちの見解になるのかもしれないが、多数派の意見とはかぎらない」

これには賛同するわけにはいかない。それから二週間もしないうちにアーセナルが2対8でマンチェスター・ユナイテッドに敗れると、〈タイムズ〉の社説はヴェンゲルを擁護した。社説とは通常、一国の政治指導者を論じるための場であり、フットボールの監督が論じられることはない。それは全国紙では滅多に見られない輝かしい賞賛の言葉だった。

「彼が標榜《ひょうぼう》する身の丈にあった収支管理は、経済の競争力を損なわずに歳出削減を目指すあらゆる政府の模範である。アーセン・ヴェンゲルはアーセナルに、このノースロンドンのクラブを率いたそれまでのどの監督よりも多くのトロフィーをもたらした。では、ヴェンゲルが得たものは？アーセナルサポーターからのブーイング、そして嘲笑である」

これは注目すべき記事だ。この引用部分からも、ヴェンゲルがメディアから得ている賞賛と尊敬は明らかだ。もっとも、彼自身はそれに気づいていないらしい。ラジオ・パーソナリティのエイドリアン・ダーハムは、トークスポーツのラジオ番組〈ドライヴ・タイム〉でデイリー・アーセナルという緩いコーナーを持っているが、いつもメディアを揶揄し、ヴェンゲルの発言を貪るように受け入れている。どんな記事にも賞賛と批判のどちらも含まれる以上、ヴェンゲルに対する報道は公平なのか、不当なのか、それとも寛容すぎるのかという議論に結論が出ることはないだろう。

ヴェンゲルは2007年のFWA賞のサヴォイ・ホテルでのきらびやかな授賞式で表彰された。おそらく彼はチームのファンよりもメディアからより大きな賞賛を得ていて、それがサポーターを苛立たせる一因になっているのだが、彼自身はそれをあまりありがたいとは思っていないらしい。

ヴェンゲル自身の意識はともかく、アーセナルに対するメディアの注目度は相変わらず高い。クラブはヴェンゲルのもとで成功して優勝争いに加わっているし、新スタジアムへの移転を経てもいまだにヨーロッパの強豪としての評価も揺らいでいない。

最近では、アーセナルのファンは監督に倣ってピッチ上での試合結果だけでなくクラブのバランスシートにも目を光らせるようになっている。ヴェンゲルがいくら費やしたか、アーセナルの財政状況はどうか、クラブがどのように運営されているかといったことに大きな関心が注がれている。1970年代や1980年代にはこうではなかった。アーセナルが1980年代から1990年代はじめにハイバリーの改修資金を集めるために債券を発行したことが議論になったことがある程度だ。

ヴェンゲル自身の金銭へのこだわりと財政の重視はファンにも伝わったらしく、ピッチ上のほとんどの出来事よりも、関心はそちらに向けられている。特に監督への評価を下す場合にはそうだ。〈アーセナル・サポーターズ・トラスト〉の代表として有名なティム・ペイトンは生涯のアーセナルファンであり、ノースロンドンの中心に住み、ヴェンゲルの問題やクラブの今後に関する発言はしばしば紹介される。

喫茶店で会ったとき、ペイトンはいつもどおりクラブへの情熱に燃え、ヴェンゲルが資金を使わないことに対する不満をにじませていた。

支出しないことが強迫観念のようになっているのだと思う。自分のことを、名将ブライアン・クラフやロビン・フッドのような、貧しい者の立場に立つ現代のヒーローとみなしているのだろう。たしかに十八カ月間は資金繰りが苦しかった。しかしエマニュエル・アデバヨールとコロ・トゥーレの売却後はいつも、使うことのできる資金は実際に支出された金額を上回っていた。

エミレーツ・スタジアムが財政的な足かせになっていたという神話がある。だがそれは事実ではない。変わったのは、チェルシーとマンチェスター・シティが強くなり、金満オーナーが出現したことだ。もしアーセナルがハイバリーにとどまっていたら、いまではトッテナムやリヴァプールと同程度の予算規模にとどまっていただろう。

アーセナルは賃金の支払額も多い。エジルは週20万ポンド、サンチェスは14万ポンドで、社会主義の構造を維持するためにカラム・チェンバースあたりの選手にも週2万5000ポンドを支払っているし、成果をあげればさらにインセンティブが加わる。

ペイトンはまた、ヴェンゲルの任期後半の成績によって前半の実績に汚点がついてしまったと考えている。

もし2006年に退任していれば、彼はアーセナル史上最高の監督とみなされていただろう。だがその後のことまで考慮すれば、最高の監督はハーバート・チャップマンだと思う。後半の成績が前半の偉業に傷をつけてしまった。

役員室でもいろいろなことがあった。デイヴィッド・ディーンが去り、ダニー・フィッツマンが惜しくも亡くなり、状況もフットボールの基盤も大きく変わった。ヴェンゲルは監督に就任すると、プレーも準備方法も変えた。画期的な方法とテクノロジーをもたらした。だがいまでは、サム・アラダイスのほうが科学やテクノロジーの活用という点で優っている。ヴェンゲルと一緒に1996年に入団したボロ・プリモラツが、いまだに残っているくらいだ。パット・ライスも失いたくないようだ。アーセン・ヴェンゲルの任期はふたつの時代に分けて考えなければならない。
ファンのヴェンゲルに対する評価は揺れている。２０１４年12月の時点では、交代を求める意見が多数を占めていると思う。それでも、多数派は分裂している。片方には横断幕を張り、ソーシャルメディアを使って強い言葉で抗議する者たちがいる。だが他方には、ヴェンゲルのクラブへの貢献を考え、穏便な退陣を求める者たちもいる。彼らは皆の幸せを願って「どうもありがとう、でもそろそろ潮時ですね」と言う。

クラブの財務状況を注視しているペイトンは、ヴェンゲルの任期後半、アーセナルにとっては支出可能な資金がなかったことよりも、チェルシーとマンチェスター・シティというビッグクラブが出現したことのほうがより大きな問題だったと主張している。実際にヴェンゲルは自分で決断して支出した以上の資金を持っていたという。

クラブにとって最も厳しかったのは銀行に融資を依頼し、資金を集めていたときだ。誰かを売却しなければ、新たな選手を獲得できない状況だった。アシュリー・コールが週給５０００ポンドの差額で移籍したことを覚えているだろうか。誰が給料を払うかをめぐって激しい泥仕合になった。資金難のため、一ペニーたりとも無駄にはできない状況だった。
その後ロマン・アブラモビッチが現れた。デイヴィッド・ディーンの言葉を借りれば、彼はやってくるなり、50ポンド紙幣が詰まった戦車を芝生の上に停めてそれを発射しだした。だからこそ、ディーンは自分でも億万長者を探しはじめたのだ。ようやくふたりを探しあてたが、アーセナルに新たな争いが生まれ、彼が心に描いた億万長者のオーナーは誕生しなかった。アーセン・ヴェンゲルは支出抑制にこだわりはじめた。インビンシブルズのシーズンには最大の賃金予算があったのだから、支出そのものに反対なのではない。だがフットボールでは、給与総額のいちばん高いチームが優勝するものだ。たいていはその法則どおりに決まる。

この五、六年、使用可能な資金をアーセン・ヴェンゲルが使い切っていないことは明らかだ。いちばんいい例は、ルイス・スアレスを獲得できるという情報が流れたとき、リヴァプールがのちに公表したように、4000万1ポンドのオファーを提示したことだ。マーク・シュワルツァーを獲得しようとしたときには100万ポンドを出し惜しんだ。2014年の夏には銀行に大量の資金を持っていたけれども、わずか六人のDFでシーズン開幕を迎えた……。

もしヴェンゲルが退任し、チームから完全に離れて、その後スタジアムに登場したら、熱狂的な歓迎を受けるだろう。良き時代と成功、かつてのフットボールを思い出してファンは温かく迎えるだろう。フットボール界に多大な貢献をした人物だ。彼が情熱を注ぐもうひとつのもの、政治と同じで、地位を追われるまでしがみつくのは恥ずかしいことだ。

世界のどこに……アーセナルほど忍耐強いファンを持つクラブがあるだろう。就任したのが2006年だったら、ヴェンゲルはすでに監督の地位にはいないのではないだろうか。彼がまだ監督をやっていられるのは、任期前半の実績があるためだ。ヴェンゲルに敬意を抱くファンも多い。彼らはあまり大きな声をあげることはないものの、団結して彼を守っている……。

結局、アーセン・ヴェンゲルは失敗したわけではない。成功していないだけだ。それでも、彼は予算なりの結果を出していて、解任されない程度に働いている。おそらく自分なりの基準があるのだろう。４位以内に入ることが彼の生活の糧なんだ。だが、チャンピオンズリーグのタイトルはまだ獲ったことがない。成功していた時期にしたって、あのチームを率いていたのだからもっと勝てたはずだと批判することはできる。

クラブは年次総会を公開している。それは役員会だけでなくヴェンゲルの行動についても知ることができるいい機会だ。彼は総会後も居残ってサインをし、握手し、携帯電話でのツーショット撮影に応じる。これほど気さくな対応をするクラブや監督はあまりいないだろう。彼は富裕な特別の顧客の顔を覚えているだけでなく、長年のサポーターの幾人かとはファーストネームで呼び合う間柄だ。

だが、選手個人を批判するファンには必ず災難が降りかかる。ヴェンゲルはそれを聞き流すことができないからだ。２００９年５月のサポーターズミーティングでは、アーセナルでは活躍できなかったミカエル・シルベストルのことを〝老いぼれ〟と言ったファンに言い返し、口論になった。あとでヴェンゲルはそれほど腹を立てた理由を説明したが、そこには彼のサポーターへの態度がはっきりと表れていた。

「この仕事をしていると、ふたつのものに出会う。批判であれば、私は敬意を持って受け入れる。だが、不遜な言葉は、受け入れることも敬意を持つこともできない。君たちだったら、二十五年もやってきた記者の仕事のことを何もわかっていないと言われるようなものだ。間違いだとは言い切れないかもしれないが、そんな言葉を気にする必要はない。

私は誰の意見でも受け入れるが、ミーティングでのあの発言には選手への敬意が欠けていた。それを受け入れることはできなかった。たとえ三十八連敗しても同じことだ。

使うことができる金額について、不平をこぼしたことはない。だが、1億ポンドが手元にあるのに、それを使うのを恐れて銀行に眠らせているほどの愚か者だと思われているとしたら、受け入れることはできない。私は手持ちのもので可能なかぎりのことをやり、文句は言わない。それでも、もし2億5000万ポンドが使えるのだったら、いまの三倍の価格の選手を連れてくるよ。


つまり、ファンにはわからない事実があるのだから、基本的に彼の判断に疑問を持つ権利はないということだ。2012年1月にアレックス・オックスレイド＝チェンバレンをアンドレイ・アルシャヴィンと交代させたとき、あるいはその年の12月にアストン・ヴィラ戦でオリヴィエ・ジルーを下げたとき、ファンが〝何をすべきかわかっていない〟とチャントすると、彼はひどく気分を害していた。

試合後、ヤジが耳に届くと、ヴェンゲルは反論した。「私は幸運だ。監督として千六百試合しかやっていないし、そのうちチャンピオンズリーグの試合は二百試合だけだ」

選手獲得に関して疑念を持たれた場合にも、同じように過敏な反応を示す。2013年の夏、アーセナルの苦戦をよそにトッテナムがいくつかの契約を結んでいたとき、ヴェンゲルはファンの不満を理解しているかという質問を受けた。「心からね！」と、ヴェンゲルは吐き捨てるように言った。その年トッテナムは1億ポンドを超す巨額の補強を行ったが、アーセナルより上の順位には行けなかった。

2013年のフェネルバフチェとのチャンピオンズリーグ・プレーオフで采配を疑問視されたときや、アストン・ヴィラにホームで1対3で敗れた直後にも、移籍期間に重要な契約が交わせなかったのは計画不足によるものだという意見を受け入れることはなかった。

「いいトレーニング方法があれば、誰のものでも取り入れたい」と、ヴェンゲルは言った。「この仕事には誰もが注目し、何かしら意見を持っている。私はクラブとチームにとって重要だと思うことを全力で行い、次の試合の準備をするだけだ。結局フットボールとは、スタジアムに足を運んでいいゲームを観るということに尽きる。それ以外のすべては、新聞にとっては大切かもしれないが、フットボールの本質からは外れている。本質とは試合のクオリティであり、それが私には最も重要なことだ」

それから数日後、アーセナルは、ドイツ代表のメスト・エジルをクラブ記録となる4250万ポンドの移籍金でレアル・マドリードから獲得した。それはファンが待ち望んでいた大型契約であり、アーセナルはもはや売り手側のクラブではなく、野望を取り戻したというメッセージでもあった。2013-14シーズンに、アーセナルはようやく念願のトロフィーを手に入れることになる。

第14章
新しい夜明け

「重要な試合での勝利はいつも最高だし、敗戦はいつも最悪だ。私は負けるたびに死んだような気分になる。この仕事で生き残っていくためには、敗戦の痛みに耐えて自分自身について学ぶ必要がある。敗戦はいつも厳しい」。2013年の夏、アーセン・ヴェンゲルはアジアでのプレシーズンツアー中にインタビューでこう語った。クラブは新たな時代に入ろうとしていたが、敗戦の痛みと自らに課す仕事の重圧は相変わらず重くのしかかっていた。

2013－14は波瀾《はらん》万丈のシーズンだった。FAカップの優勝で喜びの頂点を味わい、アーセナル監督就任一千試合の節目も迎えた。だが、アーセナルの監督として最も屈辱的な敗戦を喫した年でもあった。

このような激しい振幅のなかでバランスをとるのは難しい。アーセナルは百二十八日間、つまりほかのどのライバルチームよりも長くプレミアリーグの首位に立っていた。だがリヴァプールには5失点、チェルシーには6失点、マンチェスター・シティには6失点を喫して敗れている。こうした大敗のせいで、メディアはアーセナルを真の優勝候補とみなそうとしなかった。ヴェンゲルも多くの人々がアーセナルの優勝を疑問視する理由はわかっていただろうが、やはりいらいらしていた。

「2004年以来優勝していないし、去年は優勝争いに加われなかった。だからそのことはとてもよく理解できる。信頼されるかどうかは、自分たちのプレー次第だ。いいプレーをするしかない」

しかし、絶頂にあったインビンシブルズの時代から九年が経ち、アーセナルの選手の質は確実に落ちていた。その間に獲得した選手は、不安を抱え、実力も足りないため値段の安い選手や、開花に時間のかかる若手ばかりだった。以前のような一流選手ではなかった。

それでも、状況は変わりつつあった。アーセナルのCEOイヴァン・ガジディスが数名のジャーナリストをアーセナルの役員室に招き、クラブの計画の概要を示し、潤沢な資金があることをはっきりと語った日から、それは約束されていた。ガジディスの言葉どおり、アーセナルにはいまやヨーロッパの強豪と張り合うだけの資金があった。

2013年6月5日水曜日は明るく晴れた一日だった。役員室の壁面は羽目板張りで、かつてハイバリーにあった古い内装と家具を新しいオフィスに移したものだ。新スタジアムのハイバリー・ハウスはいつも薄暗く感じられるが、この日は違っていた。

ガジディスは魅力的で聡明な人物だ。アメリカ人のような話し方のせいでフットボールがわかっていないと言われることもあるが、それはイギリス人の早合点にすぎない。ガジディスはオックスフォード大学在学中にフットボールの代表選手としてケンブリッジ大学との対抗戦に二度出場し、記念の青い記章を与えられている。四歳からマンチェスターで育ったが、フットボール人生の大半をアメリカ合衆国のメジャーリーグ・サッカーで過ごしてきた。フットボールや選手たち、あるいは哲学や政治、そしてこのイギリスの国民的スポーツの将来に関して、豊富な知識をもとに面白い話をしてくれる。フットボール界にはあまり多くない、真の好人物だ。人を分け隔てしないし、裏表もない。常に親切で、丁寧で、思いやりがある。またとても控え目で、インタビューに応じることは少ない。そんな彼がジャーナリストを役員室に招いた以上、重大な発表であることは間違いなかった。

ガジディスは一時間近く話をした。彼はいつもじっくりと中身の濃い回答をする。ひと言ずつ丁寧に考えて話すから、ときにはインタビュー後に文字に起こし、読み返してみてはじめて言わんとすることがわかることもある。しかしこのときは、五千文字を超える原稿になったのだが、メッセージはいたって明快だった――いまやアーセナルは新しい夜明けを迎えている。資金は潤沢であり、それを使う準備はできている。それは予定されている新たな業務提携と、スタジアム費用返済の前倒しの結果だった。アーセナルは財政的に自立し、パトロンがいなくても成功を得られるだけの資金を有していた。ガジディスはこう語った。

我々はフットボール界で最も高いレベルで争えるクラブでありたい。それはつまり、プレミアリーグで優勝争いをし、チャンピオンズリーグで優勝を狙う位置にいるということだ。現状ではまだ、その段階には達していない。

我々は新たな発展段階に入ろうとしている。おそらく、かなり期待できるだろう。正しく資産を使って特別な選手を獲得し、アーセンがそれをいかすことができれば、チームは一変し、今後二、三年で相当な発展を遂げ、ファンはそれを見て喜んでくれるはずだ。

ファンは本当の発展が見たいのではないかと思う。一流選手の加入を見たいだろう。実際今年は、長い計画が実を結び、財務力は向上している。その成果はまず、翌シーズンに現れるだろう――この夏と、そしてその次のシーズンにも。今後二シーズンにわたる発展だ。クラブにとってきわめて重要なことだ。


ガジディスはいたって上機嫌で、明確な言葉ではっきりとビジョンを伝えようとしていた。アーセナルの〝財務力は向上〟し、ヴェンゲルがそれを行使する。新聞記者としては、アーセナルは誰にその資金を使うのか、ということが当然ながらすぐに問題になった。

コラムニストたちは、ガジディスがアーセナルの隠れた資産を公表したことを相次いで批判した。移籍金が跳ね上がる危険があるというわけだ。映画好きのあるクラブスタッフはこう言った――「第一のルールは、ファイトクラブについて口にしないことだ」

ヴェンゲルもやはりスタッフに対して、価格が上昇し、契約がまとまりにくくなってしまうと声を荒げた。彼の考える報道陣への情報公開の許容範囲を超えていた。

では、なぜガジディスは語ったのか。おそらくは、曖昧さや言い訳が入り込む余地をなくし、見当違いの非難を避けるためだろう。アーセナルには資金があり、競争力を高めることを求めていた。クラブはヴェンゲルが資金を使って大物選手を獲得することを望んでいた。

ガジディスのメッセージには別の側面もあった。過去にも資金はあったのだが、ヴェンゲルの獲得希望とも合致しなければそれが使われることはなかったということだ。問題はその点にあった。

さらに、かつては資金がそれほど豊富でなく、ヴェンゲルは〝決定的な選手〟を〝破格の金額で〟獲得するように希望することを控えていたことも判明した。

2000年にシルヴァン・ヴィルトールを1200万ポンドで獲得してから、2013年の夏までにアンドレイ・アルシャヴィン、アレックス・オックスレイド＝チェンバレン、サミル・ナスリ、サンティ・カソルラといった選手たちに同程度の金額を費やしている。アルシャヴィンの1500万ポンドがクラブ最高額だったが、それはプレミアリーグのクラブのなかで十番目の数字でしかなかった。特別な選手に使うための資金はあったとガジディスが語ったのに反して、ヴェンゲルが支出した額は増加していない。

結局、意識的にかどうかはさておき、ガジディスはヴェンゲルに資金を使うように促し、サポーターに対しては金庫には資金があることを明らかにしたのだ。ガジディスの談話が知れ渡るとアーセナルの夏の目標ははっきりした。ルイス・スアレスやゴンサロ・イグアイン、さらにはウェイン・ルーニーの獲得を狙っているという記事が流れた。イグアインに関しては、アーセナルは取引が成立し、獲得に成功したと考えた。ところが、その後金額が釣り上がった。ヴェンゲルは移籍交渉において、非常に厳しく誠実さを求める。レアル・マドリードが移籍金を変えた可能性も否定できないが、おそらくは第三者が絡んできて分け前を要求したためだろう。だがいずれにせよ、破談は免れなかった。アーセナル、なかでもヴェンゲルが増額された移籍金を支払うことを断固として拒否したため、イグアインは結局ナポリへ移籍することになった。

ヴェンゲルと代理人の交渉がこじれたことは何度かある。特にひどかったのは、サミル・ナスリが移籍したときだった。アーセナル（とりわけヴェンゲル）がナスリの代理人手数料を支払うことを拒否したため、交渉は頓挫した。結局２４００万ポンドで移籍は成立し、ナスリの代理人手数料はおよそ２００万ポンドに達したと報じられている。イグアインとの契約では取り巻きたちが分け前を要求したため、アーセナルは標的を変更せざるを得なかった。プレミアリーグでもあまりお目にかかれないほど醜い移籍交渉だった。

２０１２－13シーズンの終わりには、アーセナルは優秀なウルグアイ人ストライカー、ルイス・スアレスをリヴァプールから獲得するチャンスがあるとの情報を得ていた。リヴァプールはチャンピオンズリーグ出場を逃し、スアレスは優勝を狙えるクラブでの新たな挑戦を望んでいた。また、チェルシーのＤＦ、ブラニスラヴ・イヴァノヴィッチへの噛みつきや、マンチェスター・ユナイテッドのＤＦ、パトリス・エヴラへの人種差別発言で出場停止処分を受けるなど、次々に問題行動を起こしていた。アーセナルはスアレスを〝不良品〟とみなした。そして、どれほど素晴らしい選手であれ、フィールド外での問題行動をふまえた価格でなければならないと考えた。一方、リヴァプールは明らかにガジディスのコメントを知っており、アーセナルは最高の金額を用意するものと考えていた。スアレスと代理人のペレ・グアルディオラは移籍に向けた交渉を進めており、リヴァプールは彼を失う可能性があることに気づいた。

アーセナルはまずリヴァプールに電話をかけ、移籍金３０００万ポンドを提示した。スアレスは２２００万ポンドでリヴァプールに加入してからまだ二年半しか経っていなかったから、その金額は即座に却下された。アーセナルの主張では、それは単にクラブ間の〝会談〟にすぎなかった。リヴァプール側の認識では、それは直ちに拒否されたオファーであった。接触がどのようなものだったかはともかく、その情報は漏れた。リヴァプールは売却するつもりはないと強く主張した。

大物選手を獲得しろというアーセナルへの抗議の声は大きかった。２０１３年７月12日にアーセナルがアジアツアーの最初の目的地であるジャカルタに到着したときにも、やはりその話題が出た。インドネシアのうだるような暑さのなか、ヴェンゲルは空港のラウンジにすわり、少し不快そうに移籍や自分の将来、アーセナルの財政状況について語った。ガジディスはテーブルの隣の席に着き、四人の記者が反対側から質問した。

我々はすぐにスアレスのことを尋ねた。それが差し迫った問題だった。「いまは名前を挙げるわけにはいかない。進行中の案件は多く、状況は微妙だからだ。うかつに何か話したらチャンスをふいにしてしまうかもしれない」と、ヴェンゲルは言った。

「それでもスアレス、ルーニー、イグアインは実際に狙っているのですね？」

「クオリティの面から言えば皆狙いたいが、全員が獲得可能なわけではない。第一に、彼らは皆契約中なのだし、放出してもいいと決めるのはクラブ側で、そのあとでようやく獲得できるのかという話になるんだ。数年前よりも資金はあるし、それは自力で作り出したものだ。それがとても重要なことだ。移籍期間が終わり、新シーズンが始まる前には必ず成果を挙げられるだろう。いまはそれに力を注いでいる。ファンも選手たちも、皆大物選手を獲れば安心するが、大事なことは、いま必要としているのは量ではなく質だということだ」

ツアーのあいだ話題を独占したのはスアレスだった。ヴェンゲルの試合後のインタビューでも、選手を交えたイベントでも、スアレスが唯一の話題だった。ヴェンゲルは財布の紐が固く、主力選手の流出が防げないと言われてきたアーセナルだったが、今回は大胆にもライバルクラブから最高の選手を獲得しようとしていた。

ツアーが進むにつれ、選手たちはクラブが本当に大型契約を結べるのかと心配しはじめた。移籍期間は刻々と終わりに近づき、ガジディスの談話からほぼ二カ月が経とうとしていた。〝本当に獲得できるんだろうか〟と私にメールを送ってきた選手もいた。疑念があらゆる角度から忍び寄ってきた。アーセナルはジャカルタでのゲーム後すぐにベトナムへ飛び、ハノイの高級ホテルで記者会見を開いた。雄弁で考えが深く、いずれは監督になるであろうミケル・アルテタとのやりとりでも、話題はやはり金銭のことだった。彼は語った――

クラブは移籍市場で積極的に獲得を狙うと言っているし、大物選手を獲得できるだけの資金もある。そろそろ使うべきだ。ほかのイングランドのトップチームには、これまでに使ってきた金額でかなり引き離されている。アーセナルは一流のクラブだが、それだけでは競争力は得られない。このクラブには法外な金額を払う伝統はこれまでまったくなかった。だがいまは財政的に強くなっている。だからおそらく、移籍市場でもより積極的に動くだろう。楽しみだね。クラブも成功を目指すとはっきり言っている。嬉しくなるような選手たちの移籍の噂があがっているしね。

また優勝争いに加われると信じているし、ファンの雰囲気も盛り上がるだろう。もう何年も優勝していないから、なんとかしたいね。優勝トロフィーを手にすることができたらきっと最高だ。このクラブでプレーするのは本当に楽しいよ。トロフィーを勝ち取れたときのことを想像してみてほしい。それほど時間はかからないと思う。八年間優勝から遠ざかっているからピンとこないかもしれない。でも実現させなければならない。

問題があるとすれば、成立すればクラブ史上最大の契約となるその交渉のほかには、特に動きがないことだった。ヴェンゲルはチームの結束と一体感にこだわり、そうはっきりと語っていた。選手を新たに獲得することでロッカールームの雰囲気が悪化することは望んでいなかった。まとまりのある小さなチームを作ってきたのも、そうした方法と考え方にもとづいていた。本当に欲しいのはスターストライカーだけだった。

ツアーが進み、日本へ行くころには、アーセナルがスアレスに関する新たな条件提示を行おうとしていることが明らかになっていた。時間差があったため、私はアーセナルが4000万ポンドを提示したという記事を書いて送った。その後イギリス時間の真夜中に目を覚ましたときには、多くの新聞の最終面に同じような記事が載っていた。提示額は4000万1ポンドだった。このオファーは、かつてないほどの悪評で迎えられることになった。リヴァプールはすぐに態度を硬化させ、オーナーのジョン・W・ヘンリーは「エミレーツの連中は頭がおかしいんじゃないか？」とツイートした。ガジディスは、リヴァプールのマネージングディレクター、イアン・エアーとの電話交渉でその額を提示した。あとから考えればたしかにアーセナル側の手落ちなのだが、それには理由があった。まず、アーセナルは移籍金の高騰に否定的なヴェンゲルの意向を先回りし、彼が許可する金額の上限を4000万ポンドと決めつけてしまっていた。さらに、スアレスの契約には買い取り条項がついているという確実な情報を握っていた。そのことはヘンリー自身も2014年の3月に認めている。

では、情報源はどこだったのだろうか。強い移籍への意志を持っていたスアレス側からのリークだとする見解が一般的だ。リヴァプールは強硬な態度を変えなかったが、アーセナルは、条項は即座に発動されるもので、仮にリヴァプールが受け入れなくても、スアレスがそれを要求すると考えていた。

シーズン終了時にスアレスは三つのインタビューを受けた。そしてイングランドは〝快適ではない〟と語り、レアル・マドリードへの移籍を希望した。また、8月はじめのインタビューでは、チャンピオンズリーグ出場を逃せば退団するという話は決まっていて、プレシーズンツアーにも参加しないと語っていた。このため、スアレス獲得は時間の問題だとアーセナルは信じ込んでいた。これまで、残留させたいと願っていた主力選手が次々に退団するのを為す術もなく見送ってきた側であったことも、こうした移籍交渉に対する罪悪感を和らげていただろう。

アーセナルは公には発言をしなかったから、情報の多くはクラブではなく、交渉担当者やその周辺からもたらされた。リヴァプール側も状況はほぼ同じで、例外としては、ブレンダン・ロジャーズがプレシーズンツアーの最中にアーセナルのオファーについて語ったことくらいだった。「オフシーズンのあいだに様々な憶測が広がっているが、はっきりと言えるのは、彼がリヴァプールで非常に高く評価されている選手だということだ。そして、その価値に見合った額のオファーが来なければ検討の余地はない。そうした提示はまだないね」

その価値とは、と問われ、ロジャーズは答えた。「売るとは言っていないよ。どんな選手にも価値があり、価格がついている。だからといって売らなければならないわけではない」

つまり、リヴァプールはスアレスを売るつもりがないわけではなく、価格次第だということだった。もしアーセナルが4500万か5000万ポンドを提示すれば、交渉は成立していたのではないだろうか。アジアでの最終戦を終え、我々はヴェンゲルを壁際で囲むようにしてスアレスへの

４０００万１ポンドの提示について話を聞こうとした。

「どこでそんな情報を仕入れたんだ？」と、ヴェンゲルは言った。ブレンダン・ロジャーズからと答えると、彼は微笑んだ。「おしゃべりな人だな」

そのまま膠着状態が続き、やがてスアレスを獲得できないことが判明するときがきた。資金が豊富にあるという発言とは相容れない状況だった。矢のような質問を浴びて、ヴェンゲルはさらに焦りを募らせていった。さらに悪いことに、開幕戦ではアストン・ヴィラに敗れ、〝金を使え、金を使え、金を使え〟という横断幕がファンによって掲げられた。ヴェンゲルももちろん苛立っていただろう。豊富な資金はなかなか使うことができず、移籍期間の終わりが近づいても、獲得できた選手は自由契約のマチュー・フラミニだけだった。

期限終了が迫るとさらに緊迫感が高まった。シャルケの若手ドイツ人選手ユリアン・ドラクスラーを調査したが、価格が高すぎた。要求された４０００万ポンドはヴェンゲルの許容範囲を超えていた。しかしその間にも、アーセナル史上最も大胆な選手獲得を実現するべく計画が進められていた。

アーセナルは移籍交渉を秘密裡《り》に行うことで知られている。メスト・エジルへの関心が漏れ伝わってきたのは、移籍期間残りあと十日というときだった。レアル・マドリードは、トッテナムからガレス・ベイルを獲得するために選手を売却する必要があった。アーセナルはほかの多くのクラブとともに、候補に挙げられたエジル、カリム・ベンゼマ、アンヘル・ディ・マリアの獲得を打診されていた。エジルを手に入れるために、舞台裏では００７の映画のような手に汗握る作戦行動が行われていた。そしてそれが完全にうまくいった。

売り込んだのはエジルの代理人で、それに乗ったのがアーセナルだった。切り札はガジディスで、MLSで働いていたとき、アメリカでマーケット開拓をしようとしていたレアル・マドリードのジェネラル・ディレクター、ホセ・アンヘル・サンチェスと知り合っていたことがきっかけだった。実際には、エジル獲得の種は6月に、ガジディスがレアル・マドリードと接触したときにまかれていた。8月半ばにはエジルの名前が浮上した。マンチェスター・ユナイテッドなど、ほかのビッグクラブが躊躇するなか、アーセナルが飛びついた。関心は公にされた。

レアル・マドリードはガレス・ベイルとの契約締結を目指していたが、それに成功するまで主力選手を放出するつもりはなかった。一方のトッテナムはベイル売却に難色を示し、最後の瞬間まで契約を引き延ばそうとしていた。それは、その後のことまで視野に入れてのことだった。レアル・マドリードは、ベイルと契約した場合、収支を合わせるために選手を売却しなければならなくなる。百戦錬磨のトッテナムの会長ダニエル・レヴィーは、レアル・マドリードが選手をプレミアリーグのライバルチーム、なかでもアーセナルに売却するだけの時間的余裕をなくすため、ぎりぎりまで時間稼ぎをしていた。アーセナルがトッテナムにエジル獲得は諦めたと思わせると、トッテナムは史上最高額でのベイル売却を認めた。

アーセナルは改めて8月29日木曜日に連絡をとり、交渉が再開された。それだけの大型契約を三日でまとめるというのは例のないことだった。アーセナルはレアル・マドリードの許可を得て、父で代理人のムスタファを通じてメスト・エジルと接触した。ヴェンゲルはエジルに電話をかけ、巧みなドイツ語で気持ちを摑んだ。その電話が終わるときには、エジルはアーセナルへの移籍を望んでいるという確信を得ていた。そして土曜日にガジディスがマドリードへ移動し、その間に、アーセナルの移籍交渉を担うディック・ロー（その夏の移籍市場ではじっと動かず、ツイッターでさかんに揶揄されていた）がミュンヘンへ飛び、エジル一家と会っていた。エジルはそこでドイツ代表チームに合流することになっていた。

日曜日の朝、ローはロンドンへ帰り、ホームでのトッテナム戦を観戦した。レヴィーやテクニカル・ディレクターのフランコ・バルディーニに移籍交渉を察知されるのを防ぐためだった。レヴィーとバルディーニは役員室で歓待を受けた。ディレクターズボックスに陣取り、高額な移籍金を費やして多くの選手を獲得した甲斐もなく、アーセナルが1対0で勝利を収めるのを観戦していたが、何かが起こっているとは気づかなかった。試合終了後、彼らはアーセナルが契約交渉を進めているとは知らずにベイルの移籍を発表した。

そのころ、ローはエミレーツ・スタジアムを離れてプライベートジェットでミュンヘンに戻っていた。移籍金4250万ポンドでのメスト・エジルの移籍は、それから二十四時間以内に決まった。契約完了を早めるため、エジルはドイツ代表のチームドクター、ハンス＝ヴィルヘルム・ミュラー＝ヴォールファールトと、やはり飛行機で到着したアーセナルのドクター、ガリー・オドリスコルの立ち会いのもと、ミュンヘンでドクターチェックを受けた。

トッテナムはベイルを売却し、そのことによってアーセナルにエジル獲得を許した。レヴィー会長は激怒し、バルディーニはひそかにアーセナルの見事な移籍作戦に舌を巻いた。ファンを落胆させ、からかいの的になっていたアーセナルが、トッテナムをゲームで破り、移籍市場でも裏をかいてワールドクラスの選手と契約を交わした。ファンのムードは変わり、期待が高まった。

ヴェンゲルがいなければ、エジルはアーセナルに加入しなかっただろう。そのことでヴェンゲルを見直したファンは多かった。それでも、移籍期間の最後の（数時間ではないまでも）数日は、緊迫感が高まっていたことを彼も認めている。

「すべては予定どおりだった、とはさすがに言えない。物事はそれほど予定どおりに進むものではないしね」とヴェンゲルは言った。「二、三日前に話したとおりだ。うまくいくと信じていると言ったときには同意してもらえなかったが、どうにかうまくいった。チャンスはゼロではないと思っていた。我々は最後まで懸命に実現に向けて努力した。

最終的には、時間も押し迫り、とても複雑な状況になった。だがトッテナムとの試合に臨んだ日曜の午後二時ごろにはなんとかなると思ったよ。試合前には、ほぼ間違いないとわかっていた」

ヴェンゲルは、高額の資金を使うことは自分の考えに反するわけではないと主張する。

そんなことはない。物事はきちんと区別して考えなければならない。私は自分たちで作り出した資金を使うチームを目指しているのであって、不自然な方法で手に入れた資金を使いたいわけではない。資金が作れるようになれば、喜んで使う。知ってのとおり、大切なのはワールドクラスの選手を探すことだ。そういう選手はそれほど多くない。

ベイルの移籍も絡んでいた。私はマドリードのクラブ内の事情はよく知らない。財政的な理由かな。ベイルを買い、同時にイスコもいたから放出の必要があったのだろうか。エジルを放出するとは驚いたね。メストがレアルに行ったとき、我々も接触していたんだ。そのときも欲しかったが、うまくいかなかった。だがそこから関係ができて、今回、二度目で獲得できた。最初の接触がいかせたのだと思う。

数年のあいだ、クラブには財政的な制約があった。私自身は当時、長期契約を結んでいた。そのころの目標はチャンピオンズリーグへの出場を継続することで、それだけで精いっぱいだった。いまでは財政基盤は強化されている。

トルコ系ドイツ人三世のメスト・エジルは、交渉中から謙虚で学習意欲が非常に高いと評価されていた。彼がヴェンゲルのもとで学びたいと考えたのもうなずける。

監督はワールドクラスだ。ずっとその力を示し続けている。彼のもとで成長した選手は多い。それがアーセナルに加入すると決めた理由だよ。もっと上達したいし、プレースタイルも楽しみにしている。アーセナルは技術に優れ、攻撃的なフットボールを指向している。僕は完全にそこにフィットできると思う。だからこのクラブと契約したんだ。

いちばん大きかったのは、監督が僕を信頼してくれたことだ。ピッチ上で存分に力を発揮したい。僕のプレーはチームの力になると思う。監督とは電話でたくさん話をして、チームの構想や僕についての考えを教えてもらった。それで確信が持てた。だからいま僕はアーセナルにいるんだ。

監督の考えは、いつでも魅力的で攻撃的なフットボールをすることだ。僕はフィットできるだろう。素早くパスをつなぐワンタッチフットボールは楽しい。クラブの一員になれて幸せだし、チームの力になることを望んでいる。

ワールドクラスのスーパースターであるエジルがチームに加わった。これがその年の移籍市場における最大の成果だった。エジルを得たアーセナルはタイトル争いに加わった。開幕戦の手痛い敗戦からすぐに立ち直り、長いシーズンの戦いに乗り出した。ヴェンゲルは急に体調が良くなったようだった。

2013年9月20日金曜日、〈デイリー・テレグラフ〉のジェレミー・ウィルソンと私はアーセナルの大株主のスタン・クロンケとロンドンの豪華なホテルで会った。彼はホテルのジムから汗も流さずにまっすぐやって来た。六十代だがほぼ毎日運動を欠かさず、いかにも健康そうだ。クロンケはアーセナルと英国、さらにはヴェンゲルへの愛情について情熱をこめて語った。彼の言葉からして、辞任しないかぎりヴェンゲルの監督としての地位は安泰だろう。また、クロンケは勝利への燃えるような野心も持っていた。

フットボールクラブに関わることの問題点は、熱中しすぎてしまうことだ。それで一日がつぶれ、週末がつぶれ、ほかのことが考えられなくなる。落ち着きなさいという母親のアドバイスを思い出して、どうにかバランスを保っているよ。

プレミアリーグで優勝できたら、ここではじめての最高の経験になる。アメリカにはそれを経験した仲間もいるが、我々はまだだ。若返ることは不可能だからね。なんとか達成したいと思っている。

アーセンと過ごすのは本当に楽しい。ご存じのとおり、とても頭が良く、知性もある。彼も私も、大学では経済学を学んでいた。一緒に話をするのも楽しいし、とても興味深い人物だ。

チームやクラブの運営を完全に把握している。まさに適任だね。私は引っかき回すつもりはない。オーナーが介入するとうまくいかないことはもう学習済みだ。彼はこちらがどう感じ、どんな哲学を持ち、どうしたいかをわかってくれている。方向性はちゃんと共有できていると思う。こちらの希望に沿って進めようとしてくれている。

私の印象では、アーセンは自分の仕事を愛しているようだ。好きにやってくれればいい。彼は我々がサポートしていることを知っているし、最高に心強いよ。いい仕事をしてくれている。息子とその友人たちを連れて去年トレーニング場で見学したことがある。そのなかには、オリンピックに出場するNBA選手も二、三人いた。雨のなかで立って見学した。アーセンはそのあいだずっと外で立っていた。練習は数時間続いた。恐ろしい雨で、雷も光っていた。

私は選手たちが雷に打たれるんじゃないかと心配になりはじめた。アーセンもずっと外で一緒にやっていた。彼はそうやって毎日指導している。好きでなければやれることじゃない。すごい情熱だ。

2013-14シーズン、チームの雰囲気は完全に変わった。その要因はいくつか挙げることができるだろう。まず、前シーズンのバイエルン・ミュンヘン戦での勝利がある。アーセナルはそれをきっかけに快進撃をして、シーズン最終日にトッテナムを抜いて4位を確保した。また、エジルが加入し、ロッカールームに一体感が生まれた。それがヴェンゲルのアーセナルのよりどころとなって、新たな自信が生まれ、方向性が定まった。

また、数年来ではじめてクラブ内の関係は落ち着き、協調が生まれていた。筆頭株主のクロンケが権力を握ったことで、経営権をめぐる争いはクラブにとってもヴェンゲルにとっても過去の問題になっていた。アーセナルは足並みを揃え、財政面でも安定し、ピッチの内外で正しい方向へ進んでいるようだった。長く不安定な時代はようやく終わり、明るい未来が開けていた。

状況が好転しはじめていた2013年の夏に、ヴェンゲルは年次総会でアーセナルの哲学とビジョンを発表した。そこで彼は、チーム作りの方法についてこれまでになかったほど明確に語った。

我々は再びリーグ優勝を狙うという大きな野望を抱いています。それが今シーズンの目標です。そのためには、三つの異なるレベルで進めていく必要があり、それをうまく継続したいと考えています。

成功のために、それは必要不可欠なものです。第一のレベルはもちろん、我々のプレースタイル、哲学、価値観を守っていくことです。その達成には選手の成長が必要です。チームの中心になるのは、クラブ内で成長した選手でなければなりません。そのため、我々は若手育成のために再び大きな投資をしました。それこそがクラブの核であり、強みであると考えます。現在のチームをご覧ください。シュチェスニー、ジェンキンソン、ギブス、ウィルシャー、ラムジー、チェンバレン、ニャブリといった選手の育成はすべて、あるいはその一部がアーセナルで行われています。プレミアリーグへのデビューは、全員がこのクラブで果たしています。

我々のプレースタイルを知り、行動規範を知り、自分たち自身のクオリティや価値によってチームに貢献している選手たちです。

クラブの発展のための第二のレベルは、選手の力量を見抜くことです。いまは無名でも、ここでビッグプレーヤーになれる選手の発見です。そういった選手を、コネクションやスカウトの技術によって、また、プレーからそのクオリティがどこまで発展するかを見極めることで発掘します。たとえば、コシールニーが来たとき、誰も彼を知りませんでした。いまではフランス代表に名を連ねています。ジルーが来たとき、彼を知っている人は多くありませんでした。いまではフランス代表に名を連ねています。ここへ来て、我々の指導を受けて成長した選手が各国の代表に選ばれています。こうした選手たちが、クラブ内でユースからトップレベルに成長した選手たちを補っています。

そして、発展と野望のための第三のレベルは、すでに名の知られたワールドクラスの選手を獲得することです。たとえば、今シーズンはエジルが加入しました。エジルを購入するのに、スカウトは必要ありません。お金さえあればいい。選手にクオリティがあり、資金があるときには、お金を使うことを躊躇しないということを示すことができて嬉しく思っています。

ヴェンゲルは強気さを取り戻し、好スタートをいかしてリーグ優勝に自信を持っていた。クラブにとっても監督にとっても、新時代の始まりのように感じられた。だが、アーセナルはチャンスをいかせず、それどころかヴェンゲルの監督就任一千試合には、ライバルのジョゼ・モウリーニョが率いるチェルシーに0対6の大敗を喫した。

2014年2月、アウェーでリヴァプールに1対5で敗れたことは、最悪の敗戦ではないまでも、シーズンの転換点になった。その敗戦でチームは自信を失い、それ以降タイトル争いから遠ざかってしまった。さらに屈辱的なことに、帰路のライム・ストリート駅で仰向けに転んだヴェンゲルの姿を撮影したファンがいた。その写真は「マッチ・オブ・ザ・デイ」で流された。ガリー・リネカーは「忘れたほうがいい」とコメントし、アラン・シアラーがその後ろで笑っていた。

あまりにひどいことをしたと思い、その次に会ったとき私は数名の記者とともに謝罪をした。我が社を含む新聞各紙もあの屈辱的な写真に飛びついてしまったからだ。「それよりも、負けたことのほうがもっと心配だったよ」と、ヴェンゲルは無理に笑顔を浮かべて言った。

アーセナルは土曜日のランチタイムのキックオフでマンチェスター・シティに大敗し、十二時四十五分キックオフの試合でリヴァプールに敗れていた。チェルシー戦の開始時間が2014年3月22日の同時刻だったことを考えれば、一千試合のセレモニーは先延ばしにするべきだったのかもしれない。試合を控えた一週間には、多くの新聞、ラジオ、テレビ番組でヴェンゲルの記念試合の特集が組まれた。ライバルのサー・アレックス・ファーガソンも賞賛の文章を書き送った。

別のクラブで同じ記録にかつて到達したことのある私としては、そのために必要とされる献身、回復力、犠牲をいくら強調しても足りないくらいだ。それが最も素晴らしい点だ。長年にわたって私たちは最高の戦いを繰りひろげてきた。そしてともに生き延び、いいフットボールをするための互いの努力を称え合ってきた。アーセンのチームを観るのはいつも楽しい――アーセナルは正しい戦い方をしている。

彼らを相手に戦うのはいつも相当に難しく、私は長年のあいだ、何時間も延々と策を練ってゲームに挑んだものだった。彼は常にフットボール界の良心であり、ほかの監督にも手を差し伸べてきた。私は我がライバルに負けるまいと十七年間必死の思いで戦ってきた――これがたぶん、私がアーセンに贈ることができる最大の賛辞だろう。

温かい、心からの賞賛だった。それについて質問されたヴェンゲルも、友情に変わる以前の長年の戦いを思い出したのか、微笑みを浮かべていた。

その日の朝、ロンドン・コルニーは美しく晴れ渡っていた。ヴェンゲルはトレーニング場の駐車場で会長のサー・チップス・ケズウィックから黄金の大砲を授与された。サー・チップスは、ヴェンゲルの〝就任一千年〟の祝いを述べた。ヴェンゲルはすぐにその間違いを指摘し、千試合もしていると〝千年のように感じられた〟のだろうと語った。

ヴェンゲルはいつも以上に記者会見を楽しんでいるようだった。これがその日最大の話題だったから、新聞各紙は主だったフットボール記者やスポーツ記者を派遣していた。任期中で最高の、そして最低な出来事は何かという質問から始まったのはごく自然なことだった。

「いろいろなことがあった」と、ヴェンゲルは笑った。「いいことにも悪いことにも順番をつけることはできないが、ひとつ言えるのは、敗戦はすべて心の傷になってずっと忘れられないということだ。いいことのほうは、それが当たり前で、そのために働いているという意識があるからすぐに忘れてしまう。残念ながら千試合もしているとつらい思いは数多くしている。それでも、いつも次の幸福の瞬間を求めているということは言える。いつでも次の試合に期待し、次の試合が幸福の瞬間になるようにと願っている」

「この数カ月間ずっと、あなたの契約更新や続投宣言について議論が続いています。次の千試合に向けての見通しはいかがですか？」

「私は理想主義者だが、現実はきちんと認識しているつもりだ。いまは、自分のキャリアでもかつてないほど、このクラブを良くするために情熱を注いでいる。それでも、次の千試合は難しいことは認めなければならない。ゲーム自体もよりフィジカルの重要性が増しているし、速く、鋭くなってきている。だがとりわけ、環境と重圧の変化は著しい。フットボールの重要性は増し、フットボール界で何かが起きるたびに様々な発言がなされる。社会には多様な意見があるから、まわりからの重圧ももちろん大きい。それに左右されないように、クラブ内でも私の就任当初より強く団結する必要があるかもしれない」

また、最後にトロフィーを獲得してから五百二試合が経過していることも指摘された。おそらくこの質問には苛立ちを覚えただろう。とはいえ、記者会見を台無しにするようなものではなかった。「あまり考えないようにしているよ。トロフィーを獲得するというが、仮にリーグカップに優勝してリーグは12位で終了するようなら……」。ヴェンゲルはそう答え、話を逸らした。アーセナルは4位以内をキープしており、そのことはリーグカップよりも重要だと述べた。彼は続けた──

クラブ、あるいはクラブ運営のクオリティを保つために最も重要なことは、成績を安定させることだ。トロフィーはいろいろなクラブのところへ行くが、そのあとには成績を維持するためのマネジメントの質が問われる。ある年は優勝し、ある年は12位というのであれば、私は評価できない。マネジメントの質は、安定性で測られるものだ。

もちろんトロフィーは獲りたい。だが、この十七年ほどのあいだに我々が示してきた安定性を見てほしい。ほかのクラブと比較すれば、どんなに困難なことを達成してきたかわかるだろう。決勝戦で勝つために必要となる、素晴らしい選手たちもいる。だから、トロフィーを獲る自信はある。だが、競争のレベルは上がっている。マンチェスター・ユナイテッドですら苦戦している。マンチェスター・シティ、チェルシー、リヴァプール、アーセナル、それに、1億ポンドを使ったトッテナムもいる。勝つのが難しくなっているのは間違いない。大切なのは残り九試合の時点で優勝圏内にいることだ。

この仕事の素晴らしく、同時に難しい点は、繊細さが要求されるということだ。間違った判断をすればすぐに台無しだ。ひとつの決断によって、後退したり悪化したりする可能性もあるということはなかなか理解されない。もちろん我々がそうだとは思わないが、長いあいだには何が起こるかわからない。

最も誇りに思うことは何かと質問されたとき、ヴェンゲルはより明確に自分の考えを表明した。

「十八年間、ずっと安定した成績を収めてきたのは、非常に難しいことだった。また、困難な時期にあってもクラブ内の結束が強かったことも、とても誇りに思う。さらに、このクラブは多くの人々の人生に良い影響を与えてきた。とりわけ、多くの選手たちに。監督は人々の人生に良い影響を及ぼす教育者でなければならないと思っているから、そのことをとても誇りに思う」

驚いたことに、というべきか、チェルシーがアーセナルを迎えた翌日の試合のプログラムノートで、モウリーニョはヴェンゲルの記録に触れなかった。それがそのときの両監督の関係だった。ベンチに向かう途中でヴェンゲルは握手をしたものの、少し軽蔑するような目でモウリーニョを見た。スタンドでは、アーセナルファンがプラカードを掲げていた。そこには〝千試合目、我々はアーセンを信じる〟と書かれていた。ところが試合が始まると、チェルシーが次々とゴールを決め、6対0で勝利した。信頼は吹き飛び、ヴェンゲルの軽蔑は嫌悪感に変わったことだろう。スタンフォード・ブリッジから、感慨にふけるような雰囲気は消えた。

そして、アーセン・ヴェンゲルもまた消えた。打ちのめされ、試合後の記者会見に姿を現さなかった。モウリーニョが記者会見室を十一分間占領したため、ヴェンゲルは順番を待たずに帰ってしまっていた。のちに、ヴェンゲルはチェルシー戦の痛みを振り返り、そのときが〝最悪の瞬間〟だったと認めた。屈辱的な点差に加え、本来ならば祝福され、功績を称えられるはずの日にそんな敗戦を喫してしまったのだ。

「たしかに残念だった」とヴェンゲルは語った。「だが、その後我々は素晴らしい強さを示した。あそこからシーズン終了までの巻き返しは、なかなかできないことだ。シーズン終了まで、我々はとても強かった。あの日のことは決して忘れないが、その後の巻き返しには誇りを持っている。オールド・トラッフォードで2対8で敗れたときには、メンバーがいなかった。控え選手すらいなかった。そういう理由があった。だがあのチェルシー戦は2013－14シーズンのどん底だった」

それはつらい一日になった。さらに、エヴァートンが迫ってきて、優勝はおろか4位確保すら危なくなった。その後アーセナルは4月初旬にエヴァートンにアウェーで0対3で敗れ、いつの間にか自力での4位確保すら消えていた。エヴァートンのロベルト・マルティネス監督の自滅を待つしかない状況だった。FAカップではまだ勝ち残っていたが、そのためリーグに集中することもできなかった。ウィガンとの準決勝ではリードを許して負けそうになった。チームは動揺していた。

ヴェンゲルは契約更新についてずっと悩んでいた。新契約についての交渉は何カ月も前から行われていた。アーセナルは彼が希望する選手の獲得を目指しつつ、留任と辞任のどちらにも備えて計画を立てていた。ヴェンゲルがいなくなった場合の監督就任を別の人物に打診していた。当然だろう。ヴェンゲルは、クラブに〝言葉を伝えた〟と語り、残留をほのめかしていたが、その言葉の内容については一切語らなかった。

「言葉といったら言葉だよ」

「では、留任ですか？」

「そう……辞めると決めないかぎり」

だが、シーズンが終わりに近づいてもサインは交わされなかった。そこで私は、このままシーズン最終日まで放置して、ＦＡカップの決勝のあとにたださようならというわけにもいかないでしょうと探りを入れた。「そうかな？」。ヴェンゲルは人々を惑わし続けた。

だがもちろん、高額の報酬を得ているビーイン・スポーツは別だった。２０１４年４月末に、ヴェンゲルは伝えていた。「私はクラブに、現在の地位にとどまる希望を伝えた」と。それから長い間を置いて、こう付け加えた。「つまり、留任だ」

もちろん、そのあいだも道のりは平坦ではなかった。シーズン優勝の目が消え、無冠の九年間を終わらせるにはＦＡカップで優勝するしかない状況になると、ヴェンゲルの気分や考えはますます読みづらくなっていった。八シーズン優勝から遠ざかっていたことで、ウェンブリーでの決勝戦に対する注目は高まり、報道は熱を帯びた。疑念は消えなかった。

「ほかの監督と同じことだ」とヴェンゲルは言い、自分の去就は今後成功できるかどうかにかかっていると主張した。「もちろん、我々がどれだけやれるかにかかっている」

ヴェンゲルの去就にはもうひとつ興味深い要素が絡んでいた。それは、FFPの導入によってアーセナルが競争力を増すという考えだった。長年、ヴェンゲルは〝ファイナンシャル・ドーピング〟のせいで不利を被ってきたと考えていた。チェルシーやマンチェスター・シティなど、大金を投じるクラブが不当に有利になっていたのに対し、アーセナルは収入の枠内で運営してきた。UEFAがマンチェスター・シティとパリ・サンジェルマンの取り締まりと制裁について発言したことで、FFPはにわかに重要性を増した。シティに対する制裁の内容は、チャンピオンズリーグの登録選手数の制限にまで踏み込んだものだった。

FFPはヴェンゲルのお気に入りの話題だった。だが、多くの記者はさほど大きな話題だと判断せず、あまり取り上げることもなかった。しかし2014年5月、ヴェンゲルの意見がタブロイド紙も含めた各紙の見出しを飾った。もしマンチェスター・シティがFFPのルールを守らないなら、チャンピオンズリーグへの出場を禁止されるべきだと言い放ったからだ。ただし、ヴェンゲルはテレビ放映権の問題もあるため、規則が適用されるかどうかは疑わしいと認めていた。視聴者はトップチームが排除されることを望まないだろうし、テレビ局は巨額の放映権料を支払っているからだ。ヴェンゲルはコメントした――

FFPには適用すべき規則がある。そのひとつは、根拠のない過度な財政支出は禁止されるべきだというものだ。つまり、1億ポンド支出過多になったら、チャンピオンズリーグで1億ポンドの賃金総額分の罰則が与えられる。

規則は尊重されるのが望ましい。尊重されないなら、FFPは将来的に忘れ去られ、効力をなくしてしまう。出場禁止について考えてみたが、その件にはメディアも関係しているようだ。フランスのテレビ局にＵＥＦＡが放映権を販売したとすると、料金を払ったのに自国の最高のクラブが出場しないとは説明しづらいという事情があるわけだ。そういった理由も背後にあるのかもしれない。

しかしヴェンゲルは、長期的にはＦＦＰが適用されると考えている。それが留任した大きな理由のひとつだ。２０１５年の夏にＵＥＦＡはＦＦＰの規則を緩和したが、ヴェンゲルは支出に対するより厳しい規則が課せられることによって、競争力を高められると考えている。

短期的には、抜け道は見つかるだろう。だが長期的には、二十人の大富豪がバックについた二十のプレミアリーグのクラブを想像してみるといい。どこかの段階で落ち着いて、こう言わなければならなくなる――我々はただ、高い賃金を払って互いの首を絞めているだけのことだ。まともなルールを決めるべきじゃないか？

長期的には規則が適用されるべきで、ほかに道はない。いまのところはまだ、最初のひとりふたりの大富豪がいるにすぎない。だがそれが十人になったら、なんらかのルールを設定しないかぎり、果てしない殺し合いになる。規則が適用されることになるというのはそのためだ。もちろん、規則を破るのはフェアじゃない。なぜ私は規則を守るのか。私はただ、人が使えるのは手持ちの金だけで、持っていない金は使えないと考えているだけだ。長いこと私はそうしてきた。いままでは資金が増え、使える額も増えた。それだけのことだよ。

そのことを考えると興奮するよ。だがわかってもらいたいが、すぐにチームを良くする選手だと感じれば、資金を使う用意はあるんだ。新聞でも紙面のバランスをとるのは難しいのかもしれないが、フットボールはそれ以上に巨大なものだ。チームや、プレーの質、精神と一体感、選手の質が関わってくる。それゆえに、ほかの全選手のことも意識しなければならない。

ここ何年ものあいだ、選手たちが財政的な理由で離れていき、あまりいい仕事ができなかった。今年ははじめてそうしたことが起きなかったし、財政的な裏付けはあるから、今後はもう大丈夫だろう。第一段階はようやく達成できた。次の段階は、正しい選手を獲得してチームを強化することだ。

幸いにも、ピッチの上から嬉しい知らせが間もなく届こうとしていた。アーセナルがついに優勝カップを手に入れる瞬間が近づいていた。

第15章 2014年FAカップ優勝

アーセン・ヴェンゲルはロンドン・コルニーのトレーニング場の通路を、まるで世界を肩に背負っているかのような重い足取りで歩いてきた。身近なスタッフでも見たことがないような姿だった。ヴェンゲルは痛い敗戦のあとには機嫌が悪くなり、口もきかないことが多いが、ビッグゲームの前には、いつもなら緊張や不安が選手に伝わらないようにうまく隠している。

だが今回は違った。FAカップ決勝の一週間以上も前から、ヴェンゲルは明らかに緊張していて、それを隠せずにいた。アーセナルとファンにとってこの決勝戦が持つ意味、またそれ以上に、自分の将来にどれほど大きな影響を及ぼすかがよくわかっていたからだ。ヴェンゲルのお気に入りの元選手が決勝戦の前週にトレーニング場へ来る予定があったが、あまりに緊迫したムードのため延期されたほどだった。元選手はヴェンゲルのアシスタントに「あまり機嫌が良くない。そっとしておいてほしいそうだ」と告げられた。

ウェンブリー・スタジアムでのハル・シティとの決勝戦を三日後に控えた、明るく晴れた取材日の水曜にも、ヴェンゲルはやはり気難しく、元気がなかった。通常であれば、放送用の記者会見が終わってカメラとマイクが撤収されたあとは、記者のほうから笑い話やジョークが飛び出したり、彼が軽口を叩いたりする。だがこのときのヴェンゲルは疲れ切った様子で、軽い冗談を楽しむような精神状態でないことは明らかだった。アーセナルは数名のブロガーを取材日の見学に招待していたが、残念なことに彼らは良い状態のヴェンゲルとは会うことはできなかった。

「進展はない」。自身の契約について、なぜサインがまだなされないのか、留任か退任かは、決勝戦の結果に左右されるのかと質問され、ヴェンゲルは答えた。

シーズン終盤には、ヴェンゲルの顔一面にストレスが刻まれていた。そして、アーセナルがリーグ4位をかけて苦しみながら戦い、FAカップを勝ち抜いていくあいだ、ヴェンゲルはベンチで動かずにじっとしていた。まるでヴェンゲルらしくない姿だった。いつもなら、ベンチから立ち上がってタッチライン沿いまで出て、コートのファスナーに手こずりながら元気よく指示を飛ばしているはずだった。

「意識的にタッチラインまで出る時間を減らす場合もある。前に出るときは、気持ちが張りつめているからね。悪い影響を与えてしまうかもしれない。機嫌があまり良くないと感じたら、すわっているようにしているんだ。タッチラインに出たらチームにとってハンデになってしまうだろう。シーズンのこの時期には、監督が受ける重圧は増す。9月なら〝まあいい、この試合に負けても取り返す時間はまだある〟と思える。だが、残り二、三試合になってくると、順位表をつい上から下まで見てしまうんだ。そして誰もがロシアン・ルーレットをしているような気分になる」

2013-14シーズン残り数試合の時点で、アーセナルはシーズンを長期間首位で引っ張ってきたにもかかわらず、4位を逃す危機に瀕していた。また、ウェンブリーでのウィガンとのFAカップ準決勝では、危うく無残な結果になるところだった。アーセナルは格下相手にリードを許し、楽勝して決勝へ進出するという目論見は外れ、PK戦にまでもつれる接戦になった。

それがアーセナルファンにとってシーズンを通じて最も不安で落ち着かない瞬間だった。オリンピック金メダリストのデニーズ・ルイスが記者席のすぐ前にすわっていた。彼女はアーセナルが準決勝で敗退寸前に追い込まれるのを見て冷静さを失い、苦悶の表情を浮かべ、叫んだり声をあげたりしていた。彼女がヴェンゲルの退団を望むグループのメンバーであるのかどうかはわからない。ただ、アーセナルファンであることはその様子からも明らかで、感情が大きく揺れ動く一日を過ごしていたようだった。

アーセナルのファンはヴェンゲルが留任すべきかどうかに関して、完全に二分されていた。そして、あの準決勝では、その対立がはっきりと表れていた。アーセナルのプレーには期待が重圧としてのしかかっていた。ペア・メルテザッカーの同点弾によってどうにかPK戦に持ち込み、ウカシュ・ファビアンスキの活躍で、4対2で勝利を収めた。

重圧から解放されたアーセナルは、7ポイントの差をつけて4位を確保し、ウェンブリーでの決勝戦にはチャンピオンズリーグへの出場を確定させて臨むことができた。

しかし、準決勝のウィガン戦はアーセナルに警戒心を呼び起こした。スティーヴ・ブルースが率いるハル・シティは無印の大穴だが、決勝でもまた、同じ緊張をくぐり抜けなければならない。2011年のカーリング・カップでは、アーセナルは勝利を確実視されていたにもかかわらずバーミンガムに敗れていた。

ヴェンゲルはアーセナルが優勝から遠ざかっていることを質問され、不快さを露わにした。そして、あまりに長くタイトルを獲っていないことを批判されるのは公平ではないと思うかと質問されると、こう答えた。

公平かどうかは私が決めることじゃない。審判ではないんだから。私は監督だ。やるべきことをやってピッチ上で結果を出すしかない。評価や批判はほかの人がすればいい。それは受け入れるし、はねつけたりはしない。クラブの質は、安定性に表れるものだ。その点では、ほとんどのチームよりもよくやっていると思う。

結果がどうであれ、このクラブは——これがいつもいちばん大切なことだが——すべての試合の結果を受け入れられる。重要なのは、試合が終わったときに、たしかに最善を尽くし、そのために全エネルギーを出し切ったと思えることだ。そうすればどんな結果でも受け入れられる。どれだけ話をしても、勝つことも負けることもある。だが試合後には、勝つために最大限のことをしたと感じたい。それが我々の目標だ。レベルの高いパフォーマンスをすることに集中しよう。

ヴェンゲルはその数週間前に、自分のフットボール哲学である勝利を目指すことを捨てて引き分けを狙ったことが、かつて一度だけあると語っていた。その試合とは、2005年のFAカップ決勝のマンチェスター・ユナイテッド戦で、退屈なスコアレスドローでPK戦になり、アーセナルが勝利した。ヴェンゲルの主義に反するパフォーマンスだった。

そこで私はその試合のことをまた取り上げた。「もう一度だけそれと同じことをするつもりはありますか？ そして、本当に２００５年のＦＡカップ決勝は醜い勝利だったとお考えですか？」

「ああ、それに幸運な勝利だった」。彼はようやく笑った。ヴェンゲルが自分を幸運だと認めるのは、かなり珍しいことだ。自尊心が許さないからだ。

「前年に二冠を達成していたから、それが幸運な勝利だとわかるんだ。いま思えば、マンチェスター・ユナイテッドには全盛期のルーニーとロナウドがいた。当時は、なぜ我々相手にあれだけチャンスを作れるのか不思議だった。いまならその理由がわかる。だがゲームの準備中には、そうは思っていなかった。準備のときには、勝つチャンスを最大化するために、最高のパフォーマンスをすることとしか考えない」

２０１４年5月17日の決勝戦は奇妙な試合になった。ハルがジェームズ・チェスターとカーティス・デイヴィスのゴールにより開始８分で2点を奪いスタートダッシュを決めた。その後あわや３点目というピンチを迎えたが、アレックス・ブルースのヘディングをキーラン・ギブスがクリアした。アーセナルは緊張に押しつぶされたのかと思われた。だが、ギブスのクリアで流れが変わった。サンティ・カソルラがハーフタイム前にフリーキックを決め、アーセナルは勢いを取り戻した。後半残り20分を切ったところでローラン・コシールニーが同点にすると、延長戦で、シーズン前半戦のベストプレーヤーだったアーロン・ラムジーが決勝点を決めた。

試合終了の笛が鳴ると、選手も監督も安堵の表情を浮かべていた。ヴェンゲルは数々のトロフィーを手にしてきたが、最初のプレミアリーグ優勝、無敗のシーズン、あるいは二冠を達成したＦＡカップの優勝のときと比べても、このときのヴェンゲルの喜びようは格別だった。顔には喜びがあふれていた。選手たちはヴェンゲルがずぶ濡れになるほどシャンパンをかけ、それから、ほぼ全員で胴上げして宙に舞わせた。そのときの写真は、まさに見物だ。ヴェンゲルは喜びと安堵、栄光と忘我のいりまじった表情を浮かべている。

試合後のロッカールームにはスタン・クロンケ、イヴァン・ガジディスらクラブの幹部が祝福に訪れ、歓喜の輪に加わった。ヴェンゲルは試合後の記者会見を楽しみ、いつものように日刊紙の記者たちと話をした。彼は笑顔で、ほっとした様子で最高の一日を楽しんでいた。ヴェンゲルがこの勝利を、監督としての能力を疑問視する報道陣に対する証明とみなしていることは明らかだった。

アーセナルが無冠の時期を終わらせたことの重要性について、そして、心理的な壁は破られたのか、というのが最初の質問だった。

「まず、これで君たちはもっと工夫をして質問を練らなければならなくなったな」と、ヴェンゲルは笑った。「だが、信頼しているよ。その点はあまり心配していない」

「我々は長いあいだつらい思いをしてきた。ようやく救われたよ。とはいえ、この仕事で大切なのは終わり方だ。それ以外のことはすべて、誰も気にしない。クラブにとって重要なのはクオリティの安定性だ――それについては、どこよりも成功している。ヨーロッパで、チャンピオンズリーグに十七年連続で出場しているクラブはふたつしかない。それだけ継続するためには、クラブに特別な価値がなければならない」

優勝したのがアーセナルで、チェルシー（監督のジョゼ・モウリーニョはヴェンゲルを〝失敗のスペシャリスト〟と呼んだことがある）ではなかったのは皮肉なことだった。気のきいた答えを期待して、誰かがそれをヴェンゲルに伝えた。「そんな話はやめよう。全力で戦って、人には勝手に言わせておけばいい」とヴェンゲルは答えた。

「サー・アレックス・ファーガソンから祝辞が届いたことがありましたね。モウリーニョからも欲しくはありませんか？」

「どうでもいいね……」。ヴェンゲルは微笑んだ。

「とはいえ、優勝はようやく九年間で一回ですが……」

「その質問がほかのクラブにも向けられるのなら反対しないよ。二十年もまったく優勝していなくて、そんな質問が一切出ないクラブだってある」

ヴェンゲルは、たとえば１９７０年代から１９８０年代に一時代を築いたリヴァプールなどと比較して、アーセナルがタイトルを獲れないことは騒がれすぎだと感じている。おそらく、自分のクラブについての記事を読むことが多く、そのすべての言葉を分析し、特に否定的なコメントや記事、見出しには過敏になっているからだろう。ヴェンゲルの意識がアーセナルとリヴァプール、どちらについてのコラムに向けられているかは明らかだ。

アーセナルは決勝戦後の祝賀会用にふたつの会場を押さえていた。ひとつは簡素なホテルで、もうひとつはロンドンのもっと豪華な会場だった。選手、スタッフ、幹部たちが後者でパーティーを開いたことは言うまでもない。もうひとつの会場は、結果が思わしくなかったときのための備えだった。仮にアーセナルが敗れていたら、ヴェンゲルにかかる重圧はかなり大きく、ファンは背を向けてしまっただろう。だが実際には、サポーターには新たな幸福と満足、お祝いムードが広まった。しかも翌日にはイズリントンの通りをオープントップのバスでパレードが行われた（２００３年と２００５年の優勝のときには行われなかった）。

ヴェンゲルにとって最適な退任のタイミングはこのときだったと言う人ものちには現れたが、当時は、ほとんど誰もそう考えてはいなかった。そうした発言が出てきたのは、少し時間が経ち、翌シーズンのスタートに失敗したころからだ。

私は、ヴェンゲルはFAカップ決勝で敗れていたとしても退任しなかったに違いないと考えている。新しい契約は数カ月前から検討されていた。アーセナルは賢明にも代わりの監督に打診し、調査していたが、ヴェンゲルが十八年間の任期のうち、わずか九十分間の結果にもとづいて即座に決断したとは思えない。また、ヴェンゲルが辞めたらクラブは途方にくれただろうし、それほど懸命に一貫性と安定性を求めて仕事をしてきた彼が、そこでいきなり背を向けて別れを言うというシナリオがあったとは思えない。

私も含めた幾人かの記者は、FAカップ決勝の数日後に、アーセナルがヴェンゲルの新契約を発表しようとしているという情報を摑んだ。しかし、アーセナルやヴェンゲル、契約に関することは、一般の時間の尺度では測れないと考えておくべきだった。契約はさらに遅れ、報道陣には形式的な修正だと伝えられた。ヴェンゲルには金銭に対するこだわりはないと言う人もいるが、金銭は彼にとって明らかに重要なものだ。交渉がさらに二週間長引いたのは、おそらくそれが原因だろう。そしてようやく2014年5月30日に、ヴェンゲルの新たな三年契約がクラブから発表された。

ヴェンゲルはFAカップ決勝で就任後千十試合に達していた。新たなページが開かれようとしていた。ヴェンゲルは語った。「留任して、引き続きチームとクラブを発展させたい。これからのことを考えるとわくわくするよ。チームは強くなったし、財政的に安定し、世界中から大きなサポートを得ている。全員がクラブにさらなる成功をもたらす決意を固めている。クラブがいつも寄せてくれる信頼に、とても感謝している。最高の時期もともに過ごしてきたし、協力し合わなければならない時期もあった。一体感が試されたときはいつでも、私は正しい対応をしてきた。このクラブに忠誠心を示してきたと思うし、今後さらなる歴史を築けるだろう。必ずできると信じている」

では、ＦＡカップの決勝で負けていたら彼は退任していたのだろうか。決勝の前後にヴェンゲルのそばにいた人物によれば、負ければその可能性はあったという。数カ月後の２０１４年９月にビーイン・スポーツが行ったインタビューは、それを裏付けるものだ。

ＦＡカップに優勝しなければ退任していたのかと問われ、ヴェンゲルは答えた。「わからない。本当にわからないんだ。決断はとても難しかっただろう。状況もとても複雑だった。そういう決断をしなくてよかったと思っているよ。我々は状況を検討し、誰か別の人物を招くほうがいいのかを決めなければならなかっただろう。私は毎日自問している。試合に勝ったときでも、毎試合後、家に帰ると自問するんだ。トップの地位を保つ方法はそれしかない。トロフィーを勝ち取ってとても安心した。もちろん、それは誇らしい瞬間だったし、クラブにとってもとても重要なことだった」

インビンシブルズのメンバーのひとり、レイ・パーラーは、いまもヴェンゲルとたびたび会っている。仲が良く、様々な会話をする。アーセナルがウェンブリーで敗れていたら退任するいいチャンスだったとパーラーは考えている。

あのゲームに負けたら辞めていたかもしれない。あそこで優勝できなければ、ついに重圧に負けてしまったかもしれない。確かなことはわからない。それはただの僕の意見だ。彼は否定するかもしれないが、僕には相当な重圧がかかっているように見えた。あまりに張りつめていて、彼も選手もそれに耐えられなくなったかもしれない。これ以上クラブを前進させることはできないという理由で辞めてしまったかもしれない……。

あの優勝はとても重要だった。九年間トロフィーから遠ざかっていたとはいえ、あんなふうにピッチ上を駆けまわり、選手たちを抱きしめ、喜ぶ姿は見たことがない。彼のもとで多くのトロフィーを勝ち取ったけれど、あんな反応は見たことがない。それがクラブにとって非常に重要なことで、自分にもクラブにも大事なトロフィーで、選手たちにも大事なトロフィーだとわかっていたんだ。そのトロフィーがチームを前に進ませるきっかけになり、また毎年のようにトロフィーを獲れるようになると知っていたんだ。

パーラーは、ヴェンゲルにはまだ燃えるような成功への野心があると考えている。「とても情熱がある。そうでなければ、もう辞めていただろう。その情熱や勝利への意志を失ったら、きっと諦めてしまうだろう。その情熱は、２０１４年10月にモウリーニョを押したときにも見られた。彼にとってそれくらい重要なことなんだ。彼は自分のチームが困難に立ち向かえると信じていた。選手たちもちょうどいい年齢にさしかかっていた。もし一旦タイトルが獲れれば……だが、ヴェンゲルはそれを金のためにやっているんじゃない。純粋に成功と勝利のためにやっているんだ」

ナイジェル・ウィンターバーンもその点は同意見で、またFAカップの決勝で敗れてもヴェンゲルは退任しなかったのではないかと考えている。留任し、苦難を乗り越えてまたトロフィーを獲得できることを証明しようと決意を固めていたという見解だ。

ウィンターバーンは現実的で、大言壮語をするタイプではない。ヴェンゲルへの敬愛は変わらないが、それと同時にアーセナルはもう一度コンスタントに優勝できるようにならなければならないと考えている。ヴェンゲルは困難な時期にも、財政的制約を受けながら難しい仕事をこなしてきた。いまこそクラブを再建した報いを得るべきだというのだ。「資金を使って、アーセナルが今後三年でどうなるかに注目することが重要だ。意欲もやる気もこれまで以上だろう。結果を出せることを証明したいと思っているはずだ」

それが、新契約にサインし、留任してクラブを新たな成功に導こうと決意したヴェンゲルの主な動機だろう。ヴェンゲルのFAカップ優勝を真っ先に祝った友人のひとりは、親友のデイヴィッド・ディーンだった。彼はこう語る――

いま彼は六十五歳だから、十八年間だ。現在のフットボール界では稀なことだし、今後はもう現れないだろう。きっと、もうお目にかかることはできないだろうね。いまは移り変わりが激しい。リーグ監督協会によると、監督の平均在位期間は十一カ月だという。アーセンの任期は長く、成績も良いが、今後の監督はもうそれだけの猶予は与えられないだろう。

FAカップは彼にとってとても重要だった。契約期間はそこまでだったし、退任の可能性も考えられた。優勝を機に辞めるべきだという議論もあった。だが彼は留任することに決めた。やる気はこれまで以上にある。意欲に燃え、野望に満ち、勝利を求め、クラブを愛している。成功を求めている。それは、彼のDNAに組み込まれているものなんだ。それがアーセン・ヴェンゲルだ。

クラブをとりまく雰囲気はがらりと変わった。ヴェンゲルの契約に際し、ファンから退陣を要求されることもなかった。誰もが新たな希望を得た。ヴェンゲルの優先順位は常に4位以内にあったが、ファンは求めていたものを手に入れて喜びに沸いた。

「来シーズンのチャレンジに向けた足がかりは得られたと思う」と、ヴェンゲルは言った。「私はいつも勝利とトロフィー獲得を目標にしてきた。それでも、7位とか12位とか、それ以下の順位でシーズンを終えたことはない。十七年間、毎年チャンピオンズリーグに出場してきた。決勝トーナメントへも進出し、優勝に近づき、いつも困難に立ち向かってきた。それもまた非常に重要なことだ」

第16章 トレーニングと戦術

ジョゼ・モウリーニョは3月の日射しを浴びながらタッチライン際に立ち、アーセナルが最初の攻撃を仕掛けるのを見ていた。そして、オリヴィエ・ジルーが先制のチャンスを逃すと、くるりと振り返った。そして二、三歩ベンチのほうへ戻り、拳を握りしめてコーチや控え選手に向かって息を吐いた。「やったぞ」。その日、スタンフォード・ブリッジではチェルシー対アーセナルのロンドン・ダービーが行われていた。

モウリーニョは選手たちとの試合前の準備に七時間をかけて戦術やビデオを研究していた。そのなかにはアーセナルのメンバーと戦術、その攻略法も含まれていた。選手たちには、アーセナルのセンターバックが押し上げてくること、アーセン・ヴェンゲルは前掛かりになったときに中盤を薄くすることが伝えられていた。モウリーニョは、アーセナルの中盤を中央から突破することができると知っていた。守備的MFにミケル・アルテタしか配していなかったアーセナルは、完全にチェルシーの術中にはまった。

最初の攻撃で、アーセナルはモウリーニョがチームに伝えていたとおりの動きをした。きめ細かな戦略家として名高いモウリーニョは、そこでヴェンゲルを完全に読み切ったことを確信した。〝スペシャル・ワン〟を自認する彼は、ヴェンゲルの千試合目などお構いなく、ライバルに屈辱を味わわせようとしていた。

モウリーニョとヴェンゲルのあいだに起きているのは単なる性格上の衝突ではない。マネジメント手法の衝突だ。勝利は選手にかかっている、とヴェンゲルは言う。モウリーニョによれば、勝つために重要なのは戦術だ。モウリーニョは直接対決でヴェンゲルを圧倒している。ヴェンゲルは2014－15シーズンまで十三回の対戦で一度も勝てなかった。この対戦成績にはやはりなんらかの意味があるはずだ。

アルテタはアーセナルのフォーバックの前に位置し、アレックス・オックスレイド＝チェンバレンが中央にいた。そのほかトマーシュ・ロシツキー、サンティ・カソルラ、ルーカス・ポドルスキが中盤に入っていた。チェルシーはあまりに強かった。獲物の臭いを嗅ぎつけて、何度もアーセナルの中盤の心臓部へ襲いかかった。まさにモウリーニョの思う壺だった。

チェルシーは開始17分で3対0にした。ハーフタイムには4対0になり、試合が終わったときは6対0だった。それはヴェンゲルのアーセナル就任千試合目の記念ではなく、全キャリアのなかで最悪の、最も屈辱的な敗戦のひとつになってしまった。それどころか、対戦相手を考えれば最悪の試合だった。

モウリーニョは結果を出すために全力を尽くす。その方法は、ときにシニカルと言われることさえある。たとえば、チェルシーが2014年の4月に敵地でリヴァプール戦に臨んだとき、リヴァプールは優勝を決めるためには勝利が必要だった。モウリーニョはリーグ優勝にわずかな望みを残していたが、チャンピオンズリーグとの兼ね合いで選手を休ませる必要があり、ルーキーのトマーシュ・カラスまで出場させていた。

だが、一度かぎりの試合でモウリーニョ以上に結果を出せる監督はまずいない。この試合で、彼はヴェンゲルには決して真似のできないディフェンスを構築した。モウリーニョはチームの意思統一をはかり、開始早々からあえてフリーキックを与えて流れを止めることでリヴァプールの勢いをそいだ。リヴァプールは、早い時間帯に勝負を賭ける作戦でシーズンを勝ち抜いてきていた。チェルシーははじめの嵐をしのぎ、2対0の勝利をもぎ取った。モウリーニョはあえてベストではないメンバーで戦術を駆使して戦ったが、それはアウェーでもフルメンバーでアーセナルらしい戦いを貫き、リヴァプールに1対5で敗れたヴェンゲルとまったく対照的だった。

ヴェンゲルの哲学は、攻撃的フットボールに要約される。選手に責任を持たせ、セットプレーや局面でのプレーの練習はするが、原則として選手に自由を与えている。ティエリ・アンリやデニス・ベルカンプ、パトリック・ヴィエラ、ロベール・ピレス、ソル・キャンベルといった選手がいたときには、アーセナルは実力で勝り、相手は彼らの力やスピード、創造性に圧倒されていた。だが選手が入れ替わると、十一人の選手が実力を発揮すれば勝つのが当たり前という状況ではなくなってしまった。

ヴェンゲルは、一度だけ相手の長所を消す戦い方をしたことがある。2005年のFAカップ決勝でのマンチェスター・ユナイテッド戦だ。「それ以来、しようと思ったことはない」と、ヴェンゲルは言った。「それに、そうせざるを得ない場合もある。我々がいつも攻撃しようとしてきたのは、その能力を持ったチームだからだ」

批判する前に、就任当初のヴェンゲルのフットボールが観客を楽しませ、しかもいくつものトロフィーを勝ち取っていたことをファンは思い出してみるべきだ。とはいえ、いまでは移籍や準備についての考え方も、トレーニング方法や科学的手法でも、ほかのクラブに追いつかれ、あるいは追い越されてしまっている。

攻撃的選手をずらりと揃えたバルセロナは、攻撃だけをし、ファンタスティックなフットボールをし、それでも頂点に立てるヨーロッパでおそらく唯一のクラブだろう。テレビ解説者で、イングランド代表でもあったマンチェスター・ユナイテッドの元MFポール・スコールズは、メンタル、フィジカル両面でのアプローチが悪く、重圧がかかった状況であっさり降参してしまうことから、アーセナルは本気で優勝を狙うには百万マイルも隔たっていると主張してきた。

チェルシーに6ゴールの惨敗を喫したわずか三日後、ホームでスウォンジーと対戦したときのスコールズの言葉は厳しかった。「彼らはなんの規律もなくピッチに出ている。ひょっとしたら、『MFは思いどおりに動け。ゴールを狙え。ワン・ツーを決め、ワンタッチ・フットボールをしろ。長いパスは必要ない』という指示しか与えられていないんじゃないか」

チェルシーはアーセナルを接触プレーで圧倒している。モウリーニョがピッチ上でヴェンゲルをこれほどまでに圧倒している理由はそれだろう。もう、チームを送り出して全力を尽くすことを願っていれば勝てる状況ではないのだ。

ヴェンゲルは人に任せることができないと言われる。おそらく、それが問題の核心だろう。彼はすべてを自分で完璧にコントロールしなければ気が済まない。対照的にサー・アレックス・ファーガソンは、とりわけその任期後半には、人に任せる達人だった。スタッフを強力なメンバーで固め、それぞれがコーチングやフィットネス、科学的手法などの異なった分野を管理していた。ファーガソンは全体を監督するが、それぞれが効率的に仕事をすることを認めていた。彼のマネジメントの強みは巧みな権限の委譲にあった。

２０１４年のＦＡカップ決勝を前にして、クラブ内では、ヴェンゲルはゲームでの戦術よりも、装飾用の黄色いカーネーションを選ぶほうに時間をかけているというジョークが交わされていた。誇張はあるものの、たしかにそのとおりだった。ヴェンゲルはどうでもいい仕事まで自分でやる。そして、考えられないほどスタッフに忠実だ。

たとえばヴェンゲルは、わずかな報酬にもかかわらず遠くまで移動することが多い、クラブのマッサージ師の給油用クレジットカードの問題に自ら関わり、役員会にまで持ち込んで意見を通したことがある。また、遠征方法が変更され、長く務めてきた裏方スタッフのひとりが仕事を失いそうになったときには、役員室でこの従業員を絶対に退職させないよう主張した。そのときもヴェンゲルの思いどおりになった。スタッフがあれほどの忠誠心を示すのも当然のことだ。

ヴェンゲルの忠実さは尊敬に値する。だが、ある元同僚の言葉はおそらく正しい。「ヴェンゲルのマネジメント能力は突出していると思う。だが私に言わせれば、彼は過干渉な監督なんだ。些細なことまですべて自分で管理するから、つまらないことまで気になってしまう。仕事を任せるのが上手でなく、協力し合うのを苦手としている。非常に優秀な監督だが、戦略を持ったチーム作りはできていない。それが彼の欠点だ」

そのほかに批判を受けるのは、戦術への取り組み、コーチ陣、ほかのクラブの監督と比較した試合の準備時間といった点だ。

ヴェンゲルは〝独裁者〟で、意見の対立を嫌うと言われる。ただし、それはかつて冷遇され、充分な出場時間が与えられず、視線も合わせてもらえないうえ、話し合いの時間すら与えられなかったと感じている元選手の見解だ。レイ・パーラーやナイジェル・ウィンターバーン、スティーヴン・ヒューズらの評価はもっと好意的だ。彼らは人に対するマネジメントや、問題解決を助け、相談に乗ってくれる点を賞賛している。レイ・パーラーはさらに、チームの一員でなくなっても手を差し伸べてくれると語っている。しかし、ヴェンゲルはファーストチームの構想に入っていない選手のことはまったく考えていないという意見もある。

ヴェンゲルは様々な面で矛盾の塊である。極度に科学を重視する一方で、疲労があり怪我をしやすい〝レッドゾーン〟の選手を、科学的アドバイスを無視して起用することもある。ヴェンゲルは少人数の選手でやり繰りすることを好む。そうすれば一体感と絆が生まれ、選手たちのいがみ合いや亀裂は生じないと考えているからだ。だがそうすると、ほかのビッグクラブのように選手に休息を与え、ローテーションを組むことが難しくなる。疲れている状態でのプレーや練習は、筋肉の故障を起こしやすい。アーセナルは故障者が多く、フィットネスの取り組みは遅れている。２００４ - 05シーズン以降の十年間で、アーセナルよりも多くの負傷離脱者を出しているチームはニューカッスルしかない。

ヴェンゲルのトレーニング方法は、就任当初には画期的だともてはやされた。ハードなトレーニングで、ヴェンゲルは常にストップウォッチを持っていた。それでもなお、充分なトレーニングができていないという選手もいた。現在ではトレーニングについては負荷の調節が大事になっている。強度が足りず、試合中に集中できないと選手が感じている場合もある。
だが逆にハードすぎ、負荷を減らさなければならない場合もある。たとえば、ミケル・アルテタは2013年の8月に太ももの筋肉を痛めた。チームメイトの多くが代表に招集されているときで、残ったアルテタは厳しいトレーニングが課されていた。怪我をしたのはロングボールの練習中だった。その練習が原因となった可能性もある。

2014年の9月には、アルテタとアーロン・ラムジーはふたりともキャピタル・ワン・カップのサウサンプトン戦を欠場していた。だがふたりとも、次の土曜日のトッテナム戦で筋肉を故障した。アルテタは開始28分でふくらはぎを痛めて負傷交代し、ラムジーは45分にハムストリングを痛め、そこで交代になった。アルテタとラムジーはその週、おそらくリーグカップでプレーするよりもハードなトレーニングを課されていた。

もちろん、重要なのはヴェンゲルがどのコーチングスタッフの意見を聞き入れるかだ。アーセナルのフィジオのコリン・ルーインとドクター・ガリー・オドリスコルは高い評価を得ているが、彼らはあくまで提言をする立場だ。それにしたがうかどうかはヴェンゲルが判断することである。

2014年1月にスパルタク・モスクワからローン移籍で獲得したキム・シェルストレームとの契約はあまり評判がよくない。ヴェンゲルはフランスのリヨンに在籍していたころからシェルストレームを高く評価していた。そのため、フランス担当スカウトのジル・グリマンディからローン移籍が可能だと伝えられると、ヴェンゲルは獲得を決めた。しかしメディカルチェックの際に、ロシアのシーズンオフに長時間ビーチフットボールをしたせいで背骨にひびが入っていたことが判明した。

アーセナルのメディカルスタッフがそれを発見し、ヴェンゲルに数週間離脱することを伝えた。だがヴェンゲルはそれでも獲得を押し進めた。ほかの選手を獲得する時間はすでになく、誰も獲得しないよりはいいと判断したためだ。メディカルスタッフは、獲得前から負傷があり、すぐには出場できないことを発表するよう進言した。ヴェンゲルは、状況の公表は次の記者会見まで待つべきだと主張した。当然ながらシェルストレームの故障情報は漏れ、アーセナルは役立たずと契約したと報道された。非難の矛先はメディカルスタッフにまで向けられた。しかし、契約を進め、怪我の公表を遅らせたのはヴェンゲルであり、クラブが嘲笑されたのも彼に責任がある。メディカルスタッフは問題を発見したのであり、この件に関して非難されるべきではない。

2013－14シーズン、アーセナルはまたしても怪我続きだった。ヴェンゲルは徹底した原因究明をすると約束したが、内部情報によると、それは行われなかったようだ。だが、アーセナルは2014年夏にアメリカ人のフィットネス専門家シャド・フォーサイスを招いた。ドイツ代表チームからの移籍だったが、問題はヴェンゲルが助言にしたがうかどうかだった。

監督のなかには、コーチを変えることが健全だと考える人もいる。サー・アレックス・ファーガソンはマンチェスター・ユナイテッドでアシスタントコーチを定期的に変えていた。任期中にアーチー・ノックス、ブライアン・キッド、スティーヴ・マクラーレン、カルロス・ケイロス、マイク・フェランを補佐につけ、さらにスタッフにはウォルター・スミス、レネ・メウレンステーン、ジミー・ライアンらがいた。ファーガソンは進んで権限を委譲したし、またそのやり方を心得ていた。

一方ヴェンゲルは、自分のやり方にこだわりを持っている。2012年には、ナンバーツーだったたパット・ライスの引退を望まず、どうにか慰留しようとした。その後、クラブ内で評価の高かったスティーヴ・ボールドとニール・バンフィールドのふたりが昇格した。選手としても活躍したボールドの立場が上で、試合ではヴェンゲルの隣にすわっている。しかし、彼が実際にはどれほど監督と親しく、どの程度意見を主張できるのか、またそれをヴェンゲルが実際に聞き入れるのか、といった点はまだよくわからない。

ヴェンゲルにはすべての監督と同じく自尊心がある。ボールドが就任したばかりのころ、アーセナルの守備、とりわけセットプレーに対する守備が向上したと賞賛されると、彼はいくらか機嫌を損ねていた。2012年10月に行われたウェストハムとの一戦で、アーセナルは1点先制されたのち、3対1の鮮やかな勝利を収めた。試合後の記者会見では、新たなナンバーツーが守備面でもたらした効果への賞賛を促す、好意的な質問が向けられた。ヴェンゲルは答えた。「スティーヴがアシスタントになる前は、セットプレーからの失点はもっと少なかったはずだ」

ボールドの手腕を認めたくないようだった。だがヴェンゲルにとっては幸いなことに、その話はそこで終わった。アーセナルはロンドン・ダービーで難敵を倒したばかりで、そのことのほうが、ヴェンゲルがアシスタントコーチを褒めるのを渋ったことよりも重要だったからだ。

同じ2012－13シーズン、チャンピオンズリーグでモンペリエと対戦したとき、ヴェンゲルはベンチ入り禁止処分を受けていた。前シーズンのチャンピオンズリーグで敗退したあと、ダミール・スコミナ審判を批判したためだ。ヴェンゲルは試合前には記者会見を行ったが、UEFAに対して処分の不公平さを訴えるために試合後の記者会見を拒否し、ベンチ入りしたボールドにメディア対応を任せた。

試合前の記者会見で、昇進してまだ二、三カ月だったが、ボールドが著しい変化をもたらしているかと質問されたとき、ヴェンゲルの回答はまたしても適切でなかった。そこにはヴェンゲルのコーチ観が滲み出ていた。

いや、何も変わっていない。トレーニングセッションを組み立てているのは私で、何も変えたところはないからね。私は三十年間コーチをしている。だから、スティーヴ・ボールドが8月に昇格したからといって変えることはない。だが、よくやっているよ。結局、一貫したプレースタイルを持ち、コーチも選手も、それに揺るぎない信頼を置いていることが重要なんだ。彼はとてもよくやっている。四試合しかしていないのだから、ディフェンスの記録について話すのはまだ早い。このチームの基礎は攻撃重視にあることを忘れないでほしい。だから今後ゴールを許すようなことがあっても、それはボールドのミスではない。それは我々の考え方の結果にすぎない。

シーズンが進むにつれ、アーセナルの成績は急降下した。そして、トレーニング場でのボールドの役割が減ったという記事が出た。12月1日土曜日のホームでのスウォンジー戦を前に、ヴェンゲルは身内の不幸のためフランスに帰国した。だがトレーニングの監督を任されたのはボールドではなく、フィットネスコーチのトニー・コルバートだった。だが、試合前のトレーニングセッションであるにもかかわらず、内容はウォームダウンに近いものだった。試合に臨む状態ではないと選手たちも感じていた。試合は案の定0対2で敗れた。

選手時代にはあれほど強気だったボールドが、なぜほとんどベンチにすわったままで、指示や激励の声を飛ばさないのかと指摘されることも多い。しかし彼は、2014年10月にスタンフォード・ブリッジでヴェンゲルがモウリーニョを押したときには監督を助けた。チェルシーのアシスタントであるルイ・ファリアがヴェンゲルに怒声を浴びせると、ボールドも参戦し、静かにしろと声をあげた。ボールドには、あまり敵に回したくないような屈強さと威圧感がある。

ボールドはヴェンゲルとの関係についてあまり語りたがらない。ヴェンゲルがトレーニングを完全にコントロールしているのは相変わらずだが、それでも時間とともに、ふたりのあいだには信頼と協調が育ちつつある。いまでは仲も良く、関係は強化されているようだ。ただしヴェンゲルの哲学どおり、重点はディフェンスの反復練習よりも攻撃的プレーに置かれている。

ボロ・プリモラツはコーチとして長年厚い信頼を寄せられているが、インビンシブルズの時代には、チームへの貢献はバス内での冗談くらいだと言われていた。人を惹きつける魅力とユーモアのセンスがあり、話せる言語はヴェンゲルよりもさらに多い。プリモラツは先頭に立ってジョグと軽いストレッチのウォームアップを行うのだが、それはかなり奇妙な光景だ。がっちりした体格の六十代の男が、並外れた運動神経を持つ二十歳前後の選手たちに指示を出し、セッションを行っているのだ。試合中はスタンドからプレーを観察し、別の観点からの見解を提供する。ヴェンゲルはそれに耳を傾け、尊重している。

プリモラツとフィットネスコーチのトニー・コルバートはハードなトレーニングを信条にしている。ヴェンゲルに対し、厳しいセッションを行うように進言することもある。一方で、彼らが課すトレーニングは過負荷であり、選手が疲労によって故障する可能性を高めていると批判されることもある。

そのため、コルバートに対する評価は選手のあいだでふたつに割れている。ティエリ・アンリはニューヨーク・レッドブルズから短期のローン移籍で復帰したときに、特に名前を挙げるほど信頼していた。一方セスク・ファブレガスは、アーセナルでは専属の個人トレーナーを雇っていた。ある有名選手はコルバートを完全に無視している。

ウェールズ代表の前フィットネスコーチのレイモンド・フェルハイエンによれば、アーセナルのフィットネススタッフは素人だ。そして、プレシーズンの練習は〝海兵隊のようだ〟という。フェルハイエンはアーセナルのメディカルスタッフとの面識はなく、ほかのクラブでも同じように行われているトレーニングの強度やレベルについて懸念を表明したにすぎない。もっとも、アーセナルのメディカルスタッフやフィットネスコーチらはいつでも厳しい批判にさらされているが、それはお門違いだろう。監督が聞き入れて対処しないかぎり、この体制が変化することはないからだ。フェルハイエンはまた、マンチェスター・ユナイテッドとマンチェスター・シティに対しても、選手のコンディショニングについて同様の批判をしている。

2013−14シーズンの後半、ヴェンゲルはトレーニングの量を減らした。それによって怪我の危険は減り、アーセナルは調子を取り戻した。順位を4位に上げ、FAカップで優勝した。現場だけでなくクラブの経営陣もその傾向に気づいていた。

イヴァン・ガジディスCEOは、2014年12月の株主への四半期報告書で選手の負傷について語っている。「今シーズンの三分の一が過ぎましたが、残念なことに選手の負傷が相次ぎ、才能あふれるチームは本来の実力がほとんど発揮できていません。我々は引き続き負傷の予防と選手の早期回復に努めます。とはいえ、決定的な要因はひとつではありません」

それはガジディスにとっても気がかりなことだった。彼はこの問題に積極的に関与し、状況を改善することを決意した。ヴェンゲルのアーセナルは、かつてはフィットネスや負傷の予防に関して画期的ともてはやされたが、いまでは多くの負傷離脱者を抱え、しかもその原因は彼らの方法にもあると考えられていた。

ヴェンゲルは、アーセナルの選手に怪我が多い理由について自分なりの、ときには奇妙とも思える考えを持っている。話の受け売りをすることもある。たとえば2014年4月の記者会見では、彼は増毛や痩身、精力増強などで使われる薬物がフットボール選手の負傷の原因になっているという奇抜な理論を語った。自分のチームの選手のことなのかと問われるともちろん撤回したが、トレーニングに携わるスタッフは、これを聞いて耳を疑い、黙って苦笑いを浮かべていた。

「選手たちは、知らないうちに摂取している薬物が原因で負傷することもある。良くない薬物を摂ってしまったことに、あとあとまで気づかないんだ」とヴェンゲルは言った。「たとえば肝臓の機能が低下し、毒物が体外に出るのが遅れて疲れが出ることがある。髪が薄くなったときに育毛剤を使うのは、身体にとってあまりいいことじゃない。薬物というのは、身体の一部に対して効果を発揮するが、残りの部分には有害になることもある。そこからなんらかの結論に達したというわけではないが、物事の原因を深く分析する必要がある」

もちろん私たちはすぐに、頭髪が薄くなり、その後長期にわたる怪我をした選手を思い浮かべた。だがおそらく、ヴェンゲルはそれを科学的に正しいと信じているのではなく、むしろ批判を逸らすための戦術として持ち出しただけなのだろう。選手が負傷する危険性が高い〝レッドゾーン〟

に近づくとヴェンゲルは報告を受けるが、それに耳を傾けるかどうかはヴェンゲル次第だ。ビッグゲームを控えていると彼は九割方アドバイスを無視し、構わずに経験豊富な選手を起用する。そうした状況でジャック・ウィルシャーとアーロン・ラムジーを酷使したことをヴェンゲルは公の場で認めている。

アーセナルの元DF、ソル・キャンベルは、怪我にはそれ以外の要因もあると考えている。アーセナルは主だったライバルチームと比較して、少数のトップクオリティの選手で戦っている。そしてそれが、ウィルシャーやラムジーといった選手をプレーさせなければならなくなる理由なのだとキャンベルは言う。

アーセナルの医療体制は一流だ。それどころか、人が多すぎるくらいだよ。環境はかなりいい。選手たちが毎週出場しなくてもいいように、あと二、三人の選手が必要になるだろう。選手を増やして、ローテーションを組んで休めば、レベルが落ちることはない。現状では、十二、三人は素晴らしいが、さらに代わりにプレーする選手があと何人か必要だ。選手たちが疲れたり、試合に出すぎていたら、問題が起きる前に誰かが交代しなければならない。

問題は主力選手が抜けたときだ。代わりがいないから急いで帰ってこなくてはならない。チームには自分が必要だという意識もある。チームのためにプレーしたいと思うのは悪くないことだし、そうした立場はいいものだ。それでも長い目で見れば、もっと多くの選手が交代で出場し、なおかつレベルが落ちない状況が必要だ。そこを補えば、怪我をした選手が復帰を焦らなくてもよくなる。二週間、一カ月、あるいは三カ月間、穴を埋められる選手がいれば、チームは大きく変わるだろう……。

前線では敵の守備陣に封じられないように、いくつかの選択肢が必要だ。ウォルコットとラムジー、ウィルシャーが怪我をしたときは痛かった。そんなときのためにも、選手層を厚くする必要がある。

必要なのは変化だ。怪我人を休ませ本来の実力を発揮していない選手を交代させなければならない。コンピューターで観察され、いまではあらゆるチームがすべての選手をチェックしている。世界中の何ひとつ見落とされることはない。だからこそいろいろな引き出しを持つことが必要なんだ。それができるのはトップクラスの選手たちだ。厳しいゲームになったとき、最高の選手たちは何かを起こし、状況を打開する方法を見つけられる。技術があるからできることだ。アーセナルには決定的な働きをして勝利をもたらすことができる選手があと二、三人必要だ。


シャド・フォーサイスの加入により、特に準備やウォームアップに関して変更が加えられ、個々の選手に合わせたフィットネスの計画が立てられることになる、とヴェンゲルは認めた。それが定着し、効果を発揮しはじめるまでにはある程度時間がかかるだろう。フォーサイスの影響なのか、やり方を変えたことが運良くうまくいったのか、2014‐15シーズンの後半には事態は好転し、状況は改善された。その証拠に、優勝争いのさなか、アーセナルはヴェンゲルの十九年の任期ではじめて同一メンバーで六試合戦うことができた。

ヴェンゲルはスタッフに親身だ。2011年2月、カーリング・カップ決勝の直前に、当時キャプテンだったセスク・ファブレガス、キーパーのヴォイチェフ・シュチェスニーら選手たちの代表がヴェンゲルのもとを訪れ、ビデオでの試合準備を増やしてほしいと語り、キーパーコーチのギャリー・ペイトンについて要望を出した。ペイトンはトレーニング場で馬鹿にされていた。食事の時間には好んでヴェンゲルの隣にすわるが、それを見た選手やコーチたちは彼を馬鹿にして〝イエスマン〟と呼んでいた。

アーセナルはフランス人キーパーのウーゴ・ロリスを獲得しそこねたことがあるが、それはペイトン（巨大な頭部を持ち、あだ名は〝ザ・ヘッド〟）のせいだと言われている。2012年にトッテナムに加入する前に、ロリスはクロスに弱く、プレミアリーグにフィジカル面で適応できないだろうとペイトンが主張したためだ。だが彼はリーグを代表するキーパーへと成長した。

ヴェンゲルはキーパーに関してペイトンの意見を尊重している。そのため、選手たちが彼の指導能力を疑問視しても何もしなかった。だが、ウカシュ・ファビアンスキがファーストチームに戻ってくることができたのはアカデミーのキーパーコーチ、トニー・ロバーツとの練習の成果だった。ファビアンスキは結局2014年の夏にスウォンジーに移籍したが、そのとき、ペイトンとの練習は良くなかったとヴェンゲルに言い残して退団した。ロバーツは2015年夏にアーセナルを退団し、スウォンジーで再びファビアンスキと同じチームに所属することになった。

疑問視されている点はそれだけではない。今日、ビデオを使った準備の重要性が高まっていることを反映して、ロンドン・コルニーには新たなビデオ・ルームが作られた。しかし、別のヨーロッパのビッグクラブから移籍してきたある選手は、以前のクラブではビデオの分析に数時間かけていたのに「アーセナルでは二十分だけだ」と代表チームの仲間に冗談交じりに語っている。

ヴェンゲルにとっては耳の痛い言葉だ。たいしたコーチングをしていないともとれる発言だからだ。ヴェンゲルはそうした批判をひどく嫌っている。「コーチングをしていないなら、私が三十年以上監督をしてこられたはずがないだろう。もちろんコーチングはちゃんとやっている」。はっきりしているのは、ヴェンゲルのスタイルは普通ではないということだ。正確に、強く、そして、すべてはテクニックの向上を目指している。公平を期して付け加えると、アーセナルは2014-15シーズンからビデオ分析の取り組みを強化し、試合準備は以前より重視されている。

アーセナルの元選手、スティーヴン・ヒューズはヴェンゲルのトレーニング方法の信奉者だ。彼はこんな思い出を語っている。

トレーニングはいつもかなりハードだった。気づけば地面に転がってつかみ合いをしていたことは何度もあった。チームには熱意があった。本当に楽しかったよ。我を忘れて怒るようなことはなく、健全で効果的な、厳しいトレーニングだった。

セットプレーの確認をする。それから試合開始の二時間前にメンバーが伝えられて、十分ほど指示があり、それから対戦相手とマークする相手の確認だ。それも約十分。このごろ、戦術を重視していないと言われているようだが、驚きはないね。チームと選手を完全に信頼しているからだ。

相手のチームや選手について、もっと考える必要があるという人もいるだろう。だが彼は選手たちに大事な部分を任せる。ときには期待どおりに行かなくて落胆することもある。それでも、信頼をしてくれない監督よりははるかにいい。「心配するな、大丈夫だ」と言ってくれるから、気分よくプレーできる。余分なプレッシャーをかけないようにしてくれるんだ。僕はそれが好きだった。そんなところを若いころは特に尊敬していた。アーセナルに入って学んだことだ。

いまは全試合を観ているが、ミーティングをはじめとして、やり方は少し変わっていると思う。かつてはロッカールームではあまり話さなかった。五分間は何もせず、それから、基本的なことを話し、修正すべき点を伝えた……彼は長ったらしいスピーチに効果があるとは思っていない。以前にその理由を尋ねたら、いつも簡潔に、要点を押さえて、選手の頭に詰め込みすぎないようにしたいからだと話していた。

ヒューズはまた、ヴェンゲルが自分の手であらゆることをし、選手の怪我に関しても自分の判断を信じているとも言う。「彼は片膝を地面についてじっと見た。以前、僕が怪我から復帰したばかりのときだ。プレーしたかったけれど、それはまだ早かった。僕を押し戻して『まだ無理だな』と言った。すべてお見通しだったよ」

ヴェンゲルはコーチングをしないという批判には、レイ・パーラーも反論している。「違う。そんな馬鹿なことはない。最高のコーチだよ。トレーニング場に、一日も休まずに出てきている」

彼はまた、ヴェンゲルはメンバーを新鮮な状態に保ち、熱意を失わせないことにかけては一流だと言う。「ファーストチームの練習が終わりウォームダウンをしていても、まだほかの選手とトレーニング場に残って準備をさせていた。突然の怪我や出場停止があったときにチームに入れられるように準備ができていないといけないからだ」

だがヴェンゲルのコーチングのいちばんの強みは、選手たちの技術レベルを高める能力だとパーラーは考えている。パーラーのエネルギー、貪欲さ、運動量は圧倒的だった。ヴェンゲルのもとでMFとして成功し、インビンシブルズの一員になり、ヴェンゲルの栄光の時代で最も成功したチームの主要メンバーだった。パーラーは説明する――

技術面では、僕は短期間にとても進歩した。突然、ヨーロッパの最高のチームの最高の選手たちと競えるようになったんだ。インテルとのチャンピオンズリーグでの試合があったけれど、あの日のチームは素晴らしかった。彼は上手に試合に臨む気持ちを盛り上げてくれた。ボールを奪い、パスすることに自信を持ち、プレーが上達した。それはすべてアーセン・ヴェンゲルのおかげだ。

多くはトレーニングで培われたものだ。いつも言っているけれど、監督の仕事で大切なのは平日だ。試合に向かうときには、選手はチームのために自分が何をするか、自分の仕事は何かをはっきりとわかっていないといけない。だが平日は、いつもどおりのトレーニングや動きをこなし、技術を磨くときだ。彼のトレーニング方法はとても良かった。十五分か二十分ごとに違うトレーニングをし、それらを組み合わせる。ヴェンゲルは選手にいつも考えさせ、頭を使わせ、働きかける。

ほかの監督は四十分以上も練習させるから、途中で質が落ちてしまう。彼のトレーニング方法は的確だった。「自分を表現しろ、やるべき仕事はわかっているだろう。敵陣に入り、相手を捉え、仕事をしろ」と言って送り出してくれた。

MFには制約はない。「こうしろとか、あれをしてはいけない」ということは決して言われない。いつも彼は動きを考えていて、こちらには内へ切れ込み、FWには外へ開くように指示したりする。それでその日の戦い方がわかる。ポジションチェンジが多いが、それはそのためのトレーニングをしてきているからできることだ。

「私は見ていない」というフレーズは、アーセン・ヴェンゲルとは切っても切り離せない。いまではテレビやラジオ、新聞で定番のジョークになっている。だが、それは意図的な策なのだ。選手をいつも変わらずサポートすることが彼のマネジメントの基本であり、表立って選手を批判することはほとんどない。選手を公然と非難するより、自分が矢面に立って馬鹿にされ、嘲られるほうがいいと考えている。

かつて同僚の記者がヴェンゲルについて語っていたことがある。「ヴェンゲルは新聞やメディア、大勢の人の前では決してチームを批判しないと責められるが、それはフェアじゃない。閉じた扉の向こうですべきことに関して、確固たる信念を持っているんだ。たしかに彼はチームの選手がひどいタックルをしたときには、『私は見ていない』としか言わない。でもほかにどんな言い方ができるだろう。『私は見ていた。めちゃくちゃなタックルだったよ』とでも？　それとも『ほどほどにしておけと言ったんだが』とか？」

ヴェンゲルはなんとしても選手を守る。2009年8月のセルティックとのチャンピオンズリーグでの一戦で、クロアチア代表のエドゥアルドはダイブでPKを得たと非難された。エドゥアルドが審判を欺いたのかという点に質問は集中するだろうと聞いていたヴェンゲルは、怒りを露わにして記者会見に臨み、2008年8月のチャンピオンズリーグ準々決勝でのライアン・バベルの露骨なダイブを見たときの憤りを語りはじめた。「なぜライアン・バベルのことは尋ねないんだ？　そんな質問は出たことがない」

若手育成と、獲得する可能性のある選手のスカウトは、ヴェンゲルの仕事のなかでも高い優先順位が与えられている。アーセナルの幹部のなかには、ヴェンゲルが過干渉な監督だという評価を考慮し、権限を譲り受け、補佐する人物が必要だという考えもたしかにある。すでに書いたが、アーセナルは統計データを扱う〈スタッツＤＮＡ〉という会社を傘下に収め、選手の評価に用いる方向に動いており、その一方でイヴァン・ガジディスは、元従業員のヘンドリック・アルムシュタットの伝手《つて》でアンドリース・ヨンカーをアーセナル・アカデミーの監督に任命した。

どちらも近年苦戦していた部門である。スカウト・チームはヴェンゲルの移籍に関する優柔不断さや移籍戦略の明らかな欠如に失望させられてきた。アーセナルのチーフスカウトとして世界的に名の知られたスティーヴ・ローリーは才能を見抜く素晴らしい目を持ち、アーセナルの全世代の選手を発掘してきた。ロビン・ファン・ペルシー、トーマス・フェルメーレン、セスク・ファブレガス獲得も彼の功績だ。

しかし、ヴェンゲルは次第にフランス人スカウト、ジル・グリマンディの意見に耳を傾けるようになっていき、両者のあいだには自然と緊張関係が生まれていた。ふたりが推薦する選手はまったく異なる。そしてスカウトの評価はどの選手を推薦したかで決まる。

イギリスに拠点を置く代理人はローリーか、移籍交渉担当のディック・ローへ話を持っていく。それに対してグリマンディはフランスの市場が持ち場で、つながりも強い。近年獲得した選手には、シェルストレームや、オセールにいたフランスのＵ－21代表、ヤヤ・サノゴなどがいる。バカリ・サニャやローラン・コシールニーなどの成功例もある。

スカウトがどんな選手を見つけても、アーセナルの移籍交渉や方針についての権限を握っているのはヴェンゲルで、最終決定権も彼にある。たとえば２０１４年夏のはじめに、ヴェンゲルはスカウトに守備的ＭＦを最優先で探すよう指示していた。だが夏の終わりにはヴェンゲルの意志は変わっていた。クラブ内の人物によると、それはヴェンゲルの選手獲得に戦略がないからだという。


アーセンは戦略的な考え方をする人ではない。たぶん戦略はないのだと思う。戦略はと尋ねてみれば、何かを答えたり、考えたりはする――まあ、考えているようには見えるだろうが、結局のところ戦略はないんだ。

中盤の選手が何人いるか数えてみると、両手では足りなくなってしまう。アーセン流のチーム強化策というのは、ワールドクラスのストライカーと、ワールドクラスのＭＦ、ワールドクラスのセンターバック、ワールドクラスのキーパーがいることだ。それがチームの骨格になる。（２０１４－15シーズンのチームには）結局、ワールドクラスのＦＷはいない。サンチェスはストライカーでもＭＦでもない。そしてヴィエラやジウベルトを基準にすれば、ワールドクラスのＭＦもいない……。

それに、同じタイプのＭＦがあまりに多い。全員１７３センチで、皆かなりいい選手だ。だが、ワールドクラスではない――そこまでの評価はできない。要するに、計画性がないからこうなるんだ。彼は、夏には二週間の休暇を取る。戻ってきたときには、ほかのチームは移籍交渉を進めている。そのあいだに代わりに仕事を進める人材はいない。

すでに書いたように、ヴェンゲルはギャリー・ペイトンの意見にもとづいてウーゴ・ロリス獲得を見送った。クラブにはスペインのストライカー、ミチュについて情報が入ったが、いい選手ではないと判断した。その後ミチュは格安の移籍金でスウォンジーに加入し、すぐに2000万ポンドの価値がある選手と評価されたが、そのレベルを維持することはできなかった。

2001年にマンチェスター・ユナイテッドがファン・セバスティアン・ベロンを獲得したとき、チームにはすでにロイ・キーン、ポール・スコールズ、デイヴィッド・ベッカムら錚々たるMFが揃っていた。フットボール界では、マンチェスター・ユナイテッドは急に計画的な選手補強を放棄し、ファンタジー・フットボールを目指しはじめたと語られた。

同じことが、ここ数シーズンのヴェンゲルのアーセナルについても言える。インビンシブルズの時代には身体の大きな選手がほとんどだったが、その後もっと小さく、テクニックを売りにした選手が増えた。アーセナルは軽量化したが、ヴェンゲルはあらかじめ計画してそうなったのではないと主張している。

「選手を獲得する基準は選手の体重ではなくて、どれだけいい選手かだ」と、ヴェンゲルは2014年に語っている。

「身体の小さい選手が増えたが、それは偶然だ。おそらく、中盤には特にアルテタのような技術の高い選手を起用することが多いからだろう。そういう面もあるはずだ。また、プレーしている選手によっても変わる。カソルラやポドルスキがプレーしているときには変わってくる。だがたしかに、以前のプティ、ヴィエラ、パーラーたちがいたころよりは軽くなっている……。

技術的な進歩はいつでも望んでいるし、そうすると選択の基準がテクニックにかたよって、身体が小さい選手が増える場合もある。ヴィエラが退団したとき、十七歳のセスク・ファブレガスがいた。体重が軽すぎるから出場させられないとは言えないよ。彼にはプレーするだけのクオリティがあった」

アーセナルのスカウトはヴェンゲル就任当初に比べ、掘り出し物やダイヤの原石をあまり発掘できなくなっている。さらに近ごろでは、ユースの発展も、少なくともファーストチームへ昇格する人数の面では停滞している。アーセナル・アカデミーは、次々に素晴らしい選手を世に送り出してきたことで有名だ。ジャック・ウィルシャー、デイヴィッド・ローキャッスル、トニー・アダムス、ポール・デイヴィスなど、数え切れないほどの選手を輩出してきた。監督を務めていたのは、クラブのレジェンドであり、おそらくアカデミーの最も才能ある卒業生で、のちにユベントスでプレーした経験もあるリアム・ブレイディだった。

しかしアーセナルは、国内育成選手を質量ともに改善することを目的とした、プレミアリーグのエリート・プレーヤー・パフォーマンス・プラン（ＥＰＰＰ）のもとで最上位のカテゴリー1に分類される資格を得るのに苦労していた。仮に要求された基準を満たすことができなかったら大騒ぎになっていただろう。

ヴェンゲルとブレイディはあまり頻繁に顔を合わせていたわけではなかった。アーセナルの元育成コーチ、テリー・バートンはアダムス、ローキャッスルらの黄金時代にクラブで働いていた人物だ。彼はブレイディが２０１４年の夏に退団したあと、アーセナルは「後れをとり、充分な練習をしていなかった」と語った。バートンはアカデミーの監督に外国人を任命したことに怒りを表明した。ヴォルフスブルクのアシスタントマネージャーで、かつてはバイエルン・ミュンヘンでルイ・

ファン・ハールのもとでナンバーツーのポジションにいたこともあるオランダ人アンドリース・ヨンカーの招聘には、イヴァン・ガジディスも関わっていた。

アーセナルは、ユース部門の立ち遅れを解消するため、劇的な変化を求めたのだった。では、ヴェンゲルがアカデミーを駄目にしたのだろうか、それともアカデミーがヴェンゲルの期待に応えられなかったのだろうか。ヴェンゲルは、活躍するのがほかのクラブであれ、若手選手を売り出すことに誇りを抱き、それをアカデミーの役割のひとつとみなしている。レディングに加入したスティーヴ・シドウェルをはじめ、選手たちの売却は利益をあげている。だが、ファンにとっての判断基準は、誰がアーセナルのファーストチームに昇格できるかにある。

ヨンカーがトレーニング場の再開発とヘイル・エンドにあるアカデミートレーニングセンターの開発を自分の手柄であるかのように語り、アーセナルは国内育成選手を充分に輩出していないと主張していることには、すでに反発の声もあがっている。ファーストチームに昇格したジャック・ウィルシャーとキーラン・ギブスがいる以上、たしかに賢明な発言とは言えないかもしれない。

ヨンカーは自信家で、発言は率直だ。ピッチのあいだに木を植えることを求め、ファーストチームにいつでも昇格できる選手をより多く輩出したいと語っている。そして、アーセナルのスカウティングについては口をきわめて批判している。オランダの雑誌〈フットバル・インターナショナル〉のインタビューで、自分は〝ユースでの経験が豊富で、アーセナルのコーチを改善することができる人物として〟招かれたのだと説明した。

バイエルン・ミュンヘンでは、それまでどおりルイ・ファン・ハールとともに働いた。「いまの私があるのはすべてルイのおかげだ。アヤックス以降、どこに移籍しても私を連れて行ってくれた。代表チームにも」

さらに「アーセナルのスカウト体制は一から構築し直す必要がある。ヴェンゲルがすぐにチームで使える年齢の、最高の才能を持った選手を、国内外から連れてくることができるレベルに達する必要がある」

これまでにアカデミーが送り出してきた選手のクオリティについても、彼はあまり高い評価をしていない。「現時点では、クラブの投資額を考えれば選手が順調に育っているとは言いがたい。ガジディスはアーセナルのアカデミーを世界一にしたいと考えている。資金と時間を費やして大きな野望を叶えようとしている」

彼はヴェンゲルとの職務上の関係について語り、ほかのスタッフが何をするときでも監督の承認を求め、トレーニングの前には〝ヴェンゲルに隠れて何かをしてはならない〟と語り合っていると指摘する。

そしてこう結論づけている。「ヴェンゲルとはいい関係だ。ふたりとも、試合では技術面が非常に重要だと考えている。その点は共通の認識だ。それでも、アカデミーには改善し、変更すべきことが多い」

ヴェンゲルがアーセナルへ来た当初は革命的だったことも、すでにその一部は時代遅れになっている。ヴェンゲルにとって最大の問題は、自己を改革し、アーセナルに第二の持続的な成功をもたらすことに加え、クラブに永く残る遺産を築くことだ。アーセナルをさらに発展させるために、サポートの必要性はますます高まっているように思われる。

第17章
2014年夏

「私はリオのビーチでは踊らない」

アーセン・ヴェンゲルは２０１４年ＦＡカップ決勝に向けた準備期間の緊張のさなかに、かすかに笑みを浮かべて言った。「決勝では勝つかもしれないし、負けるかもしれない。勝ったら、私はどうするだろう。一週間踊り続けるだろうか？　そうじゃない。来シーズンの準備、来シーズンの開幕戦で勝つことを考えはじめるんだ。それでこそだよ」

ヴェンゲルはリオデジャネイロのイパネマビーチでたしかに踊らなかった――代わりに、それ以外のありとあらゆることをした。ビーチバレー、ビーチテニス、水泳、フットボールをし、宿泊している五つ星ホテルとは逆方向へランニングへ行ったりもした。

ヴェンゲルは生まれ変わったようだった。監督としてのストレスと重圧は顔から消え、何歳も若返ったようで、エネルギーにあふれていた。六十四歳とは思えないスタイルで、かなり短いトランクスをはいた姿は、同じ格好をしたダニエル・クレイグの００７の映画での姿と新聞紙上で比較もされた。

それは、あながち的外れな比較でもなかった。ヴェンゲルはビーチでパパラッチを前に楽しみを満喫しているように見えた。その姿に騙されたあるコラムニストは選手獲得に動いていないことを非難したほどだったが、見えないところでは懸命な仕事が行われていた。アーセナルはこの夏、ヴェンゲルの就任以来最も忙しく、充実した選手獲得を目指していた。

国際大会では、ヴェンゲルはいつも同じように行動する。フランスのテレビ局TF1の人気解説者として、ワールドカップであれ欧州選手権であれ、いつも最高の場所で観戦している。2010年南アフリカワールドカップの際は、ヴェンゲルはほとんどヨハネスブルグにいた。2012年の欧州選手権では、ワルシャワに拠点を置いていた。2014年ブラジルでのワールドカップではリオにいた。ヴェンゲルはテレビの取材班と行動を共にすることもあれば、デイヴィッド・ディーンのプライベートジェットに同乗することも多かった。ふたりの友情はいまも変わらない。不本意な辞め方でアーセナルを去ったディーンだったが、現CEOのイヴァン・ガジディスとの関係は良好で、すでにクラブとのわだかまりは消えていた。

ワールドカップ期間中、ヴェンゲルは目立っていた。お馴染みの英国のメディアとは親しく言葉を交わし、情報交換だけでなく気楽な会話を楽しんでいた。落ち着き、リラックスした様子だった。テレビの仕事では、服装に合わせた靴ではなく白いスニーカーをはいて試合会場間を移動していた。空港を通過するときには少し足を止めて会話をし、あるいはホテルのバーで一杯飲んだりしていた。メディアへの敵対心は消えていた。それどころか、感嘆符まで使った返信メールがすぐに返ってくるようになり、なかにはジョークや最近の質問をからかうような内容のものもあった。

ヴェンゲルは元選手たちとも付き合いがあり、クリスティアン・カランブーとビーチバレーでコンビを組んだり、ファビオ・カンナバーロとホテルで夕食をしたりしていた。リオでの最後の週には、リヴァプールのブレンダン・ロジャーズ監督と多くの時間を過ごしていた。食事や酒席を共にし、数晩にわたって楽しい会話を交わしていた。

一年前の夏には、両者はルイス・スアレスの移籍をめぐって対立関係にあった。また、この夏にはアレクシス・サンチェスの獲得を争い、アーセナルが勝っていた。ロジャーズはスアレスの代役を獲得できなかったのは無念だと表明していた。ヴェンゲルは監督たちのあいだでは付き合いが悪いと評判で、試合後にワインのグラスを傾ける伝統にしたがわず、シーズン後に年一回行われるリーグ監督協会の夕食会にも出席しないが、このときはロジャーズと前シーズンの試練と苦難や、さらにこの夏の移籍市場での苦しみを語り合った。

ヴェンゲルは新しい選手を獲得して活力を取り戻したようだった。しかも獲得した選手には様々なタイプがいた。豊富な運動量を誇るワールドクラスのストライカー、アレクシス・サンチェスに、将来有望で大きな可能性を秘めたカラム・チェンバース、フランス人DFのマチュー・ドゥビュシー、そしてコロンビア人キーパー、ダビド・オスピナが加入し、プレミアリーグでのさらなる躍進が期待できた。ヴェンゲルはそれによっておおいに活力を得ていた。

サンチェスの獲得には多くの下交渉を必要とした。バルセロナから移籍する可能性があると伝えられると、アーセナルは獲得リストのトップに載せ、マリオ・バロテッリやロイク・レミー、マリオ・マンジュキッチよりも高い優先順位を与えた。前年の夏に獲得を目指していたのと同じタイプの選手で、しかもスアレスとは違って問題も抱えていなかった。

下交渉はディック・ローが担当した。サンチェスの代理人、フェルナンド・フェリセビッチと幾度か電話で話し合い、スペインとロンドンで会合をした。アーセナルはすぐに獲得への自信を強めた。握手による約束が交わされ、スアレスの移籍金支払いのため資金を必要としていたバルセロナ側も後押しして、話は決着した。

驚くべきはその移籍金だった。3300万ポンドという額には驚きの声があがった。いかにもヴェンゲルらしく金銭面で妥協しなかったからだ。ユベントス、リヴァプール、マンチェスター・ユナイテッドといったクラブがサンチェスを調査したが、契約はすでにほぼ決まっていた。リヴァプールは500万ポンド高い金額を提示したが、ある情報源によると、アーセナルは〝選手が加入したがっていることをはじめから知っていた〟という。

サンチェスはブラジルでヴェンゲルと話をした。ヴェンゲルは今後の構想やアーセナルのプレーを伝え、プランの中心にはサンチェスがいると語った。彼はシステムにうまく適合し、アーセナルの優勝に貢献できるだろうと説明した。ヴェンゲルは最高のセールスマンだ。彼は前年の夏にメスト・エジルにしたように、選手を惹きつけ、魅了することができる。名声を武器にして、たやすく敬意を勝ち取ってしまう。

ドゥビュシーは面白いケースだった。バカリ・サニャに代わってフランス代表のレギュラーになっていたにもかかわらず、アーセナルが関心を持っているという情報を得て、インターネット検索をしても、クラブと彼の名を結びつける結果は何も出てこなかった。この時代には滅多にないことだ。

選手側から打診を受けたアーセナルが関心を示した、というのがことの経緯だった。ドゥビュシーはさらに、ワールドカップの記者会見で来シーズンはチャンピオンズリーグでプレーしたいと述べた。それも話を円滑に進めるためのアプローチだった。好悪はあるだろうが、これもフットボールだ。

また、カルロス・ベラとの再契約が確定的だという噂もあった。コミック雑誌〈ヴィズ〉の漫画キャラクターに似ているため、チームでは以前〝シド・ザ・セクシーエスト〟と呼ばれていた選手だ。だが、結局は実現しなかった。退団時には買い戻し条項がつけられていたが、それは移籍金の交渉に付随して生まれたものにすぎず、もともと行使される予定ではなかった。

二番手キーパーのウカシュ・ファビアンスキがヴェンゲルの希望に反して退団したことにより、新たな選手を探す必要が生じていた。ワールドカップは最高のショーウィンドウだった。ファビアンスキは控えの立場を拒否して移籍を希望し、移籍金ゼロでスウォンジーに加入した。後釜の候補は多かった。カーディフのデイヴィッド・マーシャルが第一希望だったが、移籍金1000万ポンドは高すぎた。レディングの若手であるアレックス・マッカーシーの金額は650万ポンドで、そこから下がる見込みはなかった。ノリッジのジョン・ラディも気になったが、500万ポンドの値札がつくとヴェンゲルの関心は冷めた。

ヴェンゲルのもとには売り込みの電話が殺到していた。ワールドカップでオランダ相手に活躍したばかりのメキシコのキーパー、ギジェルモ・オチョアもそのひとりだった。だが、プレミアリーグ向きの選手ではないというのがヴェンゲルの評価だった。結局ターゲットはオスピナに決まった。このコロンビア人選手にはヴォイチェフ・シュチェスニーとレギュラーの座を争い、バックアップするだけの実力があると判断された。

カラム・チェンバースとの契約は、とりわけヴェンゲルを興奮させた。前シーズンのあいだずっとスカウトのスティーヴ・ローリーが粘り強く選手を探し続け、ひそかにルーク・ショーを視察していたときに発掘した選手だ。アーセナルはチェンバースの動向を追っていたが、必ずしも右サイドバックとしてではなかった。イングランドの年代別代表ではセンターバックや守備的MFとしてプレーしていた。サウサンプトンではレギュラーになるために自ら右サイドバックを買って出ていたが、アーセナルはこなせるポジションが増えたことを評価しながらも、いずれ元のポジションに戻すつもりだった。

ヴェンゲルがチェンバース本人と家族に会い、クラブを売り込んだことが獲得の決め手になった。来シーズンは右サイドバックの控えとして二十数試合ほどの出場機会を与える予定で、長期的にはセンターバックや守備的MFとして考えているとヴェンゲルは伝えた。アーロン・ラムジーやアレックス・オックスレイド＝チェンバレンのときと同じように、ヴェンゲルは選手の性格もポジションも知りつくしていた。チェンバースはそのことに感銘を受けた。これまで会ったなかでも最高の名将（自分が生後十八カ月のころからずっとアーセナルを率いていた）が目の前にいて、チームの未来を担う重要な選手になれると語りかけてくれたのだ。彼は、まだ浅いキャリアではあったが、アーセナルへの加入を決意した。

２００８年欧州選手権を観戦していたヴェンゲルに会うために家族とともにプライベートジェットでスイスまで行ったアーロン・ラムジーの場合も、やはり直接の会談が決め手になった。ラムジーが２０１３年３月に語ったところによると、ヴェンゲルがその当時、不調や怪我で結果が出なかった自分を信頼してくれたことが、キャリアで最も大きな助けになったという。マンチェスター・ユナイテッドとエヴァートンを蹴ってアーセナルに加入した彼はこう語っている——

アーセナルに加入した最大の要因は、アーセン・ヴェンゲルと会い、僕に関するプランを聞かせてもらったことだった。彼は若手を積極的に抜擢し、チャンスを与え、大選手へと成長させてきた。

僕は飛行機で移動して彼と会った。圧倒されたよ。十七歳で、世界最高の監督のひとりが直接会いたいと言ってくれたんだから。まだ若く、難しい決断だったけれど、後悔はまったくしていない。正しい決断だったと思う。アーセナルはどこよりも僕を欲しがっていた。自分のためになるプランだと思ったし、若手にチャンスを与えられるクラブだ。マンチェスター・ユナイテッドには、MFがたくさんいた。

すべてのイギリス人選手がクラブに全力を捧げている。それが大切なことなんだ。

チェンバースはアーセナル加入を決めるに当たってヴェンゲルが及ぼした影響を次のように語っている。「彼の素晴らしいところは、自分が求められていて、チームの一員になったように感じさせてくれることだ。それに、自分のプレーに自信を持たせてくれる。偉大な監督だし、若手選手を育ててきた実績があるから、とても尊敬している。リラックスしてトレーニングを楽しみ、自分自身を表現するように言ってくれた。彼はアレックス（オックスレイド＝チェンバレン）やセオ（ウォルコット）など、とても多くの選手を送り出してきた。若い選手に大きなチャンスを与えてくれる。ここはトレーニングして上達するには最高の場所だ。普段からトレーニングは厳しく、求められるものは高いということはみんなわかっている」

ヴェンゲルは、ワールドクラスの選手を獲得するのにも劣らないほど若手選手を獲得することに喜びを感じている。ヨーロッパ中を飛び回って若い選手に会い、アーセナルに委ねれば安心だと家族に話して聞かせているという。セスク・ファブレガスやフィリップ・センデロス、ラムジー、チェンバース、あるいはほかの誰であれ、ヴェンゲルは若い選手たちを、フットボール選手としてだけでなくひとりの若者として正しく導きたいと心から願っている。

アーセナルの競争力は一挙に上がり、チーム作りや補強に力を入れ、移籍市場でも積極的になった。ガジディスが期待し、語ったとおりだった。ヴェンゲルも、自分ではそう感じていなくても、活力を取り戻したようだった。あとで背中の痛みを訴えていたものの、間もなく六十五歳になるが、スタッフ同士の試合でプレーしていた。いつもアーセナルの元キーパーで人望の厚いイェンス・レーマンがゲームをしようと声をかける。彼は現在、クラブの仕事を手伝いながらコーチライセンス取得を目指している。誘いがかかると、誰も断ることはできない。ゲームは2対2の引き分けだった。ヴェンゲルのチームが勝てなかったのは十三試合ぶりだった。「こんな悪い試合は久しぶりだよ。点数をつけるなら二十点かな。イェンス・レーマンはご立腹だったね」と、ヴェンゲルは背中の痛みに耐えながら笑った。

ヴェンゲルはブラジルで楽しい夏を過ごし、移籍市場では忙しく多くの選手を獲得し、FAカップを制した。こうしたことが彼の肩から重圧を取り除き、憂鬱を吹き飛ばしたのは間違いないだろう。いい状況だった。それでも、問題がないわけではなかった。ひとつはセスク・ファブレガスのことだった。バルセロナへの売却時につけられた条項により、アーセナルはほかのクラブが条件提示をした際に彼と優先的に契約する権利を持っていたが、それは行使されなかった。

ヴェンゲルは当たり障りのない発言に終始していたが、心の底ではファブレガスがアーセナルに戻りたがっていないと確信していた。前年、マンチェスター・ユナイテッドが彼を獲得しようとしていたときであれば、メスト・エジルが加入していなかったから、可能性はもう少し高かったかもしれない。実際、ヴェンゲルは2013年夏のアジアでのプレシーズンツアーのあいだずっと、ファブレガスが獲得可能になれば狙うし、連絡は取り合っていて関係は良好だと語っていた。しかし、ファブレガスは2013年にはバルセロナ退団には至らなかった。だが翌年には、かなり早い段階で退団の情報が伝えられていた。

ファブレガスのアーセナル退団は円満ではなかった。ヴェンゲルとの関係は良好だったが、最後はファブレガスが強引に退団した形で、クラブには復帰に消極的な者もいた。ファブレガスの側も、より優勝のチャンスが大きいクラブでの新たな挑戦を求めていた。ファブレガスが獲得可能だとアーセナルに連絡が来た時点では、チェルシーとの話は大筋でまとまっていた、とヴェンゲルは語っている。

ファブレガスの代理人は、ヴェンゲルの親友でクラブの元副会長であるデイヴィッド・ディーンの息子、ダレン・ディーンである。ダレン・ディーンは、ファブレガス、ティエリ・アンリ、ガエル・クリシーなど、選手を次々にアーセナルから移籍させていた。ディーンは優秀な代理人であり、とりわけティエリ・アンリにとっては新郎付添人でもあった。またアンリも（試合を怪我で欠場したため）ディーンの結婚式に出席している。

ファブレガスがアーセナルではなくチェルシーへ行きたがっていたという点では、ヴェンゲルとジョゼ・モウリーニョの見解は一致している。モウリーニョは息子のシーズン最後の試合を観ることよりもセスクの視察を優先し、獲得に賭ける意気込みを示した。モウリーニョは2014年7月にこう語っている。「二十分ほど話したよ。我々のチームにぜひ来たいという気持ちが伝わってきた。知ってのとおり、アーセナルには契約を横からさらう権利があったが、ファブレガスにはその気はなかったようだ。彼の意志は固かったから、簡単な仕事だったよ」

ヴェンゲルも同じことを語っている。「もう心を決めてしまっていたのだろう。以前にも言ったが、我々の狙いからも外れていた。探していたのは、もっと前線の選手か、もっと守備的な選手だった。創造的なMFは足りていた。個人的には、契約はかなり早い段階で、たぶん2014年はじめには結ばれていたと考えている。チェルシー行きを希望していると多くの人が言っていたから、どこから出た話なのかは知らない。ともかく、彼は自分が行きたい場所へたどり着いた」

それゆえ、アーセナルはファブレガスと再契約すべきだった、そうしなかったのは間違いだ、と言ってみても意味はない。優先権があったとはいえ、ファブレガスはすでにチェルシーを選んでおり、アーセナルと契約する可能性はなかった。ヴェンゲルは、チェルシーとの契約がすでに結ばれていたと感じた理由を問われ、にやりと笑って答えた。「勘だよ」

アーセナルにとって唯一の慰めは、ファブレガス売却時の複雑な契約には、あまり意味のなかった優先交渉権だけでなく移籍金の一部を受け取るという項目も含まれていたことだった。それにより、500万ポンドの利益がもたらされた。

結局、ヴェンゲルはチームにいる中盤のプレーメイカーであるメスト・エジルを賞賛し、擁護するしかなかった。彼は最初のシーズン、イングランドのフットボールへの適応だけでなく、ファブレガスとの比較にも苦しめられることになった。大きな違いは、ファブレガスがすでにプレミアリーグに慣れて、チェルシーへの加入以前にアーセナルで地位を確立していたことだ。ファブレガスは準備ができていたが、エジルは苦労していた。

エジルが2014年夏にワールドカップで優勝したことや、全試合に出場し、決勝では最高のプレーを見せたことは簡単に忘れられてしまった。ヴェンゲルが抱える軽量級でスピードのある選手のなかで、エジルだけが、能力は明らかなのにもかかわらず批評家をなかなか味方につけられずにいた。ヴェンゲルはいつもどおり選手を擁護し、4250万ポンドを費やして獲得したエジルへの批判はフェアではないと主張した。

エジルには厳しい批判が浴びせられているが、それは彼がやすやすとプレーするからだ。だが、試合を翌日にでも見直してみれば、彼がどれだけの選手かわかるはずだ。エジルのすべての動きには知性がある。何をやってもタイミングは完璧だ。ボールを出し遅れることなどまったくない。ボールを持ちすぎる選手が本当に多いんだ。エジルにはそんなことは一切ない。音楽を奏でるように、タイミングはまったく狂わない。そんな選手は多くないよ。

当たりが強い選手とは言えない。だが、もっと賞賛されるべきだ。ワールドカップ・チャンピオンとして戻ってきたんだ。七試合すべてに出場し、とてもいいプレーをしていた。ワールドカップ中もその他の大会中も、ドイツで同じような議論が起きていたが、彼は結局いつもチームにいた。

フットボール界では、クラブからだけでなくプレミアリーグ中から最新情報を得ることができる。ヴェンゲルは電話をいつも手放さないというタイプではない。それどころか元スタッフのひとりは、ほぼ十年のあいだに電話で話したのは五、六回だと語っている。むしろ携帯電話やパソコンのメールのほうが返信は早い。電話がかかってくるのは、重大な用件のときだけだ。

ヴェンゲルは雑談中に、ある選手の調子や今後の契約について口にしたことが何度かある。フットボール界とはそういうところだ。噂話だらけのテレビドラマの世界に住んでいるのと変わらない。たとえば、ファン・マタのチェルシーへの移籍の情報が流れる前に、ヴェンゲルがその情報を漏らしたことがある。それを知っていたのは、アーセナルも当事者だったが、検討中にチェルシーが割り込んできて先に契約してしまったからだった。

2011年夏の移籍市場でアーセナルがペア・メルテザッカー、ミケル・アルテタ、アンドレ・サントス、ヨッシ・ベナユンらを買い漁っていたとき、ヴェンゲルが最後の数日間、会議のため国外に出ていたことは皮肉なことだった。2014年夏の市場でセンターフォワードのオリヴィエ・ジルーの代わりを必死で探していたときにも、やはり同じことが起こった。彼がエヴァートンとの2対2の引き分け試合で脛を骨折し、三カ月離脱すると、フランスU-21代表の、若く荒けずりなヤヤ・サノゴに攻撃の中心を任せるほかなくなった。素晴らしい組み立てを受けフィニッシュする選手がいなかった。

ヴェンゲルは移籍期間の最終週に、頑なに選手獲得を拒んだ。アーセナル移籍を希望していたサミュエル・エトーの側からエヴァートン入りを蹴って加入する話を持ちかけられたが応じなかった。エトーにはジョゼ・モウリーニョへの対抗心があり、チェルシーを脅かすことができるチームへの移籍を熱望していた。モウリーニョがテレビの取材でエトーの年齢に対する疑惑を語り、それがのちにフランスのテレビで流されたからだ。

だが昇格組のレスターに引き分けると、ヴェンゲルに選手獲得を求める圧力は高まった。アーセナルは攻撃力を欠き、ゴールを決めるのに明らかに苦労していた。過去によくあったように、資金はあり、選手が必要な状況でヴェンゲルが誰ひとり獲得しないことに選手たちは不満を抱き、ひそかに不平を漏らしていた。その前の週からアーセナルは別のいくつかの選択肢に関して話を進めていた。ダニー・ウェルベックとラダメル・ファルカオについても問い合わせていた。

ファルカオ獲得は面白い狙いだったし、実際に話はまとまりかけていた。彼はモナコに所属し、世界最高のストライカーのひとりと目されていたが、膝に重症を負い、ワールドカップには出場していなかった。一方、モナコのオーナー、ドミトリー・リボロフレフは離婚で大金を失ってクラブ経営に興味を失い、経費を削減しようとしていた。ファルカオはローン移籍に出されることになり、代理人のホルヘ・メンデスは移籍先のクラブを探していた。最も可能性が高いのはプレミアリーグだった。チェルシーやマンチェスター・シティ、マンチェスター・ユナイテッドは、UEFAが定める財政支出ルールであるFFPに抵触しなければ、ファルカオを獲得するだけの資金を持っていた。

だが、市場のサプライズはアーセナルだった。ファルカオとの契約に関する問題は、獲得にかかる総額の大きさだった。一シーズンで2000万ポンドの費用がかかり、その内訳は年額1560万ポンドの給与とローン費用だった。それに加えて、膝に重症を抱えて長期間離脱していた彼が最高の調子に戻るのにどれだけの期間がかかるのかも不透明だった。さらに事態を複雑にしたのは給与の複雑な支払い方法で、かなりの割合が、課税を免れるモナコで支払われることになっていた。この契約が違法なのではないかという懸念を表明したクラブもあった。

しかし、レスター戦の引き分けのあと、ディック・ローはファルカオとの契約を推進した。代理人のメンデスは英国ではチェルシーやマンチェスター・ユナイテッド、マンチェスター・シティを得意先とし、これまでアーセナルとの関係は良好ではなかった。そのうえかなりの高額だったが、アーセナルは一年間のローン移籍を目指して交渉を継続した。ディック・ローは、8月31日には契約は結ばれたと信じて眠りについた。しかし移籍市場の最終日である翌日にローが目覚めると、マンチェスター・ユナイテッドが現れ、金額も変更されていた。そしてその余波で、マンチェスター・ユナイテッドはファルカオ獲得費用を埋め合わせるために、ダニー・ウェルベックを放出する必要に迫られていた。

一方、ヴェンゲルは以前から、ローマで行われる平和のためのオールスター・チャリティマッチで指揮をとることになっていた。そのため代理人のレオン・エンジェルとともに朝早い便でイタリアへ飛んでいた。空港にいるヴェンゲルの写真と行動がソーシャルメディアで紹介されると、アーセナルのファンはヴェンゲルがローマにいるあいだにストライカーを獲得することはないと考え、職務怠慢とみなして激怒した。

ちょうどそのときイングランド代表に招集されていたウェルベックは、偶然にもアーセナルのロンドン・コルニーのトレーニング場で練習をしていた。それは、スティーヴ・ローリーのキャリアのなかでもおそらく最も手のかからない、瞬く間のスカウト業務だった。彼がしたことと言えば、オフィスから出てきてトレーニングを眺め、少し興味があるだけだと記者たちを煙に巻いたことくらいだった。だが、ローリーは実際には食い入るようにウェルベックのトレーニングを見ていた。その間にアーセナルの選手たちも寄ってきて、勧誘攻勢をかけていた。まずジャック・ウィルシャーが移籍をそそのかした。ペア・メルテザッカーとミケル・アルテタはさらに、彼をジムへ引っ張って行って移籍可能だと確認すると、アーセナルに加入するように熱心に誘いかけた。

そこからはイヴァン・ガジディスの出番だった。交渉は、その日一日で大きく揺れ動いた。当初はローン移籍のみが可能と思われたが、その後マンチェスター・ユナイテッドが完全移籍を望んだ。あと数時間の段階では、交渉はどちらに転ぶかまったくわからなかった。結局、最終期限が刻々と迫るなか、交渉は成立した。ファルカオのメディカルチェックと最終交渉が予想以上に長引いたためマンチェスター・ユナイテッド側は緊迫していた。だがウェルベックの交渉をまとめる以外に方法はなかった。

ヴェンゲルはのちに、もしローマでチャリティマッチに参加していなければ獲得はなかっただろうと語った。「どうしても法王に謁見するチャンスを逃したくなかったんだ」とヴェンゲルは笑った。「アルゼンチンの人たちが大勢来ていた。マラドーナが好きだからね。試合ではマラドーナは私のチームだった」

「私はカトリックだから、いい経験だったよ。かなり以前に招待を受諾していたし、しかも平和と宗教間の理解のためのゲームだった。国際的な宗教戦争が起きている現在の情勢を考えれば、とても意義があることだ。法王は素晴らしく、いたって謙虚なお方で、誰でも謁見することができた。全員にお言葉をかけられていたよ。アルゼンチンのサン・ロレンソのサポーターで、つまりフットボールファンなんだ。アルゼンチンに生まれて、フットボールファンでないはずがない。

〝お会いできて光栄でしたが、どうやら敵味方の間柄ですね〟なんて言ってみたかったよ」

ヴェンゲルはそれから、ディエゴ・マラドーナのことを話した。「やりづらかった。あとから来ておいてプレーしたがるんだ……」

ヴェンゲルは、フットボール以外のことを話しているときのほうが面白い。カトリックであることや、法王に謁見したといった宗教の話題によって、選手の負傷に関する情報や新聞の見出し向けのひと言などよりもずっとヴェンゲルへの理解は深まる。本題に入る前にちょっとした世間話をすると、彼はいつも気楽に話をしてくれる。フットボールに携わっている人々がそれ以外のことをどう考えているかを知るのは興味深いことだ。フットボール以外の面を知ることで、人に対する印象はがらりと変わることがある。

しかし、ヴェンゲルから、ウェルベックをローン移籍で獲得したかったのか、それとも完全移籍で獲得したかったのか、あるいはローマに行っていなければ交渉は成立しなかったというのはなぜなのか、といった問いへの答えを引き出すのは難しかった。ヴェンゲルが語ったのはこれだけだ。

もしあの日外出していなければ、ウェルベックを獲得することはなかっただろう。いずれ説明するが、出かけていたからあの偶然が起きたんだ。もしロンドンにいたら、ウェルベックはいまここにいないはずだ。それが真実だ。

2014年のこの世界では、旅先でも、誰とでも連絡をとることができる。あの日好都合だったのは、私が朝六時に起きて、一日中連絡可能だったことだ。

マンチェスター・ユナイテッドはファルカオを獲得したから、誰かを放出する必要があると考えていた。だが、それがウェルベックだとは最初は思っていなかった。移籍期間の最終日だったから、ためらわずにすぐ行動したよ。

ローン移籍を希望していたのかと質問されると彼は答えた。「ああ、買い取りオプション付きでね。最初はローン移籍の可能性のみだったが、あとで完全移籍の話が出てきたので、合意した」

ヴェンゲルはまた、ウェルベックとの契約後に、二日間にわたって行われた監督会議でサー・アレックス・ファーガソンと会ったと語った。どの新聞も、ファーガソンなら、ルイ・ファン・ハールとは違って直接のライバルにウェルベックのような生え抜きの選手を売却しなかっただろうと書いていた。

「本人に訊いてみればいい」と、ヴェンゲルは笑った。「火曜と水曜に、偶然ファーガソンと会ったんだが、そのときの話は自分の胸にしまっておこう。ウェルベックは私のもとで、もっといい選手になれるだろう。まだ若く、二十四歳にもなっていない。二十三歳で移籍して来た多くの選手がここで素晴らしいキャリアを築いたことを忘れないでくれ。彼の力になり、助けてあげることができればいいね」

移籍期間の終わりまでに、ヴェンゲルは与えられたチーム強化費用を使い、新たなチームを構成した。2014年のFAカップで優勝し、真のワールドクラスであるアレクシス・サンチェスをはじめとして選手獲得に高額を費やした。期限の最後にはウェルベックと大型契約を結んだ。重要なのは、クラブが進歩の証を見せたことだ。ヴェンゲルはこれで面目を新たにし、アーセナルが再び頂点に立つために自己変革をしたことを示した。

第18章 結論

アーセン・ヴェンゲルが真の力を発揮するのは追いつめられたときだ。彼は土壇場でようやく開き直る。そしてチームはここぞというときに結果を出す。重圧にさらされたときほどお得意のブラックユーモアも冴え渡る。

2014-15シーズンの年が変わるころ、アーセナルはヴェンゲルならば〝軽い動揺〟とでも表現するような状況に陥った。すると、サポーターの不満の声が聞こえはじめた。2月末にホームでモナコに1対3で敗れると、その声はさらに大きくなった。その敗戦は、ヴェンゲルは退任すべき時期ではないかという、いつもながらの不満と疑念を呼び起こした。

ヴェンゲルは愚かではない。たとえ無視すると決めていたとしても、サポーターの不平不満は耳に入っている。富裕な特別のファンの気持ちをつなぎとめておくために彼らを招いて行われる交流の場でも、ヴェンゲルはいつもどおりのユーモアを見せていた。出口戦略の用意はあるのかとサポーターから質問されたときのことだ。

「ええ。まず下の階に降り、正面玄関から出て、タクシーに乗って家に帰りますよ」。ヴェンゲルはにやりと笑った。

アーセナルの監督の地位を去ることを考えているのかどうか、また考えているならどのような形でか、というのが質問の意図であることはもちろんわかっている。結局、身を引くつもりは一切ないということだ。そうではないと言う人は、彼を理解していない。敗戦後の批判や辞任要求を、ヴェンゲルは個人的な侮辱とみなしている。彼の考えでは、それは過去十九年間の功績をまったく無視するものなのだ。わずか九十分間が、二十年近くの歳月と比べものになるだろうか。サポーターは大事な一戦を落としたことにがっかりして不満の声をあげているのだが、それはヴェンゲルの考えとは相容れない。敗戦はたしかに痛い。それでもヴェンゲルは、いつでもより広い視野に立って物事を見ようとしている。

インビンシブルズが徐々に崩壊していった三年間に、彼は敗戦後、ロッカールームへ入っていくと、ほかの選手たちの目の前でティエリ・アンリにこう言っていたものだ。「心配要らない。我々はよくやった。シュートも多かった」

まるで、アーセナルがチャンピオンではなくなったことを自分自身に言い聞かせているかのような言葉だった。心の底では、もう頂点を目指すだけの実力を失ってしまったことを知っていたに違いない。ロベール・ピレスがジェルヴィーニョに代わってしまっては、レベルを維持することは困難だ。それでもヴェンゲルは、実力の足りない選手たちを率いて、下馬評や論理的必然に逆らって4位以内に入り続けてきた。だがいまや、クラブは自前で維持していける新たな資金力を獲得し、ヴェンゲルはそれをもとに、もう一度強力なチームを作り出す野望に燃えていた。

ヴェンゲルは、自らの哲学の正しさを人々に語って聞かせることを好む。それゆえ彼はサポーターとの交流を楽しみ、クラブは富裕なボックス席の契約者やダイヤモンドクラブの会員、特別なファンたちとのイベントを行っている。そうした場ではヴェンゲルの口は軽くなり、対立関係にないファンはその言葉を信じる。契約の裏話を暴露したこともあれば、2015年1月には、ヴォイチェフ・シュチェスニーがローン移籍で出されることを、本人に告げる前に明かしてしまったことさえあった。

セオ・ウォルコットとの契約交渉について、彼はセンターフォワードでのプレーを増やしたがっているのかと質問されたときには、ヴェンゲルは椅子の背もたれに寄りかかって、ABBAの『マネー、マネー、マネー』を口ずさんだ。

どのシーズンにも、思わず噴き出してしまう瞬間や物議を醸す出来事があり、山があり谷がある。近年では、その振幅はさらに激しくなっているようだ。アーセナルにはソーシャルメディアに詳しいファンが多く、ロンドンの巨大クラブであることに加え、ヴェンゲルという、フットボール界屈指の実績と知名度を誇る監督がいるからだ。

たとえば、ニューカッスルの暫定監督だったジョン・カーヴァーがファンと衝突したときには、目立つ場所にその記事を載せたのは一紙のみだった。〈サンデー・テレグラフ〉は折り込みのスポーツ面の見出しにしたが、それ以外の新聞では、その記事はなかの目立たない箇所に埋もれていた。ヴェンゲルが2014年12月にストークで無念の敗戦を喫したあと、怒ったアーセナルファンにストークの駅で罵声を浴びたことと比較してみよう。それは、数日にわたって大きく報道された。ひとりのファンはそのシーンを動画に収めた。テレビ解説者のガリー・リネカーは、その動画が「不快で、許しがたく、敬意に欠ける」とツイートした。

ヴェンゲルはいつでもスポットライトを浴びている。彼は気に入らないことや、話したくない話題が出ると、質問に怒り出し、答えを拒絶することもある。だがそれは、そんな反応を引き起こすような質問をするからだとも言える。ストーク戦後の駅での腹立たしい出来事の二日後、ヴェンゲルはイスタンブールで、チャンピオンズリーグのグループステージ最終戦前の記者会見を行った。ヴェンゲルは前もって質問を予期していて、巧みに切り返した。彼の発言を分析し、大会期間中に起きたことと考え合わせれば、その意味はよく理解できる。


我々はフットボールに携わるプロフェッショナルだ。どんな状況にも対処する必要がある。私は負けず嫌いなんだ。大事なのは次の試合だし、ここで意地を見せたいね。こういうことだってある。言い訳を探してばかりいても仕方がない。我々は負けた。みんな思いは一緒だ。残念な結果のあとは必ず巻き返さなければならない。

どんなチームでも負けることはある。アウェーのストーク戦では多くのチームがやられているんだ。現実を見よう。試合中には観客席から大きなため息が聞こえてきたし、みんながっかりしているが、プレミアリーグは難しいリーグだ。どうかシーズン終了時に判断してほしい。

これが私のチャンピオンズリーグでの百八十試合目だ。なかなかできることじゃない。ほとんどの試合がアーセナルでのものだ。どうか、シーズン終了時に判断してほしい。試合後は感情的になるものだ。安定した戦いを続けて、シーズンが終わったときに何位になっているかが重要だ。

自分が指揮した千試合以上のうちわずかひとつの悪い結果で判断されることは、ヴェンゲルにとっては受け入れがたいことだ。彼はひとつのミス、ひとつのオウンゴール、誤審、完全な不運をもとに非難されてはたまらないと考えている。シーズンの流れを変えてしまうような敗戦をしても頑なに批判を受け入れないことがあるのはそのためだろう。たとえば2015年2月のエミレーツでのモナコ戦ではチャンピオンズリーグでの敗退が実質的に決まってしまったが、やはり同じだった。しかし、そうした対応はただファンを余計に煽るだけのことだ。目先の言葉に反応しただけであったとしても、監督がきちんと考えていないかのような印象を与えかねない。

空港のホテルで行われたガラタサライ戦の記者会見のあと、数名の記者が壇上を後にしたヴェンゲルについていき、言葉を交わした。彼はリラックスし、自分のチームについて強いメッセージを発することができた満足感に浸っていた。しかも、先発メンバーだけでなく、フォーメーションまで教えてくれた。それはきわめて稀なことだった。

アーセナルはガラタサライを破り、アーロン・ラムジーは素晴らしいゴールを決めたが、ハムストリングを痛めて一カ月離脱することになった（二歩進んでは一歩下がる、まさにアーセナルお得意の展開だ）。だがそれによって、ヴェンゲルはチャールトンにローン移籍していたフランシス・コクランのことを思い出した。そのときまで期待外れの烙印を押され、契約終了時には放出される予定だったこのフランス人MFがアーセナルを変えることになるとは、ヴェンゲルは想像すらしていなかった。

ラムジーの不運によって、パトリック・ヴィエラとジウベルト・シウバが去ってからファンが心待ちにしていた守備的MFをアーセナルはようやく手に入れた。クリスマス後のアウェーのウェストハム戦でコクランは先発し、アーセナルは勝利を収めた。そして元旦のサウサンプトン戦では敗れたものの、そこから成績も運気も向上し、2015年のヴェンゲルに勢いを与えた。

2014‐15シーズンのどん底はサウサンプトン戦の敗戦だった。サウサンプトンのホーム、セント・メリーズ・スタジアムでの事件がシーズンの行方を変えた。試合でのひどいパフォーマンスのあとで、シュチェスニーがシャワールームで喫煙しているところを見つかり、ヴェンゲルが激怒しているという情報が漏れてきた。アーセナルの元MF、ヨン・イェンセンがデンマークのテレビ局にもう今シーズンの出場はないだろうと語ったことにより、さらに重大さが増した。私はどうにかシュチェスニーの行為を記事にまとめ、〈デイリー・ミラー〉の最終面に載せた。お気に入りの選手だったから、それを書くときには胸が痛んだ。

ヴェンゲルは次の記者会見でそれを否定せず、それどころかフランスでの選手時代の様々な喫煙エピソードまで聞かせてくれた。コーチだったころには、自分でも吸っていたという。

「このあいだフランスのテレビを観ていたら、私がベンチで煙草を吸っている姿が映っていたよ」。幾人かの記者が喫煙に関する見解を求めると、ヴェンゲルは語った。「自分だということにすら気づかなかった……。私はパブで育った。煙のせいで、自分がいるところから窓さえ見えないような場所だ。子供のころは煙草を売っていた。でも、もうそんな時代じゃない。社会は、良いほうへも、悪いほうへも変わった。人々が煙草を吸わなくなったのは良いほうへの変化だね。公共の場で煙草を吸わなければ、吸わない人が嫌な思いをすることもない」

その試合で負けたことにより、アーセナルはそのシーズン初の三連勝がまたもお預けとなった。調子に波があり、連続での4位入りも危ぶまれる状況だった。順位表では、チェルシーとマンチェスターの二クラブのほか、サウサンプトンよりも下にいた。こうした状況で、アーセナルのベテラン選手たちは恒例のチームミーティングを開いた。そして、不在のミケル・アルテタに代わってキャプテンを務めたペア・メルテザッカーに率いられた選手の代表がヴェンゲルを訪れ、いまのチームのプレーに不安があると伝えた。

選手たちはより守備を固め、組み立てを変え、攻撃よりも守備に重点を置くことを求めた。その変更が最も際立っていたのは、1月18日日曜日の、アウェーでのマンチェスター・シティ戦だった。スカイスポーツの解説者のガリー・ネヴィルは、この鮮やかな2対0の勝利を賞賛した。

「ここ四、五年、アーセナルが無残な負け方をするのを何度も目にしてきた。アーセナルのDFとして現役復帰のオファーが来ても、きっと断っただろうね。楽しい時間が過ごせるような気がしないから」と、ネヴィルは言った。「アーセナルには、そうしたことが多すぎた。だが今日は、DFたちは孤立無援にならなかった。守備陣のパフォーマンスはあまり見たことがないくらい素晴らしかった」

その試合がアーセナルの流れを変えた。前シーズンに上位を争ったライバルに手痛い敗戦を喫したことを受けて、選手たちはヴェンゲルに攻撃重視の戦い方を変えるように説得した。戦術を変えるように進言したのは選手たちだとヴェンゲルも認めている。

チームに「それは私のプレースタイルじゃない」と言うこともできた。だが、チームの感情に逆らえばもっと悪い結果になってしまうこともある。チームにはときに安心も必要だし、安心感はまず揺るぎなさや強さから来るものだ。それがあってはじめて才能を表現することができる。我々のビッグゲームでの自信は前シーズンの惨敗でぐらついていた。もちろん選手の意見を聞き入れた。戦術にはチームの感情や自信の度合いを考慮に入れる必要がある。新聞でもテレビでも、いつも〝基本に戻れ〟と言っているじゃないか。チームに基本が足りないわけではない。自信の立て直しを優先しただけだ。自信は、持ちこたえられると感じることで徐々に回復するものなんだ。

コクランを相手の攻撃の芽を摘む中盤のパトロール役に据えたことで、アーセナルは一挙にバランスを取り戻し、安定感のある戦いでFAカップの決勝に進出した。そしてプレミアリーグでは、インビンシブルズの時代以来となる最高の優勝争いを演じた。八連勝を記録し、ヴェンゲルに対するファンの疑問の声は静まった。

ソーシャルメディアはときに大きな盛り上がりを見せることがある。2015年4月、目ざとい人々がドイツでの実績に目をつけていたボルシア・ドルトムントのユルゲン・クロップ監督がシーズン終了をもって退団し、新たな挑戦に向かうと発表されたときもそうだった。クロップはヴェンゲルの後任に最適だとみなされた。

クロップは後任としてふさわしいかと質問されたヴェンゲルが気分を損ねていたのも無理はない。記者として、我々は愚問をぶつけざるを得ないこともあるし、気づかないうちに失礼なふるまいをすることもある。だが、口にした質問はもう引っこめるわけにはいかない。ヴェンゲルは言い返した。「私は監督選びのエージェントじゃない。正直に言って、そんな騒動には馬鹿馬鹿しさを感じるね」

しかし、2014－15シーズンのラスト数週間、ヴェンゲルとクラブの気分は明るかった。その春、クラブは選手たちの家族を何組かトレーニング場に招いていた。ジャック・ウィルシャー、ペア・メルテザッカー、キーラン・ギブスの家族は、ロンドン・コルニーの施設をガイド付きで見学した。そして取材棟から着替え室、トレーニングピッチ、選手の食堂を見てまわった。家族たちは楽しんでいた。アーセナルは家族的なクラブであり、選手がその一員だと感じられるように心を配っていた。

それはうまくいくこともあるし、うまくいかないこともある。アーセナルは常にクラブの格と伝統を誇りにし、選手にはそれにふさわしい行動を求めてきた。ヴェンゲルもその伝統を受け入れ、尊重し、選手にも促してきた。ピッチ上でもどこでも、その考えは変わらない。ロッカールームには仲間意識と一体感がある。それがパフォーマンスの向上につながるというのがヴェンゲルの考えだ。チームワークがあれば、ピッチの内外でいい関係が築けるからだ。ロッカールームに悪い影響を及ぼす選手がいたときには、シーズンの成績もおおむね不本意なものだった。そうした選手はすぐに排除された。

そして生え抜きと移籍選手、アレクシス・サンチェスやメスト・エジルのようなスターのバランスにもヴェンゲルは満足していた。成長しつつある若手選手、そつのない契約、ワールドクラスの才能により、素晴らしいチームができていた。

2014－15シーズンの終盤、アーセナルは絶好調だった。なかでも、オールド・トラッフォードでのFAカップの準々決勝は目を見張るものがあった。移籍期限最終日にマンチェスター・ユナイテッドから獲得したダニー・ウェルベックが、古巣相手に決勝点を決めた。ウェルベックはかつてのホームグラウンドの反対側でウォームアップするのは変な感じがしたと語った。彼は試合後には喜びを爆発させていた。ユナイテッドのルイ・ファン・ハール監督は放出したあとになっても彼に批判的な発言をしていたが、それに黙って耐えていたからだ。

こうした好ゲームもあり、アーセナルはウェンブリー・スタジアムで行われるFAカップ決勝に駒を進めた。その八日後、チャンピオンズリーグではモナコのファーストレグでのリードをひっくり返すことができず、2対0で勝利したものの大会から姿を消した。だがプレミアリーグでは終盤に連勝していた。なかでも5月4日のアウェーでのハル・シティ戦の3対1の勝利は格別だった。チャンピオンズリーグへの無条件での出場を決めるためにぜひとも勝ちたい一戦だったが、その試合のなかで、パスと動きは最高のレベルに達していた。

フランシス・コクランが中盤の底に入り、サンティ・カソルラは背番号8の新たな役割でチームに勢いを与えた。アーロン・ラムジーがゴールを決め、アレクシス・サンチェスが相手に脅威を与え、メスト・エジルはピッチ上を駆けめぐり、オリヴィエ・ジルーが攻撃の中心になった。そのゲームで、アーセナルはフットボールにおける理想状態を達成した。問題は、それが短く、遅すぎたことだった。チェルシーはその前日にプレミアリーグの優勝を決めていた。

ヴェンゲルとチェルシーのジョゼ・モウリーニョ監督との舌戦はエスカレートした。口汚い言い争いが復活したのは、アーセナルが再び真の脅威になったと判断し、モウリーニョが攻撃する必要を感じたせいかもしれない。

エミレーツ・スタジアムで4月26日にチェルシーと対戦したとき、アーセナルの調子は最高だった。プレミアリーグで八連勝しており、ヴェンゲルは対モウリーニョの十二戦勝利なしの記録を止める大きなチャンスを迎えていた。だが、肝心なときに限って、アーセナルは自由に流れるような、リズミカルなフットボールを見せることができなかった。チェルシーは調子が悪いなりの戦い方をしてどうにか引き分けに持ち込み、試合後のピッチでは勝ったかのような喜びを見せた。ゴールの決まらない膠着状態への不満から、アーセナルファンによる〝ボーリング（退屈な）・ボーリング・チェルシー〟というチャントが響いていたが、彼らは最強の挑戦者をどうにか押さえ込むことに成功した。

モウリーニョはまたしてもアーセナルとヴェンゲル、そしてファンに攻撃を加えずにはいられなかった。「まあ、退屈というのは十年間タイトルを獲っていないことだと思うね。あまりに退屈だ。ひとつのクラブを応援し、プレミアリーグのタイトルを獲れないまま長いあいだ待ち続けている。それこそ退屈だろう。もっとも、あれは我々に対して歌っていたんじゃないかもしれないが」

数日後、ヴェンゲルは威厳ある対応をするチャンスだったが、モウリーニョの敬意のなさを非難せずにはいられなかった。「監督にとっていちばん大切なのは互いへの敬意だ。その点で改善の余地がある者もいるようだ」と、ヴェンゲルは厳しい口調で言い放った。「精神的な問題は誰だって抱えているものだからね。私だって例外じゃない。もうこの話はよそう」

モウリーニョはそれをやり過ごすことができず、クラブのシーズン終了時の表彰式でスピーチ（彼自身の言葉では〝架空の物語〟）をした。そして、マンチェスター・ユナイテッドやマンチェスター・シティといったチームをからかう、手の込んだビデオを流した。最後に登場したのはアーセナルで、1月から4月までしかプレーしていなかったとからかわれた。ヴェンゲルは翌朝、ＦＡカップ決勝の記者会見でそのことを質問された。

「そのスピーチの話はよそう。話題を変えてくれ」とヴェンゲルは答えた。「私は彼のスピーチに興味はない。人の言葉に聞き耳を立てているわけじゃないんだ。君たちの質問は聞いたが、それには答えたくない。答えたくないね」

一触即発のライバル関係はおそらく今後も続くだろう。だが、何があってもヴェンゲルはFAカップ決勝への準備に集中していた。クラブの雰囲気は一年前とは違っていた。当時、ハル・シティとの決勝前には、ヴェンゲルの未来がすべてその試合にかかっているかのような緊迫感があった。

試合前日の晩、アーセナルはウェンブリーのヒルトンホテルに宿泊した。スタジアムからはごくわずかの距離だが、選手たちはバスで会場入りしなければならなかった。たった数百メートルの距離だったが、セキュリティの問題があったからだ。だがピッチに立つと、アーセナルは団結し、素晴らしいパフォーマンスを見せてFAカップを連覇した。それによって、ヴェンゲルは戦後はじめてFAカップを六勝した監督になった。

ヴェンゲルは大胆不敵にもセオ・ウォルコットをジルーの前に配置し、サンチェス、エジル、カソルラらが実力を遺憾なく発揮してアストン・ヴィラを完全に圧倒した。アーセナルの中盤と攻撃の速さ、パワー、動きは目を見張るものだった。ウェンブリーのピッチは普段、アーセナルのプレーに適した滑らかなエミレーツ・スタジアムのピッチとは勝手が違い、スピードを殺される恐れがあったが、このときだけは芝が短く刈り込まれ、アーセナルのプレーにリズムが生まれた。サンチェスの落ちながら曲がる脅威の23メートル弾は、カップ戦の歴史のなかで語り継がれていくゴールになるだろう。アーセナルにとってはそれがその日の象徴になった。

4対0というスコアだけでは、アーセナルがいかにゲームを支配していたかを表現するには足りない。これほどまでに一方的なFAカップ決勝はあまり記憶にないほどだ。マンチェスター・ユナイテッドが下部リーグの中位に位置するミルウォールを3対0で破ったときでさえ、これほどの実力差は感じられなかった。

ランバンのオフィシャルスーツをエレガントに着こなしたヴェンゲルは、望みどおりの結果に満足げな表情をしていた。優勝トロフィーを獲得してシーズンを終えることは批評家への最高の回答かと質問されると、彼は微笑んだ。「批評家のことなんかどうでもいいさ」

一方、ロッカールームにはビールやシャンパンが大量に運び込まれ、選手たちは一時間以上も出てこなかった。アーセナルの幹部は、大株主のスタン・クロンケも含め、全員がウェンブリーに来ていた。怪我でシーズン後半を棒に振っていたキャプテンのミケル・アルテタが観客を沸かせ、エジルが医療用のスクリーンに隠れて遊んでいるときに幹部たちが登場した。「イヴァン、僕たちのボーナスはどこ?」と、アルテタはイヴァン・ガジディスに向かっておどけた声をあげた。ガジディスは、ここにある、と言わんばかりに自分の胸を指さした。

試合後には伝統となっている記者会見が行われた。ヴェンゲルは満ち足りて幸せそうだった。FAカップでの優勝についてだけでなく、今後のことに関する質問も多かった。来シーズンのリーグタイトルへの挑戦の期待が高まる勝利だった。

プレミアリーグでは3位だったが、まるで別のチームのようだと言われ、ヴェンゲルは答えた。

「来シーズンは力を見せる必要があるし、それを望んでいる。私はチームが前進していると考えている。選手を買うことが大切だと皆思っているようだが、団結も同じように大切なことだ。それはたいてい過小評価されているが、とても重要なことなんだ。この団結力を維持し、そこにクオリティを足さなければならない。だが、それはあまり多くはならない。ところでほかのチームは……チェルシーはどれだけ強くなるんだ？　誰を補強するんだ？　どうだろう」

また、今夏の移籍市場では高額の選手を狙い、６０００万ポンドを超えるクラスの選手の獲得を目指すのかという質問が出た。

「そんな金額は使ったことがないよ。何年もチームでいちばんの選手を売らなければならない厳しい状況にあったんだ。それが現実だよ。いまは買う側に回り、徐々に競争力を取り戻しつつある。天井知らずの金額が挙がったが、手が届く範囲ではないね。理由は財政面。単純なことだ。

どれだけの金額を持っているかを話すつもりはない。ただ、まだ方針をはっきりと決めたわけじゃない。どんな可能性も残っているし、どれだけの金額を使うかは言わないよ。いつだって、大切なのはクオリティだ。

サンティ・カソルラがマン・オブ・ザ・マッチに選ばれた。彼は1億5000万ポンドもした選手ではなかったはずだ。コクランは今日最高のプレーをした選手のひとりだった。いつも真のクオリティを見極める必要がある。私は金を使うことに反対なんじゃない。その実績もある。だが、金額とクオリティのバランスを求めているんだ。

ヴェンゲルは金額に見合い、かつ証明されたクオリティを持った選手を見つけた。ペトル・チェフだ。チェフには豊富な経験があり、国内の主要なトロフィーをすべて獲得していて、三十三歳という年齢でも真のワールドクラスのキーパーという評価は揺らいでいなかった。移籍金1000万ポンドは決して高い金額ではなかった。

アーセナルにとって、様々な意味で驚くべき契約だった。正ゴールキーパーとしてティボー・クルトワがいたチェルシーは、優勝を争うライバルにチェフが移籍することを認めた。アーセナルのチーム力は大きく向上した。モウリーニョは最強のライバルに一流選手の契約をプレゼントしたことになる。アーセナルにとっては、それはジグソーパズルの欠けたピースだった。また、この契約はチェフ自身の望みでもあった。ロンドンのチームであるだけでなく、アーセナルが強力なチームになると感じたからだ。

チェフは言う。「最初の交渉でアーセン・ヴェンゲル監督と話をしたが、それが大きな要因になった。僕はこれまでにないほどハングリーで、モチベーションも優勝に貢献したいという思いも、十年、十五年前や子供のころと変わらない。彼と話をして、チームはこれから優勝と、ヨーロッパの頂点を目指せるようになると感じられた。

今後のことが楽しみだ。とても難しい決断だったけれど、去年、自分のキャリアのなかでいまはベンチにすわっている時期じゃないと気づいたんだ。試合に出たいし、チーム内でポジション争いをするチャンスが欲しい。チームの役に立ち、毎週毎週ピッチで変わらずに仕事がしたい。アーセナルでは自分の居場所を得るための競争ができると思っているし、チームにとってプラスになるような貢献ができることを願っている」

アーセナルはチェフが2004年にチェルシーに加入する前にも彼との契約を狙っていた。ヴェンゲルはずっとチェフの実力を疑うことはなかった。いちばんの心配は、チェルシーがアーセナルには売却しないのではないかという点だった。ヴェンゲルはFAカップの決勝後もダビド・オスピナやヴォイチェフ・シュチェスニーを高く評価していたが、自分が求めているのはチェフであり、彼が加入すればチームは強くなると知っていた。アーセナルにとっては、おそらくインビンシブルズのレギュラーだったイェンス・レーマン以来のワールドクラスのキーパーだ。チェフとの契約により、アーセナルの守備は大幅に改善されるだろう。一流のキーパーの存在は、守備に大きな自信を与えてくれるからだ。

2014-15シーズンの終了時には、アーセナルは確固たる自信を得ていた。だがそのことが同時に、シーズン前半に苦しんでいたときと比べて、あまりチームを強化する必要はないとヴェンゲルに考えさせた可能性もある。

アーセナルのMF、ジャック・ウィルシャーはFAカップ決勝後の談話で、そうした自信と、クラブが前進できると感じている理由について語った。

今シーズン、僕たちは精神面で大きく成長したと思う。昨シーズンはマンチェスター・ユナイテッド、シティ、チェルシー戦では〝今日はチャンスがあるんだろうか？〟と思ったものだった。でも今年は、最初のビッグゲームはホームでのマンチェスター・シティ戦だったが、いいプレーができた。勝つチャンスがあるとずっと思っていた。アウェーのユナイテッド戦でも点を取った。それが必要なステップだったんだ。来シーズンはもっとやれるという感触がある。

イギリス人の選手のグループと外国人選手のグループはもう数年一緒にやって、理解と協調が育ってきている。クオリティが高い選手がいて団結して戦い、ボールを奪うことができればチャンスが生まれる。

昨シーズンは、アウェーのユナイテッド戦などでゲームを支配したという感触を得たこともあったけれど、それだけではなんの意味もないんだ。だから今年は大きかった。チームにはエジルやサンチェスなど、この二年間に加入したワールドクラスの選手がいて、相手に打撃を与えられる。エジルはチームに馴染んで、いいシーズンを過ごした。サンチェスは最初のシーズンからすごい働きをしていた。次のシーズンが楽しみだよ。

ヴェンゲルも同じように感じている。現在のアーセナルの勢いは彼の監督としての任期のなかでも際立っているという。

「我々は進歩した。1月には状況は良くなかった」と、ヴェンゲルは認めた。「そのときは7位で、こんなふうにシーズンを終えられると考える人は多くなかった。だが、我々は進歩した。もちろんまだやるべきことがあるのはわかっているが、同時に、メンタルの面でも戦術の面でも以前より強化されている。テクニックも質は高い」

大会後の祝勝会もやはり質は高かった。クラブの祝賀会のあと、選手たちはロンドンで流行のクラブ〈リバティーン〉で朝六時までパーティーをした。そのため、日曜日の午前にイズリントンで行われたオープントップバスでのパレードには、頭痛と二日酔いが残ったまま参加する選手もいた。ウィルシャーは気だるい表情でステージに上がってマイクを握った。そして、トッテナムを中傷するチャントを歌いはじめた。視聴者の不快感に配慮して、クラブは優勝パレードの中継を中止しなければならなかった。ヴェンゲルはウィルシャーの行為を注意し、アシスタントコーチのスティーヴ・ボールドらコーチ陣を叱責した。結局ウィルシャーは、イングランド・フットボール協会から4万ポンドの罰金を科された。

ヴェンゲルは、仕事を思い出させるようなものをほとんど家に置いていない。数多くのメダルがどこにあるかも把握していないほどだ。2015年のFAカップ優勝メダルも、すでにどこかにしまわれ、忘れられている。「トロフィーをベッドに持ち込んで一緒に寝るという監督もいますが、そんな経験はありますか」と尋ねると、ヴェンゲルは笑った。「私はコレクターじゃない。いつも次のことだけを考えているんだ」

ここ数年、思いどおりにいかないシーズンが続いていた。ヴェンゲルの業績は輝かしい成功としてではなく、成功からの転落として記憶される危機に瀕していた。だが、彼はFAカップを連覇し、再び正しい道に戻ってきた。いまなら懐かしい得意げな微笑みを浮かべてこれまでのことを振り返ることができる。

ヴェンゲルは当初、天才ともてはやされた。その後、タイトルから遠ざかった困難な時期には、クラブを基礎から立て直さなければならなかった。だが、アーセナルへの愛情も、自分の方法は正しいという揺るぎない信念も消えることはなかった。ヴェンゲルは勝利を求めた。しかも、美しい勝利を。もし負ければ、彼はいまでもきっと気分を害し、ふてくされるだろう。それは若くして監督になったころとまったく変わらない。

ヴェンゲルが自ら設計に関わったアーセナルの最新の室内トレーニング場には、5月のまぶしい日射しが窓から一筋の光となって差しこんでいた。彼は微笑んだ。「タイトルは獲れないと言われ続けてきたから、優勝できたことが信じられないよ」。そう言うと、声をあげて笑った。「たしかに私は負けっぷりが悪い。だがこの仕事では、負けっぷりが良くては大成しないものなんだ。私は長くやっているが、負け数よりも勝ち数のほうが多いだろう」

２０１４−15シーズンを終えたヴェンゲルは、アーセナルの監督としての二十年目を迎えるのを心待ちにしている。勝利への決意、渇望、野心はこれ以上ないほど高まっている。より多くのトロフィーと尊敬を勝ち取ろうという気持ちは衰えていない。チャンピオンズリーグ制覇という究極の目標はいまだに達成できていないが、これまでの波瀾万丈の道のりのなかで、彼はアーセナルにかつてないほどの成功をもたらしてきた。

アーセナルは新スタジアムへの移転を経験し、資金豊富な挑戦者の出現によって公平とは言いがたい戦いを強いられた。それでもヴェンゲルは過去の栄光にも負けない輝かしい未来が待っていると信じてチームを一から作り直し、長期的な成功に向けた基礎を築き、ようやく本来の場所へ戻ってきたのである。

第19章 聖トッテリンガムズデイ

トッテナムよりも上位でシーズンを終えたことについて質問され、アーセン・ヴェンゲルの顔にいたずらっぽい笑みが浮かんだ。2015-16シーズンは、ついにノースロンドンのライバルに上位でのフィニッシュを許してしまいそうな状況が続いていた。

「そんな状況は何年も続いている」と答え、ヴェンゲルはにやりとした。「"トッテナムよりは上位で終わろう"と考えてシーズンに入るわけじゃない。目標はリーグ優勝だ。それを逃したことはもちろん不満に思っている。だが、いつもそのときどきの目標がある。最後の目標は2位でのフィニッシュだったが、それは達成できた。ここのところサポーターはあまりいい気分で帰宅できなかったかもしれない。これでいくらか満足してもらえただろう」

シーズン最終日、アーセナルはアストン・ヴィラを破り、トッテナムはニューカッスルでのアウェー戦を落とした。それによってこの日はトッテナムよりも上位でリーグ戦を終えることが確定した日、すなわち聖トッテリンガムズデイとなり、エミレーツ・スタジアムは祝福ムードに包まれた。ヴェンゲル就任以来最も騒々しかったシーズンが、それによっていくらかとり繕われた。

シーズン中にはファンの抗議行動が行われ、横断幕が張られた。よりによってレスターの後塵を拝して無冠でシーズンを終えるようなことがあれば、ヴェンゲルは退任すべきだという声が上がった。レスターの快挙はすべてのビッグクラブにとって屈辱だった。とりわけアーセナルにとっては、これまでずっと優勝争いをしてきたマンチェスター・ユナイテッド、チェルシー、マンチェスター・シティが苦しんだ今シーズンは、2004年のインビンシブルズ以来のリーグ優勝のチャンスだった。そのためヴェンゲルは極限まで追い込まれ、将来を疑問視された。公の場で感情的になる場面もあった。

だが、エミレーツでの2015-16シーズン最終日、明るい日射しのなか、ピッチを周回してファンに対する感謝を表すパレードにヴェンゲルが加わったときには、そんな様子はまったくなかった。いまでは、シーズン中にどんなことがあろうとも最終戦にはチーム全員でファンの前をパレードすることが慣習化している。ヴェンゲルが手を振ると、ファンは歓声を上げて楽しんでいた。

わずか二週間前、エミレーツでのノリッジ戦では緊迫した空気が漂っていた。ふがいない試合が続き、アーセナルの上位4位入りは危ぶまれ、ファンのグループによる抗議行動が行われていた。様々な出来事により困難なシーズンになってしまった結果だった。

3月はじめにホームでスウォンジーに敗れると、クラブのレジェンドであるティエリ・アンリは、ファンはかつてないほどがっかりしていると新聞のコラムに書いた。ヴェンゲルはアンリに対する失望を表明した。エグゼクティブボックスで観ているだけでは何もわからない。発言は的外れだと言い返した。アンリのスカイスポーツでの同僚であるグレアム・スーネスも同様の発言をしていたのだが、ヴェンゲルはクラブの最多得点記録を持ち、当時アカデミーでのコーチングもしていたアンリに攻撃の矛先を向けていた。ヴェンゲルはアンリと直に話し合うと語ったが、結局、例によって対立を避けたようだ。

選手たちはスウォンジー戦のあとミーティングを行った。チェフ、ミケル・アルテタ、ペア・メルテザッカー、トマーシュ・ロシツキーが先頭に立ち、三十五分のミーティングが行われた。それはある程度の効果を上げた。アーセナルはその後リーグ戦の残り十試合を負けなしで切り抜けたが、カップ戦では敗退してしまった。

抗議行動は〈ブラック・スカーフ・ムーブメント〉と〈レッド・アクション〉というふたつのサポーター団体によって組織され、〈アーセナル・サポーターズ・トラスト〉が支持していた。彼らはファンに、「変化のときだ」というプラカードをノリッジ戦の開始12分と試合終了12分前に掲示するよう呼びかけた。それはヴェンゲルに対する抗議であるだけではなく、クラブ全体への抗議を意図したものだとされていた。だが、シーズンを通して「思い出をありがとう。でも別れを言うときだ」という横断幕が掲示されていたことからしても、抗議がヴェンゲルだけに向けられたものであることは明らかだった。

もちろんヴェンゲルも抗議行動が行われることを知り、しっかりと準備をしていた。危機のときには、彼はしばしば友人のデイヴィッド・ディーンを頼る。ノリッジ戦の準備中、ヴェンゲルはディーンと長々と話し合っていた。ファンの雰囲気を心配し、この抗議行動の背後で操っている人物を探ってほしいと頼んでいた。ディーンは情報に通じており、ファンのグループの主要メンバーや、アーセナルファンのタレントで何年も前からヴェンゲルの退陣を要求しているピアース・モーガンのことも知っていた。

ヴェンゲルは戦うことを決意した。彼は落ち着いて計画的に、とてもはっきりと強いメッセージを伝えた。ノリッジ戦前の記者会見はこれまでにない注目を集め、当然ながら新聞でも大きく報じられることになった。彼はホームゲームの雰囲気がいかにチームのパフォーマンスや調子に影響するかを語った。それをファンに対する非難だと捉える者もいた。だがヴェンゲルにそんなつもりはなかった。それは抗議を無視してチームを後押ししてほしいという、ファンの多数派に向けた呼びかけだった。

「ファンを操ろうとしている人々がいる。その背後にあるのは、せいぜい個人的な意図やエゴくらいのものだ」と、ヴェンゲルは言った。

ピアース・モーガンのことですかという質問が出た。「いや、私は個人的に誰かを名指ししているわけではない」とヴェンゲルは首を振った。「私にとって興味があるのはゲームのクオリティであり、ファンに楽しんでもらえるかどうかだ。このクラブは世界中で非常に尊敬され、愛されており、ゲームを取り巻く状況に関係なく、パフォーマンスには注目が集まる。クラブは良好な状態にある。ファンにも後押しをお願いしたい」

〈デイリー・テレグラフ〉のアーセナル担当で、その日その場にいたジェレミー・ウィルソンは、ヴェンゲルの発言の意図はファンを結束させることだったと考えている。

たぶんこれまでいちばん大規模な記者会見だった。ヴェンゲルはメッセージを伝えようと会場に入ってきて、抗議行動についても話すつもりでいた……抗議はあまりに拡大しており、その背後には自分勝手な意見や、なんらかの意図を持った人々がいると彼は考えていた。それを支持しているのは多数派ではない。ホームで弱小チームに対して調子が上がらないのはこうしたやりにくい状況のためで、そのために貴重なポイントを失っていると彼は考えていた。そう言ったとき、彼はファンに指を突きつけて非難しているようにも見えた。だが私はそうではないと思う。ごく当たり前の内容だった……。

ファンやスタジアムの雰囲気のせいでリーグ優勝できなかったわけではないとヴェンゲルははっきりと語った。敗因はチャンスを掴めず、フィニッシュがうまくいかなかったことだと言った。「もうたくさんだ、ファンを懲らしめよう」と思ってそこに行ったわけではないと思う。一部のソーシャルメディアではヴェンゲルがファンを非難したとみなす見解もあったが、まったくそんなことはなかった。

そうは言っても、あとから考えればその言葉には少し違った意味もこめられていたのかもしれない。彼はこれまで一度もファンのせいでリーグ優勝を逃したと言ったことはないが、それが一因になっているとほのめかしたことはある。ただそれは、ファンが怒りっぽくなればチームの助けにならないという当然のことを述べていただけで、私もそのとおりだと思う。今回はヴェンゲルの記者会見のなかでもかなり印象的だった。これを機に彼はファンの心を失ったと考えたがる人々もいた。だがそうはならず、シーズン終了時にはヴェンゲルを取り巻く状況はかなり落ち着いた。多くのファンは抗議などしたいと思っていなかったし、ヴェンゲルに敬意を欠くようなことはしたくなかったが、不満があったこともたしかだった。だが状況は一変した。ヴェンゲルにはいくらか余裕ができた。

ウィルソンはまた、あまり注目されなかったが、ヴェンゲルがその会見で伝えたもうひとつの重要なメッセージについても語った。「私はエジルとサンチェスが契約にサインするかどうかを質問したが、ヴェンゲルはまるで違う話にすり替えて、私が長期契約しなければ銀行は融資しようとしなかったんだと言った。たぶんクラブに忠誠を誓っているのは自分も同じだと言いたかったんだろう。新しいアイデアを取り入れる必要があるのでは、という質問も出た。すると彼は答えた。必要なのはいいパスだけだ、それはいかにも〝メディア的な〟質問だ、と。いかにもヴェンゲルらしい回答だった。またひとつヴェンゲル語録が追加されたね」

そのノリッジ戦はシーズンを象徴する試合になった。アーセナルのプレーはいまひとつで、スタジアムの雰囲気は緊迫し、そのためチームはときおり戦いづらそうにしていたが、ダニー・ウェルベックの後半の決勝点で落ち着きを取り戻した。だが、それ以上に注目すべきは、抗議行動への反発があったことだ。スタジアム全体を見まわしてもプラカードはほとんど掲げられておらず、反ヴェンゲル派だった人々まで抗議に逆らい、監督とクラブの双方への支持を表明する歌を歌いはじめた。抗議行動は受け入れられず、立ち消えになった。それどころか、抗議行動と最終日にトッテナムを逆転したことがきっかけで、いよいよ任期も終了かと思われた困難なシーズンの終わりにヴェンゲルを支持するムードが復活したのだった。

ウィルソンはそれをこう説明している。「シーズン最終戦のあと、スタジアムは久しぶりの幸福感に包まれていた。ヴェンゲルがピッチを一周してファンに感謝して手を振ると、歓声が上がっていた。少し前までは、周回したらブーイングされるのではと心配されていたのに。だが観客席では多くのファンが手を握り、歓声を送った。トッテナムより上位でシーズンを終えたからだ。それが完全にムードを変えたんだ」

アーセナルとヴェンゲルの今後について、ウィルソンは面白い説を唱えた。「隠されたメッセージがあるはずだ。おそらく2016－17シーズンは彼の最後の年になるだろう。だから人々は彼に敬意を表することに決め、彼はファンとの最悪の関係を克服することができた。シーズン後に引退することが確実なら、雰囲気は変わるし、ファンは気持ちを切り替える。ヴェンゲルという最高に偉大な監督の、最後のシーズンになるのだから。関係が悪化するはずがないよ。もちろん、成績が低迷して、しかもヴェンゲルが再契約をするようなことがあれば話は変わってくるけどね。

たぶんその決定は遅くなるだろう。では、どんな基準を満たせば成功と言えるのか。リーグ3位とカップ優勝は、2位だけよりも上だろうか。そして後任の問題もある。その人が同じように安定した成績を残せるのかどうか。優秀な後継者が来るかもしれないが、それは確実なことではない。とにかく変わらなければ気が済まないファンもいる。ファギーは任期中に成績が下降し、優勝から遠ざかったが、それから復活した。ヴェンゲルは復活できるだろうか」

それがプレミアリーグでも最高級の報酬を得ているヴェンゲルに課せられた困難な課題だ。2014年に結ばれた三年契約で、彼は年額800万ポンドを得ている。アーセナルのファンは成功を期待している。彼らにとって金銭と財務は成績と同じくらい重要だ。チケット代金が高いのだから、いい成績を収めてビッグネームを獲得するのは当然だと多くの人が考えている。高額年俸で契約しているヴェンゲルには優勝が義務づけられている。

2015年夏にはアーセナルファンの雰囲気は良好だった。FAカップに優勝し、3位でリーグを終え、さらに重要なことに、チェルシーからペトル・チェフを獲得した。イェンス・レーマンやデイヴィッド・シーマン以来のワールドクラスのキーパーだった。

チェフはティボー・クルトワにポジションを奪われ、チェルシーに失望していた。クラブを去ってロンドンに残ることを希望していたから、アーセナルは理想的だった。チェルシーのキャプテン、ジョン・テリーは、チェフの加入はアーセナルにとって12から15ポイントの価値があると語った。チェフはチェルシー在籍が長かったため、グローブを提供しているアディダスはシーズン途中まで最新のセットを間違ったトレーニング場に配達していたほどだった。

ところが、チーム強化の必要性は明らかだったにもかかわらず、2015-16シーズンはじめの移籍期間中にアーセナルはフィールドプレーヤーを補強しなかった。さらに期間終了間際にはウェルベックが膝の手術を受けることになり、数カ月間の離脱が判明すると、状況はますます厳しくなった。前線の駒不足に加え、ほぼ半シーズンのあいだ、アンカーをフランシス・コクランひとりで乗り切らなければならなくなった。

これはとりわけ不満をかきたてた。獲得可能なアンカーマンは何人かいたからだ。スカウト陣もクラブの上層部も獲得を強く勧めていたが、ヴェンゲルはそれを無視した。アーセナルではよくあることだ。移籍交渉担当ディック・ローや経験豊富なスカウトのスティーヴ・ローリー、そしてCEOのイヴァン・ガジディスらが様々なターゲットを探しても、結局のところ最終決定権はヴェンゲルにある。アーセナルはフランス人MFでカーンからレスターに500万ポンドで移籍したエンゴロ・カンテを逃した。チームにフィットできないかもしれないと判断されたからだ。たしかに、カンテはレスターに馴染むのに時間がかかった。だがレスターでは、おそらくアーセナルでは与えられなかっただろう時間とチャンスが与えられた。シーズンが終わるころには、カンテはヨーロッパで最も引く手数多のMFになり、獲得しなかったことが大きなミスのようになってしまった。

ほかに獲得の可能性があったのはサウサンプトンのモルガン・シュネデルランだ。アーセナルは彼を2015年の1月から狙っていた。シュネデルランははっきりと移籍を希望し、夏まで待つということで内密に合意していた。複雑な、だがよくある話だ。先に唾をつけ、話をまとめておき、あとで契約を交わす。だがコクランが台頭し、契約金額が釣り上がったことでアーセナルは興味を失った。シュネデルランはマンチェスター・ユナイテッドに移籍し、苦しい初シーズンを送ることになった。

チェフがロッカールームにいい影響を与えたことは間違いない。彼は優秀なリーダーで、自分とチームメイトを追い込むことができる。ジムで怪我からの復帰に向けてトレーニングをしていたとき、チェフは若い選手からなぜそんなに自分を追い込むのかと質問されて驚いた。「なるべく早く復帰したいからね」とチェフは答えた。すると信じられないことに、その若手選手は「なんでそんなことをしたいんですか」と返事をしたという。

ロッカールームは間違いなく楽しい場所だ。そして、いくらか仲が良すぎる点がある。マンチェスター・ユナイテッドの元キャプテン、ロイ・キーンはアーセナルの選手たちに「セルフィーと腹筋のことしか考えていない」と苦言を呈した。アレックス・オックスレイド＝チェンバレンはこれに反論した。「こういう時代なんだ。人はそれぞれじゃないか。でも優勝を目指す気持ちは本気だよ。僕がクラブに来て以来、毎年本気で優勝を狙っている。それはシーズンを通して、ピッチ上で見てもらえるはずだ」

だがそれは現実にはならなかった。2月にレスターを倒して首位に1ポイント差に迫ると、選手たちはオックスレイド＝チェンバレンを中心にまたしてもロッカールームでセルフィーを撮った。そしてそこからアーセナルは失速し、八試合でわずか一勝しかできなかった。どうやら祝福は早すぎたらしい。結局、そこでシーズンは終戦を迎えてしまった。優勝争いから脱落し、3月半ばまでにはFAカップとチャンピオンズリーグでも敗退した。

ロッカールームが快適すぎることも問題だ。選手たちはヨーロッパで最高のトレーニンググラウンドを使用し、素晴らしいスタジアムでプレーし、巨額の契約で大きな富を得ている。たしかにチームスピリットもあるが、かつては選手同士がいがみ合っていても成功した時代もあった。それは不和ではなく、いい緊張感をチームにもたらしていた。

二回のタイトル獲得経験がある元選手はこう語っている。「私たちの時代には、気の合わない選手たちがいた。それでも互いのために戦っていた。いまの選手たちは仲が良く、親友同士のようだ。ロッカールームの雰囲気としては、それはあまりよくない。いい雰囲気というのは、誰かがミスしたら怒鳴りつけ、ピッチ上ではミスをカバーし合うということだ。明日の晩は一緒に遊ぼうということではなくて、みんなが一緒に戦っているということだ」

古くからの怪我の問題もアーセナルの戦いに影響を及ぼした。人々はアーセナルが抱える問題に対してひとつの理由を探したがる。だが、そんなに簡単なことなら何年も前に解決されていたはずだ。チームにはプレミアリーグでも最高の医療スタッフがいる。設備も最高で、しかもそれは改善され、トレーニング場にも拡張されている。それでも謎は解けないし、批判はやむことがない。ある選手の親は、トレーニング場を案内されて新しい医療設備のことを聞かされるとつい皮肉を漏らした。「これでもベッドが足りないくらいなんですよね」と。

サンティ・カソルラの長期離脱も大きな痛手だった。ジャック・ウィルシャーはほぼ一シーズン復帰できなかった。オックスレイド＝チェンバレンも出場できない期間が長く、今後のキャリアを考えて新天地を求めるのではという憶測が流れた。

アレクシス・サンチェスの不在も大きかった。加入初年度は素晴らしいシーズンを過ごしたが、二年目は不本意なシーズンになってしまった。サンチェスは2015年夏のコパ・アメリカのあと、ほとんど休まなかった。シーズンに入っても調子は上がらず、11月下旬にはノリッジ戦でハムストリングを痛めた。その三日前に、ようやく調子を取り戻してきたサンチェスはハムストリングに張りがあると訴えていたのだが、ヴェンゲルは構わずプレーさせた。皮肉にも、負傷したのは試合前に張りがあった左ではなく、右の脚だった。おそらく痛みを庇いすぎたためだろう。

四週間後、サンチェスは必死の思いで復帰した。自分を追い込み、ほかの選手たちがトレーニングを終えたあとにさらにセッションを続けることを志願した。練習にはヴェンゲル自身も立ち会っていたが、そこでハムストリングをまた痛めてしまった。それにより1月の第三週まで欠場することになった。

アーロン・ラムジーも似たような状況だった。3月に行われたFAカップ、ハル戦の再試合の前に、ヴェンゲルはラムジーの太ももの問題について語っていた。「前に何試合か連続でプレーさせて筋肉を痛めたことがある。だから、もう一試合のプレーに耐えられるかどうかいつも考えている。三日おきに試合がある場合は、過去の記録を見直さなければ。以前には連続で出場した四試合目に怪我をしていた。だから『怪我の多い選手だが、もう一度ギャンブルをして四試合目をプレーさせるか』と考える」

しかし、悲劇が起きたのは控えのときだった。ラムジーは筋肉の張りを訴えており、途中出場したときには不満そうにヴェンゲルのほうを見ていた。そして案の定、わずか16分で怪我をし、一カ月離脱した。だが、その夜ヴェンゲルにとって最悪だったのはそのことではなかった。試合は4対0で勝ったにもかかわらず、アウェーチームが応援するスタンドに〝アーセン、思い出をありがとう。でもお別れのときが来た〟という見慣れた横断幕が掲げられていたからだ。

同じことはその後も繰り返され、テレビでも報じられた。テレビほど抗議行動を大きく取り上げるメディアはない。ヴェンゲルはしばしば自分の去就について肩をすくめ、つまらないことだとアピールしていたが、4月半ば、クリスタルパレス戦での出来事で問題は最高潮に達した。残念な試合のあと、ベンチのそばにいた少数のファンがヴェンゲルに近づき、面と向かって暴言を浴びせたのだ。近くで見ていると、ヴェンゲルは震えていたという。

ファンにはどの程度意見を言う権利があるかというのはいつも議論になるところだが、クラブ史上最高の監督に対して暴言や敬意を欠いた振る舞いをするなど、まったく問題外だ。ヴェンゲルは批判には慣れていると自分では言っているが、それでもこのことには深く傷ついただろう。アーセナルの元キーパーコーチで1971年の二冠のヒーローのひとりであるボブ・ウィルソンはそう考えている。

「誰も批判されたいとは思っていない。誰か批判が大好きだという人を知っているかい？　アーセンは繊細なんだ」とウィルソンは言った。

ウィルソンはヴェンゲルを尊敬している。彼の娘のアナは三十二歳の誕生日まであと六日という若さで珍しいガンで亡くなっている。そのときにヴェンゲルが気遣い、サポートしてくれたこともあるが、尊敬している理由はそれだけではない。重い病気にかかった若者に〝スペシャル・デイ〟を過ごしてもらうためにボブと妻のメグスが設立したウィロー財団を、ヴェンゲルはずっと支援してきた。ウィルソンは言う——

彼は繊細な人物かと聞かれれば、非常に繊細だと答えるよ。ドン・ハウの葬儀のときも妻に「メグス、ずいぶん前の話だけれど、私がロンドンに来て、はじめての葬式がアナのときだった」と声をかけてくれた。アナの葬儀のときには、教会が満員で彼は外に立っていた。なかに入れなかったんだ。亡くなる前はプレシーズンの準備中だった。バスに乗ってホテルに帰るとき、声をかけてくれた。「ボブ、私とすわろう。アナの具合はどうだい？ 治療の様子を聞かせてくれ」

彼はそれから、医療とガンに関する知識や、生と信仰について話してくれた。まるで講師のようだった。話は素晴らしく、とても繊細だった。私がこれまで会ったなかで、彼はいちばん知的な人物だと思う。私だって知性豊かな多くの人々に会ったことがあるんだがね。

財団のことも、本当に素晴らしい。〝スペシャル・デイ〟にトレーニング場を見学することを許可してくれた。参加者はトレーニングを見たあと選手と対面する。ヴェンゲルはそれに立ち会ったり、自分で選手を連れてきたりしてくれる。これ以上ないもてなしだ。そんなときは病気の話は抜きで、前向きなことしか言わない。最近、珍しいガンにかかった三人の少女を連れて行ったんだが、入場するのをヴェンゲルは見ていなかった。それでも多忙のなか、姿を現して言葉を交わしてくれたんだ。話し方にも優しさが滲み出ていた。

怒ったり気分を害したときには、タッチラインで険しい顔をしていることもある。プライベートでの姿とはまるで違う。私の見解はたしかに偏っているかもしれないが、それは皆が知らない彼の姿、たとえば謙虚さを知っているからだ。

ウィルソンはヴェンゲル就任のときからクラブにいた人物だ。そしてその時期はともかく、彼の監督としての時間が終わりに向かっていることは理解している。ウィルソンは、ヴェンゲルが去るときには大きな栄光に包まれ、その功績とフットボールのスタイルによって人々の記憶に残ってほしいと願っている。

ウィルソンは、ヴェンゲル在任中の面白い出来事についても話してくれた。

２００２年にマンチェスター・ユナイテッドのホームで優勝を決めた夜のことだ。チームは当日ルートン空港に帰った。私たちはトレーニング場の責任者だったショーン・オコナーに電話を入れ、お祝い用の飲み物を用意してもらった。シャンパンもあったよ。結局午前二時に着いたんだが、ヴェンゲルはそれを飲むことを許さなかったんだ。もう準備はできていたのに。「まだ試合は残っている」と彼は言った。でも彼に気づかれないように、選手たちはロンドンのクラブに繰り出していた。

彼は死ぬまでずっと、人々は高いチケット代を払って観戦し、その代わり勝っても負けても引き分けでも、「素晴らしいゲームだった。楽しかった、最高のフットボールだ」と言ってグラウンドをあとにしてほしいと考えているだろう。

今シーズンの最終日に私は「十九年間、最高のフットボールを観せてもらった」とメグスに言った。それまでのどんなチームにも負けない。1971年の二冠チームでも敵わないだろう。チームのプレーにはだいたい満足している。ときどき不満に思うのは、次善の策に頼るべき状況もあるということかな。次善の策というのはつまり、我慢を重ね、ゴール前のターゲットにボールを入れるというプレーだ。もしジェイミー・ヴァーディやハリー・ケインがいたらリーグ優勝できただろう。レアル・マドリードのカリム・ベンゼマを獲得しようとしたことは知っている。私のお気に入りの選手ではないが、移籍金を払おうとしていた。あるいは、ルイス・スアレスを買っていたら簡単に優勝していただろう。

彼の世界はフットボール一色だ。かつてロンドン・フットボール・コーチ協会の晩餐会のために彼の家に迎えに行ったことがある。ドアをノックして、「アーセン、準備はいいかい？」と声をかけた。すると彼は「時間は充分にある。さあ入って」と答えた。なかに入ると、テレビがなかった。ところが、彼がボタンを押したら、いまのような大型テレビなどない時代に、プロジェクター用の巨大スクリーンが天井から降りてきたんだ。ボタンひとつでスコットランドやポルトガル、イタリア、フランスなどのフットボールが観られた。私はそのとき、彼の人生はすべてがフットボールを中心に回っているんだと気づいたよ。アーセンが知っているのはエミレーツと自宅、トレーニング場というたった三つの場所だけだ。

ウィルソンは2015-16シーズン中に本書のハードカバーを数冊持ってヴェンゲルのもとへ行き、サインをしてもらったという。そのうち一冊は彼の友人でフットボール代理人をしているデニス・ローチへの贈り物だった。昔、ヴェンゲルが最初にアーセナルの試合を観戦したときにチケットを手配した人物だ。

「この本を何冊か持っていってサインしてもらったんだ」とウィルソンは言った。「一冊はかつてチケットを手配してくれたデニス・ローチのためだった。そして〝何もかも君のせいだ〟と書き添えてほしいと頼んだ。ヴェンゲルは面白がって笑っていたよ。アーセナルで何勝したか、どれだけ長くここで過ごしたかを思い出してほしい、と私は言った。決して罵声ばかりではなかった。君は素晴らしい時間を過ごしてきたはずだと。『でも、悪いことは皆、彼のせいにしよう。最初にチケットを手配して、君をここに連れてきた張本人なんだから』」

2位では充分ではないというほどに成功の基準を引き上げたのは、彼の実績の大きさの証だ。ヴェンゲルは変化を望むファンがいることを知っているし、それをはっきりと感じ取っている。そして、永遠にアーセナルの監督ではいられないということも。

だが希望もある。たとえ騒動はあっても、ヴェンゲルはアーセナルの伝説として記憶され、その遺産は今後長く受け継がれていくだろう。2016年9月にはクラブでの二十周年を迎えるヴェンゲルは、そのために全力を尽くすだろう。

アーセン・ヴェンゲル　監督成績

	チーム	勝利	引分	敗北
1984-1987	ASナンシー	33	30	51
1987-1994	ASモナコ	130	53	83
1995-1996	名古屋グランパスエイト	38	0	18

アーセナル時代

	プレミアリーグ				FA杯	FL杯	CL	UEFA杯
	順位	勝利	引分	敗北				
1996-1997	3位	19	11	8	4回戦	4回戦	—	1回戦
1997-1998	優勝	23	9	6	優勝	ベスト4	—	1回戦
1998-1999	2位	22	12	4	ベスト4	4回戦	GS敗退	—
1999-2000	2位	22	7	9	4回戦	4回戦	GS敗退	準優勝
2000-2001	2位	20	10	8	準優勝	3回戦	ベスト8	—
2001-2002	優勝	26	9	3	優勝	ベスト8	GS敗退	—
2002-2003	2位	23	9	6	優勝	3回戦	GS敗退	—
2003-2004	優勝	26	12	0	ベスト4	ベスト4	ベスト8	—
2004-2005	2位	25	8	5	優勝	ベスト8	ベスト16	—
2005-2006	4位	20	7	11	4回戦	ベスト4	準優勝	—
2006-2007	4位	19	11	8	ベスト16	準優勝	ベスト16	—
2007-2008	3位	24	11	3	ベスト16	ベスト4	ベスト8	—
2008-2009	4位	20	12	6	ベスト4	ベスト8	ベスト4	—
2009-2010	3位	23	6	9	4回戦	ベスト8	ベスト8	—
2010-2011	4位	19	11	8	ベスト8	準優勝	ベスト16	—
2011-2012	3位	21	7	10	ベスト16	ベスト8	ベスト16	—
2012-2013	4位	21	10	7	ベスト16	ベスト8	ベスト16	—
2013-2014	4位	24	7	7	優勝	4回戦	ベスト16	—
2014-2015	3位	22	9	7	優勝	3回戦	ベスト16	—
2015-2016	2位	20	11	7	ベスト8	4回戦	ベスト16	—

アーセン・ヴェンゲル(Arsene Wenger)
1949年10月22日、フランス生まれ。ストラスブール大学卒業、元サッカー選手。1987年よりASモナコで指揮を執り、フランスのディヴィジョン・アン(現リーグ・アン)やカップ戦で優勝するなど数々の実績を残す。1995年には名古屋グランパスエイトを率いて天皇杯で優勝する。1996年10月、イングランド・プレミアリーグのアーセナルFCの監督に就任。1998年にはリーグ優勝とFA杯優勝の二冠を果たす。そして2004年、前人未到の無敗優勝を達成。その後チームは低迷するものの、2014年に9年ぶりにFA杯を優勝すると翌年も優勝して連覇を遂げる。2016年10月にアーセナル監督就任20周年を迎えた。

[著者略歴]
ジョン・クロス(John Cross)
イズリントン・ガゼットで記者としてのキャリアをスタート。以来培ってきたアーセナルとの関係は他の追随を許さない。1999年からデイリー・ミラーに勤務し、現在はチーフ・フットボール記者を務めながらアーセナルの最新情報を発信している。

[訳者略歴]
岩崎 晋也(いわさき しんや)
長野県軽井沢町で育ち、現在も住む。京都大学文学部卒業。書店員などを経て翻訳家。

カバー写真 VI-Images／Getty Images
口絵写真 Getty Images

アーセン・ヴェンゲル
アーセナルの真実

2016(平成28)年10月10日 初版第1刷発行
2016(平成28)年10月22日 初版第2刷発行

著者 ジョン・クロス
訳者 岩崎 晋也
発行者 錦織圭之介
発行所 株式会社 東洋館出版社
〒113-0021 東京都文京区本駒込5-16-7
営業部 TEL 03-3823-9206／FAX 03-3823-9208
編集部 TEL 03-3823-9207／FAX 03-3823-9209
振替 00180-7-96823
URL http://www.toyokan.co.jp

装幀 水戸部 功
印刷・製本 藤原印刷株式会社

ISBN978-4-491-03265-8 / Printed in Japan